JN416300

창세기부터 요한계시록까지 성경의 주요 사건들에는 천사가 등장한다. 특히 하나님의 구원 역사와 예수님의 생애에서 천사는 의미 있는 역할을 수행한다. 성경 학자들이 이런 천사의 존재와 역할을 중요하게 생각할지라도 성경의 역사와 언어와 신학에 대한 깊은 이해가 없이 천사에 대한 저술을 시도하는 것은 대단히 힘든 작업이다. 『보이지 않는 세계』, 『성경의 초자연적 세계관』의 저자인 마이클 하이저는 초자연적 세계에 대한 전문적인 연구를 오랫동안 진행해 왔기에 '천사'라는 주제에서도 탁월한 통찰력을 제공한다. 먼저 저자는 구약 성경에 나타난 용어와 사건에서 천사의 존재(예, 영들, 별들, 하늘에 있는 자들, 거룩한 자들, 신들, 여호와의 사자, 군대 대장 등)와 역할(예, 메신저, 제사장, 중보자, 순찰자)을 추적한다. 예를 들어, 천사들은 천상회의의 참여자들로서 하나님의 결정과 판결을 지상에 집행한다. 저자는 제2성전기 유대 문헌에 묘사되는 천사들을 분석함으로써 구약 성경과의 연속성과 변화를 탐구하고 신약 성경을 폭넓게 이해하는 자료를 제공한다. 저자는 신약 성경에 기록된 천사들이 어떤 점에서, 어떤 방식으로 하나님의 뜻을 섬기고 그의 자녀들을 섬기는지 설명한다. 하늘에서 하나님을 섬기는 천사들은 우리의 초자연적 형제들로서 땅의 가족을 위해 일하고 있음을 강조한다. 그리고 독자들이 제기할 수 있는 여러 질문을 설정하고 명쾌하게 대답한다. 저자는 우리가 천사에 대한 관심을 가질 때 보이지 않는 세계와 영원한 관점에 가까이 다가가고 인류와 신자들에 대한 하나님의 계획을 더 깊이 알게 될 것을 믿는다. 독자는 본서를 통해 천사들이 구원사의 웅장한 무대 위에서 어떻게 조연의 역할을 맡고 있는지 극적으로 관람할 수 있고 하나님의 뜻과 우리의 존재 가치와 사명을 더 깊이 묵상할 수 있다.

강대훈 | 개신대학원대학교 신약학 교수

성경 읽기에서 '낯설게' 읽기는 매우 중요하다. 선입견에 사로잡혀 원래의 내용을 오해할 때가 적지 않기 때문이다. 성경이 말하는 바라고 생각한 내용이 실제로는 근거가 없는 경우도 있다. 그저 선배 목회자의 설교에서 들었던 내용이거나, 기원이 불분명한 여러 신화와 이야기가 합쳐져 교회 내에 상식처럼 자리잡은 경우도 드물지는 않다. 그래서 우리는 이른바 상식에 대해 "과연 그러한가?" 질문을 던져야 한다. 단순한 추측에 머무는 것과 성경 본문에서 말하는 바가 무엇인지 정확하게 다시 확인하는 것은 매우 큰 차이가 있다. 그러한 측면에서 저자는 잘못된 고정 관념을 넘어, 본문이 무엇을 말하고 있는지 독자에게 전달하는 데 탁월한 학자이다. 본서가 다루는 '천사'라는 주제도 본문과 거리가 먼 오해가 우리 가운데 적지 않다. 우리는 보통 천사라 하면, 그리스 신화 속 에로스를 닮은 통통한 아기 모습을 떠올린다. 정말 그럴까? 성경에서 사람들이 천사를 만났을 때, 두려워 떨었음을 생각하면, 그 모습과 존재를 조금 달리 생각해야 하지 않을까?

과연 천사는 어떤 존재일까? 저자는 다시 한 번 우리에게 이 질문으로 도전한다. 그리고 구약, 제2성전기 문헌, 신약에 이르기까지 철저히 용례를 살피며, 성경이 과연 천사를 어떻게 묘사하는지, 천사가 하나님을 위해, 그리고 구원 역사 속에서 무슨 일을 담당하는지를 낱낱이 정리한다. 신구약 원문과 구약 주변 세계를 넘나드는 여정은 매우 흥미진진하다. 어쩌면 교회 전통에만 익숙했던 이들에게는 낯선 여행일 수도 있겠으나, 정말로 성경이 말하는 바를 알기 위해 저자가 안내하는 여행은 우리에게 적지 않은 통찰을 제공하고 구원 역사 이해의 폭을 한층 넓혀 줄 것이다. 본서를 통해 독자의 영적인 세계를 바라보는 시야 또한 더 풍성해지리라 확신한다.

김한원 | 하늘샘교회 담임목사, 『바이블웍스 완전정복』 저자

천사를 말하다

ANGELS:

What the Bible Really Says about God's Heavenly Host

천사를 말하다

하나님의 천군에 대해 성경이 실제로 말하는 것들

좋은씨앗

Angels: What the Bible Really Says about God's Heavenly Host

Copyright © 2018 Lexham Press
Originally published in English under the title:
Angels: What the Bible Really Says about God's Heavenly Host
published by the permission of Lexham Press,
1313 Commercial St., Bellingham, WA 98225, U.S.A.
All rights reserved.

This Korean translation copyright © 2022 by GoodSeed Publishing, Seoul, Korea.

천사를 말하다
: 하나님의 천군에 대해 성경이 실제로 말하는 것들

초판 1쇄 인쇄 | 2022년 1월 10일
초판 1쇄 발행 | 2022년 1월 20일

지은이 | 마이클 하이저
옮긴이 | 채정태
펴낸이 | 신은철
펴낸곳 | 좋은씨앗
출판등록 제4-385호(1999. 12. 21)
주소 | (06753) 서울시 서초구 바우뫼로 156(양재동, 엠제이빌딩) 402호
주문전화 | (02) 2057-3041 주문팩스 | (02) 2057-3042
페이스북 | www.facebook/goodseedbook
이메일 | good-seed21@hanmail.net

ISBN 978-89-5874-365-1 03230

이 한국어판의 저작권은 Lexham Press와 독점 계약한 좋은씨앗에 있습니다.
신저작권법에 의하여 한국 내에서 보호를 받는 저작물이므로 무단 전재와 무단 복제를 금합니다.

목차

약어표

ABD	Anchor Yale Bible Dictionary. Edited by David Noel Freedman. 6 vols. New York: Doubleday, 1992
Ant.	Josephus, Jewish Antiquities
AYB	Anchor Yale Bible
BAR	Biblical Archaeology Review
BASOR	Bulletin of the American Schools of Oriental Research
BBR	Bulletin for Biblical Research
BCOT	Baker Commentary on the Old Testament
BECNT	Baker Exegetical Commentary on the New Testament
BNTC	Black's New Testament Commentaries
BSac	Bibliotheca Sacra
DDD	Dictionary of Deities and Demons in the Bible. Edited by Karel van der Toorn, Bob Becking, and Pieter W. van der Horst. Leiden: Brill, 1995. 2nd rev. ed. Grand Rapids: Eerdmans, 1999
DOTP	Dictionary of the Old Testament: Pentateuch. Edited by T. Desmond Alexander and David W. Baker. Downers Grove, IL: InterVarsity Press, 2003
DOTWPW	Dictionary of the Old Testament: Wisdom, Poetry & Writings. Edited by Tremper Longman III and Peter Enns. Downers Grove, IL: InterVarsity Press, 2008
DNTB	Dictionary of New Testament Background. Edited by Craig A. Evans and Stanley E. Porter. Downers Grove, IL: InterVarsity Press, 2000
DNWSI	Dictionary of the North-West Semitic Inscriptions. Jacob Hoftijzer and Karel Jongeling. 2 vols. Leiden: Brill, 2003
DPL	Dictionary of Paul and His Letters. Edited by Gerald F. Hawthorne and Ralph P. Martin. Downers Grove, IL: InterVarsity Press, 1993
DSD	Dead Sea Discoveries
DULAT	A Dictionary of the Ugaritic Language in the Alphabetic Tradition. Gregorio Del Olmo Lete and Joaquín Sanmartín. 2 vols. Leiden: Brill, 2015
EHLL	Encyclopedia of Hebrew Language and Linguistics. Edited by Geoffrey Khan. 4 vols. Leiden: Brill, 2013
ESV	Holy Bible, English Standard Version
GBH A	Grammar of Biblical Hebrew. Paul Joüon and Takamitsu Muraoka. Rev. English ed. Roma: Pontificio istituto biblico, 2006
GKC	Gesenius' Hebrew Grammar. Edited by Emil Kautzsch. Translated by Arthur E. Cowley. 2nd ed. Oxford: Clarendon, 1910
HALOT	The Hebrew and Aramaic Lexicon of the Old Testament. Ludwig

	Koehler, Walter Baumgartner, and Johann J. Stamm. Translated and edited under the supervision of Mervyn E. J. Richardson. 5 vols. Leiden: Brill, 1994–2000
HUCA	Hebrew Union College Annual
HTR	Harvard Theological Review
ICC	International Critical Commentary
JBL	Journal of Biblical Literature
JESOT	Journal for the Evangelical Study of the Old Testament
JNES	Journal of Near Eastern Studies
JSOT	Journal for the Study of the Old Testament
JSP	Journal for the Study of the Pseudepigrapha
JTS	Journal of Theological Studies
KAI	Kanaanäische und aramäische Inschriften. Herbert Donner and Wolfgang Röllig. 2nd ed. Wiesbaden: Harrassowitz, 1966–1969
KTU2	Die keilalphabetischen Texte aus Ugarit. Edited by M. Dietrich, O. Loretz, and J. Sanmartín. Neukirchen-Vluyn, 1976. 2nd enlarged ed. of KTU: The Cuneiform Alphabetic Texts from Ugarit, Ras Ibn Hani, and Other Places. Edited by M. Dietrich, O. Loretz, and J. Sanmartín. Münster, 1995 (= CTU)
LBD	The Lexham Bible Dictionary. Edited by John D. Barry. Bellingham, WA: Lexham Press, 2016
NAC	New American Commentary
NICOT	The New International Commentary on the Old Testament
NIDNTTE	New International Dictionary of New Testament Theology and Exegesis. Edited by Moisés Silva. 5 vols. Grand Rapids: Zondervan, 2014
NIDOTTE	New International Dictionary of Old Testament Theology and Exegesis. Edited by Willem A. VanGemeren. 5 vols. Grand Rapids: Zondervan, 1997
NIGTC	New International Greek Testament Commentary
OTP	The Old Testament Pseudepigrapha. Edited by James H. Charlesworth. 2 vols. New York: Doubleday, 1983, 1985
TLOT	Theological Lexicon of the Old Testament. Edited by Ernst Jenni, with assistance from Claus Westermann. Translated by Mark E. Biddle. 3 vols. Peabody, MA: Hendrickson, 1997
TynBul	Tyndale Bulletin
TNTC	Tyndale New Testament Commentaries
TOTC	Tyndale Old Testament Commentaries
VT	Vetus Testamentum
WBC	Word Biblical Commentary
ZAW	Zeitschrift für die alttestamentliche Wissenschaft

일러두기:
저자는 영문 ESV Bible 본문을 사용했습니다. 저자가 인용한 성경 본문이 한글 개역개정판과 다를 경우, 역자가 이를 별도로 번역하여 실었으며, 해당 한글 개역개정판 본문을 병기해 놓았습니다.

옮긴이의 글

천사론은 기독교 역사의 오랜 미궁이다. 인간계 바깥의 존재인 만큼 호기심을 자극하면서도, 막상 이를 알기 위해 해당 주제에 접근하면, 헤어 나올 수 없는 미로에 갇히게 된다. 성경이 충분한 정보를 제공하는 것처럼 보이지 않기도 하거니와, 천사를 신학적 탐구의 대상으로 삼았던 신학자들의 천사론 논의가 일관성과 체계가 부족하고 많은 부분 상상과 추측으로 채워지기 때문이다. 물론 몇 안 되는 신학자들의 천사론에 대한 광범위한 연구를 시도했던 것이 소중한 신학적 유산으로 남아 있긴 하지만(오리게네스, 아우구스티누스, 안셀무스, 아퀴나스, 루터, 칼빈, 에드워즈, 칼 바르트), 근본적인 한계를 넘어서지 못한다. 엄밀히 말해서, 천사에 대한 기독교 신학의 '전통'은 그것을 전통이라 말하기 어려울 정도로 의미있는 합의나 결론을 가진다고 보기가 어렵다.

바로 이런 이유에서 개혁주의 전통은 칼빈의 『기독교 강요』에서 지적한 바, 천사에 대한 지식에 접근하기 위해 공허하고 무익한 추측을 일삼지 말라는 신중한 태도를 주문한다. 이것은 일종의 최소주의 전략이라 할 수 있다. 다시 말해, 전통적인 개신교 신학에서 천사에 대한 '전통적 입장'이 무엇인지를 밝혀야 한다면, 천사에 대한 몇 가지 명시적인 성경본문들에 의존해 최소한의 확신들로 만족해야 한다는 것이다. 어쩌면 그것은 신학적 전통이라기보다 일종의 해석학적 태도에 가깝다. 이는 역사적으로 천사에 대한 과도한 상상과 추측을 일삼으며 천사숭배나 천사에게 기도할 것을 가르쳐왔던 중세 가톨릭 전통에 대한 뿌리깊은 경계심에서 비롯된 것이지만, 해석학의 측면에서 보면 성경의 동시대 문헌과의 비교연구나 주요 개념의 통시적 발전을 탐구하는 성경신학적 탐구의 방법에 충분히 눈을 뜨지 못한 시대적 한계 때문이기도 하다.

계몽주의 이후의 현대신학은 더 극심한 천사론 탐구의 가뭄기라 말할 수 있다. 19세기 이후부터 20세기 중반까지의 거의 모든 신학자들은 천사에 관한 탐구가 비과학적 범주에 속했다는 판단에서 자신들의 주요 관심에서 배제했다. 천사는 고대의 경전이나 신화 이야기에서만 발견되는 비실재적 허구에 불과하고, 천사에 대한 지식이 기독교 신앙의 윤리적 가르침에도 거의 기여하지 못한다는 이유에서 사실상 이 주제에 대한 신학적 관심을 포기했던 것이다. 슐라이에르마허는 천사론이 자연과학적 지식이 부족했던 고대에나 믿어졌던 유치한 개념이라고 일축했고, 불트만은 천사 이야기를 창조신앙과 상충

되는 영지주의의 산물로 간주했다. 그나마 천사 논의의 긍정적인 면을 이해하려 애썼던 틸리히도 존재의 구조나 힘을 가리키는 시적 상징으로 다룰 뿐이었다.

한편 개신교 신학자들 중에서 천사론에 관한 가장 많은 분량의 글을 썼던 것으로 알려진 조나단 에드워즈와 칼 바르트는 오늘날까지도 꽤 주목할 만하다. 무엇보다 두 신학자의 천사론은 이 책이 소개하는 천사론 연구의 결과들과 공명하는 지점이 적지 않다. 조나단 에드워즈는 개인적인 기록물로 알려진 『신학묵상록』(*Miscellanies*) 중 50여 개의 에세이에서 책 한 권 분량에 맞먹는 천사에 대한 사색을 남겼다. 이 자료에서 그는 구속사 가운데 천사가 차지하는 위치와 역할에 주목했다. 흥미롭게도 그의 사색에 따르면, 천사들은 인간처럼 죽음을 경험하지 않기 때문에 인류의 장구한 역사 가운데 펼쳐지는 하나님의 구원 드라마를 끝까지 감상할 수 있는 유일한 관객이다. 칼 바르트 역시 『교회교의학』(*Church Dogmatics*)에서 천사 논의에 거의 200페이지를 할애함으로써 현대신학자들의 오랜 침묵을 종식시켰는데, 그는 천사가 복음의 핵심에 속하진 않지만 천사의 존재를 부정하는 것이 기독교 신앙의 결정적 차원의 결여를 낳는다고 보았다. 하지만 이런 시도들 역시 크게 주목을 받거나 일종의 개신교의 신학적 전통으로 확립되지는 않았던 것으로 보인다.

이렇게 천사론에 대한 기독교 신학의 역사를 간단히 개관하는 것은 이 책이 오늘날 성경연구자와 신학자들에게 정확히 무엇을 줄 수 있는지를 이해하는 데 매우 중요하다. 이것은 특히 해석사의 측면에서 현대 성서학의 새로운 발견과 연구방법론들이 이전 세대의 신학자들이 줄 수 없었던 중요한 통찰들을 제공해준다는 점에서 그러하다. 기존의 천사론은 대체로 신비로운 상상과 추측으로 채워진다. 오랜 세월 서구 기독교 문명에서는 천사라는 주제가 많은 예술적 상상력에 신비로움을 더하는 소재였다. 교회사의 어느 시점에서는 불행하게도 천사에 대한 과도한 공경사상이 참된 경건을 도리어 어지럽히는 이교적인 요소로 오용되기도 했다. 신중하고 분별있는 신학자들의 탐구에서조차 천사들은 역사의 전면에 등장하진 않지만 하나님의 신비로운 구속의 일을 보조하는 심부름꾼으로 이해되어 왔다. 하지만 오늘날에는 성서학의 전방위적인 천사론 탐구가 신학자들이 참고할 만한 꽤 의미있는 관찰들을 풍성하게 제공하고 있다.

이 책은 내용 면에서 천사론 연구에 대한 현대 성서학의 괄목할 만한 관찰들을 종합적으로 제시한다. 이 책은 천사들로 통칭되는 초자연적 세계의 영적 존재들을 구속사에서 신비적 요소를 가미하기 위한 엑스트라나 무대의 소품이 아닌 구속사의 핵심 조연으로 부각시킨다. 그들은 하나님의 통치를 이행하는 일종의 관료체제를 이루고 있으며, 각각 자기에게 부여된 역할을 따라 하나님을 섬긴다. 특히 어휘분석에 따른 결론들은 매우 구체적인 천사론을 제공한다는 점에서 이전

신학자들의 탐구와 차별화된다.

접근법의 측면에서도 유익이 있다. 이 책은 특정 주제에 대한 성서학 연구의 표준적인 특성들을 예외없이 반영한다. 그래서 독립적인 주제연구를 시도하고자 하는 신학도들에게 연구방법에 관한 훌륭한 표본이 될 수 있다. (1) 먼저 저자는 서두에서 "초자연적 세계에서 하나님을 섬기는 영적인 존재들"을 연구 대상으로 한다는 점을 밝힌다. 소위 "선한 천사들"만을 탐구 대상으로 삼고, "악한 천사들" 또는 "타락한 천사들"은 차기작의 과제로 남겨둔다. (2) 그런 다음 저자는 이를 지칭할 수 있는 모든 어휘를 통계적으로 조사하고, 각 어휘들의 용례와 문맥을 분석함으로써 천사론과 관련한 의미있는 결론들을 도출한다. 특히 저자가 성경구절을 대거 인용하고 있어 독자는 용례를 살피기 위해 성경책을 일일이 펼쳐읽는 수고를 들이지 않아도 된다. (3) 목차의 구성 역시 성경사전이 취하는 통시적 접근을 반영한다. 해당 주제가 구약, 제2성전기 문헌, 신약에서 각기 어떻게 다뤄지는지에 대해 어휘 및 개념의 발전사를 중심으로 탐구한다. 특히 제2성전기 문헌의 "천사론" 논의는 우리가 쉽게 접근할 수 없었던 정보들을 제공한다. 이것이 중요한 이유는 이 시기의 주요 자료인 칠십인역과 사해사본이 구약의 천사론과의 전반적인 연속성을 지니면서, 고도로 발전된 천사론을 보여주고, 이것이 무엇보다 신약 저자들의 인식적 배경이 되기 때문이다. 그 중에서도 칠십인역 탐구가 차지하는 비중은 매우 중요하다. 왜냐하면 신약 저자들이 구약 본문을 인용할 때 히브리어 마소라 사본보다 칠십인역을 훨씬 더 비중있게 참고했기 때문이다.

마지막으로 독자들에게 도움이 될 중요한 팁을 제공하고자 한다. 첫째, 흥미를 돋우기 위해 가장 먼저 8장을 읽을 것을 추천한다. 이 장은 독자들이 천사에 대해 던진 다양한 질문에 QnA형식으로 간략히 대답한 것이다. 제목이 시사하는 것처럼 천사에 대해 일반 독자들이 흔히 오해할 법한 내용들을 중심으로 질문이 구성되었으며, 저자는 상세한 성경인용과 어휘분석에 기초해 유용한 답변을 제시한다. 학문의 리그에서 주로 소통하며 주장에 날카로움을 더하는 보통의 학자와 달리 저자는 자신이 운영하는 웹사이트를 통해 일반 독자와의 끊임없는 대화와 논쟁을 이어가면서 설득의 기술을 훈련해왔다는 점을 참고할 필요가 있겠다. 둘째, 저자의 어휘분석은 꽤 방대하고 치밀해서 자칫 주요논지를 잃어버릴 우려가 있다. 따라서 독자는 길을 잃지 않기 위해 역할론적인 관점에서 천상의 존재들에 대한 다양한 어휘를 정리하면서 차근차근 읽어나갈 필요가 있다. 저자가 일반 독자에게 접근하며 호기심을 충족시키기 위해 가급적 쉽게 쓰려고 애를 썼지만, 접근법상 논지를 증명하기 위해 방대한 어휘분석을 제공하고 있다는 점을 기억해야 한다. 집중력을 유지하려면 저자의 논의방향과 증명과제를 메모해두며 읽어야 할 것이다. 셋째, 다음과 같은 질문과 씨름하며 읽는다면 독서에 큰 수확이 있을 것이다. "초자연적인 존재에 대한 무수한 어휘들이 등장하는데 저자는 왜 이를 '천사'란 단어로 통칭했을까?" "어째서 '신들'로 번역되는 '엘로힘'이나 '데오이' 같은 어휘들이 성경이 다신론을 전제한다고 볼 근거가 될 수 없는가?" "저자가 빈번하게 인용하는 시편 82편과 신명기 32:8은 '하나님의 아들들' 또는 '엘로힘'의 역할에 대해 무엇을 시사하는가?" "'정사' '권세' 등과 같이 영적 전쟁을 시사하는 바울의 언어들은 어떤 초자연적 세계관을 보여주는가?" "천군의 다양한 역할과 활동들은 하나님의 주권 사상과 인류의 구원 문제와 관련해 어떤 새로운 통찰을 제공하는가?"

들어가는 글

이 책은 하나님의 천군(heavenly host)이라 불리는 충성된 일꾼들에 대해 다룬다. 대부분의 그리스도인은 이들을 '천사'(angels, 사자)라고 통칭할 것이다. 하지만 '천사'는 성경에서 하나님을 섬기는 초자연적인 존재들을 가리킬 때 사용하는 많은 단어 중 하나에 불과하고, 이 점을 독자들은 곧 알게 될 것이다.

더 구체적으로 말해 보자. 이 책은 귀신(demons)에 대해 다루진 않는다. 또한 천사들의 실패가 성경 곳곳에서 언급되긴 해도 이 책은 타락한 천사들에 대해서도 크게 관심을 두지 않는다. 나는 이 책에서 성경에서 긍정적으로 이야기하는 존재들에 대해서만 다루었다.

이 책에서 언급할 내용은 기독교 전통, 회자되는 이야기, 그럴듯한 추측 또는 천사에 대한 신화 등에 기반하지 않는다. 대신에 우리는 하나님의 천군에 속한 일원들을 가리키는 '성경의 용어들'에 기초해 탐구해갈 것이다. 이는 고대 근동이라는 더 광범위한 배경을 살피고 성경 본문을 꼼꼼하게 고찰한 뒤에야 비로소 파악이 가능한 내용이다.

왜 하필 이런 주제를 다루는 걸까?

이 주제에 대한 우리의 접근 방식엔 타당한 근거가 있지만, 그보다 우리는 더 중요한 질문을 던져야 한다. "이걸 아는 게 무슨 유익이 있단 말인가?" 확실히 천사와 천사 스토리에 대한 대중적 관심도는 높다. 이는 초자연에 대한 우리 문화의 끊임없는 욕구를 반영한다. 이런 현상으로 인해 거의 모든 영화나 TV 프로그램마다 불가사의한 사건, 외계에서 온 수퍼히어로, 못되고 짓궂은 신적 존재 등이 여지없이 등장한다. 서점은 또 어떤가? 서가에는 천사와 악마는 물론이고 외계인, 초자연적 생명체를 소재로 다루는 책들이 즐비하다. 서점들이 굳이 안 팔리는 책을 그렇게 진열해 놓을 리는 없잖은가?

할리우드 제작자들은 예기치 못한 어떤 인물이 (비록 처음엔 내키지 않았지만 결국엔 운명처럼 이끌려) 어둠의 세력에 맞서 세상을 구하는 이야기를 현란한 특수 효과를 동원해 풀어냄으로 관객의 마음을 사로잡는 데 일가견이 있다. 안타까운 건 그 내용이 그다지 성경적이지 않다는 점이다. 이는 성경을 참고한 것들이라 해도 마찬가지다.

이런 주제에 대해 기독교 매체들이 제공하는 콘텐츠도 그다지 혁신적이지도, 심지어 통찰력이 있지도 않다. 이런 주제에 대한 기독교의 목소리는 대체로 두 가지로 나뉜다. 그런 것들을 '마귀적인' 것으로 비판하거나 (어느 때는 그런 비판이 정확할 때가 있다), 아니면 할리우드의 창작물을 가져와 기독교의 주제와 이미지에 전용하는 것이다. 분명 그런 시도 자체는 인정할 만하지만, 그것은 성경을 제대로 이해했을 때에만 유익한 결과로 나타날 뿐이다. 안타깝게도 그런 일은 거의 일어나지 않는다.

놀랍게도 그리스도인들이 천사에 대해 알고 생각하는 것의 대부분은 성경보다는 기독교 전통에서 습득한 내용이다. 기독교 전통에서 말하는 천사론(angelology)[1]은 매우 불완전하고 어느 면에서는 부정확하다 해도 과언이 아니다.

그렇다면 다시 생각해 보자. 우리는 왜 천사에 대해 알아야 하는가?

단순히 답하자면 이렇다. 하나님이 성경의 저자들로 하여금 '보이지 않는 세계'에 대해서도 심혈을 기울여 기록하도록 영감을 베푸셨다면 그건 중요한 문제가 되기 때문이다. 하지만 오늘날에는 이런 식으로 말하는 것조차 만족스럽지 못하다. 왜냐하면 우리가 좀처럼 교회에서 신학적으로 사고하도록 훈련받고 있지 않기 때문이다. 대체로 우리가 교회에서 성경에 대하여 경험하는 것이라고는 어린이 주일학교 수준의 이야기에 성인용 예화를 곁들이는 정도이거나, 그렇지 않으면 결혼, 자녀양육, 치유, 신앙, 회개, 인내에 대한 교훈이 전부이기 때문이다. 물론 성경이 그리스도인의 개인적인 사안들을 다루기도 하

1. "천사론"은 천사들과 그 밖의 천상의 무리와 관련된 신학을 가리킨다. 천사론은 천상의 무리에 대한 사상의 발전을 탐구하는데, 예를 들어, 천사들의 역할, 위계질서, 이름, 그리고 천사들이 각각 어떤 권세를 지녔는지 등을 다룬다.

며 또 교회가 그와 관련한 교훈을 전해야 하는 것도 틀리지는 않다. 성경은 삶의 기쁨, 도전, 실패 등 인생의 사계절에 적용될 수 있다. 하지만 성경은 그보다 더 많은 것을 담고 있다. 단도직입으로 말하자면, 예수님은 우리 인생의 위대한 멘토 그 이상이며, 하나님은 성경의 기록자들에게 영감을 주실 때 기본적인 영적 처세술보다 더 많은 것을 염두에 두고 계셨다.

"그렇더라도 천사에 대해 배우는 것은 그다지 실생활에서 유익이 없다." 아니, 그렇단 얘기를 우리는 숱하게 들어왔다. 나는 동의하지 않는다. 이 책을 읽고 난 뒤에 당신도 나와 같은 생각을 하고 있을 것이다. 잠시 생각해 보자. 훌륭한 인생은 '지혜'에서 비롯된다. 성경의 지혜는 유익하고, 삶의 원리로 작용하는 실천적 기술일 뿐만 아니라 더 나아가 영원의 관점을 겸비하고 있다. '영원의 관점'(eternal perspective)이란 무엇인가? 그것은 하나님이 어떤 이유로 움직이시는지 이해하는 통찰이다. 그것은 하나님이 누구시며, 그가 무슨 일을 행하셨고, 그 이유가 무엇이며, 또 그가 행하고자 하시는 바가 무엇이고, 왜 하나님은 그것을 혼자 행하길 원하지 않으시는지를 분명히 이해할 때라야 비로소 포착된다. 이 모든 것을 이해하기 위해서는 성경신학이라는 도구를 활용해야 한다. 그리고 성경신학 공부는 성경을 넓고 깊게 알지 않으면 할 수 없는 일이다.

우리는 왜 천사들에 대해 주목해야 하는가? 왜냐하면 천사론은 우리로 하여금 성경신학의 익숙한 논지들에 대해 보다 명확하게 사고하는 데 도움을 주기 때문이다. 우리가 앞으로 살펴볼 하나님의 '초자연적인 가족'(supernatural family), 곧 천군은 하나님이 (신자들로 구성된) 인류라는 지상의 가족과 맺으시는 관계를 이해하는 일종의 신학적 견본이 되기 때문이다. 하나님의 초자연적인 가족에 대해 알고 나면 그와 비교되는 우리, 곧 (마찬가지로) 하나님과 가족 관계인 (신자인) 우리가 얼마나 소중한 존재인지 깨닫게 된다. 성경이 천사에 대해 말하는 바를 배우는 일은 궁극적으로 하나님이 우리를 어떻게 생각하시는지를 숙고하는 일과 연결된다. 하나님이 우리에게 알려주고 싶어 하시는 천사에 관한 지식은 우리가 영원의 관점을 갖추는 데 이바지한다. 중요한 몇 가지 주제를 이야기해 보겠다.

하나님이 우리를 보시는 방식: 하나님의 형상담지자

구약의 천사론을 논의하면서, 나는 당신의 관심을 창세기 1:26의 복수언어("'우리'의 형상을 따라 '우리'가 사람을 만들자")로 돌릴 것이다. 여기서 하나님의 "우리"는 삼위일체 하나님을 가리키는 암호 같은 발언이 아니다. 여기서 하나님은 자신의 천군에게 말씀하고 계신다. 말하자면, 하나님은 자신의 결정을 천군과 공유하고 자신의 뜻을 칙령으로 공표하고 계시는 것이다. 만일 하나님이 삼위일체의 다른 위격들에게 말씀하고 계셨다면, 그들은 이미 하나님의 의중을 알고 있었을 것이다. 그들은 하나님과 동등하며 영원히 함께 하기 때문이다.

창세기 1:26의 복수언어는 하나님의 '형상'이라는 성경의 중요 개념과 관련하여 인간, 하나님 그리고 천군의 일원들을 의도적으로 연결짓는다. 하나님의 형상을 따라 창조된 존재들이 하나님을 형상화하는 일(imaging God)은 하나님의 명령에 순종함으로 하나님을 대신하여 행동하는 대표자가 되는 것을 의미한다. 인간은 '이 땅에서(지상에서)' 하나님을 형상화한다. 천군은 '영적이고 비지구적인 세계에서' 하나님을 형상화한다. (인간과 천군) 이 두 존재는 하나님을 형상화한다는 면에서 서로 연결되어 있으며, 이는 놀라운 파급효과를 일으킨다.

(그리스도가 필요한) 잃어버린 자들에게 다가가는 이른바 "예수님 되어주기"(being Jesus) 같은 상투적인 문구에서도 이 사상은 발견된다. (인간과 천군 같은) 형상담지자들(imagers)의 역할은 하나님을 대신하는 것이다. 이는 하나님에게 휴식이 필요하거나 능력이 부족해서가 아니라 하나님이 형상담지자들로 하여금 그런 역할을 감당하도록 명하셨기 때문이다. 하나님은 자신이 창조하신 초자연적인 존재들과 인류가 그 역할을 수행하도록 의도하셨다. 인간에게는 온 세상을 에덴처럼 만들어야 할 임무가 주어졌다. 에덴은 온 피조물이 하나님의 선하심을 맛보고 하나님의 임재를 경험하던 곳이다. 그곳에서 인류는 모든 필요를 채울 수 있었고 하나님의 피조세계를 온전히 알고 누릴

수 있었다. 그곳에서 하나님의 형상담지자들은 (그들이 하나님과 함께 나누던 방식과 동일하게) 서로 친밀한 관계를 맺고 기쁨과 사랑을 경험할 수 있었다. 하나님은 자신이 시작하신 일을 인류가 완성하도록 의도하셨다. 하나님은 (인류의) 참여를 바라셨다. 하나님의 첫 가족인 천군에 대해 익히 알고 있는 사람이라면, 이런 하나님의 참여명령이 결코 낯설진 않을 것이다.

이런 인류의 신분을 이해하게 되면 우리는 다음과 같은 질문들에 한 가지로 답할 수 있다. "그렇다면 우리는 어떻게 살아야 할까?", "하나님을 어떻게 형상화한다는 말일까?", "우리는 서로를 어떻게 대우하고 바라봐야 할까?" 우리는 하나님의 때에, 하나님의 방법으로, 그리고 하나님이 품으셨을 법한 뜻을 마음에 품고 행동함으로써 하나님을 형상화한다. 물론 우리는 하나님보다 못한 존재들이며, 결국 실패할 것이다. 그러나 하나님은 용서하신다. 이것은 하나님을 형상화한다는 것이 무엇을 의미하는지에 대한 또 다른 교훈이다. 우리는 하나님을 대신하여 행동하며 하나님을 모방함으로써 하나님을 형상화한다. 어떤 상황에서든 하나님을 형상화하는 일은 그리스도인으로서 우리의 삶에 매우 실천적인 측면이 있다.

이런 '형상화 신학'의 강력한 필요성은 우리가 살아가는 현실 속 여러 사례들을 통해서도 드러난다. 만일 우리가 서로를 동일한 '하나님을 형상화하는 자'들로 여긴다면, (심지어 하나님과 멀어진 사람도 여전히 하나님의 형상담지자이기에) 인종차별은 사라질 것이다. 만일 우리 모두가 하나님을 형상화하는 '동등한' 존재임을 마음 깊이 인식한다면, 불의와 권한 남용은 사라질 것이다. 만일 우리가 하나님의 형상담지자로서 우리의 동등한 신분을 의식적으로 기억하려 한다면, 개인, 가정, 사업, 직장, 교회에서 우리가 맺는 모든 관계가 달라질 것이다. 하나님을 형상화하는 일은 교회 사역에만 국한되지 않는다. 그것은 우리 인생이 타인과 접촉하는 모든 곳에서 일어날 수 있으며, 또 그래야만 한다.

당신이 읽고 있는 동안에 미처 깨닫지 못했겠지만, 지금까지 우리는 '하나님의 천군'에 대한 통찰에 기초해 신학적인 사유를 전개해 보았다. 더욱이 잘 믿지 못하겠지만, '하나님 형상화하기'라는 중요하고도 실천적인 이 개념은 다름 아닌 천사론에서 출발했다. 이는 (하나님이 자신의 천군에게 말씀하시는) 창세기 1:26의 "우리"라는 복수언어에서 비롯된 통찰이다. 이 통찰은 우리로 하여금 거룩한 삶의 실제에 대해 생각하도록 도와준다. 놀랍지 않은가!

하나님이 우리에게 원하시는 것: 본향에서 하나님과 함께 있기

천군에 대한 성경신학이 우리 머릿속에 '영원의 관점'을 형성시켜주는 두 번째 방식에 대해 이야기해 보자. 천군에 대한 지식은 이 지상

세계가 우리가 잘 아는 것처럼 우리의 진정한 집(본향)이 아님을 상기시켜준다. 우리는 하나님의 자녀다. 천군 역시 우리보다 앞서 존재하는 하나님의 자녀다. 물론 하나님에겐 우리가 반드시 채워드려야 할 연약함이나, (외로움 같은) 부족함이 없으시지만, 성경은 하나님이 더 많은 자녀들을 원하셨음을 분명히 말해 준다. 인간은 하나님의 (천상과 지상의) 집을 넘나들 수 없지만, 하나님은 인간이 사는 곳에 거주하실 수 있었다. 그렇게 하나님은 이 땅에 머물기 위해 친히 내려오셨다.

요점은 하나님이 자신의 자녀들과 함께 하기 원하셨다는 것이다. 하나님은 우리가 하나님이 계신 곳에 함께 있기를 원하신다. 이 계획은 하나님의 신적인 가족과 인류 가족이 이 세상(에덴)에서 함께 어우러지게 하는 것이었다. 그것은 육체를 가진 인간의 물리적인 한계를 고려한 것이기도 했다. 우리가 사는 곳은 곧 하나님이 계신 곳이 될 것이었다. 하지만 거기에선 그것 말고도 더 많은 일들이 있었다.

타락은 하나님이 자신의 인간 자녀들에게 의도하셨던 본향의 삶을 붕괴시켰다. 그럼에도 불구하고, 하나님의 의도는 꺾이지 않았다. 하나님은 타락을 예견하셨다. 예지하심을 따라, 하나님은 타락 이후에 인류가 본향으로 돌아올 수 있도록 예수 그리스도 안에서 친히 사람이 되기로 작정하셨다(벧전 1:19-20; 비교. 엡 1:4). 이런 하나님의 결정 위에 천사에 관한 우리의 지식을 더해 보면 그 경이로움이 더욱 증폭된다. 하나님이 예수 그리스도 안에서 친히 사람이 되기로 결정하신 일은 천사들의 반란 때문이 아니었다. 오히려 하나님은 인류를 중심에 놓고 '구속의 계획'을 마련하셨다. 독자들도 읽어봤겠지만, 히브리서 저자는 이 점을 다음과 같이 강력하게 선포한다. "하나님이 장차 올 세상을 천사들에게 복종하게 하심이 아니라," 예수님에게 복종하게 하신다.

> 오직 우리가 천사들보다 잠시 동안 못하게 하심을 입은 자 곧 죽음의 고난 받으심으로 말미암아 영광과 존귀로 관을 쓰신 예수를 보니 이를 행하심은 하나님의 은혜로 말미암아 모든 사람을 위하여 죽음을 맛보려 하심이라… 이는 확실히 천사들을 붙들어 주려 하심이 아니요 오직 아브라함의 자손을 붙들어 주려 하심이라 그러므로 그가 범사에 형제들과 같이 되심이 마땅하도다 이는 하나님의 일에 자비하고 신실한 대제사장이 되어 백성의 죄를 속량하려 하심이라(히 2:9, 16-17).

인류를 자기 자녀로 삼으시려는 하나님의 궁극적인 열망에서 우리의 초자연적인 형제들(즉, 천군)이 보조적 비중을 차지한다는 점을 깨닫는 것은 우리가 '영원의 관점'을 갖는 데 도움이 된다. 그 열망의 크기는 하나님이 우리의 유익을 위해 천상의 존재들이라도 기꺼이 희생하려 하셨다는 사실만으로 충분히 입증된다. 하나님이 우리를 그토록

간절히 원하셨다면, 우리가 이 세상을 떠나는 일이 왜 두렵겠는가? 시편 116:15이 말하듯이, "그의 경건한 자들의 죽음은 여호와께서 보시기에 귀중한 것이다." 하나님이 우리의 구속이 성취된 십자가 사건 이전과 달리, 그 이후, 즉 현재에는 우리에게 별로 관심을 두지 않으신다고 생각하는 것도 일관성이 떨어진다. 우리는 죽음을 두려워할 필요가 없다. 왜냐하면 우리 신자들은 영원한 생명을 얻었기 때문이다. 초자연적인 반역자들은 오래 전 심판을 받았으되 우리는 그 이후로도 항상 하나님의 임재 안에 있을 것이기 때문이다.

죽음을 두려워할 게 아니라면, 우리는 실제 본향이 아닌 삶의 문제에 정신이 팔려서는 안 된다. 이 세상에서의 삶이 제아무리 경이롭다 해도 장차 도래할 세상과 정말 비교될 수 있다고 믿는가? 이 세상에서 불가피하게 겪는 고통과 좌절이 우리 이야기가 끝나는 지점이라고 정말로 믿는가? 물론 이 두 가지 질문에 쉽게 정답을 말할 수는 있겠지만, 우리가 미래에 대해 정말로 믿는 바가 현재를 살아가는 우리 삶의 방식에서도 드러나게 되어 있다.

하나님이 우리를 위해 계획하신 것: 그리스도와 함께 영원히 다스리기

영생을 얻은 것에 기뻐하기는 해도, 천국에 대한 이야기는 지루하다고 생각하는 그리스도인들을 나는 많이 만나보았다. 실은 나도 그 중 하나였다. 구름 위에 떠 있는 천국에서 모두가 하나님을 바라보면서 주야장천 찬송만 부르는 곳이라는 대중적인 관념에는 심각한 결함이 있다. 하나님의 형상담지자, 즉 하나님의 영원한 가족에겐 구름 속을 거닐며 노래하고 있기에는 할 일이 너무나 많다. 하지만 그것을 알려면 천군천사들이 지금도 인간 역사에 개입하고 있다는 개념 및 초자연적 존재들의 악한 지배 아래 있는 열국(열방)을 되찾는다는 개념을 이해해야만 한다. 우리는 우리가 예수님과 함께 공동통치자가 될 운명임을 받아들여야 한다. 그러려면 무엇보다 천군에 대한 신학은 필수적이다.

하나님의 계획에 따르면 우선, '하늘'이 땅에 임할 것이다. 이 개념은 요한계시록 21-22장의 영원한 상태에 대한 묘사에서 발견되지만, 성경의 독자들은 이 사실을 종종 놓친다. 우리는 새 에덴에서 영원한 삶을 누릴 것이다. 새 에덴은 하나님이 최초에 품으셨던 뜻이 마침내 전지구적으로 성취되는 파라다이스다. 그리고 그곳엔 하나님의 임재뿐만 아니라 영화롭게 되신 메시아적 왕인 예수님이 계실 것이다. 물론 우리도 거기에 있을 것이다. 하지만 그곳에서의 삶은 결코 수동적이지도 지루하지도 않을 것이다.

부활하신 그리스도와 같이 변화한 신자들(요일 3:1-3; 고전 15:35-49)은 새 에덴에서 열국(열방)의 통치권을 상속받는다. 예수님도 메시아 시편(시 2:9)을 인용해 이것을 직접 우리에게 적용하신다(계 2:27). 예수님은 우리에게 자신의 보좌에 함께 앉아 이 땅을 통치하는 (임무이기도 한) 특권을 허락하신다(계 3:21).

그렇다면 우리는 이 권세를 어떻게 얻는가? 요한은 우리에게 이렇게 말한다. "영접하는 자 곧 그 이름을 믿는 자들에게는 하나님의 자녀가 되는 권세를 주셨으니"(요 1:12). 우리는 열국(열방)을 다스릴 하나님의 자녀다. 구약의 천사론은 이 의미를 분명히 전달한다. 즉, 현재 열국(열방)은 타락한 하나님의 아들들에 의해 통치되고 있으며, 타락한 하나님의 아들들은 자신들이 배정받은 백성들을 압제하고 있다는 것이다(신 32:8; 시 82:1-5). 시편 기자는 천상회의(heavenly assembly)를 배경으로 한 하나님의 심판에 대해 이야기하는데, 이 장면에 등장하는 하나님의 아들들은 사람들처럼 죽을 것이다(시 82:6-7). 그리고 그들은 지극히 높으신 자가 일어나 열국(열방)을 되찾으실 때 최종적으로 내쳐지고, 누리던 신분마저 잃게 될 것이다(시 82:8). 바울도 이런 관점에서 신자들의 영원한 운명에 대해 말한다. 즉, 우리는 천사들을 심판할 것이다(고전 6:3). 이 표현에 비춰보면, 천사들이 해고 당하고, 우리는 (우리의 왕이실 뿐만 아니라 우리의 형제이신) 예수님과 더불어 이 모든 땅을 다스리는 군주로 등극하게 될 것임을 예견하게 한다(히 2:11-13). 나는 이 개념을 『성경의 초자연적 세계관』(좋은씨앗 역간)에서 설명한 바 있다.

하나님 가족의 일원이 된 자들에겐 사명이 있다. 즉, 하나님을 위한 대행자로서 이 세상을 향한 하나님의 선한 통치를 회복하고 더 많은 사람들을 하나님 가족의 일원으로 편입시키는 것이다. 우리는 주님이 다시 오실 때까지 사도행전 2장에서 시작된 대반전을 지속하고 그리스도의 몸 된 교회를 확장하기 위한 하나님의 도구다. 에덴에서 벌어진 최초의 실패 이후 악이 인류를 통해 전염됐던 것처럼, 복음도 이에 감염된 숙주들을 통해 해독제처럼 퍼져 나갈 것이다. 우리는 진리의 전파자다. 그 진리란 신들 중에 신이신 하나님, 열방을 향한 그분의 사랑, 창조 이후로 이 땅에서 자신의 가족과 함께 살기 원하셨던 그분의 변함없는 열정에 대한 것이다. 에덴은 다시 살아날 것이다.[2]

우리는 왜 천사들에 대해 관심을 가져야 할까? 앞서 살펴본 대로, 하나님의 천군에 대한 지식은 우리의 신분, 목적, 운명에 대해 보다 분명하게 생각하도록 해주기 때문이다. 그것이 정답이다.

---

2. Michael S. Heiser, *Supernatural: What the Bible Teaches about the Unseen World—And Why It Matters* (Bellingham, WA: Lexham Press, 2015), 163. 『성경의 초자연적 세계관』 좋은씨앗.

무엇을 기대하는가?

앞으로 내가 무슨 말을 할지 짐작은 했을 것이다. 당신은 더 이상 천사들에 대한 교회의 전통을 답습하거나, 천사들이 어떻게 날개를 갖게 되었는지 따위의 이야기에 귀기울일 필요가 없다(사실 천사에겐 날개가 없다). 대신에 우리는 성경 본문에 집중할 것이고, 본문에서 발견한 내용에 기초해 우리의 주장을 확인하게 될 것이다.

먼저 우리는 구약 용어들을 살피는 것으로 자연스럽게 논의를 시작할 계획이다. 그 용어들은 천군에 대한 구약신학의 틀을 위한 기초가 되어줄 것이다. 이 책의 구약 섹션(1-3장)은 구약 성경에 등장하는 주요 천사들을 다루는 장(3장)으로 마무리된다.

이 책은 곧바로 신약 성경으로 넘어가지 않고, 제2성전기(신구약중간기) 문헌으로 이동할 것이다.[3] 구약이 끝나는 시점부터 예수님의 탄생까지의 시간 동안, 유대 학자들은 자신들의 경전(구약 성경)을 숙고하면서 방대한 양의 문헌을 저술하고 있었다. 그들이 남긴 많은 저술들은 천사를 포함한 많은 것들에 대한 유대인의 사고방식에 영향을 주었다. 신약 저자들 역시 이 영향 아래 있었다. 이것이 두 번째 섹션이다.

---

3. 제2성전기라는 이름은 유대인들이 바벨론 포로에서 돌아온 이후 성전을 재건한 때로부터(BC 516년) 이 두 번째 성전이 파괴되는 때(AD 70년)까지의 시기에 기인한다.

이 책의 세 번째 섹션은 자연스럽게 신약 성경으로 넘어가게 된다. 우리는 신약이 구약 및 제2성전기와 어떤 관계에 있는지 유의하면서 천군에 대한 신약의 언어를 살펴본 후에, 한 장을 할애하여 신약의 천사론에서 제기되는 특별한 주제들을 다룰 계획이다. 마지막으로 천사에 대한 기독교의 신화들을 매력적으로 (기대하기로는 흥미롭게) 분석하는 작업으로 우리의 연구를 마무리할 예정이다.

1장.
천군을 가리키는
구약의 용어들

히브리 성경(구약 성경)이 하나님의 천군을 이루는 구성원들에 대해 무엇을 말하는지 이해하려면 당연히 성경 본문으로 시작해야 한다. 이 작업을 완수하기 위해 단순히 구약 성경에서 천사들을 가리키는 모든 언급을 조사하기만 하면 된다고 생각한다면 오해다. 논의가 진전되면 점차 분명해지겠지만, 단순히 '천사' 외에도 다른 많은 용어들을 찾아서 검토해야 한다. 그리고 그 많은 용어 가운데 무엇을 우선해야 하는지 확인하려면 막연한 투망 던지기식이 아닌 예비단계가 있어야 한다.

영적 세계에서 하나님을 섬기는 존재들에 대한 광범위한 용어들을 다루기 전에, 우리는 (영적 존재들을 가리키는) 특정 단어가 언제나 동일한 종류의 정보를 제공하는 게 아니라는 점에 주의해야 한다. 예를 들어, '영적 존재'(spiritual being)란 용어는 육신을 가지지 않은 특정 존재라는 속성에 대해서만 말해줄 뿐, 그 존재가 무슨 역할을 수행하면서 하나님을 섬기는지, 또는 그 존재가 하나님이 다스리시는 천상의 관료체제(bureaucracy, 피라미드 형태의 통치 체계) 안에서 어떤 신분/지위를 갖는지는 전혀 말해 주지 않는다. 그러므로 우리는 이런 사실로 미루어 다음 세 가지 종류의 정보에 관심을 두고자 하며, 세 가지 모두 이번 장에서 다루게 될 용어와 관련이 있다.[1]

- 속성(nature)을 가리키는 용어들(천군의 일원이란 무엇인가[또는 무엇과 비슷한가?])
- 신분(status)을 가리키는 용어들(천군의 일원들은 하나님 및 각 존재들 간 어떤 위계질서 또는 서열을 이루고 있는가?)
- 역할(function)을 가리키는 용어들(천군의 일원들은 무슨 일을 담당하는가?)

하나님의 천군에 속한 일원이 등장하는 구약의 묘사는 대체로 이 범주 중 하나에 대한 정보를 제공하고, 때로는 둘 또는 세 범주를 아우르기도 한다. 이번 장에서 우리가 할 일은 각 범주에 해당하는 용어들을 분류해 조사하는 것이다. 이 용어들이 천상의 존재들에 대해

1. 이번 장에서 우리가 논의할 용어들은 반역한 초자연적 존재들(제2부, 5장)과도 관련이 있지만, 그밖에도 하나님을 대적하는 초자연적 존재를 가리키는 용어들이 더 있다.

무엇을 가르쳐주는지를 충분히 살펴서 2장에서 이뤄질 논의에 대비해 보자.

속성을 가리키는 용어들

1. 영('루아흐', 복수형: '루아호트')

구약 성경은 하나님의 천군을 이루는 구성원들이 영적 존재임을 분명히 한다. 이들은 속성상 물리적 형체를 지닌 인간의 경험에 비추어 볼 때 육체가 없다.[2] 이런 영적 속성은 몇몇 본문에서 나타난다. 다음은 미가야 선지자가 본 이스라엘의 하나님 여호와에 대한 환상이다.

---

2. 이 내용은 천사를 사람으로 언급하고 육체적 행위를 하는 것으로 묘사하는 본문들과 모순되지 않는다(예, 창 6:1-4; 18:1-8, 16, 22; 19:1, 10-11, 16; 32:24[비교. 호 12:4]). 천사들이 인간과 소통할 때, 인간의 형체 또는 실제 육체를 지닌 상태로 나타나는 것은 성경에서 규범적인 사실에 해당한다. 인간의 감각으로 감지하고 분석할 수 있는 어떤 형태를 취하지 않는다면, 임재한 천사와 인간의 소통행위는 불가해한 것이 되고 만다. 이와 관련하여, 마 22:23-33의 예수님 말씀은 창 6:1-4를 배제하지 않는다. 예수님은 초자연적 세계인 '하늘에 있는' 천사들(30절)에 대해 말씀하고 있었지, 이 땅에서 사람들 가운데 있는 천사들을 말씀한 것은 아니었다. 영적 세계에서는 위, 폐, 심장 등이 불필요하기 때문에 하늘에서는 먹거나 호흡하지 않는다는 식으로 예수님이 친절히 설명했더라면 더 좋았을 것이다. 성경 저자들의 초자연적 세계관의 일부로서 창 6:1-4를 이해하기 위해서는 다음을 참조하라. Michael S. Heiser, *The Unseen Realm: Recovering the Supernatural Worldview of the Bible* (Bellingham, WA: Lexham Press, 2015), chapters 12–13, 23. 『보이지 않는 세계』 좋은씨앗. 고대 메소포타미아를 배경으로 이뤄지는 창 6:1-4 해석에 관한 논의는 다음을 참조하라. Michael S. Heiser, *Reversing Hermon: Enoch, the Watchers, & the Forgotten Mission of Jesus Christ* (Crane, MO: Defender Publishing, 2017), 37–54.

> 내가 보니 여호와께서 그의 보좌에 앉으셨고 하늘의 만군이 그의 좌우편에 모시고 서 있는데 여호와께서 말씀하시기를 누가 아합을 꾀어 그를 길르앗 라못에 올라가서 죽게 할꼬 하시니 하나는 이렇게 하겠다 하고 또 하나는 저렇게 하겠다 하였는데 한 영(spirit, 루아흐 [*rûaḥ*])이 나아와 여호와 앞에 서서 말하되 내가 그를 꾀겠나이다 여호와께서 그에게 이르시되 어떻게 하겠느냐 이르되 내가 나가서 거짓말하는 영(루아흐)이 되어 그의 모든 선지자들의 입에 있겠나이다 여호와께서 이르시되 너는 꾀겠고 또 이루리라 나가서 그리하라 하셨은즉 이제 여호와께서 거짓말하는 영(루아흐)을 왕의 이 모든 선지자의 입에 넣으셨고 또 여호와께서 왕에 대하여 화를 말씀하셨나이다(왕상 22:19-23; 비교. 대하 18:18-22).

이 본문에서 짚어야 할 중요한 두 가지 관찰 지점이 있다. 첫째, 이 본문에서 하늘에 있는 만군(host of heaven)의 일원들은 (육체를 가지고 있지 않은) 영적 존재들로 확인된다(21절). 둘째, 하나님이 이 영적 존재를 아합의 선지자들의 입에서 "거짓말 하는 영"이 되도록 파견하신다(22-23절). 따라서 우리는 이 본문을 대할 때 마치 하나님이 아합의 선지자들의 내면에 일종의 정서적 불안이나 심리적 혼돈을 불러일으키기라도 하시는 것처럼, 다시 말해 하나님이 직접 아합의 선지자들 각각의 영혼과 생각과 마음을 혼잡케 하신다는 식으로 해석해서는 안

된다. '루아흐'는 한 개인의 지적이고 정서적인 상태를 묘사하는 데 사용될 수도 있지만(예, 말 2:16; 시 32:2; 잠 15:13),[3] 열왕기상 22:19-23에서는 분명히 자신들의 왕에게서 명령이 떨어지기만을 기다리는 "하늘의 만군"에 속한 일원으로서 거짓말하는 영을 가리킨다. 이 영은 아합의 선지자들의 마음을 사로잡거나 그들에게 영향을 미쳐서 그들로 하여금 일제히 아합 왕을 속이는 말을 하게 만들었다.[4]

그러므로 열왕기상 22:19-23에 나오는 하나님의 천상회의 장면은, (육체가 없는 존재를 가리키면서도 거기에 모호성이 수반되는) '루아흐'가 등장하는 다른 사례들을 관찰하는 데 도움이 된다. 다음은 그와 같은 '루아흐'가 등장하는 관련 본문들이다.

> 아비멜렉이 이스라엘을 다스린 지 삼 년에 하나님이 아비멜렉과 세겜 사람들 사이에 악한 영(루아흐)을 보내시매 세겜 사람들이 아비멜

---

3. *HALOT*, 1199-1200.

4. 악한 자들을 심판하기 위해 하나님이 속임수를 사용하신다는 사실에 혼란스러워할 독자도 있을 것이다. 하지만 이는 성경에서 분명히 밝히는 바다. 때때로 속임수는 전쟁을 배경으로 하는 본문에서 나타난다(수 8:1-9). 다른 경우엔, 하나님이 심판을 예비하시는 과정에서 이 속임수를 사용하신다(삼상 16:1-5). 악을 어떻게 심판할지 결정하는 일은 전적으로 의로우신 재판장에게 달려 있다. 당연하게도 악에 대한 재판장의 형벌은 정의롭고 불의하지 않다. 참조. Walter C. Kaiser, Jr., *Toward Old Testament Ethics* (Grand Rapids: Zondervan, 1983): 225-27; Geoffrey David Miller, "The Wiles of the Lord: Divine Deception, Subtlety, and Mercy in I Reg 22," *ZAW* 126.1 (2014): 45-58; Robert B. Chisholm, Jr., "Does God Deceive?" *BSac* 155.617 (1998): 11-28.

렉을 배반하였으니(삿 9:22-23).

여호와의 영이 사울에게서 떠나고 여호와께서 부리시는 악령(루아흐)이 그를 번뇌하게 한지라 사울의 신하들이 그에게 이르되 보소서 하나님께서 부리시는 악령(루아흐)이 왕을 번뇌하게 하온즉 원하건대 우리 주께서는 당신 앞에서 모시는 신하들에게 명령하여 수금을 잘 타는 사람을 구하게 하소서 하나님께서 부리시는 악령(루아흐)이 왕에게 이를 때에 그가 손으로 타면 왕이 나으시리이다 하는지라(삼상 16:14-16).

그 이튿날 하나님께서 부리시는 악령(루아흐)이 사울에게 힘 있게 내리매 그가 집 안에서 정신 없이 떠들어대므로 다윗이 평일과 같이 손으로 수금을 타는데 그 때에 사울의 손에 창이 있는지라 그가 스스로 이르기를 내가 다윗을 벽에 박으리라 하고 사울이 그 창을 던졌으나 다윗이 그의 앞에서 두 번 피하였더라(삼상 18:10-11).

소안의 방백들은 어리석었고 놉의 방백들은 미혹되었도다
그들은 애굽 종족들의 모퉁잇돌이거늘
애굽을 그릇 가게 하였도다
여호와께서 그 가운데 어지러운 마음(루아흐)을 섞으셨으므로

그들이 애굽을 매사에 잘못 가게 함이
취한 자가 토하면서 비틀거림 같게 하였으니(사 19:13-14).

그리하여 히스기야 왕의 신하들이 이사야에게 나아가매 이사야가 그들에게 이르되 너희는 너희 주에게 이렇게 말하라 여호와께서 이 같이 말씀하시되 너희가 들은 바 앗수르 왕의 종들이 나를 능욕한 말로 말미암아 두려워하지 말라 보라 내가 영(루아흐)을 그의 속에 두리니 그가 소문을 듣고 그의 고국으로 돌아갈 것이며 또 내가 그를 그의 고국에서 칼에 죽게 하리라 하셨느니라 하니라(사 37:5-7)

각 본문에서 하나님이 보내시는 '영'(루아흐)은 한 개인 또는 집단에 부정적인 방식으로 영향을 미친다. 이런 묘사들을 두고서, 하나님이 각 개인의 마음(내면의 생각)에 어떤 식으로든 영향을 주신 것으로 이해해야 하는가, 아니면 육체를 지니지 않은 특정 존재를 직접 파견하여 인간의 행동에 영향을 미치게 만드신 것으로 이해해야 하는가? 어느 해석이 최선일까?

'루아흐'가 인간의 사고, 느낌, 의사결정 등을 묘사할 때 사용되는 용례에 기반해 본다면, 우리는 별 고민없이 전자의 관점이 더 상식적이라고 결론내릴 수도 있다. 하지만 이 본문들과 꽤나 비슷한 언어가 사용된 열왕기상 22:19-23에 비추어 보면, 저자가 '루아흐'를 사용할

때 적어도 여호와를 섬기는 (육체가 없는) 신적 존재인 영들을 염두에 두고 있었을 가능성이 있다.[5]

그리고 히브리어 '루아흐'에 수반되는 잠재적 모호성은 이것이 '바람'(wind)을 의미할 수 있다는 사실에서도 발생한다.[6] 이런 의미론상의 가능성은 시편 104:4의 해석과 관련하여 불확실성을 유발한다.

> 내 영혼아 여호와를 송축하라
> 여호와 나의 하나님이여 주는 심히 위대하시며
> 존귀와 권위로 옷 입으셨나이다
> 주께서 옷을 입음 같이 빛을 입으시며

---

5. 이 책의 목적을 고려하면, '영'을 신적 존재로 보는 해석과 그 대안이 될 만한 반박 주장에 대해 상세히 주석할 필요까지는 없다. 오히려 여러 본문들을 보면, 구약 성경과 마찬가지로 신약 성경도 천군의 일원들을 영(spirits)으로 제시한다는 사실을 밝히는 것으로 충분하다. 예를 들어, 계 1-3장에서 편지를 받는 일곱 교회의 사자들은 '영'으로 지칭된다. 오니(Aune)가 지적하듯이 "내 생각에는 확실히 두 번째 견해가 정확하다고 보는데, 이 견해는 일곱 영을 하나님의 수석(우두머리, principal) 천사들로 이해한다. 초기 유대 문헌에서 '영'이라는 단어는 오로지 '천사들'(*Jub.* 1:25; 2:2; 15:31-32; *1 Enoch* 61:12, 'spirit of light'), 또는 다양한 부류의 천상의 존재들(*1 Enoch* 75:5, 'the spirit of the dew'; 참조. *2 Enoch* 12:2[J], 'flying spirits'; 16:7, 'the heavenly winds, and spirits and elements and flying angels')을 가리키는 유의어로만 드물게 사용되었다. …이 일곱 '앙겔로이'(문자적으로는 '사자들'[angels])는 계 2-3장의 일곱 선포문을 전달받은 자들이다"(David E. Aune, *Revelation 1-5* [WBC 52A; Dallas: Word, Inc., 1997], 34, 108). 『요한계시록 상』 솔로몬.

6. *HALOT*, 1198-99. 욥 4:15은 '루아흐'가 영이나 바람 중 하나를 가리킬 수 있는 또 다른 사례다. 올든(Alden)은 이렇게 주석한다. "이 '영'(spirit)을 신적인 영으로 이해해야 할지, 아니면 '바람'으로 읽어야 할지 불확실하다"(Robert L. Alden, *Job* NAC 11; [Nashville: Broadman & Holman, 1993], 87).

하늘을 휘장 같이 치시며

물에 자기 누각의 들보를 얹으시며

구름으로 자기 수레를 삼으시고

바람(루아흐) 날개로 다니시며

바람(루호트[*rûḥôṯ*])을 자기 사신(말라킴[*mal'akim*], messengers)으로 삼으시고

불꽃으로 자기 사역자를 삼으시며(시 104:1-4).

'말라킴'이라는 단어는 히브리 성경 전체에서 '천사'(또는 사자, 사신)로 번역되는 '말라크'(*mal'ak*)의 복수형이다. ESV 번역에서 이 복수형 말라크가 '사신들'(messengers)로 표기된다. 그리고 이 '사신들'이 ESV 성경에서 "바람"(루호트)으로 언급되지만, 사실 히브리어 '루호트'는 '영들'(spirits)로 쉽게 번역될 수 있다.

시편 104:4의 해석과 관련하여 이를 신적 존재들로 보지 않고, 자연 또는 기후적 요소인 바람으로만 해석하는 주석가들이 적지 않다. ESV는 이 관점을 반영하는데, 그 번역이 시적인 뉘앙스를 효과적으로 드러내면서 하나님이 바람을 자기 사신으로 삼으신다고 말하기 때문이다. 골딩게이(Goldingay)의 주석은 이런 관점을 대표한다. "그렇다면 창조세계의 여러 요소들은 하나님의 통치와 관련한 다른 부분들에 영향을 미치는 수단이 된다. 즉, 구름은 여호와의 리무진이고, 바람은 동

력원이고, 바람과 번개 모두 여호와를 섬기는 보좌관 및 각료들이다 (시 104:3-4)."[7] 오니(Aune) 같은 학자들은 이 관점을 따라 다음과 같이 결론 내린다. "'영들'(spirits)을 가리키는 복수형 단어 '루호트'(רוחות)는 구약 성경에서 결코 천사들에 대해 사용되지 않는다."[8]

그러나 시편 104:4을 이런 식으로 해석하는 것은 설득력이 떨어진다. 전편인 시편 103편과 고대 근동 문헌에서 천사들을 묘사한 언어들을 종합적으로 살펴보면, 시편 104:4의 '루호트'를 영으로 존재하는 천사들을 가리키는 것으로 해석할 수밖에 없다. 시편 103:20-22는 이렇게 말한다.

> 능력이 있어 여호와의 말씀을 행하며
> 그의 말씀의 소리를 듣는 여호와의 천사들(말라킴)이여
> 여호와를 송축하라
> 그의 사역자들, 곧 그의 뜻을 행하는 모든 천군이여
> 여호와를 송축하라

---

7. John Goldingay, *Old Testament Theology, Volume One: Israel's Gospel* (Downers Grove, IL: InterVarsity Press, 2003), 84-85. 또 다른 학자는 이렇게 주석한다. "선지자들은 자연에는 인간에게 영향을 미칠 수 있는 많은 세력들이 존재한다는 사실을 알고 있었다. 하지만 선지자들은 그것들이 하나님의 통제 아래 있다고 믿었다. 바람(출 10:13; 시 104:3-4; 사 59:19), 물(창 6:17; 시 29:3; 사 40:12), 불(출 13:21-22; 왕상 18:24; 렘 21:14), 우박(시 78:47; 슥 14:5-6)" (David Francis Hinson, *Theology of the Old Testament* [London: SPCK, 2001], 59).

8. Aune, *Revelation 1-5*, 33. 『요한계시록 상』 솔로몬.

여호와의 지으심을 받고 그가 다스리시는 모든 곳에 있는 너희여

여호와를 송축하라

내 영혼아 여호와를 송축하라

여기서 주목할 대목은 천사들을 "사역자들"(ministers, 개역개정 "그에게 수종들며")로 지칭하는 부분이다(21절). 여기서 '사역자들'로 번역된 히브리어 단어가 시편 104편에 나오는 것과 동일하다("불꽃으로 자기 사역자를 삼으시며"; 4절). 왜 시편 103:20에서는 '말라킴'을 "천사들"(angels)로 번역하고, 104편에 가서는 "사신들"(messengers)이라 번역하는 걸까? 시편 103:20의 천사들은 또한 하나님의 명령과 그의 목소리에 순종하는 "능력 있는 자들"(mighty ones, 권능있는 자들)로 불린다. '능력 있는 자들'(깁보림[*gibborim*])은 히브리 성경 전체에서 인간 전사들을 가리키는 데에도 사용된다. '말라킴'은 다른 어떤 곳에서도 추상적인 의미에서 '자연계의 힘'을 가리키는 의미로 말해지지 않는다. 시편 104:4만 예외적인 사례로 간주하는 것은 타당하지 않다. 물론 뒤에서 논의하겠지만, 특히 구약 성경에서는 천사들이 사람과 군대 대장으로 묘사되기 때문이다.[9]

---

9. 이것을 그다지 특이한 관점이라 볼 순 없다. 예를 들어, 크라우스는 이렇게 말한다. "시 103:20과 시 148:2에서 '말라킴'(천사들)은 여호와를 보좌하면서 그를 찬양하고 경배하는 일단의 천상의 세력들에 속한다. 하지만 또한 하나님은 '사신들'과 '종들'(사역자들)을 보내신다(시 104:4). 하나님은 그의 천사들에게 자신의 종들을 그들의 모든 길에서 지키

이에 덧붙여, 다른 학자들은 시편 104:4의 또 다른 묘사를 지적한다. 즉, 하나님이 자신의 사역자들을 "불꽃"(a flaming fire, 에쉬 라하트[*'eš lahaṭ*])으로 삼으신다는 것이다. 이 단어는 고대 근동 문헌에서 신적 존재인 사역자들을 가리키는 데 사용되었다. 예를 들어, 가나안의 신이자 우가리트 최고의 신 엘(El)의 회의에 파견된 얌(Yamm)의 두 사신들은 "두 불꽃"(two flames)으로 불린다. 밀러는 이렇게 말한다.

> 얌의 사신들은 검을 들고 불꽃처럼 타오르는 전사들로 등장한다. 이 경우에 전사들이 번개를 상징한다고 가정할 이유가 없다. 바알과 얌의 전쟁에서 그들의 존재는 두 진영 모두가 불로 된 무언가를 사용하는 경향이 있었음을 시사한다. 이 사신들이 전사들이라는 데엔 의문의 여지가 없다… 이같이 제안한 다니엘 쉔켈(Daniel Shenkel)은 또한 시편 104:4의 "에쉬 (바)라하트"(*'ēš (wā) lahaṭ*)로 불리는 여호와의 사신들을 얌의 사신들과 관련짓는다.[10]

2. 하늘에 있는 자들(샤마임)

히브리어 '샤마임'(*šamayim*)은 히브리 성경에서 400회 이상 나타난다.

라는 임무를 맡기신다(시 91:11)"(Hans-Joachim Kraus, *Theology of the Psalms* [Minneapolis: Fortress Press, 1992], 49). 『시편의 신학』 비블리카아카데미아.

10. Patrick D. Miller, *Israelite Religion and Biblical Theology: Collected Essays* (Sheffield: Sheffield Academic Press, 2000), 19. 『고대 근동과 이스라엘 종교』 CLC.

이 단어는 거의 모든 용례에서 땅 위의 공간인 가시적 하늘(창 1:8; 신 4:32; 33:26), 또는 가시적 하늘 위나 그 너머의 하나님이 거하시는 영적인 영역을 가리킨다(시 115:3; 사 66:1). 이 단어는 항상 복수형으로 쓰인다.[11] 소수의 본문에서 '샤마임'은 하나님에게 속한 초자연적 무리의 일원으로 묘사되는데, 그 점을 명확히 하기 위해 "하늘에 있는 자들"(heavenly ones)로 번역해야 한다(물론 그렇게 되지 못할 때가 종종 있다). 이런 용례가 놀랍지 않은 이유는 천군의 일원들은 '하늘에 있는 자들'로 불러야 의미가 완벽하게 통하기 때문이다. 시편 89:5-7(히브리 성경은 6-8절)이 그 적절한 예다.

여호와여 주의 기이한 일을 하늘(샤마임)이 찬양할 것이요
주의 성실도 거룩한 자들의 모임 가운데에서 찬양하리이다
무릇 구름 위에서 능히 여호와와 비교할 자 누구며
신들 중에서 여호와와 같은 자 누구리이까
하나님은 거룩한 자의 모임 가운데에서 매우 무서워할 이시오며
둘러 있는 모든 자 위에 더욱 두려워할 이시니이다

---

11. 기본형 표기법에 의하면 이 단어는 (둘을 의미하는) 중수 형태처럼 보인다. 하지만 *HALOT* 사전이 지적하듯 "'샤마임'은 분명히 중수 형태지만 실제로는 복수형이다"(*HALOT*, 1560; 또한 GKC §88d; GBH §91ff을 보라).

곧 다루게 될 테지만, 이 본문은 분명히 천군을 가리켜 이스라엘의 하나님 여호와를 섬기는 회의기구(council, 개역개정, 모임) 및 총회(assembly, 개역개정, 모임)라고 말한다. 이 '신들의 회의'(divine council)는 수많은 "거룩한 자들"(holy ones)로 구성되어 있다. 5절에서 이 거룩한 자들은 '샤마임'과 병행을 이룬다.[12] 거룩한 자들은 "하늘에 있는 자들"이다.[13] 골딩게이는 이 같은 맥락에서 '샤마임'의 의미를 다음과 같이 주석한다.

> "기이한 일"과 "성실"의 병행구조에 각각 "하늘들"(샤마임)과 "거룩한 자들의 모임"이 병치되어, 후자가 전자에 구체성을 더한다. 이것이 바로 시편 82:1에서 말하는 "신들의 모임"(the divine assembly), 즉 "신들"(gods)의 총회의 실체다.[14]

욥기 15:15는 '샤마임'을 영적 존재들로 해석해야 하는 또 다른 사례다.

---

12. M. Hutter and M. de Jonge, "Heaven," *DDD* 390.
13. ESV 6절의 "heavenly beings"(천상의 존재들)는 '샤마임'이 아니라, '브네 엘림'(하나님의 아들들)을 번역한 것이다. 이 용어에 대해서는 후속 논의를 참조하라.
14. John Goldingay, *Psalms, Volume 2: Psalms 42-89*, BCOT (Grand Rapids: Baker Academic, 2006), 670.

하나님은 거룩한 자들을 믿지 아니하시나니

하늘(the heavens, 샤마임)이라도 그가 보시기에 부정하거든

'하늘들'(the heavens)이 부정하다는 표현은 하나님이 거하시는 영적 세계가 거룩한 자들에 의해 어떤 식으로든 더럽혀졌다는 의미라고 추론할 순 있지만, 분명한 사실은 히브리어의 평행법에 의하면 "하늘에 있는 자들"이 하나님 보시기에 순전하지 않다는 것이다. 이 구절의 명확한 의미는 하나님의 천군 및 회의기구에 속한 천상의 존재들이 불완전하며, 그래서 하나님은 그들을 온전히 신뢰하실 수 없다는 것이다. 성경의 이야기에서 신적인 반역자들이 존재한다는 점을 고려하면 이것은 타당한 해석이다(창 3장; 6:1-4; 시 82편).

ESV 번역 신명기 32:43은 '샤마임'이 신적인 존재들을 가리키는 데 사용된 한 사례로 잘 알려져 있다.

하늘들이여(샤마임), 그와 함께 즐거워하라

모든 신들(엘로힘['*elōhîm*])이여, 그에게 경배할지어다

그가 자기 자녀들의 피를 보응하시고

자기 원수들에게 복수하시기 때문이라

그가 자기를 미워하는 자에게 되갚으시고

자기 백성의 땅을 깨끗하게 하시리라.

위의 ESV 성경은 이 구절에서 사해사본의 독법을 따른다. 여기 신명기 32:43과 32:8에 대한 사해사본의 증거는 "신들"(gods)이 정확한 독법임을 확실히 보여준다.[15] 모세의 시적인 노래가 표현하는 행의 구성은 분명히 "샤마임"과 "엘로힘"을 나란히 위치시키며, 따라서 "샤마임"을 "하늘에 있는 자들"로 번역하는 것이 적절하다.

3. 별들(코케빔)

하나님의 천군(heavenly host)의 일원들이 "하늘에 있는 자들"로 지칭되기 때문에, 그들이 "별들"(stars, 코케빔[*kōḵeḇîm*])로 불리는 것 역시 놀라운 일이 아니다. 사실, "host"(주관자 또는 군대를 뜻하며, 히브리어로 '짜바'라 부른다-옮긴이)라는 명칭만 봐도 그렇다. 이 단어는 구약 성경에서 일월성신 같은 천체를 묘사하는 데 사용된다(예, 창 2:1; 렘 8:2).

> 의인화된 별들을 천군에 속한 천사들과 동일시하는 기술 방식은 유일신 종교체계에서 쉽게 받아들여진다. 가령, 하나님은 보좌에 앉으시고 별들은 그 보좌 좌우편에 모시고 서 있다는 식이다(왕상 22:19; 대하 18:18). 그들은 하나님을 섬긴다(시 103:21; 느 9:6)… 이 천군의

15. 참조. Michael S. Heiser, "Monotheism, Polytheism, Monolatry, or Henotheism? Toward an Assessment of Divine Plurality in the Hebrew Bible," *BBR* 18.1 (2008): 1-30 (9-10); idem, "Deuteronomy 32:8 and the Sons of God," *BSac* 158 (2001): 52-74.

선두에 "군대의 군주"(수 5:14-15 "군대 대장"; 단 8:11 "군대의 주재")가 있는데, 아마도 가장 높은 별이자 지상에서 가장 멀리 있는 존재일 것이다. 물론 실제 최고지도자는 하나님이시며, 그가 이 별들로 구성된 군대를 거느리신다. 이 개념에서 유래한 "만군의 여호와"(야훼 엘로헤 쩨바오트[*Yhwh ʾĕlōhê ṣĕbāʾôt*])라는 통합적 표현이 다수의 성경 구절에 나타난다.[16]

아마도 이와 관련하여 가장 친숙한 본문은 욥기 38:5-7일 것이다. 여기서 하나님은 욥에게 이렇게 질문하신다.

누가 그것의 도량법을 정하였는지,
누가 그 줄을 그것의 위에 띄웠는지 네가 아느냐
그것의 주추는 무엇 위에 세웠으며
그 모퉁잇돌을 누가 놓았느냐
그 때에 새벽 별들이 기뻐 노래하며(코케베 보케르[*kōḵeḇê bōqer*])
하나님의 아들들이 다 기뻐 소리를 질렀느니라

나중에 논의하겠지만, 여기서 "하나님의 아들들"(sons of God)은

---

16. F. Lelli, "Stars," *DDD* 813; 또한 Ida Zatelli, "Astrology and the Worship of the Stars in the Bible," *ZAW* 103.1 (1991): 86-99을 보라.

하나님의 신적인 가족-수행단에 속한 신적인 존재들을 가리킨다. 땅의 창조를 목격한 하나님의 아들들이라 불리는 천상의 존재들은 "새벽 별들"(morning stars)로도 묘사된다. 이사야 14:13에서 바벨론 왕의 오만은 하늘의 하나님을 대신하려 했던 한 반역자의 오만으로 비유된다. "내가 하늘에 올라 하나님의 뭇 별(코케베 엘[*kōḵeḇê ʾēl*]) 위에 내 자리를 높이리라." 학자들은 이사야 14장의 이 구절이 우가릿 본문에 나오는 신적인 반역 이야기를 원용한 것이라는 사실을 오랫동안 알고 있었다. 이 본문에서는 엘의 회의에 참여하는 신들이 "별들의 총회"[*kkbm*]로 언급된다.[17]

천군에 속한 신적인 존재들을 "별들"로 지칭한다는 사실은 주목할 만하다. 여호와의 군대 구성원들은 땅에 속하지 않는다. 그들은 하나님의 거처인 하늘에 거하는 천상의 초월적인 존재들이다.

4. 거룩한 자들(케도쉼)

앞서 언급한 바 있는 두 본문에서는 하나님의 천군에 속한 일원들

17. Michael S. Heiser, "The Mythological Provenance of Isaiah 14:12-15: A Reconsideration of the Ugaritic Material," *VT* 51.3 (2001): 354-59; Mark S. Smith, "When the Heavens Darkened: Yahweh, El, and the Divine Astral Family in Iron Age II Judah," in *Symbiosis, Symbolism, and the Power of the Past: Canaan, Ancient Israel, and Their Neighbors from the Late Bronze Age Through Roman Palaestina*, eds. William G. Dever and Seymour Gitin (Winona Lake, IN: Eisenbrauns, 2003), 265-77; Ulf Oldenburg, "Above the Stars of El," *ZAW* 82.2 (1970): 187-208.

을 가리켜 "하늘에 있는 자들"이라고 지칭할 뿐만 아니라 "거룩한 자들"(Holy ones; 케도쉼[*qedōšîm*], 시 89:5-7[히브리 성경은 6-8절]; 욥 15:15) 이라고도 부른다. '케도쉼'이라는 단어가 사람들을 가리킬 수는 있지만(시 16:3; 단 8:24), 그보다 더 많은 용례에서 여호와를 섬기는 영적 존재들을 가리킨다(신 33:2-3; 욥 5:1; 슥 14:5; 단 4:17).[18]

다음 장에서 다루겠지만, "거룩한 자들"이라는 호칭은 어떤 완전성(quality of perfection)을 뜻하지 않는다. 실제로 하나님은 그의 천군에게도 "허물"이 있다고 지적하신다(욥 4:17-18). 그들은 결코 무오한 존재들이 아니다. 따라서 하늘에 있는 "거룩한 자들"은 지상에 있는 사람, 장소, 물건의 '거룩성' 개념과 동일한 방식으로 이해해야 한다. '거룩'이라는 속성은 하나님의 임재에 대한 접근성, 유대성(association)과 관련있다.[19]

5. 신들/ 신적인 존재들(엘로힘)

나는 이미 성경에 등장하는 신적인 복수형 단어, 즉 복수형 '엘로힘'의 실체에 대해 상세하게 다룬 바 있다.[20] 성경 저자들은 하나님의 천군의

---

18. 실제로 신 33:2의 예를 살펴보면, 단수형 명사 '코데쉬'가 그것과 다른 히브리어 기본형을 지닌 복수형 명사 "수많은 사람들"(myriads; 개역개정 "일만의 성도들")을 수식한다. 단 4:17에서는 히브리어 '케도쉼'과 동족어인 아람어 단어 '카디쉰'이 쓰인다.

19. 참조. J. A. Naudé, "קָדַשׁ(카다쉬)" *NIDOTTE* 3:877-87.

20. 예. Heiser, *The Unseen Realm*, 21-27; idem, "Monotheism, Polytheism, Monolatry, or Henotheism", 1-30; idem, "Should elohim with Plural Predi-

일원들을 신들(gods), 즉 하나님의 천상회의 내지는 신들의 모임에 참여하는 하등한 신적 존재들로 가리킨다.[21] 여기서는 이전에 탐구한 내용을 간략히 정리해 보려고 한다.

우리는 앞서 시편 89:5-7(히브리 성경은 6-8절)이 이스라엘의 하나님 여호와의 권세 아래 있는 "거룩한 자들" 그리고 "하늘에 있는 자들"의 회의(내지는 총회)를 묘사하고 있음을 다룬 바 있다.[22] 6절이 명확하게 밝히는 대로, 이 회의는 "하늘에서"(in the skies, 바하샤크[*baššaḥaq*], 개역개정, "구름 위에서") 열리는데, 이는 하나님의 천상회의에 참여하는 하나님의 아들들의 정체가 인간이며 이스라엘의 사사들이라는 해석의 가능성을 배제하는 것이다. 본문의 이런 명확성은 시편 82:1, 6에서도 반영된다.

---

cation Be Translated 'Gods'?" *Bible Translator* 61.3 (2010): 123-36; idem, "Does Deuteronomy 32:17 Assume or Deny the Reality of Other Gods?" *Bible Translator* 59.3 (2008): 137-45.

21. 참조. Michael S. Heiser, "Divine Council," *DOTWPW* 112-16; idem, "Divine Council," *LBD*.

22. 다른 자료들도 참조하라. E. Theodore Mullen Jr., *The Divine Council in Canaanite and Early Hebrew Literature* (Chico, CA: Scholars Press, 1980); Lowell K. Handy, *Among the Host of Heaven: The Syro-Palestinian Pantheon as Bureaucracy* (Winona Lake, IN: Eisenbrauns, 1994); H. W. Robinson, "The Council of Yahweh," *JTS* 45 (1944): 151-57; David Marron Fleming, "The Divine Council as Type Scene in the Hebrew Bible" (PhD diss., Southern Baptist Theological Seminary, 1989); Min Suc Kee, "The Heavenly Council and Its Type-Scene," *JSOT* 31.3 (2007): 259-73; S. B. Parker, "Sons of (The) God(S)," *DDD* 798; G. Cooke, "The Sons of (the) God(s)," *ZAW* 35 (1964): 22-47.

하나님(엘로힘)은 신들의 모임 가운데에(아다트 엘[*'adat 'ēl*]) 서시며
하나님은 신들(엘로힘; 개역개정 "그들") 가운데에서 재판하시느니라…
내가 말하기를 너희는 신들이며(엘로힘),
다 지존자의 아들들이라(브네 엘욘[*benê 'elyōn*]) 하였으나…

시편 82:1에서 엘로힘은 두 번 나타난다. 엘로힘은 형태상으로 복수형이다. 하지만 의미상으로는 대부분 단수형으로 많이 쓰인다.[23] 시편 82:1의 경우 의미상 단수와 복수 모두 사용된다. 첫 번째 엘로힘은 단수 분사형 동사 '니짜브'(*niṣṣab*, "서다" 또는 "자리잡다")와 문법적으로 짝을 이룬다. 의미상 복수로 이해될 수밖에 없는 두 번째 엘로힘은 이에 선행하는 전치사 '베케레브'(*beqereḇ*, [그들] 가운데에)에 의해 수식된다. 단수에 대해 "~가운데에"라는 표현을 쓸 수는 없다.

시편 82:1의 두 번째 엘로힘이 의미상 복수라는 사실은 82:6에서 분명해진다. 하나님이 다른 엘로힘들에게 선언하신다. "너희는 다 신들(엘로힘)이며"("you are gods(*'elōhîm*), all of you."). 하나님의 선언에서 사용된 두 개의 대명사("너희")는 모두 문법적으로 복수형이다. 이

23. 바이블 소프트웨어의 히브리어 형태론에 따른 구문분석을 보면, 히브리 성경에서 '엘로힘'이라는 명사는 문법적으로 일관성 있게 단수 동사 및 술어와 함께 2,000회 이상 나타난다.

엘로힘들은 지극히 높으신 자의 "아들들"(복수형)이며, 여기서 "지존자"라는 호칭은 성경에서 달리 더 높은 존재가 없는 까닭에 유일하신 하나님을 가리키는 것이 분명하다.

많은 학자들이 이 구절을 언급하며 한때 성경 저자들이 이스라엘 역사에서 다신론자들이었을 거라고 주장한다. 이런 생각은 엘로힘이라는 단어의 의미에 대한 그릇된 개념에 기초한다. 우리는 성경 저자들이 엘로힘에 대해 우리가 하나님(God)이라고 부르는 것과 동일한 의미로 생각했으리라고 전제한다. '하나님'이라는 단어를 생각할 때, 우리는 본능적으로 그 단어에 편재성, 전능성, 주권 등과 같은 신적 속성을 부여한다. 하지만 이런 전제는 사실과 부합하지 않으며, 성경에서 엘로힘이라는 단어는 하나님만을 가리키는 것이 아니라 때로는 일단의 무리를 가리키려는 의도에서도 사용되었다. 이 사실을 알고 나면, 이런 전제가 단어의 의미에서 벗어난 것임도 알게 될 것이다.

성경 저자들이 '엘로힘'이라는 단어를 사용하는 방식을 잘 살펴보면, 우리의 전제가 잘못되었음을 확인할 수 있다. 즉 히브리 성경에서 엘로힘이 명백하게 이스라엘의 하나님보다 하등한 영적 존재들을 가리키는 데에도 사용되었다. 물론 엘로힘은 수천 번 씩이나 한 분이신 이스라엘의 하나님을 가리키는 데 사용되긴 하지만, 그 밖에도 성경에서는 하나님에 의해 심판받는 영적 존재들(시 82:1, 6), 이스라엘 주변국의 신들 및 여신들(삿 11:24; 왕상 11:33), 특정 지역을 관할하는 영들(히브리어 "셰딤"[*shedim*], 종종 "귀신들"[demons]로 번역됨; 신 32:17), 그리고 죽은 자의 영들(삼상 28:13)을 가리킬 때도 사용된다.

성경 저자들 가운데, 죽은 자들이나 특정 지역을 관할하는 영들이 이스라엘의 하나님과 동등한 속성과 권능을 지닌다고 생각하는 이들은 없을 것이다. 엘로힘은 신적 속성의 총체를 가리키는 단어가 아니다. 만일 그렇다면 이스라엘의 하나님이 수많은 동등한 신들 가운데 하나였다는 뜻이 되고 말 것이다. 성경 저자들은 결코 다신론을 주창하지 않는다. 그들은 복수형 의미의 용어가 필요한 문맥에서 엘로힘이라는 단어를 사용했을 뿐이다.

- 귀신들(히브리어 "셰딤"; 신 32:17)
- 죽은 사무엘(삼상 28:13)
- 천사들 또는 여호와의 천사들(창 35:7)[24]

성경 저자들이 일정한 범주에 속한 존재들을 통칭하여 엘로힘이라 불렀고, 성경의 다른 곳에서는 이 단어를 사용하여 여호와와 여호와보다 하등한 다른 존재들을 구분하려 했다는 사실을 볼 때, 이는 우리가 엘로힘을 유일한 특정 존재만이 소유하고 있는 일단의 고유한 속

---

24. Heiser, *The Unseen Realm*, 29-30. 『보이지 않는 세계』 좋은씨앗.

성들과 연결지어 이해해서는 안 된다는 점을 분명히 말해 준다. 성경 저자라면 그 속성상 육체를 지니지 않은 '영적 세계의 일원'을 가리키는 데 이 엘로힘이라는 단어를 사용할 것이다. 초자연성으로도 이해되는 이 '타세계성'(otherworldliness)은 영적 세계의 모든 거주자들이 소유한 속성이다. 본질적으로 엘로힘이라는 단어 자체가 그 존재가 어디에 속해 있는지를 말해 주기 때문에 영적 세계의 존재들은 모두 엘로힘으로 이해될 수 있다. 영적 세계에는 계급과 위계질서가 존재한다. 여호와는 지극히 높으신 자(지존자)시다. 그러므로 성경 저자들은 여호와와 다른 엘로힘들을 구분하기 위해 엘로힘을 단수 명사로 사용하는 방식이 아니라, 여호와가 배타적으로 소유하고 계신 속성들을 기술하는 방식을 사용한다.

성경 저자들은 여호와의 고유한 속성들을 기술한다. 여호와는 전능하시고(렘 32:17, 27; 시 72:18; 115:3), 다른 엘로힘들을 다스리는 주권자 왕이시며(시 95:3; 단 4:35; 왕상 22:19), 자신의 천상회의 구성원들의 창조주이시고(시 148:1-5; 느 9:6; 비교. 욥 38:7; 신 4:19-20; 17:3; 29:25-26; 32:17; 약 1:17), 다른 엘로힘들의 경배를 받기에 합당한 엘로힘이시다(시 29:1). 실제로 느헤미야 9:6은 여호와가 유일한 존재임을 명시적으로 선언한다. 여호와는 오직 '한분'이시다(개역개정,

"오직 주는 여호와시라").[25]

이 관점은 구약시대의 뒤를 잇는 제2성전기(신구약 중간기)의 매우 보수적인 유대교 사상과도 정확히 일치한다. 예를 들어, 쿰란 동굴에서 발견된 사해사본의 비정경 자료에 따르면, 대략 180회 가량 엘로힘과 엘림(*ʾēlim*, 또한 "신들")이라는 단어가 여호와의 천군에 속한 일원들을 가리키는 데 사용된다.[26]

이제까지의 논의를 정리해 보면, 구약의 저자들이 사용하는 "영들", "하늘에 있는 자들", "신들, "신적인 존재들" 같은 용어는 여호와의 천군에 속한 일원들의 속성을 기술한다. 이와 같은 개념 정리가 끝났다면, 보다 친숙한 '천사'에 대해 살펴보자.

서열상의 신분을 가리키는 용어들

시편 82편과 89편은 (최고권위자 하나님이 주재하시는) 회의 기구(또는 총

---

25. Heiser, *The Unseen Realm*, 32. 『보이지 않는 세계』 좋은씨앗.

26. Michael S. Heiser, "Monotheism and the Language of Divine Plurality in the Hebrew Bible and the Dead Sea Scrolls," *TynBul* 65.1 (2014): 85-100. 엘로힘에 대한 이 접근방식은 또한 몰몬교의 교리와도 대조를 이룬다. 나는 시편 82편, 그리고 다른 곳에 나타난 신의 복수성에 대한 몰몬교의 해석을 비평한 바 있다. 참조. Michael S. Heiser, "You've Seen One Elohim, You've Seen Them All? A Critique of Mormonism's Use of Psalm 82," *Foundation for Ancient Research and Mormon Studies Review* 19.1 (2007): 221-66.

회)에 구성원으로 참여하는 하나님의 천군에 속한 일원들을 명시적으로 언급한다.[27] 구약 성경은 특정 범주의 용어들로 이 천상의 관료 체제를 기술한다.[28]

- 총회(assembly; 기본형, 에다[*ʿēdāh*]; 연계형, 아다트[*ʿadaṯ*])
- 회의(council; 소드[*sōḏ*])
- 회중(congregation; 카할[*qāhāl*])
- 회집(assembly, assembled meeting; 모에드[*môʿēd*])
- 법정(court; 아람어, 딘[*dîn*])

히브리 성경에서 '에다'는 거의 150회 나타나며, 다양한 모임, 무리,

27. 성경에 등장하는 여호와의 회의기구에 대한 묘사는 다신론의 만신전과는 다르다. 참조. Heiser, "Divine Council," *DOTWPW* 112-16; idem, "Divine Council," *LBD*; idem, *The Unseen Realm*, 21-37; Stephen F. Noll, *Angels of Light, Powers of Darkness* (Downers Grove, IL: InterVarsity Press, 1998), 37-38, 126-27.

28. 이 명사들의 기본형 외에도, 히브리 성경에서 최소한 하나님의 어전회의(throne room)처럼 신적인 존재들의 모임을 나타내는 하나의 문맥에 등장하는 단어들이 있는데, 이것들은 '도르'(*dôr* , "둘러싼 진영, 세대")에서 비롯된 것이 분명하다. 이 단어(도르)는 신적인 관료체제의 문맥에서 사용된 것이 아니라, 오히려 북서지역 셈족의 동족어 *dr* 로 볼 수 있다. 예를 들어, 다음과 같은 가나안 비문들을 참조하라. *KAI* 26A iii.19: *dr kl bnʾlm* ("신들의 아들들의 총회"); *KAI* 27:12: dr kl qdšn ("거룩한 자들의 총회"). 여기에 우가릿 본문의 예시도 포함된다. *dr ʾil*, "엘의 총회" (*KTU*[2] 1.15.III:19; 1.39:7; 1.162:16; 1.87:18); *dr bn ʾil*, "엘의 아들들의 총회"(*KTU*[2] 1.40:25, 33-34); *dt šmm*, "하늘에 있는 그들의 총회"(*KTU*[2] 1.10.I: 3, 5); *dr ʾil wpḫr bʿl*, "엘의 총회와 바알의 총회"(*KTU*[2] 1.39:7; 1.62:16; 1.87:18). 참조. *DULAT* 1:279-80; *DNWSI* 1:259.

공동체를 가리킨다(예. 시 22:17; 민 16:5; 잠 5:14).[29] 이 단어는 시편 82:1에서 한 무리의 신적인 존재들을 묘사하는 데 사용되었는데, 다수의 학자들은 이 단어가 성경 히브리어와 밀접한 관련이 있는 우가릿 본문의 어구와 정확히 병행을 이룬다고 지적한다.[30]

히브리어 '소드'는 '에다'보다는 덜 일반적이지만(21회 언급), 성경 저자는 여호와가 주재하시는 "거룩한 자들의 모임"(council of holy ones)을 가리킬 때 이 단어를 빈번하게 사용한다. 이와 관련하여 우리는 이미 시편 89:7을 인용했지만, 다음의 참고구절 역시 여호와가 주재하시는 신들의 회의에 대해 언급한다. 욥기 15:7; 예레미야 23:18; 아모스 3:7.[31] 천상회의의 역할과 관련하여 이 본문들에 나타나는 세부사항들은 뒤에서 다룰 예정이다.

'소드' 외에도, 시편 89:5는 '카할'(거룩한 자들의 모임, assembly of the holy ones)을 사용한다. 이 모임은 "하나님의 아들들"이 구성원으로

29. *HALOT*, 789-90.

30. 우가릿 본문을 참고하면서부터 학자들은 예를 들어, 엘, 바알, 스올에 대한 성경의 언급을 더 잘 이해할 수 있게 되었다. 우가릿 본문에서 *'dt 'ilm*("엘/신들의 총회")란 어구는 두 번 나타난다(*DULAT* 1:152; *KTU*[2] 1.15.II: 7, 11을 보라). 우가릿 본문과 히브리 성경의 관계에 관한 보다 광범위한 주제에 대해서는 다음을 참조하라. A. H. W. Curtis and J. F. Healey, *Ugarit and the Bible* (Münster: Ugarit-Verlag, 1994); Peter C. Craigie, "Ugarit and the Bible: Progress and Regress in 50 Years of Literary Study," in *Ugarit in Retrospect: Fifty Years of Ugarit and Ugaritic*, ed. Gordon D. Young (Winona Lake, IN: Eisenbrauns, 1981), 99-111.

31. 암 3장에 대해서는 특히 다음을 참조하라. David E. Bokovoy, "שמעו והעידו בבית יעקב: Invoking the Council as Witnesses in Amos 3:13," *JBL* 127.1 (2008): 37-51.

참여하고 "하늘에서"(시 89:6, 개역개정 "구름 위에서") 열린다. '에다'와 마찬가지로 '카할'은 120회 이상 사용되며 다양한 무리들, 특히 많은 백성의 무리와(민 20:4[회중]; 신 5:22[총회]; 왕상 8:14[회중]) 큰 규모의 군대를 가리키기도 한다(겔 17:17; 23:46; 38:15).

'모에드'라는 명사는 일반적으로 모임 장소(a meeting place)를 가리킨다.[32] 신들의 총회가 "우주적인 산"에서 열린다는 관념은 고대 근동 문헌에서 매우 일반적이다.[33] 우가릿에서 "집회의 산"(mount of assembly)은 주재하는 신과 그 회의에 따라 다르다. 성경의 사고에 따르면(사 14:12-13), "집회의 산"(하르 모에드[*har môʿēd*])은 "하나님의 별들"이 "북쪽 끝에서"(야르케테 짜폰[*yarketê ṣāpôn*], 개역개정, "북극") 여호와를 만나는 장소다.[34]

아람어 기본형 '딘'은 에스라서와 다니엘서에서 다섯 번 언급된다.

---

32. *HALOT*, 557.

33. 참조. Richard J. Clifford, *The Cosmic Mountain in Canaan and the Old Testament* (Cambridge, MA: Harvard University Press, 1972); Heiser, *The Unseen Realm*, 44-49; W. A. VanGemeren, "Mountain Imagery," *DOTWPW* 481-83; Edwin Kingsbury, "The Theophany Topos and the Mountain of God," *JBL* 86.2 (1967): 205-10; M. Selman, "הַר, har," *NIDOTTE* 1:1051-55; N. Wyatt, *Space and Time in the Religious Life of the Near East* (Sheffield: Sheffield Academic Press, 2001), 148-54.

34. 왓슨(W. G. E. Watson)은 이렇게 말한다. "특히 집회의 산(하르 모에드, hr mʿd)과 짜폰산(야르케테 짜폰, yrkty ṣpwn; 13절)은 각각 우가릿 본문에서 언급된 총회(pḫr mʿd; *KTU* 1.2 i:14)와 짜폰산(mrym ṣpn; *KTU* 1.3 iv:1)과 상응한다."(W. G. E. Watson, "Helel," *DDD* 394).

각 용례마다 공의 또는 심판의 선언과 관련된다. 다니엘 7:9-10에서는 "그를 섬기는 자는 천천이요 그 앞에서 모셔 선 자는 만만인" 하늘 장면 한 가운데 옛적부터 항상 계신 이가 좌정하셨는데, 거기에 "보좌들"이 놓였고, "법정"('디나'[*dînā*]; 회의)이 "심판을 베풀었다."[35]

많은 학자들이 신들의 회의 내부에 뚜렷한 위계질서가 존재한다고 지적해 왔다. 여호와를 비롯하여 회의에 참여하는 모든 구성원은 천상의 영적 존재들이다(루호트; 샤마임[*šamayim*]; 엘로힘).[36] 하지만 고대 가나안 본문(특히 우가릿 본문)과 "하나님의 아들들"(브네 엘로힘/엘림), 그리고 "천사"(말라크) 등과 같은 천상회의 관련 용어들을 신중히 비교 검토해 보면 이 회의기구가 세 위계구조로 나뉘는 것을 알 수 있다.

"군주"(prince, 사르[*sar*])라는 단어 역시 위계질서와 관련있다. 이 호칭이 천군의 모든 구성원에게 붙는 것은 아니다. 『보이지 않는 세계』에서 논의했듯이, 초자연적 세계의 "군주들"은 (지극히 높으신 이의 신적인 판결에 의해 열국을 배정받은) "하나님의 아들들"과 동일시되어야 한다(신 32:8-9[쿰란역, 70인역]).[37] 이들은 여호와와 그의 백성들을 대

---

35. '디나'(dînā)는 아람어 기본형 '딘'(dîn)의 한정형이다.

36. 여기서 위계질서라고 말하는 것은 아버지, 아들, 성령 같은 신학적 용어에 덧붙는 것이 아니다. 삼위일체의 구성원들은 동일한 본질과 신성을 지니셨으며, 천상회의의 가장 높은 층위에 자리한다.

37. Heiser, *The Unseen Realm*, 110-22. 열국을 다스리도록 배정받은 하나님의 아들들, 즉 다니엘서에 등장하는 신적인 군주들은 신약 성경에서 바울이 지리적인 통치권을 암시하는 용어들의 개념적 기원이 된다(예. "정사"[principalities], "권능"[powers], "통

적하는 나라들을 다스리는 "군주들"이기도 하다(단 10:13, 20).[38] 지극히 높으신 이의 이 아들들은 (시편 82편에서 언급되는) 타락과 반역을 저지르고, 결국엔 여호와를 섬기는 일에서 이탈한 죄의 대가로 이후에 심판을 받는다.[39] 군주와 관련된 용어들이 긍정적인 의미로 사용되기도 한다. 가령 "여호와의 군대 대장(사르)"이 있다(수 5:14).[40] "가장 높

치자"[rulers], "보좌"[thrones], "주관자"[dominions], "권세자"[authorites] 등과 같은 단어들). 참조. *The Unseen Realm*, 328-31. 바울의 용어 및 신명기 32장과의 관계에 대한 상세한 개요는 다음을 참조하라. Ronn Johnson, "The Old Testament Background for Paul's Principalities and Powers" (PhD diss., Dallas Theological Seminary, 2004). 관련 용어들에 대한 간략한 논의는 다음을 참조하라. D. G. Reid, "Principalities and Powers," *DPL* 746-52. 여기에 더해, 오니는 다음과 같이 지적했다. "천사적인 존재를 호명하는 데 사용된 단어 '아르콘테스'(archontes) 는 단 10:13의 칠십인역에 처음 나타나고, 단 10:13, 20-21; 12:1의 데오도티온 역본에 7회 언급된다. 특히 칠십인역에 '스트라테고스'(stratēgos, 사령관[commander], 치안판사[magistrate]) 라는 단어가 사용되는데, 이 단어들은 모두 아람어 '사르'(군주)에서 번역된 것이다"(참조. D. E. Aune, "Archon," *DDD* 82-85).

38. 히브리 성경에 대해 본문비평을 수행한 학자들은 만장일치로 신 32:8의 괄호에 표기된 쿰란의 독법(브네 엘로힘)이 마소라 본문의 독법(브네 이스라엘, bny yśr'l)보다 우월하다고 평가한다. 예. P. W. Skehan, "A Fragment of the 'Song of Moses' (Deut 32) from Qumran," *BASOR* 136 (1954) 12-15; Julie Duncan, "A Critical Edition of Deuteronomy Manuscripts from Qumran, Cave IV. 4QDt^{b}, 4QDt^{e}, 4QDt^{h}, 4QDt^{j}, 4QDt^{b}, 4QDt^{k}, 4QDt^{l}," (PhD diss., Harvard University, 1989); Jeffrey H. Tigay, *Deuteronomy,* The JPS Torah Commentary (Philadelphia: Jewish Publication Society, 1996), 514-18; Heiser, "Deuteronomy 32:8 and the Sons of God," 52-74; Jan Joosten, "A Note on the Text of Deuteronomy xxxii 8," *VT* 57.4 (2007): 548-55.

39. 당연하게도 여호와와 대립하며 적대 관계에 있는 신적인 존재들은 더 이상 여호와를 섬기지 않는다. 여전히 영적인 세계에 속하면서도 여호와의 회의기구의 일원이 된다는 것은 그에게 순종하며 섬긴다는 것을 의미한다. 사탄 및 창 6:1-4과 신 32:8의 타락한 하나님의 아들들과 같은 신적인 존재들은 이제 심판 아래 있고, 더 이상 하나님의 주권적인 통치 사역에 포함되지 않는다.

40. 이 "군주"의 정체에 대한 3장의 논의를 참조하라.

은 군주"(chief princes)라는 용어는 분명히 서열화된 계급구조를 암시한다. 이스라엘의 "군주" 미가엘(단 10:21; 12:1)은 "가장 높은 군주"(단 10:13) 중 하나로 불린다. 콜린스(Collins)는 이렇게 설명한다.

> 이 군주 개념의 기원은 신적인 회의기구에 대한 고대 근동의 사상에서 찾아야 한다. 앗수르의 관원장 랍사게의 조롱 속에는 민족들을 주관하는 신들이 존재한다는 개념이 깔려 있다. "민족의 모든 신들 중에 누가 그의 땅을 내 손에서 건졌기에 여호와가 예루살렘을 내 손에서 건지겠느냐"(왕하 18:35 = 사 36:20).[41]

신적인 회의기구 안에 서열화된 위계질서가 존재한다는 증거를 확인할 수 있는 다른 단서들도 있다.[42] "하나님의 아들들"은 가족 언어다. "천사"(angel)는 히브리어 '말라크'(메신저, 사신)를 번역한 것이다. 이

---

41. John J. Collins, "Prince," *DDD* 663.

42. 이스라엘의 천상회의 내의 위계질서를 묘사하는 용어와 모티프, 그리고 구약 성경과 우가릿/가나안의 천상회의 본문에 나타난 용어상의 중첩에 대해서는 다음을 참조하라. Mark S. Smith, *The Origins of Biblical Monotheism: Israel's Polytheistic Background and the Ugaritic Texts* (Oxford: Oxford University Press, 2001), 41-61. 또한 참조. Mullen, *The Divine Council in Canaanite and Early Hebrew Literature*, 175-208; Handy, *Among the Host of Heaven*, 65-168; Ellen White, *Yahweh's Council: Its Structure and Membership* (Tübingen: Mohr Siebeck, 2014), 105-37. 대부분의 학자들은 우가릿의 천상회의에서 네 개의 계층을 보지만, 이스라엘의 천상회의에도 네 계층이 있다는 증거는 상당히 부족하다. 신적인 회의기구에 대한 추가적인 논의는 다음 장을 참조하라.

언어는 다분히 의도적으로 사용되었다. 성경 저자는 왕가(royal) 개념이 등장하는 맥락에서 "아들"(sonship)이라는 표현을 사용함으로써 그 당사자가 고위 관료라는 개념을 전달한다. 왕의 자녀는 단순한 메신저가 아니다. 그들은 더 높은 신분을 갖는다. 왕의 아들들은 권력 서열의 최상층부에 속한다. 그들은 왕이 직접 부여한 신분(지위)을 지닌 채, 왕의 권력을 대신 행사한다. 그러므로 왕의 통치 구조상 그 내부에는 통치 행위에 함께 참여하는 수백 내지 수천의 개별적인 존재들이 있으며, 그들 사이에는 뚜렷한 서열이 존재한다. 그중에서도 (직계 및 방계) 가족 구성원이라면 최고위층에 속한다.

신들의 회의기구 안에 존재하는 위계질서는 다음으로 살펴볼 '역할'(기능, function) 관련 용어들로 하나님의 천군을 설명할 때 보다 잘 드러난다.

역할을 가리키는 용어들

천군에 속한 일원들이 수행하는 일 또는 활동의 한 측면을 말해 주는 히브리어 단어들이 많다. 이 단어들을 통해 우리는 그들의 직무가 무엇이며, 그 특정 임무와 관련하여 그들이 어떤 속성을 지녔는지에 대해서도 알 수 있다.

1. 천사(말라크; 복수형: 말라킴)

앞서 언급했듯이, 히브리어 '말라크'는 '메신저'를 의미한다.[43] 이와 관련된 명사 '멜라카'(*melāḵah*)가 히브리 성경에서 종종 (이곳저곳을 돌아다니는) '업무 여행' 또는 '무역 사절'을 의미하는 것은 결코 놀라운 일이 아니다.[44] 단어의 형태론적 측면에서 살펴보면, '말라크'는 "보내다"를 뜻하는 셈족어 동사(*l'k*)에서 파생되었을 가능성이 매우 높다. 물론 히브리 성경에서 이 동사의 예를 찾을 순 없다. 그래서 일부 학자들은 '말라크'가 외부 셈족어에서 성경 히브리어로 유입된 게 아닌가 추측한다.[45]

히브리어 '말라크'가 "메신저"를 의미한다는 점은, 인간 메신저들이 메시지를 전달하기 위해 파송되거나(창 32:3, 7; 신 2:26; 느 6:3; 삼하 11:19) 메시지와 보고사항을 가져오는 본문들(수 6:17, 25)에서 매우 뚜렷하게 나타난다. 하나님으로부터 파송받은 인간 역시 '말라크'로 기

43. *HALOT*, 585.

44. *HALOT*, 585.

45. 이 점에 대해 마이어는 이렇게 쓴다. "히브리어 '말라크'의 접두사 '멤-'과 모음 '아'는 일반적으로 수행동사의 동작을 수행하는 수단이나 도구를 식별하는 도구 명사(마크탈, *maqtal*)에 대해 예상되는 것과 일치한다. (여기서 메시지가 전달되는 수단이므로, 즉 메신저가 된다.) 이 동사(*l'k*)는 히브리어에서 예를 찾을 수 없기 때문에 일부 학자들은 '말라크'가 외부 언어에서 차용한 외래어라는 의구심을 갖는다. 하지만 '말라크'의 어근이 셈족 언어에서 광범위하게 입증될 뿐만 아니라, *l'k*가 북서 지역 셈어(우가릿어)에서 확인되기 때문에, '말라크'라는 히브리어는, 한때 어근으로 생성되었으나 그보다 더 선호되고 덜 구체적인 단어 ŠLḤ(보내다)와 의미상 중첩되는 문제로 결국 히브리어에서 사라져버린 *l'k*의 흔적이라고 보는 것이 최선일 것이다." 참조. S. A. Meier, "Angel I," *DDD* 45.

술된다(선지자들: 학 1:13; 대하 36:15; 제사장들: 말 2:7). 이런 (가령, 처음부터 전달할 메시지가 없이 파송된 제사장들 같은) 사례들은 이 용어의 이면에 깔린 핵심 개념이 메시지 자체에 있지 않고 오히려 그 대상이 하나님을 섬기기 위해 파송된다는 점에 있음을 보여준다. 히브리 성경에서 '말라크'는 하나님으로부터 보냄받은 초자연적인 영적 존재들을 가리킬 때가 가장 많다. 헬라어 신약 성경의 '앙겔로스'에서 가져온 영어 번역 "angel"은 인류와는 구별되는, 초자연적 존재인 메신저들을 가리킬 때 사용된다.

구약 성경에서 천사 메신저들이 종종 "사람"(men, 아나쉼[*'ănāšîm*])으로 명시되는 점은 흥미롭다(예. 창 18:1-8, 16, 22; 19:1-22).[46] 다른 본문에서는 이들이 어느 정도 인간의 형체를 취했음을 암시하는데, 이는 인류가 자신들 앞에 신적인 존재들이 와 있다는 사실을 인식할 수 있기 위해 필요한 조치였기 때문일 것이다(예. 창 28:12; 32:1).[47] 하지만 이런 전형에서 벗어나는 예외적인 사례도 있으며(창 21:17; 22:11), 이는 천사가 사람과 상호작용하는 데 꼭 인간의 형체가 필요한 것은 아니라는 점을 말해 준다. 구약 성경에서 하나님 자신이 인간의 모습으

---

46. 창 19:1-22의 히브리어 본문은 천사 메신저들을 가리킬 때 "천사들"(말라킴, *mal'akim*)과 "사람들"(아나쉼, *'ănāšîm*)을 번갈아 사용한다. 1, 15절(말라킴)을 10, 12, 16절(아나쉼)과 비교해 보라.

47. 성경에서 천사들이 여성으로 묘사되는 예는 찾아볼 수 없다. 이는 아마도 대체로 남성의 리더십만을 인정하는 이스라엘의 문화를 반영하는 것 같다. 예외적인 사례로 슥 5:9가 종종 거론되지만, 실제로는 그렇지 않다. 8장의 논의를 참조하라.

로 등장하는 사례도 빈번하게 나타난다.[48]

따라서, "천사"는 기본적으로 직무를 기술하는 용어로서, 메시지를 받거나 전달하기 위해 하나님으로부터 파견된 하나님의 천군에 속한 영적 존재를 뜻한다. 이것은 천군의 구성원들이 하나님께 드리는 다양한 섬김의 일들 가운데 일부인 특정한 직무를 가리킨다. 앞으로 살펴보겠지만, 이 단어는 구약의 초자연적 세계에서 위계질서가 존재하는지에 대한 논의에도 영향을 미친다.

2. 사역자(동사: 샤라트, 피엘형: 쉐레트)

우리는 앞서 용어를 검토하면서 직무를 기술하는 이 단어를 접한 바 있다. 시편 103:20는 구체적으로 천사를 지목하면서 이렇게 덧붙인다. "그의 사역자(minister)이며(메쇼르타우[*mešortāyw*]; 개역개정 "그에게 수종들며")[49] 그의 뜻을 행하는 모든 천군이여 여호와를 송축하라"(시 103:21). 앞선 논의에 기초해 '말라킴'을 번역하면, 시편 104:4은 "하나

48. 창 18-19장은 아마도 여호와가 인간의 모습으로 사람들에게 나타난 가장 유명한 사례일 것이다. *The Unseen Realm* 16-18장에서 "여호와의 사자"(angel of the Lord)에 대해 논의한 내용을 참조하라. 성경에 등장하는 이런 현상에 대한 최근의 연구들이 많이 있다. Benjamin D. Sommer, *The Bodies of God and the World of Ancient Israel* (Cambridge: Cambridge University Press, 2009); Esther J. Hamori, *"When Gods Were Men": The Embodied God in Biblical and Near Eastern Literature* (Berlin: De Gruyter, 2008); Anne K. Knafl, *Forming God: Divine Anthropomorphism in the Pentateuch* (Winona Lake, IN: Eisenbrauns, 2014).

49. 히브리어 '메쇼르타우'(*mešortāyw*)는 동사 '쉐레트'(*šērēt*)에 대명사가 접미사로 붙은 복수형 피엘(Piel) 분사다.

님이 그의 천사들(말라킴)을 바람으로 삼으시고, 그의 사역자들(메쇼르타우)을 타오르는 불꽃으로 삼으신다"로 번역된다.[50]

히브리어 동사 '샤라트'(*šrt*)는 "하나님을 섬기는 것"으로 폭넓게 정의되어 왔다.[51] 그런데 위의 시편 103편과 104편 두 경우에서 이 동사가 유독 천사의 섬김을 묘사하는 데 쓰인다. 다니엘 7:10도 (아람어 동사 쉐마쉬[*šmš*]를 사용하긴 하지만) 이와 동일한 '사역'의 개념을 전달한다. "그를 섬기는(예샴메순[*yešammešûn*]) 자는 천천이요."

이 동사는 이스라엘에서 제사장직을 가리킬 때도 빈번하게 쓰이는데("하나님을 섬기다"; 예. 신 10:8; 21:5; 렘 33:21; 겔 40:46), 그래서 더 세미한 이해가 가능하다.

> "(상급자를) 섬기다"(to attend [a superior])의 기본 의미를 고려할 때, 가장 중요한 의미 범주인 '아바드'(*ʿbd*)의 신학적 용례, 즉 "혼신을 다해 하나님을 섬긴다"는 의미가 '샤라트'(*šrt*) 피엘(Piel) 동사 형태에서는 나타나지 않는 것은 당연한 일이다. '샤라트'는 사람을 향하기보다는, 제의적 맥락에서 하나님을 향한다. '샤라트'는 하나님을 향한 경배를 가리키는 구체화된 의미를 지닌 동사다.[52]

---

50. 저자 사역.
51. *HALOT*, 1662.
52. *TLOT*, 1406.

구약에서의 용례가 대부분 제사장 직무와 연관되기 때문에, 제2성전기 유대교에서는 천사의 제사장직 개념이 발전하게 되었다.[53] 하지만 (뒤에서 다룰) 천사의 중보(중재)라는 구약의 개념 역시 이 단어에 중요한 요소로 포함되어 있다.

3. 순찰자('이르'; 복수형: '이린')

아람어 '이르'(ʿîr)는 구약 성경에서 3회 나타난다(단 4:13, 17, 23[아람어로는 10, 24, 20절]).

> 내가 침상에서 머리 속으로 받은 환상 가운데에 또 본즉 한 순찰자(watcher, 이르), 한 거룩한 자[54]가 하늘에서 내려왔는데(13절)…
>
> 이는 순찰자들(이린[ʿîrîn])의 명령대로요 거룩한 자들의 말대로이니(17절)…

---

53. Carol Newsom, "He Has Established for Himself Priests: Human and Angelic Priesthood in the Qumran Sabbath Shirot," in *Archaeology and History in the Dead Sea Scrolls: The New York University Conference in Memory of Yigael Yadin* (Sheffield: Sheffield Academic Press, 1990), 101-20; Joseph L. Angel, *Otherworldly and Eschatological Priesthood in the Dead Sea Scrolls* (Leiden: Brill, 2010).

54. ESV는 아람어 문구 '이르 베카디쉬'(*ʿîr wĕqaddîš*)를 더 일반적인 번역인 "한 순찰자 그리고 한 거룩한 자"로 번역하지 않고, "한 순찰자, 한 거룩한 자"로 옳게 번역한다. 두 명사 사이에 쓰인 바브(*waw*) 접속사는 둘 사이의 동격관계를 수식하는 것으로 해석되어야 한다. 이 구절에서 문맥상 다니엘이 천상의 한 존재와만 대화를 나누고 있음이 분명하다. 게다가 뒤이어 나오는, 다니엘 4:14에서 천상적 인물의 선포 행위를 묘사하는 데 사용된 단수 분사 역시 단일한 한 존재를 가리킨다.

> 왕이 보신즉 한 순찰자[이르], 한 거룩한 자가 하늘에서 내려와서 (23절).

다음 장에서 살펴보겠지만, 아람어 '이르'는 제2성전기 문헌에서 훨씬 빈번하게 나타난다. 학문적으로 '이르'의 의미를 규명하는 문제는 그 기원이 되는 셈족어 어근을 어떻게 추정하느냐에 따라 달라진다. 다후드(Dahood)는 '이르'가 우가릿어 '기르'(*ǵyr*, 보호하다)에서 기인한다고 제안했다.[55] 머레이(Murray)는 처음엔 아카드어 '에루'(*êru*, 잠을 자지 않고 깨어있는)가 더 가능성 있는 어근이라고 주장했다가, 아람어에 미친 아카드어의 영향에 관한 카우프만(Kaufman)의 중요한 저술 이후로 입장을 바꿔 그 연관성에 대한 일차자료를 찾을 수 없다는 입장으로 선회했다.[56] 그러나 콜린스는 다음과 같이 지적한다.

> 천사적 존재들을 "순찰자"의 개념으로 소개하는 (비록 거기서 사용하는 용어는 다르지만) 성경의 몇몇 사례들이 있다. 그 중에서도 "온 세상에 두루 다니는 여호와의 일곱 눈"을 언급하는 스가랴 4:10는 주목

55. Mitchell Dahood, *Psalms I: 1-50* (AYB 16; New Haven: Yale University Press, 1965), 55.

56. Robert Murray, "The Origin of Aramaic 'îr, Angel," *Orientalia* 53.2 (1984): 306. 참조. Stephen A. Kaufman, *The Akkadian Influences on Aramaic* (Chicago: University of Chicago Press, 1974).

할 만하다. 하지만 순찰자들은 다니엘서나 비정경문헌에서 이런 역할을 수행하지 않는다.[57]

더 최근에 이뤄진 아마르 애너스(Amar Annus)의 연구는 '이르'가 사실 아카드 문서에 등장하는 초자연적인 존재인 '압칼루'(*apkallu*)와 관련이 있다고 결론내린다. 압칼루는 창세기 6:1-4의 악명높은 이야기의 구체적 배경이 되는 바벨론 이야기에 등장하는 중심인물이다.[58] 애너스는 다음과 같이 쓴다.

> 집안의 화를 피하기 위한 목적으로 메소포타미아 건물의 기초 아래 땅속에 압칼루의 조각상이 상자에 봉인된 채로 매장되었다. 제의적인 본문에 따르면, 아카드의 주술에서 이 조각상들의 세트를 가리키는 데 이 마싸르(*maṣṣarē*, 순찰자)란 단어가 사용된다. 이 명칭은 선한 천사들과 순찰자들 모두를 가리키는 데 사용되는 아람어 '이린'(*'yryn*, 깨어 있는 자들)과 일치한다.[59]

---

57. John J. Collins, "Watcher," *DDD* 894.

58. 애너스의 작품 이외에도 창 6:1-4과 메소포타미아의 '압칼루'의 관계에 대한 나의 상세한 설명을 참조하라. *Reversing Hermon*, 37-54.

59. Amar Annus, "On the Origin of Watchers: A Comparative Study of the Antediluvian Wisdom in Mesopotamian and Jewish Traditions," *JSP* 19.4 (2010): 277-320.

애너스와 다른 학자들의 작업이 증명하듯이, 제2성전기 문헌, 특히 에녹1서와 거인들의 책의 내용은 홍수 관련 사건들을 재진술하는 메소포타미아 문헌에서 가져온 것들이다.[60] "순찰자들"은 이 후기 문헌에서 창세기 6:1-4의 타락한 하나님의 아들들을 가리키기 위한 불가피한 용어 선택이다. 아카드어 마싸르(*maṣṣarē*)와의 연결점을 고려할 때, '이르'의 의미를 "방심하지 않는 경계"(vigilant watchfulness)로 보는 것이 안전한 선택지다. 물론 이것은 잠들지 않고 깨어 있는 수호자로서의 기능과도 일치한다.

4. 만군('짜바'; 복수형: '쩨바오트'), 권능있는 자들(깁보림, 압비림)

이 히브리어 용어들은 표면적으로 여호와를 섬기는 동일한 기능, 더 구체적으로 말해, 하나님의 하늘 군대를 섬기는 일과 관련있기 때문에 한데 묶어서 생각할 필요가 있다. '짜바'(*ṣaba*)는 가장 광범위한 의미를 지닌다. 이 일반명사는 대체로 수많은 사람들(시 68:12), 강제노동(사 40:2; 욥 7:1), 군대로의 징집(민 1:3; 31:3), 또는 일단의 군대(민 2:8; 삼하 3:23)를 가리킨다.[61]

---

60. 애너스의 연구 외에도 다음을 참조하라. Loren Stuckenbruck, *The Book of Giants from Qumran: Text, Translation, and Commentary* (Tübingen: Mohr Siebeck, 1997); Ida Fröhlich, "Mesopotamian Elements and the Watchers Traditions," in *The Watchers in Jewish and Christian Traditions*, eds. Angela Kim Harkins, Kelley Coblentz Bautch, and John C. Endres (Minneapolis: Fortress, 2014), 11-24.

61. *HALOT*, 994-95.

"만군"(host)이라는 용어는 우리가 공부한 몇몇 히브리어 단어와 중첩된다. 열왕기상 22:19에서 살펴봤듯이 하나님은 영적 존재들로 구성된 하늘의 만군(짜바)에 둘러싸여 계신다. 시편 103:21에서 하나님의 사역자들은 "하나님의 만군"('쩨바아우'[*ṣeḇaāyw*]; 개역개정 "천군")으로 불린다. 시편 148:2에서는 '짜바'가 "천사들"과 병행적으로 사용된다. 하나님을 섬기는 영적 존재들이 "별들"로 불리기 때문에, 그들을 집단적으로 통칭하여 "천군"(host of heaven; 렘 33:22; 느 9:6; 단 4:35)이라 부르는 것은 당연하다.

"만군"과 하나님의 충성스러운 하늘 수행원들 사이의 가장 밀접한 연관성은 "만군의 여호와"(Lord of hosts)란 어구에 있다. 이 표현은 구약 학자들 사이에서 아주 논쟁적인 사안인데, 그것은 주로 성경 히브리어에서 하나님의 이름을 어떤 다른 명사와 연결하는 것이 꽤 이례적이기 때문이다. 어떤 학자들은 이것이 문법적으로 불가능하다고 주장한다.[62] 그 결과, 학자들은 전통적인 번역인 "만군의 여호와" 대신 다양한 조합의 번역을 제안했다.

62. 이 문제를 더 전문적이고 또한 정확하게 표현하자면, 아주 오랫동안 히브리어는 문법적 원칙에 있어서 하나님의 이름을 연계형 어구 형태로 표현하기를 금지하는 것으로 생각되어 왔다. 문제는 "만군의 여호와"라는 어구에서 하나님의 이름이 히브리어 연계형에 위치한다는 점인데, 이런 형태는 오랫동안 문법적으로 용인될 수 없는 것으로 간주되어 왔다는 것이다. 주옹과 무라오카의 견해가 이 입장을 대표한다. "하나님의 이름 '야훼 쩨바오트'(יהוה צְבָאוֹת)에서 첫 번째 명사 '야훼'는 고유명사이기 때문에 두 번째 명사에 연계형으로 연결될 수 없다"(GBH §131o.).

하지만 메팅거(Mettinger)의 지적에 따르면, 어구들 내에서 하나님의 이름이 히브리어 연계형 위치에 놓이는 뚜렷한 예시들이 비정경 본문들에서 발견됐기 때문에 이에 대한 입장이 다시 바뀌게 되었다.

> '쩨바오트의 야훼'(Yahweh of *ṣĕbāʾôt*)를 연계형으로 이해하는 전통적인 입장은 쿤틸렛 아즈룻(Kuntillet Ajrud)에 나오는 "데만의 야훼" 그리고 "사마리아의 야훼"와 같은 비문상의 증거를 참고할 때 가장 가능성 있는 결론인 것처럼 보이며, 문법상 크게 문제될 것이 없다. 하지만 그렇다 하더라도 연계형은 그 자체로 쩨바오트라는 요소를 다양하게 해석할 여지를 남겨둔다.[63]

메팅거의 지적은 우리의 의도에 잘 들어맞는다. 전통적인 번역은 유지될 수 있으나 그 의미에 대해서는 더 신중하게 접근할 필요가 있다. "만군의 여호와"(Lord of hosts)라고 할 때 '~의'(of)가 정확히 의미하는 바가 무엇일까? 분명한 사실은 이 어구가 여호와를 최고 명령권자로 말한다는 점이다. 만군이 여호와에게 속하고 여호와가 그들에게 명령한다는 점에는 논쟁의 여지가 없다. 대안적인 번역을 시도한 것들 가운데 가장 생산적인 사례는 이 어구의 두 번째 요소, 즉 문법학자

63. T. N. D. Mettinger, "Yahweh Zebaoth," *DDD* 920.

들이 "강조형 복수 추상명사"(an intensive plural abstract)라고 부르는 것이다.[64] 이렇게 되면, '쩨바오트 야훼'는 "여호와, 전능자"(Yahweh, the Almighty)를 의미하게 될 것이다. 그러므로 '쩨바오트 야훼'는 하늘의 모든 권세를 지닌 비교불가능한 여호와로서 "그룹이 둘러싼 보좌에 좌정하신 왕이신 하나님을 가리키는 특징적인 칭호"를 의미한다(삼상 4:4; 삼하 6:2; 시 80:2; 99:1).[65]

천사들은 시편 103:20에서 한 차례 '깁보림'(*gibborîm*)으로 지칭된다. "능력이 있어['깁보림'; mighty ones, 권능있는 자들] 여호와의 말씀을 행하며 그의 말씀의 소리를 듣는 여호와의 천사들이여 여호와를 송축하라." 전체 문맥에서 보면 이 단어는 군사적인 분위기를 분명하게 드러내진 않는다. 그렇다고 해도 시편기자가 이 단어를 사용할 때 신적인 용사 모티프의 영향을 받았을 가능성을 배제하진 않는다. '깁보림'은 용사들을 묘사하는 데 (항상 그런 것은 아니지만) 자주 사용된다(예. 사 21:17; 왕하 24:16; 시 33:16).[66] 그리고 가끔은 '깁보림'이 공동체의 지도자들이나 권세 있는 자들을 묘사하는 데에도 사용된다(룻 2:1; 스

---

64. *TLOT*, 1045.

65. *TLOT*, 1045.

66. '깁보르'(*gibbôr*)는 네피림과 함께 창 6:4에 등장하기 때문에 종종 "거인들"로 과대 해석된다. 이 기본형이 본래 네피림(신 2-3장; 민 13:32-33)과 관련된 악한 거인족의 일원을 가리키지 않는다는 사실은 쉽게 증명된다. 예를 들어, 여호수아의 지도하에 이런 두려운 적들과 싸우던 이스라엘 용사들 역시 '깁보림'으로 묘사된다(수 6:2; 8:3). 다윗 역시 그렇게 불린다(삼상 16:18). 하나님도 '깁보르'라 불린다(신 10:17).

7:28). 시편 103:20에서 하늘의 '깁보림'을 "하나님의 원수들을 무찌르는 자들"로 묘사했더라면, 전쟁이라는 맥락이 더 분명하게 드러났을 것이다. 하지만 문맥에서 명백하게 드러나지 않는다 해서 '깁보림'을 용사로 해석하는 관점이 무효가 되는 것은 아니다. 이 본문을 읽었을 독자들은 꽤 자연스럽게 이 단어가 여호와의 하늘 군대의 일원을 가리킨다고 이해했을 것이다.

천상의 존재들을 '압비림'(*'abbîrîm*)으로 묘사하는 시편 78:25 역시 비슷한 방식으로 접근해야 한다. 광야 이스라엘의 완고한 행동을 회고하는 장황한 이야기를 하는 중에 시편기자는 이렇게 쓴다.

> 그들에게 만나를 비같이 내려 먹이시며
> 하늘 양식을 그들에게 주셨나니
> 사람이 천사들('압비림'; 개역개정 "힘센 자")의 떡을 먹었으며
> 그가 음식을 그들에게 충족히 주셨도다(시 78:24-25).

이 본문은 직접적으로 군사적인 맥락을 드러내진 않는다. 그럼에도 (단수형) '압비르'(*'abbîr*)는 용사를 가리킬 때 사용되며(렘 46:15; 애 1:15), 더 폭넓게는 남성성과 힘을 가리킨다(욥 24:22; 34:20; 시 76:5 [히브리어로 6절]; 사 10:13). "신체가 튼튼한"이라는 의미가 '압비르'의 가장 적절한 이해일 것이다. 물론 이런 특성은 군인에게 요구되는 것이

어서, 이 단어가 싸우는 남자들을 가리킬 때 의미가 잘 통한다.

이런 간단한 용례 분석은 ESV가 '압비림'을 "천사"로 번역한 것이 이례적이라는 인상을 줄 수 있다. 하지만 이런 용어 선택은 흔히 짐작하는 것처럼 그렇게 이상한 것이 아니다. 만나는 "하늘의 양식"(출 16:4; 느 9:15)이라 불렸다. 시편 78:25에서 복수형 '압비림'은 환유법의 한 예로 이해될 수 있다. 환유법은 "어떤 사물의 이름을 사용하여 묘사하려는 대상의 속성이나 또는 그와 관계된 것을 가리키는 비유법의 일종이다."[67] "권능있는 자들"(mighty ones, 복수형)은 하나님의 처소인 하늘과 관련있기 때문에 번역자들에게 "천사들"로 번역할 가능성을 제공한다. 하지만 환유법으로서 '압비림'의 경우는 군사적인 은유에 거의 기여하지 않는다.[68]

---

67. *Merriam-Webster's Collegiate Dictionary*, 11th ed., s.v. "metonymy."

68. 성경에서 한 번만 등장하는 '쉬네안'(*šin'ān*, "활쏘는 자들"; 시 68:17[히브리어로 18절])은 군사적인 문맥에서 나타나지만 문제가 있다. 이 단어는 아카드어 *šanannu*(궁사, 전차궁사)와 관련있는 우가릿어 *ṯnn*의 동족어일 수 있다. 따라서 히브리 어구 '알페 쉰네안'(*'alpê šin'ān*)은 "수천 명의 용사들"을 의미한다. 이것은 올브라이트의 견해다. 하지만 올브라이트의 제안을 확증하기 어렵게 만드는 대안적인 설명이 존재하는데, 이는 고대 셈어 음운론(이음 표시)에 관한 논쟁에 기초한다. 이 대안적 해석은 해당 단어가 군사적인 뉘앙스를 전혀 풍기지 않고 단순히 "허다한 수천의 사람들"이라는 의미를 지니는 기본형이라고 제안한다. 칠십인역은 이 단어를 한 히브리어 사본에서 발견되는 '쉬에엔'(*š'nn*)의 히브리식 독법을 암시할 수 있는 '유데누톤'(*euthēnountōn*, 기뻐하는 자들)이라고 번역한다(Sang Youl Cho, *Lesser Deities in the Ugaritic Texts and the Hebrew Bible: A Comparative Study of their Nature and Roles* [Piscataway, NJ: Gorgias Press, 2007], 238). 참조. *HALOT*, 1596; William Foxwell Albright, "A Catalogue of Early Hebrew Lyric Poems (Psalm LXVIII)," *HUCA* 23.1 (1950): 1-39 (25, 38).

5. 중보자(멜리쯔)

욥기 33장을 보면, 욥의 '형편없는 위로자들' 중 한 사람인 엘리후가 욥을 다음과 같이 질책한다.

> 혹은 사람이 병상의 고통과 뼈가 늘 쑤심의 징계를 받나니
> 그의 생명은 음식을 싫어하고 그의 마음은 별미를 싫어하며
> 그의 살은 파리하여 보이지 아니하고 보이지 않던 뼈가 드러나서
> 그의 마음은 구덩이에, 그의 생명은 멸하는 자에게 가까워지느니라
> 만일 일천 천사 가운데 하나가 그 사람의 중보자로 함께 있어서(If there be for him an angel, a mediator, one of the thousand, esv)
> 그의 정당함을 보일진대
> 하나님이 그 사람을 불쌍히 여기사
> 그를 건져서 구덩이에 내려가지 않게 하라
> 내가 대속물을 얻었다 하시리라(욥 33:19-24).

우리의 관심사는 욥기 33:23에 있다. "만일 [한 사람]한 천사, 한 중보자가 있어서."(esv 성경 본문임, 개역개정, "만일 일천 천사 가운데 하나가 그 사람의 중보자로 있어서"). "중보자"로 번역된 히브리어는 '멜리

쯔'(*mēlîṣ*)다.[69] 이 단어는 '말라크 멜리쯔'(*mal'āk mēlîṣ*)라는 어구에 나타난다. 이는 "한 중보자의 메신저/천사"로 번역되어야 하는 일반 연계형의 형태가 아닌 문법상의 연계형(grammatical construction)이다.[70] 하지만 마이어는 이렇게 지적한다. "그것들은 시적 병행으로 기능하는 동격이거나(즉 둘 다 명사), 아니면 첫 번째 명사가 두 번째 형용사적 분사에 의해 수식되는 형태다."[71] 결과적으로 욥기 33:23은 인간을 위한 천사적 중보자 개념을 말한다.

다음 장에서 살펴보겠지만, 중보(중재)는 하나님의 활동을 설명해주기 위해 누군가에게로 "돌아가는 것"(turning)으로 이해될 수 있다. 이것은 욥기에서 의미가 잘 통하긴 하지만, 천사들이 신적인 회의기구에 참여하고 있음을 이해할 때라야 이 개념의 일관성이 유지된다.

6. 그룹(케루빔), 스랍(세라핌)

이 친숙한 단어들이 역할 관련 용어들을 탐구하는 단원에서 함께 다뤄진다는 점이 이상해 보일 수 있다. 사실 이 두 히브리어는 모두 하나

---

69. 특이하게도 칠십인역은 욥 33:23의 중보자를 "사망을 지닌"(death-bearing) 천사로 번역한다. 추측컨대 이것은 욥의 자녀들을 죽이는 욥 1-2장의 사탄의 행위에 기초한 것이다. 참조. John G. Gammie, "The Angelology and Demonology in the Septuagint of the Book of Job," *HUCA* 56 (1985): 1-19 (5-6).

70. 히브리 성경본문을 형태론적으로 식별처리한 데이터베이스마다 '멜리쯔'를 문법적으로 분해하는 방식에서 차이를 보인다. 어떤 것은 이를 명사로 분류하고, 다른 것은 명사와 동격 내지는 형용사적으로 '말라크'를 수식하는 기능을 하는 히필 단수분사로 분류한다.

71. S. A. Meier, "Mediator," *DDD* 554.

님의 임재를 수호하는 기능(guardianship)을 묘사한다. 하르텐슈타인(Hartenstein)은 다음과 같이 지적한다.

> 그룹(cherubim)과 스랍(seraphim)은 모두 독일어로 이른바 "미쉬베젠"(Mischwesen), 즉 혼종의 존재(hybrid figure)에 속한다. 이는 그들이 다양한 동물과 인간의 속성이 결합된 존재라는 의미다… 우리는 이런 존재들을 고대 근동, 그중에서도 권력을 드러내고 악을 제어할 필요가 있는 상황에서 발견한다. [메소포타미아에서는] 우주의 권세가 주요 도시에 집중되어 있었다. 그 도시의 거주민들은 (신화적 의미에서) 신들의 우주적 거처와 동일시되었다. 이런 공간적 이해가 상징하는 바는, 수직적 차원에서는 땅의 높고 낮음에 구분이 있고, 수평적 차원에서는 외부세계와의 구분이 있다는 것이다. 고대의 지성이 (실제로 또는 상상으로) 주변 지역을 두루 여행할 때, 먼 땅에 사는 거주민들은 낯설고 위험한 존재로 여겨진다. 따라서 [혼종의 존재들]은 종종 인간과 대비되는 비인간 및 괴물로 묘사되었다… 성경의 그룹과 스랍의 전통적 배경을 추적하려면, 시공간에 대한 이런 상징성을 기억해야 한다.[72]

---

72. Friedhelm Hartenstein, "Cherubim and Seraphim in the Bible and in the Light of Ancient Near Eastern Sources," in *Angels: The Concept of Celestial Beings-Origins, Development and Reception*, eds. Friedrich V. Reiterer, Tobias Nicklas, and Karin Schöplin (Berlin: De Gruyter, 2007), 154-88 (157,

하르텐슈타인의 요점은 그룹과 스랍은 그들이 지키는 신성한 공간에서 환영받는 자들에게는 축복(보호)이지만, 환영받지 못한 자들에게는 공포로 여겨질 것이라는 점이다.

이런 (그룹과 스랍 같은) 용어들이 천상의 존재들(heavenly beings)의 속성을 묘사하는 것으로 여겨질 수 있는 것은, 그룹과 스랍 역시 신적인 피조물이기 때문이다. 둘 다 숫자는 다르지만 날개를 가진다(출 25:20; 37:9; 사 6:2). 그룹은 때때로 네 개의 얼굴을 하고 사람과 소의 몸을 가진 채로 등장한다(겔 1; 10장). 스랍은 '사라프'(*śārap̱*)의 복수형인데, 이 히브리어는 "뱀"으로 번역되기도 한다(민 21:6, 8; 사 14:29). 이런 묘사들은 성경 시대의 도상학(iconography)에도 반영된다.[73] 그룹과 스랍 모두 '말라크'라는 단어로 수식되지는 않기 때문에, 그룹과 스랍을 천사라고 생각하는 것도 정확한 것은 아니다.[74] 히브리어 '그룹'에 대한 상세한 연구[75]에서 앨리스 우드(Alice Wood)는 이렇게 지적한다.

---

158). 고딕 강조는 하르텐슈타인이 함.

73. Othmar Keel and Adolphe Gutbug, *Jahwe-Visionen und Siegelkunst: eine neue Deutung der Majestätsschilderungen in Jes 6, Ez 1 und 10 und Sach 4* (Stuttgart: Verlag Katholisches Bibelwerk, 1977); O. Keel and C. Uehlinger, *Göttinnen, Götter und Gottessymbole. Neue Erkentnisse zur Religions- geschichte Kanaans und Israels aufgrund bislang unerschlossener ikonographischen Quellen* (Freiburg: Herder, 1992).

74. 45번 각주와 함께 이 본문의 배경에 비추어 결론을 내리자면, 수백 년의 해석 전통과 달리, 천사들(*mal'ākîm*)은 결코 성경에서 날개를 가진 존재로 묘사되지 않는다. 이 주제에 대해서는 8장을 참조하라.

75. Alice Wood, *Of Wings and Wheels: A Synthetic Study of the Biblical Cherubim*

> '그룹'에 상응하는 셈족어 자료와 비교해 보면, 성경본문이 '그룹'이라는 단어에 부여하는 의미의 미묘한 차이가 확연히 드러난다. "기도하다"를 의미하는 아카드어 '카라부'(*karābu*)에서 기인한 '쿠리부'(*kurību*)는 성경의 '케루브'(כְּרוּב)와 가장 근접한 어휘적 병행을 이룬다. 이 두 단어가 어원학적인 연관성이 있다면, 이 아카드어의 증거는 '그룹'이 지닌, 악을 피하게 해주는 특성(the apotropaic qualities)[76]을 부각시킨다… 그룹은 신성한 것과 세속적인 것을 가르는 경계에 위치하여 거룩한 것을 오염으로부터 보호한다.[77]

분명히 하나님의 임재의 거룩함을 수호하는 일은 기능적인 역할이다. 이런 '그룹'의 의미는 아카드어 자료와의 비교연구를 통해 이끌어낸 결과다. 한편, 이집트 문헌에서도 스랍이 이와 동일한 역할을 수행하는 존재라는 점을 알려준다.[78]

학자들은 대체로 스랍(seraphim)의 기본형이 "불태우다"(to burn)를 의미하는 동사 '사라프'(*śārap̱*)라고 추정한다.[79] 최근 연구가 보여

(Berlin: De Gruyter, 2008).

76. "apotropaic"이라는 단어는 "악을 방지한다"(to avert from evil)를 의미하는데, 이것은 신성한 것이 오염되지 않도록 막아준다는 의미로 확장될 수 있다.

77. Wood, *Of Wings and Wheels*, 155. 참조. Hartenstein, "Cherubim and Seraphim," 161-62.

78. 참조. Hartenstein, "Cherubim and Seraphim," 165-66.

79. *HALOT*, 1358-59.

주듯이, 이것은 전체 그림의 일부에 불과하다. 『보이지 않는 세계』에서 언급했듯이 "'세라핌'(*seraphim*, 스랍)은 히브리어 명사 '사라프'(뱀, serpent)에서 파생됐을 가능성이 높은데, 이는 결국 '세라핌'이 이집트에서 왕좌를 보좌하는 존재를 가리키는 용어와 개념에서 가져온 것임을 의미한다."[80] 최근 연구가 입증하듯이, 이집트 코브라의 두 종에서 유래한 이집트의 우라에우스(Uraeus, 파라오의 왕관에 달았던 뱀 모양의 휘장-옮긴이)는 이사야 6장의 여호와의 거룩한 임재를 보좌하는 초자연적인 스랍의 모든 요소와 부합한다. 해당 코브라 종은 "불타는" 독을 내며, 위협을 느끼고 구불거리며 움직일 때 몸통 좌우면의 넓은 피부막을 팽창시킬 수 있다. 이 피부막은 고대에 '날개'로 인식되었다.[81]

---

80. Heiser, *The Unseen Realm*, 297 n. 4. 『보이지 않는 세계』 좋은씨앗.

81. Philippe Provençal, "Regarding the Noun שרף [*śārap*] in the Hebrew Bible," *JSOT* 29.3 (2005): 371-79; Karen R. Joines, "Winged Serpents in Isaiah's Inaugural Vision," *JBL* 86.4 (1967): 410-15. 프로반살(Provençal)은 킬(Keel)을 인용하면서 다음과 같이 쓴다(376). "킬에 따르면, 이사야 6장에서 언급된 'שרפים'은 짐승의 외관을 한 하급신이다. 킬 자신이 보기에 '세라핌'이 다리와 손/발톱을 지닌 것으로 묘사된다는 사실은 이런 해석의 타당성을 거부하지 않는다. 그는 이집트 고고학을 통해 코브라의 외관을 하고서 분명히 인간의 손발과 머리를 지닌 우라에우스 뱀이 등장하는 도상학적 예시들을 보여줄 수 있기 때문이다." 이사야서 일부가 이집트적 배경을 지닌다는 점은 학자들에게 잘 알려진 사실이다. 일례로, 히스기야란 이름이 새겨진 몇몇 도장들이 당대에 친숙한 곤충이었던 날개달린 풍뎅이(kheper beetles)를 왕족을 상징하는 도상학적 이미지로 사용한다. 이사야 9:6에 나오는 명칭들은 종종 파라오의 5대 호칭과 비교된다. 히스기야의 도장에 대해서는 다음을 참고하라. Meir Lubetski, "King Hezekiah's Seal Revisited," *BAR* 27.4 (2001): 24-36. 루베츠키(Lubetski)는 이렇게 쓴다(p. 24). "그 이미지는 이집트 도상학을 직접적으로 원용한 것이며, 유다 왕이 자신의 국가적 아젠다를 제시하기 위해 각색한 것으로 이해할 수 있다." 이집트적 배경이 이사야 9장의 명칭 이해에 기여한다는 가능성에 대해서는 다음을 참고하라. Máire Byrne, "The Influence of Egyptian Throne Names on Isaiah 9: 5: A Reassessment

조인스(Joines)가 지적하듯이, 우라에우스 코브라가 보호하는 특성을 갖는다는 점은 명백하다. "우라에우스의 역할 중 하나는 적들을 향해 불을 내뿜으면서 파라오와 신성한 것들을 보호하는 것이다."[82]

요약

하나님의 천군과 그 일원들에 대한 우리의 간단한 개요를 살펴보면, 구약 성경에 등장하는 '천사'에 관한 기존 논의들이 지나치게 단순할 뿐만 아니라 증거자료가 불충분하다는 점을 분명히 알 수 있다. 물론 우리는 '천사'라는 단어가 친숙하다. 하지만 그 단어만으로는 이스라엘 사람들이 초자연적 세계를 어떻게 생각했을지에 대해 충분히 평가할 수가 없다. 이어서 연대기적 순서를 따라 제2성전기와 신약시대를 다루겠지만, 우리는 천군에 대한 구약신학의 복잡성과 미묘함에 대한 현대인들의 무지에 대해 몇 가지 설명을 제시함으로써, 어떻게 구약의 세계관을 구성하는 다양화된 어휘들이 길을 잃어버리게 되었는지를 살펴보고자 한다. 물론 우리가 당면한 이 과제만으로도 갈 길이 멀

of the Debate in Light of the Divine," in *A Land Like Your Own: Traditions of Israel and Their Reception*, ed. Jason M. Silverman (Eugene, OR: Pickwick Publications, 2010), 87-100; J. J. M. Roberts, "Whose Child Is This? Reflections on the Speaking Voice in Isaiah 9: 5," *HTR* 90.2 (1997): 115-29. (한글성경은 9:6-옮긴이)

82. Joines, "Winged Serpents," 412.

다. 이번 장에서는 하나님의 천상회의와 그 일원들에 대한 구약의 용어들에 대해 숙지했다면, 다음 장에서는 그들이 실제로 무슨 일을 하는지에 대해 보다 구체적으로 다루고자 한다.

2장.
하나님을 섬기는
천군

앞장에서 지적한 것처럼 '천사'라는 명칭은 천군(heavenly host)의 특정 구성원들이 하나님을 대신하여 특정 임무를 수행하는, 이른바 직무를 기술하는 용어에 불과하다. '그룹'과 '스랍'도 마찬가지다. 이 용어들은 하나님의 임재를 수호하는 임무를 설명한다. 그러나 천사들을 비롯한 천군의 다른 일원들은 이런 용어들을 통해 우리가 파악할 수 있는 것 외에도 훨씬 많은 일들을 수행하며 하나님을 섬긴다.

천군의 구성원들이 어떻게 하나님 섬기는지 정확히 이해하기 위해서는 성경을 들여다봐야 한다. 그러므로 여기서는 앞서 다루었던 관련 용어들을 기초로 하되, 천군의 구성원들이 지닌 능력에 대한 몇몇 일반적인 언급들로 시작하면서 주제를 발전시켜 나가기로 하겠다.

직무 수행을 위해 공통적으로 지닌 능력

성경의 언어는 천군의 일원들이 본질상 육체를 가지지 않은 영적 존재임을 분명히 한다. 그들이 통상 맡고 있는 영역은 초자연적 세계다. 그들은 세상과 인류가 창조되기 이전부터 하나님과 함께 있었다.[1] 이런 고유의 '타자성'(otherness)은 성경 독자에게 다음과 같은 질문을 불러일으킨다.

- 천군의 구성원들은 영원한 존재인가?
- 그들은 비인격적인 힘인가 아니면 인격적인 존재인가(예를 들어, 그들은 개별적인 성격을 지녔는가)?
- 그들이 지닌 속성과 한계는 무엇인가?
- 그들에게 자유의지가 있는가, 아니면 그들은 '영적인 로봇'인가?

첫 번째 질문은 가장 답하기 쉽다. 성경신학에서 영원한 영적 존재는 단 한 분뿐이다. 하나님은 시작도 없고 끝도 없고, 피조된 존재로 묘사되지 않으며, 그 존재가 창조에 앞서기 때문에 "영원부터 영원까지" 하나님이시다(시 90:2).

다른 모든 '엘로힘'들은, 홀로 계시며 피조물이 아닌 성경의 하나님

1. 천사의 능력에 관한 추가 논의는 8장을 참고하라.

에 의해 창조되었다.[2] 여호와는 자신이 주재하시는 천상회의의 다른 일원들을 창조하신 분이다(시 148:1-5, 특히 5절). 천군의 일원들은 별들과 동일시되거나(욥 38:7) 별들로 호명되기 때문에(사 14:12), 하늘들과 "모든 천군"의 창조를 묘사하는 본문들은 하늘에 있는 만물이 하나님 한분에게서 왔다는 성경 저자들의 믿음을 대변한다(창 2:1; 느 9:6; 시 33:6). 결론적으로, 천군의 일원들은 그 존재의 시작이 있었기 때문에 영원하지 않다.[3]

또한 천군의 일원들은 적어도 불변하고 본질적인 속성의 측면에서 볼 때, 영속적이거나 불멸하는 존재가 아니다. 그들의 불멸성은 하나님의 의지에 달려 있다. 시편 82:6-7은 그들의 불멸성에 제한이 있음을 명백히 보여준다. 여호와에게 반역한 영적 존재인 '엘로힘'들은 하나님의 때에 하나님의 재량에 따라 그 존재가 종결될 것이다. 이런 존

---

2. 이스라엘의 여호와는 다양한 방식으로 모든 '엘로힘'들 가운데 유일한 존재로 차별화된다. 여호와 한 분만 전능하시고(렘 32:17, 27; 시 72:18; 115:3), 다른 '엘로힘'들을 포함하여 그가 창조하신 만물을 주권적으로 다스리는 왕이시다(시 83:18; 95:3; 단 4:35; 왕상 22:19; 사 37:16, 20). 따라서 여호와는 자신의 피조물에게 경배받기에 합당한 유일한 '엘로힘'이다(시 29:1-2; 86:10; 148:13; 출 22:20; 사 26:13). 사실 느 9:6는 여호와의 유일성, 즉 오직 한 분의 여호와만 존재하신다고 구체적으로 선언한다(ESV "You are the Lord, you alone", 개역개정 "오직 주는 여호와시라").

3. "영원한"(eternal)이라는 단어는 "영속적인"(everlasting)이라는 단어와 유의어가 아니다. 후자는 무언가 끝이 없음을 말하지만 시작이 없었음을 말하진 않는다. 영원한 존재는 시작도 없고 끝도 없다. 참조. Alan Cairns, *Dictionary of Theological Terms* (Belfast; Greenville, SC: Ambassador Emerald International, 2002), 157; Millard J. Erickson, *The Concise Dictionary of Christian Theology* (Wheaton, IL: Crossway, 2001), 60.

재들은 "신들(엘로힘)이며 다 지존자의 아들들이라 하였으나 그러나 그들은 사람처럼 죽으며 고관의 하나 같이 넘어질 것이다"(시 82:6-7). 신학적인 요점은 명백하다. 하나님만이 그 존재들을 전적으로 자기의 통제 아래 두실 수 있는 유일한 분이시다. 다른 어떤 존재도 그것을 빼앗을 수 없다. 다른 영적 존재들에겐 해당되지 않는 일이다.

따라서 천군의 일원들은 하나님의 속성을 모조리 빼다박은 복제물에도 미치지 못하는, 어디까지나 피조물에 불과하다. 그들은 하나님과 비교할 때 많은 부분에서 본질적인 한계를 지닌다. 제아무리 천군에 속한 '엘로힘'이라 해도 그들은 인간과 마찬가지로 하나님보다 열등한 존재다. 우리와 마찬가지로 그들의 존재는 그들을 창조하시고 자신의 속성을 그들에게 공유하시겠다는 하나님 자신의 결정에 전적으로 달려 있다.

(천군과) 인류의 이런 연결성은 그냥 하는 말이 아니다. 이 개념은 창세기 1:26의 복수언어에 기인한다("우리의 형상을 따라 우리의 모양대로 우리가 사람을 만들고"). 나는 『보이지 않는 세계』에서 많은 지면을 할애하여 이 본문의 주해적인 기초를 논의한 바 있다. 즉, 창세기 1:26의 "우리"는 삼위일체에 대한 우회적인 언급이 아니라 하나님이 주재하시는 천상회의의 일원들을 가리키며, "형상"이라는 단어도 하나님이 천상회의의 일원들이나 인류에게 어떤 특정한 속성을 부여하셨다는

것이 아니라, 하나님을 대표하는 존재임을 가리킨다는 것이다.[4] 이런 복수 언어는 하나님을 우리와 연결시키는 것은 물론이고, 하나님이 공표하시는 대상인 천상회의 구성원들과도 연결시킨다.[5] 그들은 우리 인류처럼 자신들의 창조주를 반영하는 존재다. 이땅의 인류와 (지성을 가진) 영적 존재들은 각자의 영역에서 하나님을 대표한다.

다른 학자들도 인류와 영적 존재들의 이 연결성과 함의에 주목했다. 예를 들어, 패트릭 밀러(Patrick D. Miller)는 이렇게 지적한다.

"우리의 형상을 따라 우리의 모양대로 우리가 사람을 만들고"(창

---

4. Heiser, *The Unseen Realm*, 38-45, 58-60. "우리"라는 복수형을 하나님이 삼위일체의 다른 두 위격을 향해 말씀하신 것으로 특정할 만한 어떠한 주해적 근거도 없을 뿐만 아니라, 정통적인 성경신학에 따르면, 삼위일체의 모든 구성원들은 모든 속성에 있어서 동등하다. 결과적으로 하나님은 삼위일체의 다른 구성원들에게 자신이 인류를 창조하겠다는 취지를 공표하거나 고지할 어떤 필요도 없으셨다. 삼위 하나님은 이미 이 모든 것을 알고 계셨다. 그렇지 않다면 삼위 하나님은 그 전지하심에 차별이 있게 된다. 삼위 하나님의 구성원 중 누군가가 창 1:26에 대해 몰랐을 수 있다는 추론을 설명하기 위해, 예수님이 삼위일체의 제2위이심에도 어떤 것들에 대해서는 알지 못하셨다는 내용(예, 마 24:36)에 호소하는 것은 일관성이 부족하다. 왜냐하면 이 제한은 성육신이라는 독특한 조건과 관련하여 요구된 것이기 때문이다. 성육신은 창 1:26에서 적용되지 않는다.

5. 이런 연결성은 창 3:5("너희가 그것을 먹는 날에는 너희 눈이 밝아져 하나님[엘로힘]과 같이 되어 선악을 알 줄 하나님이 아심이니라")과 창 3:22("여호와 하나님이 이르시되 보라 이 사람이 선악을 아는 일에 우리 중 하나 같이 되었으니")의 비교를 통해서도 분명히 입증된다. 여기서 "우리 중 하나 같이"(22절)란 어구는 우리가 5절의 '엘로힘'을 복수형으로, 즉 "너희가 신들과 같이 될 것이다"로 읽어야 한다는 것을 분명히 알려준다. 두 절 모두에서 후속하는 분사 "알다"는 문법적으로 복수형이다. *The Unseen Realm*(62-63쪽)에서 논의했던 것처럼, 인류 및 하나님의 천군의 일원들은 모두 지성과 자유의지 같은 하나님의 속성을 공유한다. 하지만 인류가 하나님께 불순종하겠다는 결정(예를 들어 자기 임의대로 행동하는 것 등)을 자발적이고 의식적으로 내리기 전까지 인류는 반역에 대해 알지 못했다.

1:26). 다른 해석들이 가능하긴 하지만, 이런 1인칭 복수 동사 및 접미사에 대한 가장 타당한 해석은, 하나님이 신들의 회의장에서 자신의 뜻을 말씀하시는 장면이라는 것이다. 해당 본문의 내러티브에서 신적 세계와 인간 세계 사이에 긴밀한 관련성을 말하고 인간이 어떤 식으로든 신성을 공유할 것 같은 암시를 주는 대목은, 인간이 단순히 신이 된다기보다는 신적인 세계에 더불어 참여하는 신적 존재가 될 것임을 가리킨다. 인간이라는 존재는 공히 여호와가 결정하시고 천상회의를 향해 공표하신 결과물이자, 천상회의에서 구체화된, 신적 세계가 반영된 결과물이다. '벤 아담'(*ben 'ādām*, "사람의 아들; 인간 존재")은 '벤 엘림'(*ben 'ēlîm*, 하나님의 아들; 신적 존재)과 유사한 존재다. 이 개념은 시편 8편에서도 분명히 표현되었다… 인류 창조의 목적은 창조 질서를 관할하기 위해 신적 세계로부터 온 대표자를 세우는 것이다. 즉, 땅을 정복하고 다스리고 경영하는 일에서 신적인 존재들을 대표하고 구현하기 위해 신적인 존재들을 닮은 형상을 이땅에 둔 것이다. 하나님이 남자와 여자를 창조하신 목적은 창조세계를 영속화하고 그 통치를 지속하기 위한 조치였다.[6]

---

6. Miller, *Israelite Religion and Biblical Theology*, 434. 저자는 음역된 히브리어 번역을 제공했다. 구체적인 주해를 통해 창 1:26을 하나님이 자신의 천상회의 구성원들에게 공표하시는 것으로 해석한 내용은 다음을 참조하라. Patrick D. Miller, *Genesis 1-11: Studies in Structure and Theme* (Sheffield: University of Sheffield, 1978), 9-18. 창 1:26을 삼위일체로 해석하는 것은 본문의 문법과 구문을 무시할 뿐만 아니라, 신약의 배경에서 구약을 소급하여 해석하는 것이다. 그것은 결국 원저자와 독자들의 생

이 연결성이 지닌 함의는, 만일 우리가 천군의 일원들이 어떤 존재인지를 알고 싶다면 우리 인류와의 유사성을 고려하여 판단해야 한다는 것이다. 밀러는 시편 8:5을 인용하여 하나님이 우리를 "천상의 존재들(엘로힘)보다 조금 못하게" 지으셨다고 말한다.[7] 그럼에도 하나님은 처음에 (천군을 창조하실 때부터) 그랬듯이 자신의 속성들을 우리에게 나눠주셨다. 그렇다면 천군의 일원들은 어떤 존재일까? 그들은 하나님과도 닮았고 우리와도 닮았다. 지성, 창조성, 감성, 이성, 자유의지 등 우리가 우리의 창조주와 공유하는 이런 속성들에 대해 생각해보라. 천상의 존재들도 우리와 마찬가지로 하나님의 형상 담지자라는 점에서 이런 속성들을 가지고 있다.

우리가 육체를 가진다는 사실은 자연히 그런 육체를 가지지 않은 다른 지적 존재들에겐 없는 중대한 제약을 지닌 채 살아간다는 것을 의미한다. 에덴에서 일어난 일들로 인해 우리의 수명은 심각하게 줄

각과 거리가 먼 해석을 낳게 된다. "위엄의 복수형"으로 보는 것 역시 선택지가 아니다(성서학에서 "위엄의 복수형"은 하나님을 복수형으로 언급하는 것이 당대에 신적인 위엄을 지닌 존재를 가리킬 때 흔히 사용되는 언어관습을 반영한 것이라는 입장을 말한다-옮긴이). 주옹(Joüon)과 무라오카(Muraoka)가 지적하듯이 "히브리어의 언어관습에서는 위엄을 나타내는 '우리'란 것이 존재하지 않는다."(참조. *GBH*, 347 [§114e]). 여기서 저자의 요점은 위엄의 복수형이 명사에는 해당하지 않는다는 것이다(참조. *GBH* §136d). 창 1:26의 복수형에 관한 문제는 명사가 아니라 동사의 형식에 있다. 참조. John C. Beckman, "*Pluralis Majestatis*: Biblical Hebrew," *EHLL* 3:145–46.

7. 히 2:7는 "천사[*angelous*]보다 조금 못한 존재"로 쓴다. 히브리서 저자가 왜 '엘로힘'을 '앙겔루스'(헬라어 남성 대격 복수형)로 번역하는지에 대해서는 본서 후반부의 신약 성경의 용어에 관한 논의를 참조하라.

었다. 하나님이 우리를 위해 만드신 세상임에도 우리는 짧은 생을 살다가 죽음을 맞는다. 우리가 하나님의 임재를 경험하는 것은 오직 구속하시는 은혜를 통해 하나님 가족의 일원이 되었을 때만 가능하다. 결국 우리는 영적 세계의 구성원들보다 지성과 창조성과 지혜에 있어서 열등하다는 것이다. 우리는 그들이 장구한 세월 동안 하나님 곁에 머물면서 배우게 된 것들에 대해 무지하다. 하지만 그들의 그런 정체성과 지식조차 그리스도 안에서 우리가 누릴 운명에 일조하는 일부분일 뿐이다.[8]

자유의지는 이 속성 목록표의 일부에 속한다. 자유의지에 대한 관심을 천군의 일원들과 관련지어 생각해 보면 사탄이 언제 어떻게 하나님을 배반했는지, 또는 천사들이 그 이후로도 반역할 가능성이 있는지에 대한 질문들이 생겨난다. 구약과 신약 어디에서도 하나님의

---

8. 말 그대로 하늘의 별처럼 된다는 우리의 운명은 구약에 깊은 뿌리를 두고 있다. 핵심 본문은 창 15:5인데, 아브라함의 자손이 하늘의 별처럼 될 것이라는 약속이 주어진다. 바울은 롬 4:18에서 이 본문을 인용한다. 여기서 바울은 아브라함과 그의 자손이 세상(코스모스)을 상속받으리란 진술을 덧붙인다(롬 4:13). 성경해석자들은 대부분 창 15:5의 약속을 수적인(수없이 많은 것을 의미하는) 약속으로 받아들인다. 분명히 맞는 해석이긴 하지만, 이 약속을 질적인 차원에서(qualitative) 해석하는 제2성전기 유대교의 흐름은 주목할 만하다(그리고 이 해석적 흐름은 신약에서 절정에 이른다). 즉, 메시아 자손에 관한 약속을 믿음으로써 아브라함의 자녀가 된 신자들은 그 수효가 하늘의 별들처럼 많게 될 뿐만 아니라, 하늘의 별들이 천군의 구성원들로 간주되었던 것처럼 신적인 존재가 될 것(made divine)이라는 점이다. "별들처럼" 변화된다는 사상은 영화(glorification) 또는 신화(theosis)에 관한 성경신학에 속하는 주제다. 이와 관련한 1차자료와 학문적인 2차 문헌에 대해서는 다음을 참조하라. David A. Burnett, "Abraham's Star-Like Seed: Neglected Functional Elements in the Patriarchal Promise of Genesis 15," MA thesis, Criswell College, 2015.

권위에 반역할 능력이 언제라도 '종식'되었음을 시사하는 본문은 없다. 결국, 그들은 여전히 타락할 가능성이 있다. 하지만 신적 반역자들의 운명에 대해 성경이 이야기한 것을 고려해 볼 때, 하나님 앞에 신실한 자들로 남아 있는 영적 존재들이 반역으로 치달을 가능성은 매우 낮을 것이다.[9]

이처럼 천상의 존재들이 '창조주를 대표하는 자'라는 신분 덕분에 소유하게 된 속성들을 간단히 개관해 보면 그들이 하는 일이 무엇인지를 파악할 수 있다. 하나님을 섬기는 그들의 직무는 크게 세 범주로 표현될 수 있다. 첫째, 하나님의 천상회의에 참여하고, 둘째, 하나님의 결정에 복종하며, 셋째로 지극히 높으신 이를 찬양하는 것이다. 이 세 가지의 측면들을 하나씩 살펴보기로 하자.

하나님의 천상회의에 참여함

여호와의 천상회의에 관한 앞장의 논의에서는, 여호와의 천사(말라킴)라는 '메신저' 역할이 어떻게 천상회의 내에 위계와 서열구조가 존재한다는 증거가 되는지의 측면에서 주로 살펴보았다.[10] 천상회의를 구

9. 참조. Heiser, *The Unseen Realm*, chapters 8-15; Heiser, *Reversing Hermon*, chapters 1-2 and the discussion of 1 Cor 11:10 in chapter 8.

10. 신적인 회의기구와 계층화된 서열 구조의 성격과 관련하여 잠재적으로 오해가 발생할 수 있음을 고려하여, 복음주의 학자 존 월튼(John Walton)이 수행한 최근 연구에 대해

언급할 필요가 있겠다. 참조. John Walton, "Demons in Mesopotamia and Israel: Exploring the Category of Non-Divine but Supernatural Entities," in *Windows to the Ancient World of the Hebrew Bible: Essays in Honor of Samuel Greengus*, ed. Bill T. Arnold, Nancy L. Erickson, and John H. Walton (Winona Lake, IN; Eisenbrauns, 2014), 229-46. 이 글에서 월튼의 목표는 신적 존재들의 분류체계를 명확히 제시하는 것이다. 그리고 이런 분류체계를 통해 메소포타미아의 영적 세계관과 이스라엘의 영적 세계관 사이에 일정부분 공유되는 부분이 있음을 알고자 했다. 결과적으로 (그리고 아쉽게도) 월튼은 이집트와 고대 가나안(예, 우가릿) 같은 다른 문명 국가들은 관심사에서 배제하고 만다. 월튼이 메소포타미아 문명에 초점을 맞추고 있는 것은 분명하지만, 다른 문명 국가를 관심에서 배제했다는 사실을 주목해야 한다. 사실상 이 분야의 모든 학자들이 이스라엘의 신적 회의기구와의 밀접한 병행을 우가릿 문헌을 통해 구성하고 있음에도 불구하고, 월튼은 우가릿 문헌을 참고하지 않고서 이스라엘의 신적 회의기구에 관한 자신의 주장을 확립했기에 결국 오도될 수 있는 주장들을 내놓게 된다. 예를 들어, 메소포타미아 자료와의 유사성을 토대로 신적 회의기구의 권력서열에 대해 월튼이 제시한 분류체계에는 여러 계급이 포함된다. 처음으로 등장하는 두 계급에는 희생제사를 받는 자들로 정의된 "신들"(gods; 계급 1), 그리고 월튼이 '말라킴'(사자들 또는 천사들), '케루빔'(그룹), '세라핌'(스랍)으로 규정한 "관료들"(functionaries; 계급 2)이 있다. 월튼은 "후기 메소포타미아 문헌에 전반적으로 동화된 이후에도 계급 2에 해당하는 영들이 신적 회의기구 내에서 계급 1에 해당하는 자들과 동등시된 전례는 없다"고 믿는다(참조. pp. 239-40, 각주 46과 49). 이 주장은 그 표현에 있어서 천사들(말라킴: 그의 분류상 계급 2에 해당)이 신적 회의기구의 일부가 아님을 시사한다는 점에서 혼란을 빚을 수 있다. 물론 이런 주장은 신적인 회의기구 및 이스라엘-우가릿 문헌 간의 밀접한 병행에 관한 수많은 연구에 의해 반박될 수 있을 것이다. 또한 다른 곳에서 월튼은 신적 회의기구가 의사결정 권한을 지닌 영적 세계의 존재들로만 구성된 것이라고 이해하는 것처럼 보인다. 이것 역시 히브리 성경과 우가릿 문헌의 어휘들이 보여주는 밀접한 병행에 반대된다. 이것은 일종의 의미론의 문제다. 신적 회의기구가 꼭 개념적으로 의사결정권을 가진 자들로만 제한될 필요는 없다. 사실 신적 회의기구에 대한 관념을 가진 문명국가에 속한 인간 정부의 유사 사례를 들여다봐도 답은 명확하다. 왕의 통치기구 내에서 모든 구성원들이 직접적으로 의사결정에 참여하지는 않는다. 거기에는 각기 다양한 서열을 지닌 자문단들이 투입된다. 이런 통치기구에는 단순행정직 또는 하급 관료들도 존재한다. 그럼에도 불구하고 그들 역시 왕의 행정부에 속한다. 현대 미국 행정부에서 비슷한 사례를 살펴봐도 이 점을 분명히 알 수 있을 것이다. 우리는 행정부 내 각 부처에서 법안을 통과시켜야 할 책임이 있는 연방의회(federal legislature)를 이야기할 수 있다. "국회"(Congress)라는 단어는 일종의 유의어다. 하지만 미국 국회는 상원과 하원으로 이뤄져 있다. 이 두 회의체에서 의사결정을 담당하는 의원들이 선출된다. 결국 국회가 선출된다고 말할 수 있다. 그리고 상원과 하원에는 공무원들이 있다(예를 들어, 경호처 공무원들처럼). 그들에겐 의사결정 권한이 없지만, 국회라는 용어가 사용되는 특정 맥락에서는 그들 역시 국회의 일부로 간주성하는 일원들은 단순히 하늘의 우체국을 운영하는 게 아니다. 그들은 기능별 관료체제로서 하나님의 통치에 참여하되, 그 역할은 세 가지 방식으로 구분된다.

1. 천상회의의 의사결정에 참여함

우리는 앞장에서 열왕기상 22:19-23을 간략히 살펴보았다. 거기서 우리의 목표는 여호와의 천군의 일원들이 영적 존재들임을 확인하는 것이었다. 그러나 이 본문에는 짚고 가야 할 더 많은 내용들이 들어 있다.

> 내가 보니 여호와께서 그의 보좌에 앉으셨고 하늘의 만군이 그의 좌우편에 모시고 서 있는데 여호와께서 말씀하시기를 누가 아합을 꾀어 그를 길르앗 라못에 올라가서 죽게 할꼬 하시니 하나는 이렇게 하겠다 하고 또 하나는 저렇게 하겠다 하였는데 한 영이 나아와 여호와 앞에 서서 말하되 내가 그를 꾀겠나이다 여호와께서 그에게 이르시되 어떻게 하겠느냐 이르되 내가 나가서 거짓말하는 영이 되어 그의

된다. 예를 들어, "국회가 개회하지 않았다"는 말이 꼭 모든 사무직 공무원까지 출근하지 않았다는 말은 아니다. 따라서 "국회"는 법을 만드는 선출직 공무원들만을 가리킬 수도 있고, 사무직을 포함한 연방의회 전체를 가리킬 수도 있다. 이 논의에서 우리가 보게 될 테지만, 천상의 행정조직(회의기구)은 서열화되어 있고 그 구성원들이 각기 다르지만 서로 관련된 각자의 방식으로 하나님을 섬긴다. 월튼의 논의에 대한 다른 잠재적인 문제들, 그리고 이런 직접적인 자료들에 대해서는 웹사이트 http://www.moreunseenrealm.com. 4장의 색인표를 참조하라.

모든 선지자들의 입에 있겠나이다 여호와께서 이르시되 너는 꾀겠고 또 이루리라 나가서 그리하라 하셨은즉 이제 여호와께서 거짓말하는 영을 왕의 이 모든 선지자의 입에 넣으셨고 또 여호와께서 왕에 대하여 화를 말씀하셨나이다.

천상회의장을 엿보는 듯한 이 본문은 이스라엘 아합 왕의 악함이 주요 의제가 된다. 20절을 보면 하나님이 아합이 죽을 때가 되었다고 결정하신 것이 명백하다. 천군의 구성원들은 왕이신 재판관을 좌우편에 모시고 "서 있는"(standing, 히브리어 '아마드'[*'āmad*; עָמַד]) 것으로 묘사된다. 이 표현은 우월한 존재를 보좌하는 일에 사용되는 표준적인 용어다. 이 배경에서 "서다"라는 단어는 수동적인 행위가 아니다. 오히려 이 자세는 상급자의 명령을 적극적으로 수행할 채비를 다 갖추었다는 의미를 드러낸다. 마르텐스(Martens)는 이 개념을 다음과 같이 요약한다.

동사 '아마드'의 보다 전문적이면서도 다소 관용적인 용례는 통치와 관련되는데, 특히 왕 앞에서 명령이 내려지기를 대비하고 있는 메신저나 대신(ministers)의 모습과 연결된다(단 1:4, "왕궁에 설 만한"). 여호와 하나님은 만물을 통치하는 왕이시기에, 자기 앞에 서 있는 선지자들과 제사장들 및 다른 존재들을 왕의 명을 전하는 메신저로 삼으실 수 있다. 예를 들어, 진정한 선지자는 그들이 서 있는(아마드) 천상회의에서 내려지는 결정 과정에 참여할 수 있다(렘 23:18, 22; 비교. 18:20). 엘리야는 자신을 여호와 앞에 서 있는(before whom I stand) 선지자로 소개한다(왕상 17:1; 18:15; 개역개정은 '아마드'를 "내가 섬기는"으로 번역함-옮긴이). 하나님은 선지자들을 일으켜 세워서 자신을 섬기게 하신다("그 앞에 서다", 신 18:5, 7; 비교. 렘 15:1). 제사장 특히 레위지파는 여호와 앞에 서서 섬기는 대신들이며(신 10:8; 18:7; 슥 3:1; 비교. 대하 29:11), 서서 섬기는 직무를 수행한다('아마드', 왕상 8:11; 비교. 시 134:1; 135:2). 하늘 궁정에서 천군은 하나님의 보좌 좌우편에 선다(대하 18:18). 하나님을 섬기는 일은 매우 영예로운 일이다.[11]

천상회의가 열리자, 하나님은 그 앞에 서 있는 영적 존재들에게 아합을 어떻게 죽게 할지 물으신다. 하나님은 아합이 길르앗 라못에서 죽을 것을 작정하셨지만, 아합이 죽는 방식에 관해서는 논의와 참여를 허용하신다. 영적 존재들 중 하나가 나와서 계획을 고한다(21-22절). "내가 나가서 거짓말하는 영이 되어 그의 모든 선지자들의 입에 있겠나이다." 하나님은 그 계획이 완전히 성취될 것을 아시고 이를 승인하신다. 만일 전지하신 이스라엘의 하나님이 그 계획이 실패할 것을 아

11. E. Martens, "עָמַד('āmad)," *NIDOTTE* 3:432.

셨더라면, 하나님은 다른 영이 제안하는 말을 듣거나 자기 방식대로 밀고나가셨을 것이다.

본문은 매우 분명한 사례를 들어 하나님이 어떤 일을 주권적으로 결정하시되, 그 결정이 실행되는 방식에 관하여는 자신보다 못하지만 지성을 갖춘 종들이 참여하도록 허용하신다는 것을 보여준다. 하나님은 마치 스스로 계획을 짤 줄 모르는 분처럼 아이디어를 찾고 계셨던 것이 아니다. 그는 자신을 섬기는 자들에게 선택지를 제안하도록 허용하셨다. 달리 말하면, 천군의 구성원들이 하나님의 작정하심에 참여했다. 밀러는 다음과 같이 지적한다.

> 천상회의가 상징하는 바는 다면적이면서도 구체적이다. 여호와가 성전 또는 궁전 보좌에 앉아 계시고, 무명의 신적 존재들이 여호와를 둘러 서 있는데, 그들은 때때로 여호와 앞이나 옆에 서거나(예, 왕상 22:19-21), 다른 본문에서는 여호와 앞에 나아와 자기 자리에 서는 모습으로 묘사된다(욥 1:6; 2:1). 이 총회 또는 총회의 구성원들은, "신적인 존재들" 또는 "거룩한 자들" 또는 (하나님께 영광을 돌리는 전체 구성원 중 특정 무리인) 스랍으로도 불리는데 이들은 때때로 하나님을 섬기거나 경배하는 모습으로 묘사된다(사 6:1-3). 때때로 이 무리들은 그들끼리 대화를 나누거나 여호와와 대화를 나누기도 하는데, 가령 욥기의 서문과 열왕기상 22:19-23에 묘사된 미가야의 환상에서

> 이런 대화 장면이 연출된다… 여호와는 천상회의와 더불어 의논하기도 하시고 특정 지시를 그들에게 하달하신다. 그들은 여호와께서 어떤 사건을 판결하시거나 칙령을 공포하실 때 그 법정 또는 통치기관의 일원으로 참여한다.[12]

아합을 속이겠다는 한 영적 존재의 제안이 미리 프로그램된 것이라는 단서는 없다. 하나님도 그렇게 할 필요가 없으셨다. 천군에 속한 일원이 어떤 방안을 내놓았는데, 전지하신 하나님이 그것이 실패할 것을 아셨다면, 이를 거부하시면 그만이다. 기준은 단순하다. 그것이 성공할 것인가? 전지하신 하나님은 그 제안이 실제로 이뤄질 것을 아셨고, 이를 승인하셨다.

열왕기상 22:19에서 하나님이 보좌에 앉으셨다는 사실 역시 흥미롭다. 신하를 묘사하는 표준적인 묘사가 서 있는 모습이라면, 앉아 있는 것은 판결을 선고하는 자의 모습으로 간주될 수 있다. 구약성경은 분명히 판결을 선고하는 문맥에서 이 표현을 사용한다(삿 4:5; 욥 4:12; 잠 20:8). 하지만 신적인 회의 장면에서 몇몇 흥미로운 예외도 있다. 다니엘 7:9-10을 보자.

---

12. Miller, *Israelite Religion and Biblical Theology*, 425. 『고대 근동과 이스라엘 종교』 CLC.

내가 보니

왕좌(thrones, "보좌들", 개역개정은 보좌 하나로 번역함-옮긴이)가 놓이고

옛적부터 항상 계신 이가 좌정하셨는데

그의 옷은 희기가 눈 같고

그의 머리털은 깨끗한 양의 털 같고

그의 보좌는 불꽃이요

그의 바퀴는 타오르는 불이며

불이 강처럼 흘러

그의 앞에서 나오며

그를 섬기는 자는 천천이요

그 앞에서 모셔 선 자는 만만이며

심판을 베푸는데

책들이 펴 놓였더라.

9절에서 앉아 있는 "옛적부터 항상 계신 이"(Ancient of Days)는 분명히 천상회의의 수장이다. 하지만 "보좌들"이 적어도 일부 구성원들을 위해 천상회의의 법정에(10절, "court") 놓여 있다.[13] 다른 보좌들을

---

13. 여기서 대부분의 천군 또한 서 있는 것으로 말해진다(10절). 유대교 전통에서도 주장하는 바, 복수형으로 쓰인 "보좌들"은 메시아적 인자와 옛적부터 항상 계신 이를 위한 자

차지한 천상회의 구성원들은 의사결정 과정에 참여하고 있었다. 이런 사실은 다니엘 7:26에서 꽤 분명하게 나타난다. "그러나 심판이 시작되면(the court shall sit in judgment) 그는 권세를 빼앗기고 완전히 멸망할 것이요." 넷째 짐승에 대한 판결은 심판을 베푸는 법정(court)과 연결된다.

그러므로 다니엘 7:9-10의 천상회의에서 보좌들은 단순히 장식용으로 놓인 것이 아니다. 고대 이스라엘 사상에서는 어떤 모임에서 좌정해 있는 사람(들)이 의사결정의 권한을 갖는다.[14] 회의 가운데 앉아

리가 아니다. 옛적부터 항상 계신 이는 앉아 있지만, 인자는 전혀 그렇지 않다. 분명한 사실은 천상회의가 열려 있고, 거기에 (그저 비어 있는 한두 개가 아닌) 다수의 보좌들이 있다는 사실이다!

14. 일부 학자들은 구약 성경의 "서다"란 어휘의 의미를 시편 82편과 연결지어 이 시가 이스라엘의 다신교 사상의 증거라고 주장한다. 그 주장은 다음과 같이 요약될 수 있다. "신들의 회의(아다트 엘, *ʿadat ʾēl*) 가운데 "서 있는"(니짜브, *niṣṣāb*) "하나님"(엘로힘, *ʾelōhîm*)은 6절의 "지극히 높으신 이"(엘-엘욘, *ʾēl-ʿelyōn*)가 아니다. '엘욘'(Elyon)은 '엘'(El)에 대한 일종의 별칭이며, 비판을 제기하는 시 82:1의 신은 이 회의를 주관하는 당사자가 아니다. 시 82:1에서 "서 있는," 이름이 언급되지 않은 신이 바로 야훼다. 그는 타락한 "지극히 높으신 이의 아들들"을 고발하고 있다(2-5절). 이 회의의 재판장은 '엘-엘욘'이다. 결과적으로, "여호와와 엘-엘욘"은 동일 인물이 아니며, 이스라엘 종교는 야훼보다 높은 신을 두고 있었다. 이 주장은 다음의 여러 가정들에 기초한다. (1) 그 '엘욘'이라는 존재는 이 회의에 재판장으로 좌정했고, 따라서 "서 있는" 야훼는 신들의 회의에서 기소자의 역할을 수행하고 있다. (2) 법정의 문맥에서 재판장은 항상 앉아 있다. (3) 야훼는 신들의 회의에서 기소자와 재판장을 겸할 수 없다. 필자는 두 편의 논문을 통해 이런 논리와 추론적 근거에 대해 다룬 바 있다. 이런 그림을 만들기 위해 조합한 자료들은 사실 일관성이 없다. 때때로 하나님은 심판하기 위해 서 있는 모습으로 그려진다(사 3:13; 암 7:7-9; 9:1-4). 다른 곳에서 야훼는 앉아 있는 재판장으로 언급되는데(비교. 시 7:6; 9:19; 94:2), 따라서 여호와를 시 82:1의 서 있는 신(엘로힘)으로 볼 수도 있고, 82:8에서 앉아 있던 자리에서 일어나도록 요청된 신으로 볼 수도 있다. 이런 접근은 본문을 있는 그대로, 그리고 더 광범위한 히브리 성경의 문맥에 위치시킨다. 성경 저자들은 여호와와 엘을 명시적으로 동일시한다(예, 삼하 22:31-32; 시 10:12; 18:2; 31:5; [특히] 50:1; 118:27). 그런데 왜 시 82편을 다

있는 모습은 참여자로 역할을 맡고 있음을 나타낸다. 하지만 열왕기상 22:19-23과 다니엘 7:9-10은 또다른 면에서 중요한 시사점을 지닌다. 두 본문에서 천상회의는 단독으로 진행되거나 수장이 없거나 하지 않는다. 천군의 구성원들은 하나님의 뜻을 실행하는 일을 위해 하나님께 협력한다. 그러면서도 하나님을 벗어나 자율적으로 행동하지 않는다.

2. 하나님의 결정에 증인이 됨

천군의 일원들은 하나님의 의사결정에 참여할 뿐만 아니라, 하나님이 작정하신 바에 대한 증인 역할도 수행한다. 이와 관련해 우리는 이미 두 사례를 살펴보았다. 욥기 38:4-7에서 새벽 별들과 하나님의 아들들이 창조 사건의 위엄을 선포하고 증거한다. 창세기 1:26에서 하나님은 천군이 회집한 가운데 그들 앞에서 인류를 창조하겠다는 자신의 결정을 선언하신다. 창세기 1:27에서 창조행위를 나타내는 동사가 모두 문법적으로 단수이기 때문에 "우리가… 만들[자]"라는 선언은 하

른 본문 증거와 이런 명백한 동일시를 회피하는 방식으로 해석하는 걸까? 그것은 그들이 다신론에서 유일신론으로의 진화를 전제하고서, 이를 본문해석에 동원하기 때문이다. 즉, 본문을 이런 전제로 여과해서 읽으면서, 보다 광범위한 정경적 문맥을 무시하는 것이다. 이런 진화론적 전제는 순환논법에 기초한다. 참조. Michael S. Heiser, "Does Divine Plurality in the Hebrew Bible Demonstrate an Evolution from Polytheism to Monotheism in Israelite Religion?" *JESOT* 1.1 (2012): 1-24; idem, "Are Yahweh and El Distinct Deities in Deut. 32:8-9 and Psalm 82?" *HIPHIL* 3 (2006), http://see-j.net/index.php/hiphil/article/view/29; posted October 3, 2006.

나님이 자신의 취지를 전달하시려는 것이지 창조사역에 다른 신적인 존재들의 도움을 청하신 것이 아니다.[15] 여기서 천군의 일원은 일종의 보증인 역할을 하는데, 하나님의 결정을 재가하는 의미에서가 아니라 오히려 하나님의 결정이 지닌 선함, 지혜로움, 당위성을 인정하고 증언하는 의미에서 각자의 역할을 수행하는 것이다.[16]

율법이 천사들을 통해 전달되었다는 사실은 아마도 잘 알려지지 않았지만 성경본문에 명백히 나타난다(행 7:53; 갈 3:19; 히 2:2).[17] 이것은 신명기 33:1-4의 칠십인역에서 온 것인데, 이 본문에 따르면 시내산에 수많은 신적 존재들이 있었다(2절, "일만 성도"[ten thousand holy ones]). 한편 이 내용이 마소라 본문에는 나타나지 않는다.[18] 신명기

---

15. 마찬가지의 고찰이 인류의 창조를 묘사하는 다른 본문에도 적용된다. 인류를 창조하는 활동은 거기에 사용된 동사가 무엇이든지 상관없이 문법적으로 단수 동사 형태로 서술된다.

16. 물론 천상회의 일원 중 하나가 새롭게 창조된 세상에서 하나님을 형상화하고 대표하는 인간의 격상된 지위에 대해 불만을 품었음을 이야기하는 고대 유대전승이 있다. 이 신적인 존재는 지극히 높으신 이에게 반역하고 인류의 타락을 조장할 것이다. 예를 들어, 1세기 유대교 위경 본문인 『아담과 하와의 생애』 12-14장을 읽어보라.

17. *The Unseen Realm*(166-67)에서 나는 갈 3:19에서 천사들과 함께 언급된 "중보자"(intermediary)가 여호와의 사자임을 주장했다. 율법과 천사의 연결점을 시사하는 고대 유대교 본문에 대한 탐구에 대해서는 다음을 참조하라. Terrance Callan, "Pauline Midrash: The Exegetical Background of Gal. 3:19b," *JBL* 99.4 (1980): 549-67.

18. 칠십인역은 히브리 성경을 고대 그리스어로 번역한 역본이다. 하지만 신 33장에서처럼 두 성경의 차이가 항상 번역 자체의 특성에 의한 것은 아니다. 칠십인역의 역자들은 마소라 본문에서 갈라져 나온 히브리 본문을 사용했다. 다른 학자들은 신 33:1-2이 율법을 전달할 때 함께 있었던 천사들에 대한 신약 언급의 배경이라는 데 동의한다. "하나님과 함께 그의 천상회의의 일원들이 있었다. 그들은 '거룩한 자들'이며 '하나님의 용사들'이었

33장의 칠십인역에는 하나님이 이스라엘 백성에게 율법을 주실 때 그와 동행한 천사들(케도쉼[*qedōshîm*], 거룩한 자들)이 있었다고 기록한다. 한편 마소라 본문은 "거룩한 자들"(개역개정, "성도")이 율법을 받는 이스라엘 백성이라고 시사한다.[19]

성경본문은 율법 수여가 여호와와 이스라엘 사이의 언약적 행위였음을 분명히 밝힌다(출 19:5-6; 24:1-8). 여호와의 천상회의 일원들은 언약 제정의 목격자로서 이를 확증하기 위해 그곳에 있었다.[20] 밀러는 그 함의를 다시금 이렇게 요약한다. "우주의 통치는 여호와의 관할 아래 있으나, 이 통치가 실현되는 맥락을 보면 거기에는 천상회의의 활동이 있다. 이 천상회의 가운데 여호와가 인류 공동체를 향해 명을 내리시면 신적인 세계가 움직여 하나님의 명을 전달하고 실행한다."[21] 이 개념은 여호와와 그의 백성 사이에 체결된 시내 산 언약에서

다(비교 32:8). 모세의 율법에 대한 신약의 해석에서 이 구절(2절; 칠십인역과 비교하라)이 모세의 율법이 천사들을 통해 중재되었음을 뒷받침하는 본문일 것이다(참조. 행 7:53; 갈 3:19; 히 2:2)"(Peter C. Craigie, *The Book of Deuteronomy, NICOT* [Grand Rapids: Eerdmans, 1976], 393).

19. 필자는 *The Unseen Realm*(165-66)에서 두 본문을 영문으로 번역한 내용을 나란히 비교해서 설명했다.

20. P. R. Williamson, "Covenant," *DOTP* 149-51.

21. Miller, *Israelite Religion and Biblical Theology*, 426. 다른 학자들은 시 89:35-37이 언약의 증인으로서 신적인 회의에 속한 한 구성원을 언급하는지를 두고 논쟁한다. 참조. E. Theodore Mullen, Jr., "The Divine Witness and the Davidic Royal Grant: Ps 89: 37-38," *JBL* 102.2 (1983): 207-18; Paul G. Mosca, "Once Again the Heavenly Witness of Ps 89: 38," *JBL* 105.1 (1986): 27-37; Timo Veijola, "The Witness in the Clouds: Ps 89: 38," *JBL* 107.3 (1988): 413-17.

극명하게 드러났다.

언약을 체결하는 자리에 천상회의 구성원들이 증인으로 참여하는 것은 고대 근동 언약의 구조에도 잘 들어맞는다.

> 또한 이런 조약들은 일반적으로 "제3자"를 조약 체결의 증인으로 기록한다. 여기서 특별히 관심을 가져야 할 대목은 신성을 지닌 존재 또는 자연세계에서 신격화된 대상에게 이 조약 체결의 증인이라는 독점적 지위가 부여됐다는 것이다. 이 증인으로 언급되는 신들의 목록은 대개의 경우 매우 길었는데 조약 체결의 양쪽 당사자와 관련있는 모든 신들이 남김없이 증인으로 소환되었기 때문이다. 그렇기 때문에 만약 조약 체결의 당사자 중 어느 한편이 이 준엄한 서약을 어길 경우 그들을 대변해 호소하고 보호할 어떤 신도 남아 있지 않게 되는 식이다… 증인으로 소환된 존재들은 서약을 통해 조약을 체결한 양쪽 당사자의 행동을 감시하고, 이 조약에 따라 이루어지는 적절한 보상과 처벌(축복과 저주)을 집행한다(아래를 참조하라). 이런 집행자들이 모두 초자연적인 존재라는 사실 이면에는, 이 언약 이데올로기에서 언약 복합체 전체를 정치-군사적인 강제 영역에서 벗어나게 하고, 종주와 봉신 간의 공동이익에 대한 자발적 수용의 영역으로 위치시키기 위한 격렬한 노력이 이루어졌다는 개념이 전제되어 있다. 달리 말하자면, 여기엔 봉신의 순종 자체가 "스스로를 감시"할 것이란

기대를 표현하는 것이다. 이런 "자기 감시"는 우월한 군사력에 대한 단순한 두려움에서가 아니라 더 높은 수준의 언약적 준칙에 대한 양심적인 판단에 기초하는 것이다.[22]

이런 배경을 고려할 때, 성경신학적 맥락에서 천상회의의 구성원들 역시 법적 사건의 증인으로 언급되는 것은 놀라운 게 아니다. 여기서 관련된 사건이라면 언약을 위반하여 유죄인 백성들에게 하나님이 제기하시는 '소송'일 것이다.[23] 다음 본문들이 그 예라 할 수 있다.

내 백성아 들을지어다 내가 말하리라
이스라엘아 내가 네게 증언하리라
나는 하나님 곧 네 하나님이로다
나는 네 제물 때문에 너를 책망하지는 아니하리니

---

22. George E. Mendenhall and Gary A. Herion, "Covenant," *ABD* 1:1181.

23. 언약과 관련하여 제기된 소송이 구체적으로 무엇일지는 학자들 사이에서 논란이 있다. 다만 명백히 법적 분쟁이라는 상황에서 사용되었을 법한 용어들을 고려할 때 언약 관련 소송이라는 점을 전적으로 부인하는 학자는 거의 없다. 참조. Kirsten Nielsen, *Yahweh as Prosecutor and Judge: An Investigation of the Prophetic Lawsuit* (Rîb-Pattern) (Sheffield: University of Sheffield, 1978); Marjorie O'Rourke Boyle, "The Covenant Lawsuit of the Prophet Amos: III 1-IV 13," *VT* 21 (1971): 338-62; Herbert B. Huffmon, "The Covenant Lawsuit in the Prophets," *JBL* 78 (1959): 285-95; Richard M. Davidson, "The Divine Covenant Lawsuit Motif in Canonical Perspective," *Journal of the Adventist Theological Society* 21/1-2 (2010): 45-84.

네 번제가 항상 내 앞에 있음이로다…

악인에게는 하나님이 이르시되

네가 어찌하여 내 율례를 전하며

내 언약을 네 입에 두느냐

네가 교훈을 미워하고

내 말을 네 뒤로 던지며(시 50:7-8, 16-17).

너희가 이런 일도 행하나니 곧 눈물과 울음과 탄식으로 여호와의 제단을 가리게 하는도다 그러므로 여호와께서 다시는 너희의 봉헌물을 돌아보지도 아니하시며 그것을 너희 손에서 기꺼이 받지도 아니하시거늘 너희는 이르기를 어찌 됨이니이까 하는도다 이는 너와 네가 어려서 맞이한 아내 사이에 여호와께서 증인이 되시기 때문이라 그는 네 짝이요 너와 서약한 아내로되 네가 그에게 거짓을 행하였도다(말 2:13-14)

하나님이 자기 백성에게 제기하신 법적 다툼에서 때로는 하나님 편에 서서 증인 역할을 하는 (정체가 확인되지 않는) 무리도 존재하는데, 이들 역시 하나님의 고소 내용과 판결의 당위성을 증언하기 위해 소환된다. 분명히 이 무리와 관련하여 히브리 성경에서 복수 명령형이 사용된 다음의 예를 보라(강조 표시를 참조하라).

아스돗의 궁궐들과 애굽 땅의 궁궐들에
선포하여(히쉬미우[*hišmî'û*]) 이르기를(이므루['*imrû*])
너희는 사마리아 산들에 모여
그 성중에서 얼마나 큰 요란함과 학대함이 있나 보라 하라
자기 궁궐에서 포학과 겁탈을 쌓는 자들이
바른 일 행할 줄을 모르느니라
여호와의 말씀이니라
주 여호와 만군의 하나님의 말씀이니라
너희는 듣고(쉬므우[*šim'û*])
야곱의 족속에게 증언하라(하이두[*hā'îdû*])
내가 이스라엘의 모든 죄를 보응하는 날에
벧엘의 제단들을 벌하여
그 제단의 뿔들을 꺾어 땅에 떨어뜨리고(암 3:9-10, 13-14).

아모스 3장에 대한 최근 연구에서 데이비드 보코보이(David Bokovoy)는 이 본문의 사법적인 요소를 이렇게 설명한다.

> 아모스 3:13에 나타나는 여호와의 말씀을 하나님이 자신의 총회를 소환하는 것으로 해석하는 것은 고대 근동의 전통에서 보통의 사법적 기능이 회의기구를 통해 이뤄진다는 사실에 부합한다. 고대 근동

사상에서 신들이 모이는 천상회의는 온 우주의 사건들을 통할하는 중요한 사법적 판단의 몸통 역할을 한다. 이는 세속기관의 형태를 반영하는 것이기도 하다. 리처드 클리포드(Richard J. Clifford)는 이런 회의기구와 관련하여 페니키아인들의 총회에 대해 다음과 같이 설명한다. "고대 근동의 다른 경우와 마찬가지로, 모든 총회는 개별 신들에게 종속된 것으로 묘사된다. 물론 중요한 의사결정에서는 총회의 동의가 필요한 것으로 보이긴 하지만 말이다.[24]

흥미로운 뉘앙스를 포함하고 있는 다른 본문들 역시 마찬가지다. 이사야 40:1-2는 다음과 같이 읽힌다(또다시 복수 명령형의 강조표시를 참조하라).

> 너희의 하나님이 이르시되 너희는 **위로하라**(나하무[*naḥamû*])
> 내 백성을 **위로하라**(나하무)
> 너희는 예루살렘의 마음에 닿도록 **말하며**(딥베루[*dibberû*])
> 그것에게 **외치라**(키르우[*qir'û*])
> 그 노역의 때가 끝났고
> 그 죄악이 사함을 받았느니라

---

24. David E. Bokovoy, "שמעו והעידו בבית יעקב: Invoking the Council as Witnesses in Amos 3:13," *JBL* 127.1 (2008): 37-51 (42-43).

그의 모든 죄로 말미암아

여호와의 손에서 벌을 배나 받았느니라 할지니라 하시니라.

여호와는 포로생활의 종식을 선포하며 자기 백성을 위로하는 (이름이 언급되지 않는) 한 무리를 소환하는데, 바로 여기에 일련의 복수 명령형이 사용된다.[25] 이사야 40장의 이어지는 내용에서, 앞서 이 언급된 무리 중에서 한 목소리가 등장하고(6a절: "한 소리가 이르되 외치라"), 이에 선지자가 대답한다(6b절: "대답하되 내가 무엇이라 외치리이까"). 이런 식으로 이사야 선지자는 하나님과 그의 천상회의 사이에서 오가는 대화에 참여한다.

주석가들은 이사야 6장과 40장이 많은 지점에서 연속성을 지닌다

---

25. 사 40장에 나타난 복수 명령형과 천상회의의 소집에 대해서는 다음을 참조하라. Frank Moore Cross, "The Council of Yahweh in Second Isaiah," *JNES* 12 (1953): 274-77; Christopher R. Seitz, "The Divine Council: Temporal Transition and New Prophecy in the Book of Isaiah," *JBL* 109.2 (1990): 229-47. 특히 자이츠(Seitz)는 회의 발언이라는 프레임으로 사 40:1-11을 상세히 주석한다. 여기서 복수 명령형은 하나님이 인간 무리를 향해 말씀하신 것으로 간주해서는 안 된다. 이를 뒷받침하는 주해상의 증거가 전혀 없다. 그리고 그렇게 해석하는 것은 이사야 40장과 6장의 밀접한 병행을 손상시킨다(구체적인 내용은 자이츠의 논문을 참조하라). 칠십인역과 탈굼역은 이것이 인간을 대상으로 한다고 번역하면서, 일단의 제사장 또는 선지자 그룹을 임의로 삽입한다. 더 심각하게도 불가타역은 이 부분을 이스라엘에게 이스라엘을 위로하라는 명령으로 해석한다. 후자와 관련해서 이 명령의 수령자가 사람이라는 주장은 명령을 받는 수령자(recipient)와 명령이 가리키는 대상자(object)를 혼동하는 것이다. 여기서 하나님이 위로하기 원하시는 대상은 사람이다. 그들은 명령을 받는 당사자가 아니다. 명령을 받는 당사자를 향해 그 당사자 자신을 위로하는 행위자가 되라고 하는 것은 이치에 맞지 않는다. 저자가 이 개념을 더욱 명쾌하게 전달하고자 했다면, 히트파엘(Hithpael) 또는 니팔(Niphal) 명령형을 사용했을 것이다.

는 데 동의한다. 이사야 6장에서는 오직 하나님, 이사야, 보좌를 지키는 신적인 존재들(스랍)만 그 공간에 존재한다. 하나님은 신적인 무리를 향해 수사적 질문을 던진다. "누가 우리를 위하여 갈꼬"(8절). 이것은 하나님이 이사야에게 직접적으로 질문하신 게 아니다. 여기서 선지자 이사야는 한 사람의 목격자가 된다. 이사야 40:3-6의 회의에서도 대화가 이어지고, 거기에서 선지자는 참여자가 된다(사 40:6의 "And I said"[개역개정 "대답하되"]를 사해사본 6절과 함께 읽어보라). 이것은 이사야 6장에서 "누가 우리를 위하여 갈꼬?"란 질문에 선지자가 "내가 여기 있나이다 나를 보내소서"(8절)라고 대답한 내용과 매우 유사하다.[26] 이사야 6장에서, 스랍 중 하나가 이사야의 입을 정결하게 한 후 여호와를 위한 대변인 역할을 하게 한다(사 6:6-7).

또한 천상회의는 여호와가 선지자들을 택하신 것에 대한 증인이 된다. 성경신학에서 선지자는 하나님과의 만남을 통해 그 소명이 승인되는데, 이 절차가 때때로 천상회의장에서 이루어진다. 나는 이런

---

26. 이것은 다시 사 40:9-11에 영향을 미친다. 많은 학자들이 9-11절의 "소식을 전하는 자"가 시온 또는 예루살렘이라고 추정한다. 이는 "소식을 전한다"는 의미의 '메바세레트'(여성 단수 분사)가 문법적으로 여성이며, 또한 이것이 시온과 예루살렘이라는 도시 이름이 문법적으로 여성인 것과 잘 상응한다고 본 것이다. 하지만 여기서 문제가 되는 명사가 형태론적으로 여성이긴 하지만 의미론적으로 어떤 남성을 의미할 수도 있는 유형에 속한다. 이에 대한 가장 훌륭한 예로 '코헬렛'("전도자", 전도서의 히브리 명칭)을 들 수 있다. '코헬렛'은 분명히 남성이지만(전 1:1), 명사의 형태상으로는 문법적으로 여성이다. 따라서 "소식을 전하는 자"에 대한 최선의 해석은 환상 중에 해방된 백성을 위한 전령이 된 선지자 이사야로 보는 것이다.

모티프를 『보이지 않는 세계』에서 자세하게 다룬 바 있다.[27] 예레미야 23:16-22는 이 패턴의 고전적 사례에 해당한다.

> 만군의 여호와께서 이와 같이 말씀하시되 너희에게 예언하는 선지자들의 말을 듣지 말라 그들은 너희에게 헛된 것을 가르치나니 그들이 말한 묵시는 자기 마음으로 말미암은 것이요 여호와의 입에서 나온 것이 아니니라 항상 그들이 나를 멸시하는 자에게 이르기를 너희가 평안하리라 여호와의 말씀이니라 하며 또 자기 마음이 완악한 대로 행하는 모든 사람에게 이르기를 재앙이 너희에게 임하지 아니하리라 하였느니라
>
> 누가 여호와의 회의에 참여하여 그 말을 알아들었으며
> 누가 귀를 기울여 그 말을 들었느냐…
> 이 선지자들은 내가 보내지 아니하였어도 달음질하며
> 내가 그들에게 이르지 아니하였어도 예언하였은즉
> 그들이 만일 나의 회의에 참여하였더라면
> 내 백성에게 내 말을 들려서
> 그들을 악한 길과 악한 행위에서

---

27. Heiser, *The Unseen Realm*, 232-39. 참조. Edwin C. Kingsbury, "The Prophets and the Council of Yahweh," *JBL* 83.3 (1964): 279-86; Fleming, "Divine Council as Type Scene."

돌이키게 하였으리라(렘 23:16-18, 21-22).[28]

이 본문의 함의는 진정한 선지자는 여호와의 회의에 참여하여 말씀을 들은 자를 가리키는 반면, 거짓 선지자는 그렇지 못하다는 것이다. 천상회의는 여호와가 내리신 결정에 증인이 된다.

3. 인간 세계에 대한 하나님의 통치를 보조함

안타깝게도 교회 전통은 욥기 1-2장의 유명한 에피소드에 대해 그동안 근시안적인 해석을 양산해 왔다. 즉, 천상회의의 모임 중에 하나님께 보고하던 하늘의 원수, 곧 '사탄'이 의인 욥에 대한 하나님의 평가에 도전장을 내밀었다는 것이다.[29] 이런 관점은 독자들로 하여금 보다

---

28. Heiser, *The Unseen Realm*, 238-39. 『보이지 않는 세계』 좋은씨앗.

29. *The Unseen Realm*(57쪽)에서 논의했듯이, 욥 1-2장(슥 3장)에 등장하는 '사탄'(*śāṭān*)이라는 존재는 마귀(devil)나 창세기 3장의 뱀을 가리키는 것이 아니다. 이런 동일시가 물론 전통적인 입장이긴 하지만, 이는 히브리어의 문법 규칙에서 벗어난 해석이다. 히브리어에선 고유명사 앞에 정관사("the"; 히브리어 '하-'[*ha*-])를 붙이지 않는다(이는 영어에서도 마찬가지다). 욥 1-2장과 슥 3장에서 등장하는 '사탄'이라는 표현에는 모두 정관사가 붙어 있으므로 이는 고유명사라 할 수 없다. 주옹과 무라오카는 다음과 같이 설명한다. "고유명사는 그 자체로 고유한 대상을 한정하여 가리킨다. 따라서 고유명사는 그 의미를 한정하기 위한 어떤 문법적 요소를 취할 필요가 없다. 그래서 고유명사에는 한정적 속격(determinate genitive)이 붙지 않는다(비한정적인 수식어도 붙지 않는다, §131 n-o). 마찬가지로 고유명사에는 정관사도 붙지 않는다(*GBH* §137b) 데이(Day)는 이렇게 말한다. "욥기의 첫 장은 '하나님의 아들들'의 모임, 즉 천상회의의 모임을 묘사한다. 그런데 '하사탄'(*haśśāṭān*)으로 불리는 한 존재가 이 모임에 참석한다. 이것은 일반명사 '사탄' 앞에 정관사가 붙은 것이다. 이 정관사는 거의 확실하게 '하사탄'이 고유명사가 아님을 말해 준다. B. Waltke & M. O'Connor, *An Introduction to Biblical Hebrew Syntax* [Winona Lake 1990] 249). … 이런 문법적 취지를 욥 1:6의 '하사탄'의 정관사에 적용하면, '하사탄'은 특정한 주요 신분을 갖고 있지 않은 일반적

중요한 성경신학적 주제를 비껴가게 한다. 즉, 이 '사탄'이라는 존재 역시 하나님이 창조하신 지상세계를 통치하는 일에서 천군의 역할을 수행한다는 사실을 간과하게 만든다는 것이다.

욥기 1-2장은 천상회의 모임에 하나님의 아들들이 모여 있는 장면을 묘사한다. 이 모임에 '사탄'이 참석하는데, 그는 자신이 땅을 두루 돌아 "여기저기"(슈트[*šûṭ*]) 다녔다고 설명한다.[30] 이 활동은 목적없는 배회를 의미하지 않는다. 클라인스(Clines)는 다음과 같이 주석한다.

> 동사 '슈트'는 대부분 특별한 목적을 가지고 돌아다니는 활동을 가리킨다(민 11:8, 만나를 찾아다닐 때; 삼하 24:8, 인구조사를 하러 돌아다닐 때; 렘 5:1, 예루살렘에 의인이 한 사람이라도 있는지 찾기 위해 돌아다

인 존재이자, 당시에는 기소자로서의 지위를 잠시 보유중인 어떤 신적 존재가 내러티브에 소개되고 있는 것으로 이해할 수 있다. 이 해석의 장점은 '기소자'의 위치가 어떤 고정된 자리나 직책이 아니라, 다양한 존재들이 여러 상황에서 일시적으로 차지할 수 있는 지위라는 점에서 이스라엘인(그리고 메소포타미아인)에게 잘 알려진 법적 관행과도 일치한다는 것이다." (P. L. Day, "Satan שטן" *DDD* 727-28).

또한 '사탄'과 관련된 또 다른 명사를 보면 해당 존재가 적대하는 자의 역할을 맡고 있음을 뒷받침해 준다. "보통 '기소장'(indictment)으로 번역되는 명사 '시트나'(*śiṭnâ*, 스 4:6; 개역개정은 단순히 "글을 올려"로 번역함)는 '적대적인 반대'를 의미하는 것 같다(*TLOT*, 1268). 참조. Peggy Day, *An Adversary in Heaven: śāṭān in the Hebrew Bible* (Atlanta: Scholars Press, 1988); John H. Walton, "Satan," *DOTWPW* 714-17.

30. 욥 1:6; 2:1에서 '사탄'이 "그들 가운데에 왔다"(came among them)고 서술한 것은 이 인물이 하나님의 아들들의 일원이라고 말할 수 없게끔 번역했다는 점에서 애매하다. 누군가 어떤 무리 "가운데"(베토크, *betôk*) 있다는 말은 해당 인물이 그 무리의 일원이라고 특정하는 것일 수도, 그렇지 않을 수도 있다. 예를 들어, 수 8:22에서 아이 성의 거주민들이 이스라엘 사람들 "가운데"(베토크, *betôk*) 있지만, 분명히 이스라엘 민족은 아니다.

닐 때; 암 8:12, 여호와의 말씀을 구하려고 돌아다닐 때; 비교. 대하 16:9; 겔 27:8, 26; 슥 4:10; 단, 단 12:4과 렘 49:3은 예외인 것처럼 보인다)… 이후 구절들을 살펴볼 때, 사탄이 맡은 특별한 임무가 사람들의 신앙심을 평가하는 것이었음을 암시하는지는 단정하기 어렵다. 사탄이 온 땅을 두루 다닌 이유는 단순히 극적인 이유에서 구체적으로 설명되지 않았을 가능성이 매우 높다. 사탄은 보고할 것도, 조언할 것도, 어떤 일을 개시할 것도 없다. 하지만 그는 눈을 크게 뜨고 세상을 두루 살피면서, 그의 주군인 하나님께서 자신의 뜻대로 사용할 만한 감찰자료들을 모았다.[31]

왜 '사탄'이 천상회의에서 보고를 하는 걸까? 그 대답은 신적인 회의기구가 하나님을 대신하여 세상을 통치하는 일종의 실행위원회라는 개념에서 찾을 수 있다. 우리는 스가랴 1:10에서 하나님이 천사들을 보내어 "땅에 두루 다니도록" 하신다는 점을 알게 된다. 이 천사들은 여호와의 천사에게 이렇게 보고한다. "우리가 땅에 두루 다녀 보니 온 땅이 평안하고 조용하더이다"(슥 1:11).[32] 시편 82편에서 하나님으

31. David J. A. Clines, *Job 1–20*, WBC 17 (Dallas: Word, 1989), 23. 『욥기 상』 솔로몬.

32. 여기서 흥미로운 사실은 천사들의 보고가 흔히 예상하는 대로 그들을 파송하신(슥 1:10) 하나님께 직접 전달되는 것이 아니라 이 특정한 천사에게 전달된다는 것이다. "여호와의 천사"(여호와의 사자)의 정체에 대해서는 본서 3장을 참조하라.

로부터 기소를 당하는 천상회의의 '엘로힘'들은 '여호와의 공의'라는 원칙을 따라 민족들을 통치하는 일에서 실패했기 때문에 심판을 받는다(시 82:2-4). 이들이 실패한 결과 세상이 혼돈에 빠진다("땅의 모든 터가 흔들리도다"; 시 82:5). 밀러는 다음과 같이 설명한다.

> 공의와 의를 실현하는 것은 우주의 기초이자, 천상회의에게 맡겨진 책무다. 또한 이것은 우주의 안녕과 신적 세계의 안정적 운영이 달린 중대한 문제다… 우리는 이런 배경에서 여호와의 천상회의가 가장 명백하게 드러나는 시편 82편 같은 본문을 살펴봐야 한다. 시편 82편의 이야기는 전적으로 신들의 세계에서 벌어진다. 물론 여기서도 여호와가 전적으로 신들의 세계를 다스리고 통제하신다는 점이 분명하게 드러난다. 시편 82편은 "신들의 모임"(1절)을 묘사하는데, 여기서 하나님이 일어나 신들을 향해 심판을 선고하신다. 하나님이 신들에게 그런 판결을 내리신 이유는 매우 구체적이고 명료하게 설명된다. 신적인 존재들, 즉 지상의 인류 가운데 질서와 공의를 제공해야 할 신들이 완전히 실패한 것이다. 그들은 악인을 향해 편파적인 태도를 보였고, 가난하고 약한 자의 권익을 보호하지 못했다. 그 결과, 땅의 모든 기초가 흔들렸다고 말해진다… 이 본문은 세상 질서의 중심이 되는 공의의 확립이 전반적으로 신적인 세계의 책임이라고 상정한다. 지상에서의 공의 실현의 실패가 곧 신들의 세계를 향해 비판을

제기하는 방향으로 흘러간다. 사실상 그 결과 신들의 세계에 대한 심판이 내려진다. 곧 신들의 세계가 그 절대적 지위를 상실하고, 신적인 존재들이 사망에 이르게 된다. 신들이 사형선고를 받는다. 인류와 마찬가지 신세가 되어 버린 신적인 세계 그리고 신들의 운명이 신들의 회의에서 결정된다.[33]

천상회의의 구성원들이 하나님의 지상통치에 참여한다는 사실을 보여주는 가장 극적인 예는 심판과 관련되어 있다. 신명기 32:8-9에 따르면 천군의 일원들은 민족들을 관할하는 역할을 부여받았다.

지극히 높으신 자가 민족들에게 기업을 주실 때에,
인종을 나누실 때에,
하나님의 아들들의 수효대로 백성들의 경계를 정하셨도다[34]

---

33. Miller, *Israelite Religion and Biblical Theology*, 427–28, 437–38. 『고대 근동과 이스라엘 종교』 CLC.

34. 필자가 *The Unseen Realm*에서 썼듯이, 대부분의 영어성경은 신 32:8을 "하나님의 아들들의 수효대로"라고 번역하지 않고, "이스라엘 자손의 수효대로"라고 읽는다(개역개정도 마찬가지다-옮긴이). 이런 차이는 구약 사본간의 불일치에서 비롯된 것이다. 사해사본에서 알려진 것처럼 "하나님의 아들들"이 올바른 독법이다. 솔직히 말해, 왜 신 32:8-9을 "하나님의 아들들"로 보는 것이 그 구절의 본 취지에 부합하는지에 대한 모든 전문적인 이유들을 알 필요는 없다. 잘못된 독법인 "이스라엘의 자손"에 대해 잠시 생각만 해봐도 충분하다. 신 32:8-9는 바벨탑 사건을 상기시킨다. 이 사건은 이스라엘 민족의 아버지인 아브라함의 소명기사 이전에 발생했다. 이것은 이스라엘이 하나의 민족으로 존재하기도 전에 땅의 민족들이 바벨탑에서 나뉘었음을 의미한다. 당시에 이스라엘이 존재하지 않았다면, 하나님이 "이스라엘 자손의 수효대로" 땅의 열국을 나누셨다는 것은 이치에 맞

여호와의 분깃은 자기 백성이라
야곱은 그가 택하신 기업이로다

우리는 창세기 11:1-9을 통해 인류가 바벨탑 사건에서 열국으로 나뉘었다는 사실을 알게 된다. 창세기 10장에서 여호와가 홍수 이후 노아의 아들들의 계보를 따라 인류를 여러 민족들로 나누신 것은 일종의 징벌적 조치였다. 하나님은 인류 전체를 상대로 하시던 관계를 끝내기로 결정하셨다. 민족들을 나누어 하등한 신적 존재들(하나님의 아들들)에게 맡기신 이후, 하나님은 새 백성, 즉 신명기 32:9에서 묘사된 대로 자신의 "기업"(inheritance)을 위해 아브라함을 부르셨다.[35] 하나님은 이 새 백성을 통해 장래에 민족들에게 복을 주기로 계획하셨다(창 12:3; 비교. 행 17:26).[36]

신명기 32:8-9은 구약 성경의 나머지 부분을 이해하는 데 기초가 된다. 밀러가 이 본문을 주석했듯이, "열국의 순서는 하늘의 순서에 근

지 않는다. 이 독법의 오류는 이스라엘은 창세기 10장의 '열국 목록'에 들지 않았다는 사실로도 증명된다. "이스라엘의 자손"이 아닌 "하나님의 아들들"을 정확한 독법으로 주장하는 본문비평 자료에 대해서는 다음을 참조하라. Heiser, "Deuteronomy 32:8 and the Sons of God," 52–74.

35. 이 사건과 관련하여 민족을 할당한다(allotment)는 취지의 언어에 대해서는 신 4:19-20; 29:25-26을 참조하라.

36. 이 본문에 대한 충실한 논의 및 그 성경신학적 함의(신구약을 포함하여)에 대해서는 다음을 참조하라. Heiser, *The Unseen Realm*, 113–23, 296–306, 326–30. 『보이지 않는 세계』 좋은씨앗.

거한다."[37] 독자들은 이후의 구체적인 일을 알지 못하지만, 결국 이 직무를 맡은 하나님의 아들들은 적대적이 되어 이스라엘을 우상숭배로 미혹하고(신 32:17), 자신들에게 배정된 백성들을 학대한다(시 82:1-5). 하나님은 이에 대한 반응으로 그들을 향해 여호와의 날에 임할 종말론적 죽음을 선언하신다(시 82:6-8; 사 24:31; 34:1-4).[38]

초자연적 존재들이 하나님의 통치에 이런 방식으로 참여한다는 사실은 그들이 창조주와 공유하고 있는 자유와 지성 같은 신적 속성들을 발휘한다는 결론으로 이어진다. 이는 우리에게 주어진 상황 및 신분과도 유사하다. 그들도 우리와 마찬가지로 독립적으로 행동하지 않는다. 하나님은 우리가 (그리고 그들이) 하나님이 부여하신 능력을 발휘하여 그분의 대표자로 섬기기를 정말로 기대하신다.

신적인 결정에 순종으로 반응함

천상회의에서 결정된 것들은 필히 실행되어야 한다. 성경은 천군의 일원들이 다양한 방식으로 이에 반응하는 모습을 기술한다.

---

37. Miller, *Israelite Religion and Biblical Theology*, 436. 『고대 근동과 이스라엘 종교』 CLC.

38. 시 82편 및 신 32:8-9과 관련된 여러 본문들 사이의 관계에 대해서는 다음을 참조하라. Joel A. Reemstma, "Punishment of the Powers: Deuteronomy 32 and Psalm 82 as the Backdrop to Isaiah 34" (paper presented at the Annual Meeting of the Evangelical Theological Society, San Diego, CA, 2014).

1. 하나님의 결정을 전달함

앞장에서 우리는 '말라크'(메신저)라는 용어에 대해 간략히 살펴봤다.[39] 이것은 종종 영어성경에서 "천사"로 번역되는데, 물론 이것은 신약 헬라어 '앙겔로스'를 음역한 것이다. 메신저(말라킴)는 인간일 수도 신적인 존재일 수도 있다.[40] 신적 존재인 '말라크'가 언급된 본문에서 하나님의 메시지를 전달하는 직무의 성격이 항상 분명하게 드러나지는 않는다(예. 창 32:1; 시 91:11; 148:2). 어떤 본문에선 분명 군사적인 성격을 띤다(출 23:20, 23; 32:34; 33:2).

그럼에도 불구하고, 하나님은 자신의 메시지를 전달하도록 신적인 '말라킴'을 보내신다(슥 1:9, 19; 2:3). 이 점과 관련하여, 신적인 특사 역할을 하는 '말라크 야훼'(*mal'āk yhwh*, 여호와의 사자 또는 여호와의 천사)는 주목할 만하다.[41] 앞으로 보겠지만, 이런 경우에는 '말라크' 외에도 다른 어휘가 사용될 수 있다. 여기서 논의의 요점은 성경 저자가 활용한 어휘의 기본형을 넘어선다. 천군의 일원들은 하나님으로부터 온 정보, 그리고 하나님에 대한 정보를 전달하는데, 이는 천상회의에서

---

39. *HALOT*, 585.

40. 인간으로 언급된 예로는 창 32:3, 6; 민 21:21; 수 6:17, 25; 7:2 등이 있다.

41. 이 존재에 대해서는 3장을 참조하라. ESV 성경을 기준으로 계수해 보면, '말라크'가 신적인 메신저로 사용된 예가 110회, '말라크 야훼' 또는 그 유사어인 '말라크 엘로힘'(하나님의 천사)이 75회 나타난다(참조. 삿 6:20-21; 13:3-9). 다음 장의 논의는 '말라크 야훼'란 어구를 사용하지 않으면서도 동일한 존재를 가리키는 본문들을 다룰 것이다(예. 수 5:13-15; 단 3:28; 6:22).

결정된 내용이거나 또는 지극히 높으신 이가 직접 내리신 명령이다.

다니엘 4장은 우리가 논의하고자 하는 요점을 훌륭히 예증한다. 다니엘 4장은 느부갓네살의 꿈을 기록한다. 거기서 왕은 하늘까지 뻗은 거대한 나무를 보았다. 그 꿈에서 "한 순찰자, 한 거룩한 자"(단 4:13, 17, 23)가 하늘에서 내려온다. 그 순찰자는 바벨론의 폭군에게 그 꿈에서 본 나무가 베어버림을 당해 그루터기만 남겨질 것임을 고지한다. 신적 존재인 메신저는 (베어버림을 당하고 그루터기만 남게 될) 그 나무가 느부갓네살과 그의 미래 운명을 상징한 것이라고 설명한다. 큰 나무는 왕의 위대함을 상징하는 한편, 그루터기는 그의 운명을 묘사한 것이다. 하나님은 느부갓네살을 그 오만함으로 인해 심판하고 계셨다. 느부갓네살은 한동안 정신이상자가 되어 짐승과 같은 모습이 되었다(단 4:13-16). 다니엘 4:17, 24의 표현은 특별히 관심을 가질 만한 대목이다.

> 이는 순찰자들의 명령대로요 거룩한 자들의 말대로이니 지극히 높으신 이가 사람의 나라를 다스리시며 자기의 뜻대로 그것을 누구에게든지 주시며 또 지극히 천한 자를 그 위에 세우시는 줄을 사람들이 알게 하려 함이라 하였느니라(단 4:17).

> 왕이여 그 해석은 이러하니이다 곧 지극히 높으신 이가 명령하신 것

이 내 주 왕에게 미칠 것이라(단 4:24).

여기서 우리가 알 수 있는 사실은 순찰자가 지극히 높으신 이의 결정을 전달할 뿐만 아니라, 여기서 순찰자들로 불리는 천군의 일원들이 느부갓네살에 대한 심판의 선고에도 참여했다는 것이다.

하지만 다니엘 4:25-26을 보면, 천군의 일원들의 조언이 하나님의 주권을 침해하지는 않았던 것이 분명하다.

왕[느부갓네살]이 사람에게서 쫓겨나서 들짐승과 함께 살며 소처럼 풀을 먹으며 하늘 이슬에 젖을 것이요 이와 같이 일곱 때를 지낼 것이라 그 때에 지극히 높으신 이가 사람의 나라를 다스리시며 자기의 뜻대로 그것을 누구에게든지 주시는 줄을 아시리이다(단 4:25-26).

다니엘 4:17에서 거룩한 자들의 참여가 있었음에도 불구하고, 본문은 지극히 높으신 이가 주권자임을 분명히 한다.[42] 천상회의는 그

42. 필자가 『보이지 않는 세계』에서 썼듯이, "[25절의 단어 선택]은 분명히 단수형이다. [26절에서] '하늘이 다스리는 줄'이라는 어구는 흥미롭다(개역개정은 "하나님이 다스리시는 줄"로 고쳐 쓴다-옮긴이). 왜냐하면 하늘로 번역된 아람어 '쉐마인'(*shemayin*)은 복수형이면서 복수 동사를 수반하기 때문이다. '쉐마인'의 복수형은 천상회의의 일원들을 가리킬 수도 있고, 아니면 집단적인 의미에서 천상회의 자체를 가리킬 수도 있다. 어떤 경우든, 본문의 표현은 단 4장에 앞서 나온 바 천상회의와 지극히 높으신 이가 교환적으로 사용되었음을 시사한다."

모임의 수장(하나님)으로부터 독립적으로 활동하지 않는다. 하나님의 뜻과 일치할 때만 결정이 내려지고, 내려진 결정은 영향을 받는 천상 회의의 일원들에게 전달된다. 특사로서의 그들의 임무는 우리를 천군의 일원이 맡은 또 다른 역할로 인도한다.

2. 신적 활동을 설명함

본서 1장에서 우리는 천사들이 "중보자"(멜리쯔; 욥 33:23)로 언급되었으며, 이 히브리어가 전달하는 개념이 하나님의 활동을 설명하기 위해 누군가에게로 "돌아가는" 것임을 시사했다. 하나님의 회의기구의 일원들이 하나님의 명령이 발표되는 일에 참여하고(왕상 22:19-23; 단 7:9), 더불어 그 명령에 영향을 받는 인간에게 메시지를 전달한다는 점에서, 설명을 의미하는 중보 개념은 쉽게 이해된다. 또한 이것은 거룩한 자들에게 어느 정도 자유로운 의사결정 능력이 있음을 암시한다.

욥기 15:15에서 하나님이 "거룩한 자들을 믿지 아니하신다"고 한 대목을 보라. 욥기 4:17-18과 5:1 역시 이와 관련한 언급을 한다.

> 사람이 어찌 하나님보다 의롭겠느냐
> 사람이 어찌 그 창조하신 이보다 깨끗하겠느냐
> 하나님은 그의 종이라도 그대로 믿지 아니하시며

그의 천사라도 미련하다 하시나니(욥 4:17-18).[43]

엘리바스는 바로 뒤이어 욥에게 이렇게 요구한다. "너는 부르짖어 보라 네게 응답할 자가 있겠느냐 거룩한 자 중에 네가 누구에게로 향하겠느냐"(5:1).

욥기 4:17-18과 15:15은 엘리바스가 욥을 조롱하는 내용이다. 끊임없이 이어지는 그의 조롱은 이렇게 풀어 쓸 수 있다. "스스로 의롭다 생각하는 너는 누구냐? 네가 천사들보다 낫다고? 그들 중 누가 나서서 너를 위해 중보할까? 어디 해봐. 거룩한 자들 중 하나에게 호소해 보라고." 엘리바스가 쏟아낸 이런 가시 돋친 비난의 예상되는 대답은 욥이 하늘로부터 자신을 변호해줄 아무도 기대해선 안 된다는 것이다.

천상의 존재들이 천상회의의 주재자와 미천한 인간 사이에서 중보자로 섬기며, 결국에는 그들이 불의한 고통에 처한 인간을 위해 탄원하는 증인 역할을 맡는다는 개념은 꽤나 오래된 것이다. 그것은 아마도 고대의 수메르 신화에 등장하는 신들의 회의로 거슬러 올라갈 수 있을 것이다.[44] 클라인스(Clines)는 이렇게 주석한다.

43. 이 본문은 구약 성경에 나타난 천사들의 중보사역에 대해 말하고 있다. 우리는 이 점에 대해 계속 논의할 것이다.

44. 매우 분명한 사실은 수메르 신화에 등장하는 신들의 회의는 인류와 신들이 함께 관련된 사안들을 다룬다는 것이다. 참조. Thorkild Jacobsen, "Primitive Democra-

우리는 앞서 욥기 5:1에서 그런 존재에 대해 들은 바 있다. 여기서 엘리바스는 욥에게 충고하면서 욥을 괴롭히던 죄와 형벌의 사슬에서 구원받기 위해 그런 천상의 존재를 불러봐야 소용이 없다고 말한다. 여기에 언급된 천사 역시 하나님과 사람 사이에서 중보하면서 고통받는 인간을 위해 하나님의 자비를 구하는 자로 그려졌다. 그 천사는 "해석자"(interpreter) 또는 "중보자"(멜리쯔, מליץ)인데, 이 표현은 명백히 고통 속에 담긴 하나님의 목적을 설명하는 역할을 의미한다.[45]

욥기 4:17-18과 15:15의 거룩한 자들에 대한 주석의 요점은 반역에 대한 기소가 아니다. 오히려 이 본문의 맥락은 하나님의 지혜와 의로우심이 그분이 창조하신 다른 지적인 피조물과 비교해 완전하다는 사실을 확언하고 있다(욥 15:7-16). 천사들은 분명 오류를 범할 가능성에도 불구하고 계속해서 하나님의 종으로 불린다. 하지만 거룩한 자들이 하나님의 뜻을 중재하는 일에 옳은(또는 최선의) 결정을 내리지 못할 수 있다는 사실에도 불구하고, 혹여라도 그들의 잘못된 결정이 하나님이 결정하신 바인 것처럼 생각해선 안 된다. 하나님이 그들을 창조하실 때 프로그램화 된 대로 거룩한 자들이 그런 결정을 내릴 수

---

cy in Ancient Mesopotamia," *JNES* 2 (1943): 159–72; Samuel Noah Kramer, "Sumerian Theology and Ethics," *HTR* 49 (1956): 45–62 (59).

45. David J. A. Clines, *Job 21–37*, WBC 18A (Nashville: Thomas Nelson, 2006), 735. 『욥기 하』 솔로몬.

밖에 없었다는 해석으로 이어져선 안 된다. 천사들이 실패할 수 있는 건, 하나님이 그들에게 결정을 내릴 권한을 허락하셨을 뿐만 아니라 그들이 완전하신 하나님에 비하면 하등한 피조물이기 때문이다. 우리는 이것을 열왕기상 22:19-23에서 살펴보았다. 여기서 하나님은 자신의 천상회의에서 논쟁을 허용하신다. 당연하게도 영적 존재들이 모두 동일한 결론에 이르진 않는데, 이는 어떤 존재들은 오류가 있는 판단을 내리거나, 적어도 다른 판단에 비해 최선에 미치지 못하는 판단을 내릴 수 있음을 의미한다. 그들은 잘못된 결정을 내리도록 하나님에 의해 미리 프로그램화 된 영적인 로봇이 아니었다. 그런 전제는 터무니없을 뿐만 아니라 하나님의 성품을 모욕하는 것이다.

천사들은 또한 하나님이 지금 하고 계신 일이나 장래에 하실 일에 대해 설명하는데, 이를 가리켜 학자들은 "천사 해석자 모티프"(interpreting angel motif)라 부른다.[46] 다니엘이 가브리엘과 정체모를 천상의 존재와 조우한 것이 명백한 예다(단 8-10장).

46. 참조. David P. Melvin, "In Heaven as It Is on Earth: The Development of the Interpreting Angel Motif in Biblical Literature of the Neo-Babylonian, Persian, and Early Hellenistic Periods," PhD diss., Baylor University, 2012. 여기서 멜빈은 이렇게 말한다(p. 3). "천사 해석자가 성경에 등장하는 횟수는 그리 많지 않다. 그리고 모두 포로기 및 포로기 이후의 본문에 등장한다(겔 40-48; 슥 1-6; 단 7-8). 이런 본문에서 한 인간 선지자는 매우 상징적이고 복잡한 환상을 보는데, 이 내용은 많은 경우 정교한 신화적 이미지에서 가져온 것들이다. 그 환상의 성격은 선지자가 천상의 존재의 해석이 없이는 그 의미를 이해할 수 없는 것이다."

나 다니엘이 이 환상을 보고 그 뜻을 알고자 할 때에 사람 모양 같은 것이 내 앞에 섰고 내가 들은즉 을래 강 두 언덕 사이에서 사람의 목소리가 있어 외쳐 이르되 가브리엘아 이 환상을 이 사람에게 깨닫게 하라 하더니 그가 내가 선 곳으로 나왔는데 그가 나올 때에 내가 두려워서 얼굴을 땅에 대고 엎드리매 그가 내게 이르되 인자야 깨달아 알라 이 환상은 정한 때 끝에 관한 것이니라(단 8:15-17).

내가 이같이 말하여 기도하며 내 죄와 내 백성 이스라엘의 죄를 자복하고 내 하나님의 거룩한 산을 위하여 내 하나님 여호와 앞에 간구할 때 곧 내가 기도할 때에 이전에 환상 중에 본 그 사람 가브리엘이 빨리 날아서 저녁 제사를 드릴 때 즈음에 내게 이르더니 내게 가르치며 내게 말하여 이르되 다니엘아 내가 이제 네게 지혜와 총명을 주려고 왔느니라(단 9:20-21).

그 때에 나 다니엘이 세 이레 동안을 슬퍼하며 세 이레가 차기까지 좋은 떡을 먹지 아니하며 고기와 포도주를 입에 대지 아니하며 또 기름을 바르지 아니하니라 첫째 달 이십사일에 내가 힛데겔이라 하는 큰 강 가에 있었는데 그 때에 내가 눈을 들어 바라본즉 한 사람이 세마포 옷을 입었고 허리에는 우바스 순금 띠를 띠었더라 또 그의 몸은 황옥 같고 그의 얼굴은 번갯빛 같고 그의 눈은 횃불 같고 그의 팔과 발은 빛난 놋과 같고 그의 말소리는 무리의 소리와 같더라… 내가 그의 음성을 들었는데 그의 음성을 들을 때에 내가 얼굴을 땅에 대고 깊이 잠들었느니라 한 손이 있어 나를 어루만지기로 내가 떨었더니 그가 내 무릎과 손바닥이 땅에 닿게 일으키고 내게 이르되 큰 은총을 받은 사람 다니엘아 내가 네게 이르는 말을 깨닫고 일어서라 내가 네게 보내심을 받았느니라 하더라 그가 내게 이 말을 한 후에 내가 떨며 일어서니 그가 내게 이르되 다니엘아 두려워하지 말라 네가 깨달으려 하여 네 하나님 앞에 스스로 겸비하게 하기로 결심하던 첫날부터 네 말이 응답 받았으므로 내가 네 말로 말미암아 왔느니라 그런데 바사 왕국의 군주가 이십일 일 동안 나를 막았으므로 내가 거기 바사 왕국의 왕들과 함께 머물러 있더니 가장 높은 군주 중 하나인 미가엘이 와서 나를 도와 주므로 이제 내가 마지막 날에 네 백성이 당할 일을 네게 깨닫게 하러 왔노라 이는 이 환상이 오랜 후의 일임이라 하더라(단 10:2-6, 9-14).[47]

스가랴서에도 이와 비슷한 장면이 여럿 나오는데, 거기서 천사들은 하나님의 계획에 따라 장래에 일어날 일을 설명하기 위해 선지자

47. 단 10장의 등장인물은 가브리엘도 미가엘도 아니다. 그 묘사를 보면 겔 1:26-28의 이스라엘의 하나님에 관한 환상과 현저하게 유사하다(비교. 겔 10:18-20). 3장의 논의를 참조하라.

들과 대화를 나눈다(슥 1:9-21; 4-5장). 이 본문을 중점적으로 탐구한 어떤 학자는 이렇게 말한다.

> 스가랴에게 말하고 있는 천사는 중보자적 존재다. 그는 신적인 영역에 속해 있다. 따라서 그는 환상의 해석자로서 여호와를 대표하고 있다… 분명 스가랴는 하나님이 무언가를 말씀하신다는 건 인지하지만 그 말씀을 이해할 수는 없다. 그래서 천사가 스가랴에게 하나님의 말씀을 전하고(슥 1:14a) 그 말씀을 그대로 인용한다(슥 1:14b-15)… 이 일련의 환상에서 스가랴는 이상한 것들을 보는데, 그것은 설명이 필요한 매우 은유적인 예시임이 드러난다. 하나님의 대변자 역할을 하는 천사 해석자는 선지자에게 이에 대한 설명을 제공한다. 이것이 바로 그의 주된 역할이다.[48]

마지막으로 어떤 본문은 천사의 중보가 '기록하는 일'과도 관련되어 있음을 시사한다. 나는 여기서 하나님 또는 하늘에 있는 하나님의 대행자들이 인간의 행위(사 65:6-7; 단 7:10; 10:21), 인간의 고통

---

48. Karin Schöpflin, "God's Interpreter: The Interpreting Angel in Post-Exilic Prophetic Visions of the Old Testament," in *Angels: The Concept of Celestial Beings—Origins, Development and Reception*, eds. Friedrich V. Reiterer, Tobias Nicklas, and Karin Schöpflin (Berlin: De Gruyter, 2007), 189–203 (191, 193, 195). 다음장에서 논의하겠지만, 이 천사의 역할은 신약 성경에서 더 일반적이다(예. 계 10:9–11; 17:7–18).

(시 56:8), 또는 누가 하나님께 속하였고 그렇지 않았는지(출 32:32; 시 69:28; 렘 17:13; 시 87:5-7; 단 12:1; 말 3:16) 기록한다는 개념에 대해 말하고 있다.[49] 이 몇몇 본문들은 하나님이 그런 내용들을 기록하신다고 이야기하는 반면, 보다 광범위한 고대 근동의 배경에서는 그런 기록 행위는 신들의 회의가 수행해야 할 의무였다.[50] 이 은유는 하나님과 그의 대행자들이 악과 불의, 그리고 신실함을 그대로 간과하지 않을 것이라는, 단순하지만 심오한 사상을 전달한다.

3. 하나님의 판결을 집행함

이제는 익숙해진 열왕기상 22:19-23은 천군의 그 다음 역할에 대한 우리의 밑그림을 그리기에 적합한 본문이다. 하나님이 어떻게 아합을 꾀어 전쟁터에서 죽음에 이르게 할 것인지에 대해 질문을 던지신 이후, 무리 중의 한 영적 존재가 나아와 이렇게 제안한다. "내가 나가서 거짓말하는 영이 되어 그의 모든 선지자들의 입에 있겠나이다"(22절). 하나님이 이를 승인하시고, 하나님의 판결을 집행할 계획이 최종적으로 통과된다.

---

49. 렘 17:13과 관련하여, "흙에 기록이 되오리니"란 문구에서 "흙"으로 번역된 단어는 '에레쯔'('erets)인데, 이것은 죽은 자의 영역인 '스올'을 가리킬 수도 있다(예. 겔 31:14, 16, 18; 욘 2:6). 참조. *HALOT*, 91.

50. 참조. Shalom Paul, "Heavenly Tablets and the Book of Life," in *Columbia University Ancient Near Eastern Studies* (New York: Columbia University, 1973), n.p.; Andrew R. George, "Sennacherib and the Tablet of Destinies," *Iraq* 48 (1986): 133-46.

천상회의의 일원이 등장하는 열왕기상 22:19-23은 성경신학의 보다 광범위한 주제인 천군과 관련한 좋은 예다. 이 본문에서 그 영적 존재는 하나님이 심판의 대상으로 정하신 악인을 징벌하기 위해 군사적 대행자로서 여호와를 섬기는 역할을 담당한다. 어떤 학자는 이렇게 설명한다. "이스라엘의 종교적 신앙에 따르면, 여호와만 유일하신 초월적 전사가 아니시다. 지상 통치자들에게도 각자의 관료와 군대가 있듯이 여호와에겐 자신이 부릴 수 있는 수많은 천상의 부하들이 있었다."[51] "신들의 모임과 전쟁을 위한 예언자적 소명"(The Divine Council and the Prophetic Call to War)이라는 글에서 패트릭 밀러는 다음과 같이 덧붙인다.

> 예언서 몇몇 본문을 보면… 신들의 모임이 여호와의 종말론적 전쟁에서 우주 군대 내지는 하늘 군대로 참여한다는 점을 시사한다. 이들의 군사행동은 여호와의 날과 관련되어 있으며, 이들이 벌이는 싸움(들)에는 인간 또는 지상 군대, 그리고 신들 또는 하늘 군대가 연합하여 참여한다… 고대로부터 이스라엘은 이 전쟁이 여호와의 보호 아래 있으며, 하나님이 신적인 용사, 곧 하늘 군대의 대장으로서 지휘

51. Aleksander R. Michalak, *Angels as Warriors in Late Second Temple Jewish Literature* (Tübingen: Mohr Siebeck, 2012), 2–3.

하시는 다양한 우주적 군대가 참여한다고 생각했다.[52]

간단히 말해, 천군은 하나님의 군대이며, 하나님은 자신의 원수들, 즉 자기 백성을 압제하고 하나님을 미워하면서 다른 신들을 섬기는 악한 자들을 상대하는 일에 그 군대를 동원하신다. 이사야 13장은 하나의 예시를 제공한다.

산에서 무리의 소리가 남이여 많은 백성의 소리 같으니
곧 열국 민족이 함께 모여 떠드는 소리라
만군의 여호와께서 싸움을 위하여 군대를 검열하심이로다
무리가 먼 나라에서, 하늘 끝에서 왔음이여
곧 여호와와 그의 진노의 병기라 온 땅을 멸하려 함이로다
너희는 애곡할지어다 여호와의 날이 가까웠으니
전능자에게서 멸망이 임할 것임이로다…
하늘의 별들과 별 무리가 그 빛을 내지 아니하며
해가 돋아도 어두우며 달이 그 빛을 비추지 아니할 것이로다
내가 세상의 악과 악인의 죄를 벌하며
교만한 자의 오만을 끊으며 강포한 자의 거만을 낮출 것이며

52. Miller, *Israelite Religion and Biblical Theology*, 397–400. 『고대 근동과 이스라엘 종교』 CLC.

내가 사람을 순금보다 희소하게 하며
인생을 오빌의 금보다 희귀하게 하리로다
그러므로 나 만군의 여호와가 분하여 맹렬히 노하는 날에
하늘을 진동시키며 땅을 흔들어 그 자리에서 떠나게 하리니
(사 13:4-6, 10-13).

이사야 13장을 주석하면서 밀러는 이렇게 지적한다.

> 선지자 이사야는 "만군의 여호와"(Yahweh of Hosts)라는 고대의 명칭을 사용해서 여호와가 온 땅을 쓸어버릴 큰 군대를 소집하셨다고 선언한다. 이 천군은 "하늘 끝에서부터"(from the ends of the heavens) 소환된다. 만일 '콜-하아레쯔'(*kol-ha'āreṣ*, 온 땅[the whole land])가 여느 때와 같이 지구 전체로 해석되어야 한다면, 이 그림은 여호와의 날에 있을 최종적인 멸망의 그림 중 하나다. 이 멸망은 여호와와 그의 하늘 군대에 의한 것이다(5절).[53]

다른 본문들도 이 주제를 잘 예증한다. 요엘 3:11에서 선지자는 이렇게 주장한다. "여호와여 주의 용사들(기본형: 깁보림)로 그리로 내

53. Miller, *Israelite Religion and Biblical Theology*, 399-400. 『고대 근동과 이스라엘 종교』 CLC.

려오게 하옵소서." 이사야 40:26과 45:12에서 여호와는 자신의 천군을 소집하고 그들의 이름을 부르면서 하나의 군대로 명령하신다. 뮐렌버그(Muilenburg)는 이 구절들에 대해 이렇게 설명한다.

> 군대의 대장인 하나님은 자신의 허다한 별들을 소집하시고, 그 별들은 각각 그 이름이 불리는 대로 지정된 자리에 배치된다. 그곳에서 그들은 대장의 소환명령에 응하여 거대한 부대로 모여 선다. 하나도 빠짐이 없다. 그들은 자신의 이름이 호명될 때마다 응답한다.[54]

이사야 13:10-11에 나오는 천체를 가리키는 언어는 사사기 5:20을 상기시킨다. "별들이 하늘에서부터 싸우되 그들이 다니는 길에서 시스라와 싸웠도다"(삿 5:20). 열왕기하 6:8-19에선 하나님의 사람의 사환이 여호와의 천군이 허다한 불말과 불병거를 대동하여 선지자 엘리사를 둘러싼 장면을 본다. 여호와의 날에 대한 스가랴의 환상에도 천군이 등장한다. "나의 하나님 여호와께서 임하실 것이요 모든 거룩한 자들이 주와 함께 하리라"(슥 14:5). 이사야 24:21-23은 여호와의 날에 있을 심판과 천상회의를 명백하게 연결한다.

---

54. James Muilenburg, "The Book of Isaiah, Chapters 40–66: Introduction and Exegesis," *Interpreter's Bible* (Nashville: Abingdon Press, 1956), 5:442.

그 날에 여호와께서 높은 데에서 높은 군대를 벌하시며

땅에서 땅의 왕들을 벌하시리니

그들이 죄수가 깊은 옥에 모임 같이 모이게 되고

옥에 갇혔다가 여러 날 후에 형벌을 받을 것이라

그 때에 달이 수치를 당하고 해가 부끄러워하리니

이는 만군의 여호와께서 시온 산과 예루살렘에서 왕이 되시고

그 장로들 앞에서 영광을 나타내실 것임이라.

여호와의 승리는 결과적으로 "그 장로들 앞에서" 영광을 나타내시는 것으로 마무리된다. 여기서 등장하는 하나님의 "장로들"은 누구일까? 그들은 "하늘 궁정에 속한 고위 관료들"이다.[55] 여호와가 그의 원

55. Timothy M. Willis, "Yahweh's Elders (Isa 24,23): Senior Officials of the Divine Court," *ZAW* 103.3 (1991): 375–85 (here, 375). *The Unseen Realm*에서 언급했듯이(p. 356, 각주 21번 포함), "이사야서의 독특한 언어를 집중적으로 연구했던 학자들은 다음의 두 가지 궤적을 통해 장로들의 신적인 정체성에 관심을 쏟았다. (1) 이 용어가 구체적으로 왕실 권속의 선택된 자들을 가리킨다는 것을 뒷받침하는 구약 성경의 장로에 관한 비교 본문들, 그리고 (2) 계 4-5장의 장로에 관한 묘사와 다른 천상회의 장면에 나타난 신적인 존재들에 관한 묘사의 유사점들. [각주 21] …상당수의 학자들이 시온과 예루살렘에 대한 언급뿐만 아니라 모세, 아론, 나답, 아비후와 70인의 장로들이 이스라엘의 하나님을 목도한 출 24:9-11 같은 구절을 근거로 이 구절에 등장하는 장로들을 이스라엘의 인간 장로들과 동일시한다. 그리고 이를 근거로 일부 학자들은 "그의 장로들"(his elders)을 "그것의 장로들"(its elders, 즉 시온 또는 예루살렘의 장로들)로 번역하려 한다. 만일 이 주장이 맞다면, 이 여성 명사들과 문법적으로 일치하는 여성형 접두 대명사가 나와야 한다. 그런데 사 24:23은 복수형 명사("장로들")에는 3인칭 남성 단수 접두사가 붙는다. 이는 히브리어 성경의 다른 곳에서 딱 한 번 나오는데(시 105:22), 그 맥락은 분명하게 애굽 바로의 왕실 권속에 속한 선택된 고관들을 칭하는 것이다. 추가적으로 시온과 예루살렘에 대한 언급을 꼭 문자적으로 읽어야 하는 것은 아니다. 이 용어들 역

수들에 대한 심판을 선언하실 때, 천군에 속한 일원들이 그곳에 나아온다.

지극히 높으신 이를 찬양함

천군에 속한 충성된 일원들이 어떻게 하나님을 섬기는지에 대한 이번 탐구에서 우리가 살펴볼 마지막 역할은 지극히 높으신 이를 찬양하는 것인데, 이는 일반적으로 천사론과 관련하여 가장 많이 다뤄지는 내용이다. 우리가 지금껏 살펴봤듯이, 하나님을 섬기는 그의 신적인 대행자들은 찬양하는 일 외에 더 많은 일들을 수행한다. 하지만 그들이 하나님께 드리는 찬양은 무엇보다 중요하다.

시편 29:1은 일련의 복수 명령형으로 시작하는데, 이것은 한 무리를 향해 명령이 내려지고 있음을 시사한다(다음은 ESV 본문을 번역한 것임-옮긴이).

> 하늘에 있는 자들아(브네 엘림[*benê ʾēlîm*])(개역개정 "너희 권능 있는 자들아")
> 영광과 능력을 여호와께 돌리고 돌릴지어다

시 종말론적 배경에서, 그리고 보다 일반적으로는 신약의 성경신학에서 분명하게 입증된 종말론적 개념들이기 때문이다.

여호와께 그의 이름에 합당한 영광을 돌리며

거룩함의 광채 가운데서 여호와께 예배할지어다.

이 명령을 받는 자들은 초자연적인 존재들로서 하나님의 천상회의에 속한 하나님의 아들들이다(브네 엘림; 시 89:5-7). 그들은 지위가 높지만 찬송을 받을 만한 자들이 아니다. 왜냐하면 그들의 창조주이신 여호와, 즉 지극히 높으신 이가 찬송을 받을 유일한 분이시기 때문이다.

시편 103편의 결론은 천군의 일원들에게 동일한 명령을 전한다. 여기서 "송축하라"(bless)는 명령 역시 문법적으로 복수형이다.

능력이 있어 여호와의 말씀을 행하며

그의 말씀의 소리를 듣는 여호와의 천사들이여

여호와를 송축하라

그에게 수종들며 그의 뜻을 행하는 모든 천군이여

여호와를 송축하라

여호와의 지으심을 받고 그가 다스리시는 모든 곳에 있는 너희여

여호와를 송축하라

내 영혼아 여호와를 송축하라(시 103:20-22).

시편 기자가 여호와의 뜻을 행하는 천군의 일원들에게 초점을 맞춘다는 점이 흥미롭다(21절). 하나님께 반역하는 신적인 존재들은 더 이상 하나님의 실행위원회의 일부가 되지 못한다.

찬양으로 하나님을 섬기는 천군이 등장하는 마지막 예는 시편 141:1-5이다.

> 할렐루야 하늘에서 여호와를 찬양하며
> 높은 데서 그를 찬양할지어다
> 그의 모든 천사여 찬양하며 모든 군대여 그를 찬양할지어다
> 해와 달아 그를 찬양하며 밝은 별들아 다 그를 찬양할지어다
> 하늘의 하늘도 그를 찬양하며
> 하늘 위에 있는 물들도 그를 찬양할지어다
> 그것들이 여호와의 이름을 찬양함은
> 그가 명령하시므로 지음을 받았음이로다.

시편 기자는 천사의 무리가 하나님보다 하등한, 피조물의 신분임을 분명하게 표현한다(5절). 밀러가 적절히 지적하듯이, "시편 148편은 '그의 모든 천사'와 '그의 모든 군대'(2절)를 향한 소명으로 시작한다… 만일 지음받은 만물들이 하나님을 찬양하는 것이 궁극의 목적임을 발견한다면, 신적인 존재들의 모임이 그 찬양대를 지도할 것이

다."[56]

본장의 각 개요에 대해 더 많은 내용을 말할 수 있을 것이다. 정리하면, 천군은 참여와 복종이라는 두 가지 방식으로 하나님을 섬긴다. 우리가 앞서 이야기했던 바, 하나님의 자녀이자 형상담지자로서 우리가 하나님의 천군과 공통되는 점이 있다면, 하나님을 섬기는 방식에 있어서도 이는 똑같이 적용될 것이다. 하나님은 자녀인 우리가 이 땅에서 하나님의 왕국 계획을 성취하는 데 참여하도록 은혜를 베푸셨지만, 오직 하나님만이 주권자시다. 결국 하나님만이 찬송을 받으시기에 합당하시다.

---

56. Miller, *Israelite Religion and Biblical Theology*, 440–41. 『고대 근동과 이스라엘 종교』 CLC.

3장.
중요한
천사들

하늘과 땅, 두 세계의 만남에 관해 성경 곳곳에서 전하는 이야기의 강조점은 당연하게도 '하나님'에 있다. 천사들은 그 이름이 거명되거나 신적인 활동이 전면에 부각되는 일은 드물다. 하나님의 뜻이 땅에서 어떻게 이루어지는지를 보여주는 것이 성경의 핵심이다. 그리고 그 일의 실현을 위한 천군의 섬김은 마치 컴퓨터에서 구동되는 프로그램처럼 배경막 뒤에서 이루어진다. 본장에서 살펴볼 테지만, 그럼에도 몇 가지 의미심장한 예외들이 존재한다.

여호와의 사자

아마도 구약 성경에서 가장 잘 알려진 사례는 '말라크 야훼'(*mal'āk YHWH*), 즉 "여호와의 사자"(angel of the LORD)라는 구체적인 호칭으로 불리는 천사일 것이다.[1] 이 천사는 가시적인 사람의 형체로 나타난 여호와 자신이시다.[2] 결과적으로 여호와의 사자는 신(Godhead) 개념의(하나 이상의 위격을 지닌 하나님, 각 위격들이 동등하며 존재론적으로 어느 하나가 우월하거나 열등하지 않은 하나님) 중심에 있다.[3] 이 개념은 고대 유대교 가르침의 핵심이기도 한데, 히브리 성경이 두 여호와의 존재, 즉 하늘에 (한 분은 가시적이며 다른 한 분은 비가시적인) '두 권능'(two powers)이 존재한다고 증거한다는 것이다.

이에 대한 나의 입장은 특이하지도 새롭지도 않다.[4] 유대 성서학

---

1. 영어성경에서 하나님의 이름(YHWH; Yahweh)에 대한 가장 일반적인 번역은 "Lord"(주)다. 그에 따라 하나님의 이름이 나올 때마다 이를 문체상 작은 대문자로 표기한다(LORD).

2. 이 주장에 대한 추가내용은 다음을 참조하라. Heiser, *The Unseen Realm*, 127-47. 『보이지 않는 세계』 좋은씨앗.

3. "존재론"(ontology)은 존재에 대한 탐구, 또는 어떤 사물이 본질적으로 무엇인가에 대한 탐구를 말한다.

4. 나는 *The Unseen Realm*(pp. 134-35, n.1)에서 이렇게 썼다. "구약 성경이라는 유산을 가진 유대 공동체는 이 점을 잘 알고 있었다. 수 세기 동안 유대교는 두 여호와가 있다는 관념을 불편하게 여기지 않았다. 하늘의 두 권능(two powers in heaven)으로 알려진 이 관념이 주후 2세기까지는 유대교 내에서 용인되었다. 중요한 점은 두 권능이 모두 거룩하다는 것이다. 이는 동등한 두 신이 존재하는데, 한 신은 선하고 한 신은 악하다는 이원론이 아니다." 유대교의 두 권능 사상에 대한 주요 저작은 랍비 유대교를 연구한 학자인 앨런 시걸(Alan Segal)의 *Two Powers in Heaven: Early Rabbinic Reports about Christianity and Gnosticism* (1977; reprint, Waco, TX: Baylor University Press, 2012)이다. 내 박사논문은 구약 성경에서 천상회의의 일부로 다뤄지는 두 권능 교리의 뿌리에 초점을 두었다. Michael S. Heiser, "The Divine Council in Late Canonical and Non-Canonical Second Temple Jewish Literature" (PhD diss., University of Wisconsin-Madison, 2004). 소머(Sommer)의 작품 이외에도 다음을 참조하라. Hamori, *When Gods Were Men*.

자 벤야민 소머(Benjamin Sommer)는 신적인 존재의 육화(divine embodiment)와 이스라엘의 하나님의 복수 위격(multiple persons)에 관한 그의 연구에서 다음과 같이 주장한다.

> 히브리 성경의 하나님은 몸(a body)를 가진다. 이 주장은 초두에 밝혀야만 하는데, 이는 많은 학자들을 포함한 상당수의 사람들이 다른 전제를 가지고 있기 때문이다. 이에 대한 증거는 차고도 넘친다… 우리는 이 개념을 '물질적 신인동형론'(material anthropomorphism)이라 부른다. 이는 하나님의 몸이 최소한 가끔씩은 인간의 몸과 동일한 형태 및 동일한 종류의 물질을 지닌다는 믿음이다… 이 책에서 내가 "몸"이라고 일컫는 것은 특정 시간과 특정 장소를 점유하면서, 형태와 물질을 지닌 무언가를 의미한다.[5]

여호와의 사자가 인간의 형체를 취한 여호와 자신임을 이해하기

---

5. Sommer, *The Bodies of God*, 1–2. 소머는 신의 육체와 관련해 그가 "유동성 모델"(fluidity model)이라 부르는 것을 발전시킨다. 즉, 하나님의 "육체들"(bodies)은 동시에 한 개 이상의 장소에 존재할 수 있으며, 그래서 하나님은 동시에 하나 이상의 인물일 수 있다는 것이다. 소머는 어떻게 이 개념이 보다 광범위한 고대 근동세계에 나타나는지 설명하고, 기독교의 삼위일체론이 히브리 성경과 호환될 수 있음을 증명한다. 소머는 자신의 탐구를 이렇게 약술한다. "하지만 기독교가 하나님에 대한 믿음을, 성령으로 현현하실 뿐만 아니라 지상에서 육체를 지니신 분으로 공언할 때 (유대교의 고전적 자료에 민감한) 유대인들은 이런 신학적 모델에 대해 비난하지 못한다. 왜냐하면 그 모델은 우리가 살펴봤듯이 전적으로 유대적인 것이기 때문이다"(Sommer, *The Bodies of God*, 135).

위해서는 구약학자들이 '이름신학'(Name theology)이라 부르는 것, 그리고 어떻게 이런 두 여호와가 구약 성경에서 상호교환적으로 언급되는지를 들여다봐야 한다.[6] 출애굽기 23:20-22은 여호와의 사자의 정체를 이해하기 위한 핵심 본문이다.

> 내가 사자를 네 앞서 보내어 길에서 너를 보호하여 너를 내가 예비한 곳에 이르게 하리니 너희는 삼가 그의 목소리를 청종하고 그를 노엽게 하지 말라 그가 너희의 허물을 용서하지 아니할 것은 내 이름이 그에게 있음이니라 네가 그의 목소리를 잘 청종하고 내 모든 말대로 행하면 내가 네 원수에게 원수가 되고 네 대적에게 대적이 될지라.

이 특별한 천사("사자")에 관한 묘사가 우리의 관심을 끄는 이유는, 본문을 보면 이 천사가 불순종의 죄에 대한 용서를 다시금 철회할 권한이 있는 것처럼 읽히기 때문이다("그가 너희의 허물을 용서하지 아니할 것은"). 이 표현은 예수님이 죄사함의 권세를 주장하던 복음서의 장면

---

6. 필자는 "이름 신학"에 대한 다양한 비판에 대해 알고 있다. 그동안 이런 비판들이 많은 학자들에 의해 논박되어왔다. 이를 요약한 것으로 다음 논문을 참조하라. Michael S. Heiser, "Co-Regency in Ancient Israel's Divine Council as the Conceptual Backdrop to Ancient Jewish Binitarian Monotheism," *BBR* 26.2 (2015): 195-225 (210-17). 특히 헌들리의 글은 "이름 신학"을 부정하는 주장의 약점에 대해 설득력 있게 제시한다. 참조. Michael Hundley, "To Be or Not to Be: A Reexamination of Name Language in Deuteronomy and the Deuteronomistic History," *VT* 59 (2009): 533-55.

을 상기시킨다. 바리새인들은 "오직 하나님 한 분 외에는 누가 능히 죄를 사하겠느냐"(막 2:7; 비교. 마 9:1-8)라며 반박했다. 예수님이 선언하신 내용에 대한 그들의 경악은 훌륭한 신학을 드러낸다는 점에서 그들은 옳았다. 예수님은 계속되는 이적의 행사를 통하여, 자신이 하나님이므로 그런 권세를 갖는다는 점을 보여주셨다. 이와 동일한 사고과정이 여호와의 사자에게도 적용될 수 있다.

하나님의 이름을 언급하는 성경의 본문을 자세히 읽어보면 "그 이름"(히브리어 "하-쉠"[*ha-shem*])이 하나님 자신을 가리키는 또 다른 방식임을 알 수 있다. 예를 들어, 이사야 30:27-28은 "그 이름"을 "여호와"의 대용어로 사용하면서 "그 이름"을 의인화한다.

> 보라 여호와(Yahweh)의 그 이름(하-쉠)이 원방에서부터 오되
> 그의 진노가 불 붙듯 하며 빽빽한 연기가 일어나듯 하며
> 그의 입술에는 분노가 찼으며 그의 혀는 맹렬한 불 같으며
> 그의 호흡은 마치 창일하여 목에까지 미치는 하수 같은즉
> 그가 멸하는 키로 열방을 까부르며
> 여러 민족의 입에 미혹하는 재갈을 물리시리니.

"여호와"와 '하-쉠'의 상호교환 가능성은 시편 20:1에서 꽤 분명하게 나타난다. "환난 날에 여호와께서 네게 응답하시고 야곱의 하나님

의 이름(하-쉠)이 너를 높이 드시며." 이사야 60:9 역시 이 상관관계를 명확히 드러낸다.

> 곧 섬들이 나를 앙망하고 다시스의 배들이 먼저 이르되
> 먼 곳에서 네 자손과 그들의 은금을 아울러 싣고 와서
> 네 하나님 여호와의 이름에 드리려 하며
> 이스라엘의 거룩한 이에게 드리려 하는 자들이라
> 이는 그가 너를 아름답게 하였음이라.

이사야는 "그가 너를 아름답게 했다"고 말한다(개역개정 "내가 너를 영화롭게 하였음이라"). 앞선 문구는 이사야가 가리키는 대상의 정체가 "이스라엘의 거룩한 이", "네 하나님 여호와의 이름"임을 밝힌다.

신명기는 구약의 이름신학에서 핵심을 차지하는데, 이는 신명기가 신성한 장소를 "그 이름"과 반복적으로 연결짓기 때문이다. 이 신학을 대표하는 구절은 신명기 12장이다(강조 표시는 저자의 것임).

> 너희가 쫓아낼 민족들이 그들의 신들을 섬기는 곳은 높은 산이든지 작은 산이든지 푸른 나무 아래든지를 막론하고 그 모든 곳을 너희가 마땅히 파멸하며… 너희의 하나님 여호와께는 너희가 그처럼 행하지 말고 오직 너희의 하나님 여호와께서 **자기의 이름을 두시려고** 너

희 모든 지파 중에서 택하신 곳인 그 계실 곳으로 찾아 나아가서… 너희는 너희의 하나님 여호와께서 자기 이름을 두시려고 택하실 그 곳으로 내가 명령하는 것을 모두 가지고 갈지니(신 12:2, 4-5, 11).

이 명령은 가나안 정복이 이뤄진 후에 세워질 미래의 성전을 가리킨다. 하나님이 "자기의 이름"을 두려고 택하실 그 곳에서 예배를 드리라고 지시하셨을 때, 그것은 하나님의 임재가 그 곳에 거하시고 그 곳을 거룩하게 하실 것임을 의미했다. "그의 이름"은 하나님 자신을 가리키는 또 다른 방식이다.[7]

이런 언어 표현의 중요성은 출애굽기 23:20-22에서 분명해진다. 하나님이 이스라엘 백성에 앞서 보내어 그들을 약속의 땅에 이르게

---

7. Heiser, *The Unseen Realm*, 145. 삼하 6:1-2 역시 이름신학과 관련해 매우 흥미롭다(비교. 삼상 4:4; 렘 7:12). "다윗이 이스라엘에서 뽑은 무리 삼만 명을 다시 모으고 다윗이 일어나 자기와 함께 있는 모든 사람과 더불어 바알레유다로 가서 거기서 하나님의 궤를 메어 오려 하니 그 궤는 그룹들 사이에 좌정하신 '만군의 여호와의 이름으로'(*ʾăšer-niqrāʾ šēm šēm yĕhwâ ṣĕbāʾôt*) 불리는 것이라." *The Unseen Realm*(p. 222, note 4)은 다음과 같이 설명한다. "이 구절에 '쉠'(שֵׁם)이라는 단어가 두 번 나온다("궤는 그 '이름', 만군의 여호와의 '이름'으로 불리는 것이라"). 골자는 그룹 위에 좌정하신 분이 여호와이므로 성스러운 궤가 여호와이신 그 이름과 일치한다는 것이다. 많은 영역본은 "만군의 주의 이름으로 불리는 것이라"와 같은 식으로 '쉠'을 한번 누락한 번역을 하여 이 대목의 히브리어 본문의 뜻을 가렸다. 이는 많은 학자들이 '쉠'의 중복을 본문 비평가들이 '중복 오사'(誤寫)라고 부르는, 필사자의 실수에 의한 반복이라고 간주하기 때문이다… 그럴 가능성도 있지만 마소라 본문이 이미 언급한 대로 본질적인 해석상의 문제는 없다… 궤가 '그 이름'(the Name)이신 여호와의 임재의 자리를 차지하므로, 궤가 '그 이름'으로 불리는 것은 이해할 만하다. 동일한 연관성이(의인화 언어를 주목하라) 삼하 7:2에서 그 '궤'가 장막에 '거할 것'이라는 대목을 통해 전달된다."

할 사자를 가리켜 자신의 이름이 그 사자에게 있다고 말씀하실 때, 하나님은 자신의 임재가 그 사자 안에 있음을 모세에게 말씀하신 것이다. 그 사자는 가시적인 형체로 나타나신 여호와 자신이다. 사사기 2:1에서 여호와의 사자는 자신이 임무를 완수했다고 말한다. "여호와의 사자가 길갈에서부터 보김으로 올라와 말하되 내가 너희를 애굽에서 올라오게 하여 내가 너희의 조상들에게 맹세한 땅으로 들어가게 하였으며." 여기서 여호와의 사자는 선대의 족장들에게 그 땅을 차지하게 할 것이라고 맹세했던 장본인이 바로 자기였다고 말한다. 이런 일인칭 화법에 의해 여호와의 사자는 여호와 자신과 동일시된다.

구약의 다양한 본문들이 이런 주장을 뒷받침한다. 이스라엘을 애굽에서 건져내어 약속의 땅으로 이끈 자가 누구였는지를 살펴보면, 하나님(여호와)이 친히 함께 하심으로(신 4:37-38) 이 일을 성취한 장본인임이 인정된다(출 13:5, 11; 레 25:38[비교. 창 15:7]; 신 6:10-11; 7:1; 9:4; 11:23; 겔 20:28). 즉, 이스라엘은 다른 구원자가 아닌 여호와에 의해 그 땅으로 인도받았다. 그런데 사사기 2:1-3에 등장하는 여호와의 사자 역시 자신이 이스라엘 백성을 애굽에서 구원했다고 주장한다. 이는 여호와의 사자가 행한 구원 사건이 여호와의 그것과 별개의 사건이 아님을 의미한다. 결국 여호와와 여호와의 사자는 각기 다른 방식으로 지칭되고 있는 동일한 신적 존재라는 것이다.

일부 학자들은 여호와의 사자가 여호와 자신과 호환되는 것은 고대 근동 문화의 외교 관례에서 사신들이 그들을 파견한 왕 또는 신과 동등하게 대우받았기 때문이라고 주장한다. 이런 문화적 특성이 작용한다는 것도 사실에 속하겠지만, 성경의 언어는 누군가를 정신적으로 대리하는 개념에서 더 나아간다. 창세기 28:10-22의 '야곱의 사다리 이야기'[8]는 야곱에게 일어난 여호와와의 첫 번째 만남을 묘사한다. 야곱은 여호와가 서 있는 모습을 목격하는데, 이는 구약 성경에서 보다 일반적인 신인동형론적 표현으로 가시적인 여호와를 묘사한 경우에 해당한다(28:13).[9] 야곱은 이 만남의 장소를 "벧엘"(하나님의 집)이라 이름짓고, 돌기둥을 세워 이 사건을 기념한다(18-19절). 이 에피소드는 창세기 31장에서도 언급된다.

꿈에 하나님의 사자가 내게 말씀하시기를 야곱아 하기로 내가 대답

---

8. 대체로 학자들은 그 "사다리"(술람)가 실제로 지구라트 타워의 계단길이었다는 주장에 동의한다. *The Unseen Realm*(p.137, n. 3)는 이렇게 설명한다. "이 용어가 어려운 이유는 히브리어 성경의 '하팍스 레고메논'(hapax legomenon: 성경에서 한 번만 등장하는 단어)이기 때문이다. 비록 확실하진 않지만, 동일 어족에 속한 다른 언어권의 자료를 살펴보면, "사다리"가 지구라트를 의미할 수 있음을 시사한다. 그 외에 또 다른 대안적 해석은 '서 있는 돌'(히브리어로 '마쩨바'[*maṣṣebah*])이다. 두 해석 모두 하나님과 유한한 인간 간의 개념적, 신학적 연결점을 의미한다." 참조. Alan R. Millard, "The Celestial Ladder and the Gate of Heaven (Gen 28:12, 17)," *Expository Times* 78 (1966/1967): 86-87; C. Houtman, "What Did Jacob See in His Dream at Bethel? Some Remarks on Gen 28:10-22," Vetus Testamentum 27 (1977): 337-51.

9. 창 28:13은 여호와가 "그 위에"(알라브)[*'ālāyw*] 서 있다고 쓰는데, 이 히브리어는 "그 옆에"(예. 야곱 옆에 서서) 또는 "그 위에"(예. 계단 위에)로 번역될 수 있다.

하기를 여기 있나이다 하매 이르시되 네 눈을 들어 보라 양 떼를 탄 숫양은 다 얼룩무늬 있는 것, 점 있는 것과 아롱진 것이니라 라반이 네게 행한 모든 것을 내가 보았노라 나는 벧엘의 하나님이라 네가 거기서 기둥에 기름을 붓고 거기서 내게 서원하였으니 지금 일어나 이 곳을 떠나서 네 출생지로 돌아가라 하셨느니라(창 31:11-13).

하나님의 사자는 13절에서 야곱에게 자신이 "벧엘의 하나님"이라고 명시적으로 말한다. 여기서 그 사자가 가시적인 형체를 취한 여호와가 아니라고 단정지을 필요는 없다. 왜냐하면 앞서 창세기 28장의 기사는 여호와를 인간의 형체를 취한 존재로 묘사하면서, 굳이 여호와의 사자도 별도로 그 장면에 있었다는 식으로 기술하지 않기 때문이다. 이처럼 여호와의 사자가 창세기 31:13에서 (창 28장의) 이전 사건에 대해 언급하면서, 자신은 비록 사자지만 그럼에도 여호와로 예우하라는 식의 발언을 하지 않았다면, 굳이 자신에 대해 여호와 하나님과 동일한 예우를 받아야 한다는 식으로 첨언할 필요가 없었다면, 오히려 여호와의 사자가 하는 말을 다음과 같이 액면 그대로 받아들이는 것이 타당할 것이다. "나는 벧엘의 하나님이다. 너는 전에도 나를 본 일이 있다."

창세기 32장에서 야곱은 다시금 어떤 "신적인 사람"(divine man)과 만나 씨름을 한다. 28-30절을 보면 이 "사람"의 신적인 속성이 분명하게 드러난다.

> 그가 이르되 네 이름을 다시는 야곱이라 부를 것이 아니요 이스라엘이라 부를 것이니 이는 네가 하나님과 및 사람들과 겨루어 이겼음이니라 야곱이 청하여 이르되 당신의 이름을 알려주소서 그 사람이 이르되 어찌하여 내 이름을 묻느냐 하고 거기서 야곱에게 축복한지라 그러므로 야곱이 그 곳 이름을 브니엘이라 하였으니 그가 이르기를 내가 하나님(엘로힘)과 대면하여 보았으나 내 생명이 보전되었다 함이더라.

호세아 12:3-4는 이런 해석을 확증해 주면서도 그 정체를 신학적으로 더 발전시킨다.

> 야곱은 모태에서 그의 형의 발뒤꿈치를 잡았고
> 또 힘으로는 하나님(엘로힘)과 **겨루되**
> 천사(말라크)와 **겨루어** 이기고
> 울며 그에게 간구하였으며
> 하나님은 벧엘에서 그를 만나셨고
> 거기에서 우리에게 말씀하셨나니.

이 본문은 야곱이 씨름한 그 "사람"과 벧엘에서의 만남을 연결짓는다. 따라서 창세기 32장은 가시적인 육체를 지니면서도 31장에서 하나님의 사자로도 언급된 '여호와'와의 물리적인 만남에 대해 이야기하는 것이다. 이 본문들에 대해 야곱이 여호와를 대신한 어떤 존재와 씨름했다고 해석해야 한다는 주장은 별로 고려할 가치가 없다. 본문은 이 존재가 인간의 형체로 나타나신 여호와라는 사실을 가리거나 숨기지 않는다.

구약 성경 저자들이 "그 이름"과 하나님 자신을 동일시하는 가장 주목할 만한 예는 아마도 이스라엘(즉, 야곱)이 요셉의 아들들을 축복하는 창세기 48:14-16일 것이다.

> 이스라엘이 오른손을 펴서 차남 에브라임의 머리에 얹고 왼손을 펴서 므낫세의 머리에 얹으니 므낫세는 장자라도 팔을 엇바꾸어 얹었더라 그가 요셉을 위하여 축복하여 이르되
> 내 조부 아브라함과 아버지 이삭이 섬기던 하나님(하-엘로힘[*ha-'elōhîm*]),
> 나의 출생으로부터 지금까지 나를 기르신 하나님(하-엘로힘),
> 나를 모든 환난에서 건지신 그 사자(하-말라크[*ha-mal'āk*]; 개역개정 "여호와의 사자")께서
> 이 아이들에게 복을 주시오며(예바레크[*yebārēk*]).

여기서 살펴봐야 할 핵심은 동사에 있다(예바레크; "그가 복 주시기를"). 이 동사의 히브리어 형태는 문법적으로 단수형이다. 이것은 "그들이 복 주시기를"로 번역하면 문법에 어긋난다는 것을 의미한다. 하나님과 그 사자는 요셉의 아들들을 축복하는 문법상의 주어이며, 이는 단수형으로 표현된다. 그들은 히브리어 성경에서 서로 동일시된다. 만일 저자가 독자들로 하여금 하나님과 그 사자를 융합하는 것을 신학적으로 용인될 수 없는 것으로 생각하게 만들고 싶었다면, 그는 독자들이 그 둘을 별개로 취급할 수 있도록 복수형 동사를 선택했을 것이다. 하지만 우리는 본문에서 그런 표현을 찾을 수가 없다.[10]

---

10. 신약 저자들은 때때로 구약 성경의 이름신학과 여호와의 사자를 예수님과 연결한다. 예수님은 여호와의 이름을 가지면서 여호와의 이름을 계시한다(요 17:5-12, 24-26; 계 19:12, 16). 예수님이 이스라엘을 애굽에서 건져냈다고 선언하는 구절도 있다(유 5절). 참조. Heiser, *The Unseen Realm*, 268-89, 373. "그 이름"과 "그 사자"로서의 예수님의 정체에 관한 추가연구는 다음을 참조하라. Carl Judson Davis, *The Name and Way of the Lord: Old Testament Themes, New Testament Christology* (Sheffield: Sheffield Academic Press, 1996); Jarl E. Fossum, *The Name of God and the Angel of the Lord: Samaritan and Jewish Concepts of Intermediation and the Origin of Gnosticism* (Tübingen: Mohr Siebeck, 1985); idem., "Kyrios Jesus as the Angel of the Lord in Jude 5-7," *New Testament Studies* 33:2 (1987): 226-43. 자연스럽게도 구약 성경에 나타난 여호와의 사자가 인간의 형체를 지닌 여호와라는 주장은, 그런 개념이 그리스도의 신성 교리의 문맥(가령, 예수님이 하나님이었다는 주장)에서 어떻게 예수님과 연결되는가에 대한 질문을 불러일으킨다. 신약 저자들은 예수님을 묘사할 때 "두 여호와" 사상을 시사하는 언어를 새롭게 응용하여 예수님을 여호와와 동일시한다. 물론 여호와의 사자가 인간의 형체를 지닌 여호와지만, 그것은 인간 존재가 된다는 의미에서 여호와가 성육신했다는 말은 아니다. 성육신은 예수님에게만 적절한 묘사다. 왜냐하면 그는 동정녀 마리아에게서 나셨기 때문이다. 그럼에도 불구하고, "두 여호와" 사상과 예수님의 성육신 주제는 연관성이 있다. 또한 예수님은 합법적으로 여호와의 사자와 연결될 수 있다. 필자는 예수님과 여호와의 사자를 결합하면서도 성육신의 고유성을 존중하는 방법에 대해 제안하고자 한다. 말하자면, 여호와의 사자는 엄밀히 말

여호와의 군대 대장

천군의 일원 중 또하나의 중요 인물은 정복전쟁의 들머리에 여호수아에게 나타난 여호와의 천군-군대의 대장이다('사르'[*sar*], "군주").

> 여호수아가 여리고에 가까이 이르렀을 때에 눈을 들어 본즉 한 사람이 칼을 빼어 손에 들고 마주 서 있는지라 여호수아가 나아가서 그에게 묻되 너는 우리를 위하느냐 우리의 적들을 위하느냐 하니 그가 이르되 아니라 나는 여호와의 군대 대장으로 지금 왔느니라 하는지라

해서 나사렛 예수는 아니지만, 실제로는 사람들에게 사람의 모습으로 찾아오는 하나님의 제2위의 위격을 지닌 분이셨다는 것이다. 나사렛 예수는 마리아에게서 나신 사람이자, 이제는 인간으로 성육신하신 제2위의 하나님이셨다(참조. Heiser, *The Unseen Realm*, 268-73; 294-95). "주의 사자"란 어구는 신약 성경에서 11회 나타난다(개역개정은 구약에서 히브리 본문의 표기를 따라 "여호와의 사자"로 쓰는데, 신약에서는 헬라어 '퀴리오스'[주]가 쓰였기 때문에 일괄적으로 "주의 사자"로 번역함-옮긴이). 그중에서 마 1:24의 "주의 사자"만 유일하게 정관사와 함께 사용되어 "주의 그 사자"(the angel of the Lord)로 번역될 것을 시사한다. 이 구절에서 "주의 그 사자"(호 앙겔로스 퀴리우[*ho angelos kyriou*])는 요셉에게 그의 약혼녀 마리아와 결혼하라고 말하는데, 이는 그녀의 임신이 성령으로 잉태된 것이기 때문이었다. 여기서 마 1:24의 "주의 그 사자"에 대한 언급이, 앞서 논의한 바 있는 예수님과 여호와의 사자가 삼위일체 내에서의 제2위격으로 동일 존재라는 사상과 전혀 상충하지 않는다. 구체적으로 설명하자면, 마 1:24의 정관사는 네 절 앞에 있는 1:20에 언급된 요셉의 꿈에 나타난 바로 그 천사를 가리킨 것이다. 여기서 마 1:20의 '앙겔로스'(천사)에는 관사가 붙지 않았는데, 이것은 마 1:24의 '앙겔로스' 앞에 붙은 관사 '호'가 어법상 대용어(anaphoric)임을 의미한다. 대용어는 "앞서 언급된 것을 지시하는 것으로, 이는 독자로 하여금 앞에서 언급된 사람이나 사물을 생각나게 하기 위한 것이다… 이 어법은 관사의 가장 일반적인 용례이자 대상을 지목하는 가장 쉬운 용법이다."(Daniel B. Wallace, *Greek Grammar Beyond the Basics: Exegetical Syntax of the New Testament* [Grand Rapids: Zondervan, 1996], 218). 그러므로 마 1:24에 관사가 붙는 것은 구약 성경의 어법을 모방한 언어로 취급되어선 안 된다.

여호수아가 얼굴을 땅에 대고 엎드려 절하고 그에게 이르되 내 주여 종에게 무슨 말씀을 하려 하시나이까 여호와의 군대 대장이 여호수아에게 이르되 네 발에서 신을 벗으라 네가 선 곳은 거룩하니라 하니 여호수아가 그대로 행하니라(수 5:13-15).

독자들은 대부분 이 본문과 출애굽기 3장의 불타는 가시떨기나무와의 중요한 연관성을 알아챌 것이다. "네 발에서 신을 벗으라 네가 선 곳은 거룩하니라"라고 여호수아에게 내린 명령은 출애굽기 3:5에서도 발견된다. 이와 관련하여 여호와의 사자가 출애굽기 3장의 불타는 가시떨기 본문에도 등장했었다는 사실에 주목할 필요가 있다. 그 사자는 분명히 눈에 보이는 가시적인 존재였다. 만일 그가 눈에 보이지 않았다면, 저자가 그 사자의 모습을 보았다든가, 떨기나무 가운데서 나오는 (여호와의 사자가 아닌) 하나님의 음성을 들었다는 표현은 말이 되지 않을 것이다(3:4; 비교. 출 3:14). 이런 독법은 사도행전 7:30-31에서도 확인된다. 여기서 스데반은 한 천사가 모세에게 떨기나무 가운데서 '보였고', 거기로부터 주의 음성이 나왔다고 증언한다. 여기서 사용된 언어를 보면 (그 두 존재들 모두가 동시에 신성한 장소를 차지하고 있다는 점에서) 여호와의 사자와 여호와를 서로 동일시하는 한편, (하나는 가시적인 존재이고 다른 하나는 비가시적인 존재라는 점에서) 둘을 구별하고 있기도 하다.

여호수아 5:13-15에서도 한 "사람"이 여호수아에게 나타나는데, 그의 말은 출애굽기 3장의 떨기나무 가운데서 나온 여호와의 말씀을 그대로 되풀이한다. 이런 언어 표현을 볼 때 여호수아가 육신을 입은 여호와, 즉 여호와의 사자에게 말하고 있음을 시사한다. 이것은 13절에서 여호와의 군대 대장이 묘사되는 방식을 면밀히 살펴보는 것으로도 확인된다. "한 사람이 칼을 빼어 손에 들고 마주 서 있는지라." 여기서 "칼을 빼어 손에 들고"(하르보 쉐루파 베야도[*ḥarbô shelûphâ beyādô*]) 란 문구는 히브리 성경 다른 곳에서 두 번 나타난다.

> 나귀가 여호와의 사자가 칼을 빼어 손에 들고(하르보 쉐루파 베야도) 길에 선 것을 보고 길에서 벗어나 밭으로 들어간지라 발람이 나귀를 길로 돌이키려고 채찍질하니(민 22:23).

> 다윗이 눈을 들어 보매 여호와의 천사가 천지 사이에 섰고 칼을 빼어 손에 들고(하르보 쉐루파 베야도) 예루살렘 하늘을 향하여 편지라 다윗이 장로들과 더불어 굵은 베를 입고 얼굴을 땅에 대고 엎드려(대상 21:16).

두 본문에서 모두 "칼을 빼어 손에 든" 존재는 여호와의 사자다. 저자가 여호수아 5:13에서 독자들에게 출애굽기 3장의 불타는 가시떨기나무를 가리켰던 방식을 고려할 때, 여호와의 군대 대장은 여호와의 사자임이 분명하다.

유월절의 멸하는 천사

역대상 21:15에서 여호와의 천사를 멸하는 자(destroyer)로 묘사한 것은 구약 성경에 등장하는 또다른 불가사의한 천사의 정체를 규명하는 데 도움이 된다. 16절을 포함하여 이 천사가 어떻게 묘사되는지 살펴보자(강조 표시를 주목하라).

> 하나님이 예루살렘을 **멸하러**(샤하트[*shāḥat*]) 천사를 보내셨더니 천사가 **멸하려**(샤하트) 할 때에 여호와께서 보시고 이 재앙 내림을 뉘우치사 **멸하는**(마쉬히트[*mashḥît*]) 천사에게 이르시되 족하다 이제는 네 손을 거두라 하시니 그 때에 여호와의 천사가 여부스 사람 오르난의 타작 마당 곁에 선지라 다윗이 눈을 들어 보매 여호와의 천사가 천지 사이에 섰고 칼을 빼어 손에 들고 예루살렘 하늘을 향하여 편지라.

강조 표시된 단어들은 '샤하트'라는 동일 어근을 가진다. 두 개는 동사(부정사)이고, 하나는 분사다. 모두 히브리어 동사 히필(hiphil)형으로 쓰였다. 사무엘하의 병행본문에서도 당연히 동일한 용어와 어형이 사용된다.

> 천사가 예루살렘을 향하여 그의 손을 들어 **멸하려**(샤하트) 하더니 여호와께서 이 재앙 내리심을 뉘우치사 백성을 **멸하는**(마쉬히트) 천사에게 이르시되 족하다 이제는 네 손을 거두라 하시니 여호와의 사자가 여부스 사람 아라우나의 타작 마당 곁에 있는지라 다윗이 백성을 치는 천사를 보고 곧 여호와께 아뢰어 이르되(삼하 24:16-17).

두 본문에서 모두 여호와의 천사가 등장하고 그가 "멸망"(destruction, 마쉬히트)을 가져온다는 점이 분명히 나타난다. 흥미롭게도, 이 단어는 최초의 유월절이 있기 전날, 초태생의 죽음에 관한 기사에서 죽음의 사자를 묘사할 때 쓰인 용어와 동일하다.

> 내가 애굽 땅을 칠 때에 그 피가 너희가 사는 집에 있어서 너희를 위하여 표적이 될지라 내가 피를 볼 때에 너희를 넘어가리니 재앙이 너희에게 내려 **멸하지**(마쉬히트) 아니하리라… 모세가 이스라엘 모든 장로를 불러서 그들에게 이르되 너희는 나가서 너희의 가족대로 어린 양을 택하여 유월절 양으로 잡고… 여호와께서 애굽 사람들에게 재앙을 내리려고 지나가실 때에 문 인방과 좌우 문설주의 피를 보시

> 면 여호와께서 그 문을 넘으시고 멸하는 자(마쉬히트)에게 너희 집에 들어가서 너희를 치지 못하게 하실 것임이니라(출 12:13, 21, 23).

역대상 21장과 사무엘하 24장의 '마쉬히트'로 등장하는 여호와의 천사가 출애굽기 12:23의 바로 이 대목에서 여호와와 구별된다. "여호와께서 그 문을 넘으시고 멸하는 자(마쉬히트)에게 너희 집에 들어가서 너희를 치지 못하게 하실 것임이니라." 하지만 다른 곳에서는 초태생을 멸한 장본인이 여호와셨다고 말한다.

> 그리하여 그는 그의 종 모세와 그의 택하신 아론을 보내시니… 또 여호와께서 그들의 기력의 시작인 그 땅의 모든 장자를 치셨도다(시 105:26, 36).

> 내가 알거니와 여호와께서는 위대하시며 우리 주는 모든 신들보다 위대하시도다… 그가 애굽의 처음 난 자를 사람부터 짐승까지 치셨도다(시 135:5, 8).

> 주들 중에 뛰어난 주께 감사하라 그 인자하심이 영원함이로다… 애굽의 장자를 치신 이에게 감사하라 그 인자하심이 영원함이로다(시 136:3, 10).

기억할 것은, 여호와의 멸하는 천사가 사실은 가시적인 형체로 나타나신 여호와라는 것이다. 이런 배경을 고려할 때, 서로 다른 듯 보이는 두 갈래의 진술들이 양립할 수 없는 것은 아니다. 그럼에도 시편 78:48-51은 문제를 복잡하게 만드는 것처럼 보인다.

> [여호와께서] 그들의 가축을 우박에,
> 그들의 양 떼를 번갯불에 넘기셨으며
> 그의 맹렬한 노여움과 진노와 분노와 고난
> 곧 멸하는 천사들(destroying angels[말라케 라임, *mal'akê rāʿîm*], 개역개정 "재앙의 천사들")을 그들에게 내려보내셨으며
> 그는 진노로 길을 닦으사 그들의 목숨이
> 죽음을 면하지 못하게 하시고
> 그들의 생명을 전염병에 붙이셨으며
> 애굽에서 모든 장자 곧 함의 장막에 있는
> 그들의 기력의 처음 것을 치셨으나.

겉으로만 보면 복잡해 보인다. 하지만 우리가 탐색 중인 용어와 관련하여, 시편 78편의 ESV의 번역인 "멸하는 천사들"(destroying angels)은 다소 오해의 소지가 있다. 여기서 "멸하는"(destroying, 개역개정 "재앙의")으로 번역된 히브리어는 앞서 살펴본 본문들에서 멸하는

자와 연관된 '마쉬히트'가 아니다. 또한 해당 구절은 "멸하는 천사들"이 초태생("모든 장자")을 죽였다고 말하지 않는다는 사실에 주목해야 한다. 여기서 초태생을 죽이는 것은 여호와의 행하심으로 언급된다(51절). 여호와는 전염병을 일으키는 천사들을 보내셨을 수 있지만, 초태생의 죽음은 여호와 자신의 행동으로 나타난다. 여기서 이 천사들은 멸하는 자(destroyer)의 역할을 수행하지 않는다.

여호와가 내리신 다른 심판들에서는 그 천사를 가리켜 '마쉬히트'라 한 것을 고려할 때, 이 모든 본문들을 일관성 있게 해석하려면, 여호와가 자신의 멸하는(마쉬히트) 천사(즉 다른 곳에서 가시적인 여호와로 불리기도 했던 여호와의 사자)를 보내어 초태생의 심판을 단행한 장본인이라고 봐야 할 것이다. 이것은 불타는 가시떨기나무에 하나님 자신이 임재하면서 또 거기에 여호와의 사자가 임재하기도 했던 경우와 정황상 비슷하다. 이러저러한 본문들이 두 권능(두 여호와)을 증언하는 후기 유대교 신학의 토대가 된다.[11]

가브리엘, 미가엘, 군대의 군주

가브리엘과 미가엘은 다니엘서의 같은 장에 등장하기 때문에 함께 논

11. 참조. Heiser, *The Unseen Realm*, 141-48.

의하는 것이 좋겠다. 여기에는 두 천사와 더불어 "군대의 군주"(Prince of the host, 개역개정 "군대의 주재")라 불리는 정체모를 존재도 등장한다. 가브리엘과 미가엘은 성경에서 그 이름이 언급된 개별적인 천사들이다.[12] 그들은 천사장(archangels)으로 알려져 있지만, "천사장"이라는 용어가 구약 성경에서 사용되지 않는다. 신약 성경에서는 미가엘만 천사장으로 불린다(유 9절).[13] 다만 다니엘서에서 가브리엘의 등장이 미가엘보다 앞선 관계로 가브리엘이 등장하는 다니엘 8장으로 시작하고자 한다.

다니엘 8장은 숫양과 숫염소에 관한 선지자의 환상으로 시작된다(단 8:1-14). 숫염소는 숫양을 굴복시킨 후에 그 큰 뿔이 꺾인다. 그리고 그 자리에 네 개의 뿔이 자란다(단 8:8). 그 중 한 뿔에서 또 작은 뿔 하나가 나와 하늘에까지 자라고, 그 세력이 하늘 군대를 공격할 만큼 강해져 그 군대와 별 중에 몇을 땅에 던져 짓밟는다(단 8:9-10). 그리고 11절에서 작은 뿔이 "군대의 군주(사르, *śar*)처럼 높아진다"(개역개정 "군대의 주재를 대적하며"). 히브리어로 "군대의 군주"(prince of the host)란 어구는 여호수아 5:14의 "군대 대장"(commander of the army)과 동일하다.

---

12. 개신교 정경 본문을 기준으로 할 때 그렇다는 말이다. 토빗서(12:11-15)에서는 라파엘이 하나님의 영광에 근접해 있는 일곱 천사 중 하나로 언급된다.

13. 제2성전기 자료에 관한 논의에서 살펴볼 테지만, 가브리엘 및 이름이 거론된 다른 천사들의 정체에 관한 정보는 제2성전기 유대교 본문에서 온 것이다.

다니엘 8:15-26에서 한 "사람"(man, 개역개정 "사람 모양 같은 것")이 등장하여 다니엘이 환상을 이해하도록 돕는다.

> 나 다니엘이 이 환상을 보고 그 뜻을 알고자 할 때에 사람 모양 같은 것이 내 앞에 섰고 내가 들은즉 을래 강 두 언덕 사이에서 사람의 목소리가 있어 외쳐 이르되 가브리엘아 이 환상을 이 사람에게 깨닫게 하라 하더니 그가 내가 선 곳으로 나왔는데 그가 나올 때에 내가 두려워서 얼굴을 땅에 대고 엎드리매 그가 내게 이르되 인자야 깨달아 알라 이 환상은 정한 때 끝에 관한 것이니라(단 8:15-17).

여기서 주목할 것은 이 돕는 "사람"과 관련된 묘사다. 이 대목을 읽고 있자면 "군대의 군주"란 표현이 떠오른다. 다니엘이 본 이 "사람"은 가브리엘 천사로 밝혀진다(16절). 하지만 가브리엘은 또 다른 "사람"의 목소리에 의해 다니엘에게 말하도록 지시를 받는다. 이 목소리는 다니엘이 환상에 사로잡혔을 때 있던 곳인 을래 강 두 언덕 사이에서 흘러나왔다(단 8:2). 이 목소리로만 등장하는 (보이지 않는) "사람"은 가브리엘보다 우월한 존재이며 가브리엘에게 명령을 내린다. 그리고 가브리엘은 이후에도 또다시 다니엘에게 나타나 환상을 해석해 준다(단 9:20-23).

다니엘 10장에서 선지자 다니엘은 또다시 영광스러운 "세마포 옷을 입[은]" 한 사람과 관련된 환상을 보게 된다.

> 첫째 달 이십사일에 내가 힛데겔이라 하는 큰 강 가에 있었는데 그 때에 내가 눈을 들어 바라본즉 한 사람이 세마포 옷을 입었고 허리에는 우바스 순금 띠를 띠었더라 또 그의 몸은 황옥 같고 그의 얼굴은 번갯빛 같고 그의 눈은 횃불 같고 그의 팔과 발은 빛난 놋과 같고 그의 말소리는 무리의 소리와 같더라… 내가 그의 음성을 들었는데 그의 음성을 들을 때에 내가 얼굴을 땅에 대고 깊이 잠들었느니라
>
> 한 손이 있어 나를 어루만지기로 내가 떨었더니 그가 내 무릎과 손바닥이 땅에 닿게 일으키고 내게 이르되 큰 은총을 받은 사람 다니엘아 내가 네게 이르는 말을 깨닫고 일어서라 내가 네게 보내심을 받았느니라 하더라 그가 내게 이 말을 한 후에 내가 떨며 일어서니 그가 내게 이르되 다니엘아 두려워하지 말라 네가 깨달으려 하여 네 하나님 앞에 스스로 겸비하게 하기로 결심하던 첫날부터 네 말이 응답 받았으므로 내가 네 말로 말미암아 왔느니라 그런데 바사 왕국의 군주가 이십일 일 동안 나를 막았으므로 내가 거기 바사 왕국의 왕들과 함께 머물러 있었더니 가장 높은 군주 중 하나인 미가엘이 와서 나를 도와주므로 이제 내가 마지막 날에 네 백성이 당할 일을 네게 깨닫게 하러 왔노라 이는 이 환상이 오랜 후의 일임이라 하더라
>
> 그가 이런 말로 내게 이를 때에 내가 곧 얼굴을 땅에 향하고 말문이

막혔더니 인자와 같은 이가 있어 내 입술을 만진지라 내가 곧 입을 열어 내 앞에 서 있는 자에게 말하여 이르되 내 주여 이 환상으로 말미암아 근심이 내게 더하므로 내가 힘이 없어졌나이다 내 몸에 힘이 없어졌고 호흡이 남지 아니하였사오니 내 주의 이 종이 어찌 능히 내 주와 더불어 말씀할 수 있으리이까 하니

또 사람의 모양 같은 것 하나가 나를 만지며 나를 강건하게 하여 이르되 큰 은총을 받은 사람이여 두려워하지 말라 평안하라 강건하라 강건하라 그가 이같이 내게 말하매 내가 곧 힘이 나서 이르되 내 주께서 나를 강건하게 하셨사오니 말씀하옵소서 그가 이르되 내가 어찌하여 네게 왔는지 네가 아느냐 이제 내가 돌아가서 바사 군주와 싸우려니와 내가 나간 후에는 헬라의 군주가 이를 것이라 오직 내가 먼저 진리의 글에 기록된 것으로 네게 보이리라 나를 도와서 그들을 대항할 자는 너희의 군주 미가엘뿐이니라(단 10:4-6, 9-21).

이 본문에서 몇 가지 주목할 것이 있다. 첫째, 이 "사람"은 가브리엘과 동일인물이 아니다. 둘째, 말하고 있는 "사람"은 바사의 "군주"(13절)와 헬라의 "군주"에 의해 저지당한다.[14] 셋째, 이 "사람"은 가브리엘과도 구분되지만, 미가엘 역시 아니다. 왜냐하면 그가 미가엘을 3인칭

14. 본서 1장의 '사르'에 관한 설명을 참조하라.

으로 가리키기 때문이다(13, 20절). 미가엘은 이 정체불명의 인물을 도와 바사의 군주에 맞서는 영적 전쟁에 참전한다. 넷째, 정체불명의 인물은 후에 다니엘을 만져서(18절) 그에게 힘을 주고 일인칭으로 그에게 이렇게 말한다. "내가 돌아가서 바사 군주와 싸울 것이다." 여기서 그는 "헬라의 군주"도 이 전쟁에 참전할 것을 예측한다(20절).

이 "사람"이 다니엘 10장에선 그 정체가 밝혀지지 않지만, 가브리엘이나 미가엘이 아닌 것은 분명하다. 우리는 이 "사람"을 다니엘 12장에서 다시 보게 된다.

> 그 때에 네 민족을 호위하는 큰 군주 미가엘이 일어날 것이요 또 환난이 있으리니 이는 개국 이래로 그 때까지 없던 환난일 것이며 그 때에 네 백성 중 책에 기록된 모든 자가 구원을 받을 것이라… 나 다니엘이 본즉 다른 두 사람이 있어 하나는 강 이쪽 언덕에 섰고 하나는 강 저쪽 언덕에 섰더니 그 중에 하나가 세마포 옷을 입은 자 곧 강물 위쪽에 있는 자에게 이르되 이 놀라운 일의 끝이 어느 때까지냐 하더라(단 12:1, 5-6).

이 "세마포 옷을 입은 사람"은 다니엘 10:5에서 신비로운 인물이 처음 등장하는 장면을 생각나게 한다. 이 "사람"은 누구일까? 나는 이 인물이 다니엘 8:11에서 언급된 바, 작은 뿔이 심히 커져서 대적했던 대상인 “군대의 군주”(the Prince of the host)와 동일한 존재라고 판단한다. 뱀파일드(Bampfylde)는 다음과 같이 설명한다.

그렇다면 이 사람은 누구일까? 쉽게 생각하면 그럴 수도 있는데, 저자는 선불리 그를 가브리엘과 동일시하지 않는다(비교. 8:16; 9:21). 다니엘은 이미 가브리엘을 만난 적이 있기 때문에(8:16), 자신이 이미 알고 있는 대상을 목격한 것이라면 세마포 옷을 입은 그를 알아봤을 것이다. 10장에서 다니엘이 본 그 사람은 8:16에서 가브리엘에게 말을 건네고 가브리엘을 다니엘에게 파송한 자와 동일한 존재다. “내가 들은 즉 을래 강 두 언덕 사이에서 사람의 목소리가 있어 외쳐 이르되 가브리엘아 이 환상을 이 사람에게 깨닫게 하라 하더니”(8:16). 10장에서 다니엘이 본 “세마포 옷을 입은” 이 사람은 다시금 12:6에서 “세마포 옷을 입은 자 곧 강물 위쪽에 있는 자”로 묘사된다. 따라서 이 사람은 다니엘이 처음으로 가브리엘을 만나던 때 을래 강 두 언덕 사이에서 흘러나온 그 목소리의 주인공이다. 한편 이 사람은 미가엘과도 다른 존재다. 그는 실제로 다니엘 10:21에서 이스라엘의 보호자로 거론되는 미가엘보다 높은 신분을 갖춘 것으로 보인다. “나를 도와서 그들을 대항할 자는 너희의 군주 미가엘뿐이니라”(단 10:21). 그런데 이 사람은 미가엘과 달리 어느 특정 민족을 관할하고 있는 것처럼 보이지 않고, 다만 “그의 편에” 있는 사람들을 돕는다… 그러므로 세마포 옷을 입은 이 사람은 "군대의 군주"와 동일 인물이다 (8:11). 이 "군대의 군주"는 미가엘이 아니다. 물론 미가엘이 이스라엘의 보호자이자 천사장이긴 하지만, 중간기 문헌에 따르면 미가엘은 천사장들의 우두머리가 아니기 때문이다(에녹1서 9:1-10:16; 20:5; 24:6; 54:6; 60:4-5; 68:2; 71:9). 다니엘서에서 미가엘이 바로 그 최고 군주(the chief Prince)였을 가능성은 없다. 미가엘은 "가장 높은 군주 중 하나"(one of the chief princes)로 알려진 반면(단 10:13), "군대의 군주"(the Prince of the host; 8:11)는 "군주들 중의 군주"(the Prince of princes, 8:25; 개역개정 "만왕의 왕")로 불린다. 10:5-6에 묘사된 이 사람은 최고위직의 천사들 중 하나로, "군주"이자 하늘 군대의 대장임이 분명하다. 그는 가브리엘에게 말을 건네기 때문에 가브리엘과도 동일인물이 아니다.[15]

앞서 주장한 것처럼, 여호수아 5:14의 여호와의 군대 대장(prince)이 여호와 자신이 가시적인 형체로 나타난 여호와의 사자라는 점에 비추어 볼 때, 이런 관찰은 중요하다.[16] 이 지휘관은 미가엘일 수 없는

---

15. Gillian Bampfylde, "The Prince of the Host in the Book of Daniel and the Dead Sea Scrolls," *Journal for the Study of Judaism in the Persian, Hellenistic, and Roman Period* 14 (1983): 129-34 (here, 129-30). 또한 뱀파일드는 이렇게 주석한다(p. 131). "군주들은 다양한 나라들의 수호천사들이다(비교. 단 10:13, 20, 21. 신 32:8에서 이 군주들은 '하나님의 아들들'로 불린다).

16. 단 3:24-28의 인물이나 단 6:22의 천사를 이 천상의 인물 또는 여호와의 사자와 연결

데, 미가엘은 "가장 높은 군주들"(chief princes) 가운데 하나이기 때문이다. 가시적인 형체로 나타나신 여호와에겐 자신과 관련된 존재 중 동등한 위치에 있는 자는 아무도 없다. 추후에 제2성전기 유대교의 천사론에 대해 다룰 테지만, 당대의 특정 저자들은 다음의 세 본문에 기초해 두 존재를 동일한 존재로 본다.

- 여호수아 5:14는 여호와의 군대 대장(사르)에 대해 말한다.
- 다니엘 10:21에서 미가엘은 이스라엘의 "군주"(사르)다.
- 다니엘 12:1에서 미가엘은 "네 민족을 호위하는 큰 군주"다.[17]

물론 이런 사고의 흐름은 다니엘 10:13에서 미가엘을 "가장 높은 군주 중 하나"로 묘사한 대목에서 더이상 전진하지 못한다. 만일 미가엘이 여호수아 5:14에 등장하는 여호와의 군대 대장이라면, 그 대장은 여호와의 군대에 속한 여러 대장들 가운데 하나에 불과하게 되

하는 것은 불가능하다. 느부갓네살의 풀무불에 있던 넷째 "사람"에 관한 묘사는 물론, "신들의 아들"이라는 용어는 여호와가 아닌 천군의 일원들을 가리킬 때 사용된 신적 존재로서의 "하나님의 아들들"에 관련된 용어와 쉽게 연결될 수 있다. 단 6:22에서 "그의 천사"란 표현은 모호한 점이 있다. 왜냐하면 모든 천사들이 사실상 하나님의 권위 아래 있기 때문이다. 결국 두 인물은 모두 여호와의 사자가 아니라, 하나님을 섬기는 "보통의" 신적인 대행자로 이해하는 것이 최선이다.

17. 이 때문에 제2성전기 자료들에서는 미가엘이 마지막 때 있을 대전쟁의 지도자로 등장한다. 하지만 다른 유대교 사상가들은 그 지도자의 역할을 멜기세덱에게 부여하면서 사실상 미가엘과 멜기세덱을 동일인물로 간주한다. 본서 5장을 참조하라.

고, 그렇게 되면 추정컨대 대장들 가운데 누군가가 여호수아에게 말하여 그가 선 곳은 거룩한 땅이기 때문에 신을 벗으라고 했을 수 있다. 이는 결국 수많은 천사들이 얼마든지 가시떨기나무에 있는 여호와와 동시에 같은 공간을 점유할 수 있었거나, 창세기 48:15-16의 여호와와 동일시될 수 있음을 시사한다. 하지만 이것은 대충만 살펴봐도 여호와의 사자가 묘사되는 방식과 일치하지 않는다. 게다가 여호수아 5:14은 그 대장이 여호와의 하늘 군대를 지휘한다고 말한다. 여호수아 5:14에 등장하는 군주는 다니엘 본문에서처럼 이스라엘 백성을 관할하지도 않는다.

미가엘은 천상의 영역에서 최고의 권세를 가진 존재가 아님이 분명하다. 그는 다니엘에게 말씀하는 신적인 "사람"을 보조한다(단 10:13, 21). 그렇다면 이 정체불명의 존재는 미가엘을 포함한 천군의 모든 자들이 보고를 올리는 대상일 것이다. 다니엘 8:11은 천군을 전체적으로 관할하는 "군주"가 있음을 암시한다. 게다가 다니엘 8:25은 "군주들 중의 군주"(개역개정 "만왕의 왕")를 언급한다. 미가엘은 최고 군주들 중 하나에 불과하며, 그래서 그는 다른 모든 군주들을 지휘하는 그 군주가 될 수 없다. 이런 묘사들은 여호와의 군대 전체를 관할하는 지휘관(군주)이자, 여호와의 사자, 그리고 여호수아가 대면한 둘째 여호와에 해당하는 존재를 가리키는 것으로 이해하는 것이 가장

가능성 있는 해석이다.[18]

이 존재의 정체에 관한 또다른 증거가 남아 있다. 작은 뿔이 "군대의 군주처럼" 커졌고 "군주들 중의 군주를 대적하여 일어났다"고 말하는 다니엘 8장과 관련한 병행본문이 다니엘서 다른 곳에 존재한다. 대부분의 학자들이 이 작은 뿔의 정체를 안티오쿠스 4세로 보기 때문에, 작은 뿔은 (안티오쿠스 4세에 잘 들어맞는 본문인) 다니엘 11:36-39에서 묘사된 왕이다.[19] 각각의 묘사를 다음과 같이 병치시켜 놓으면 흥미로운 점이 발견된다(다음 본문은 ESV 영문을 직역한 것임-옮긴이).

18. 롤랜드(Rowland)는 단 10장의 "사람"을 비롯하여, 단 7장의 인자 및 옛적부터 항상 계신 이와 계 1장의 예수에 관한 환상을, 위경 본문인 『아브라함의 묵시』(Apocalypse of Abraham)와 『요셉과 아스낫』(Joseph and Aseneth)에서의 천상의 인물들에 관한 비슷한 묘사들과 비교한다. 그는 "인자 같은 이와 옛적부터 항상 계신 이를 동일인물로 봐야 한다"고 주장한다(p. 106). 본문들의 관계에 대한 그의 설명, 특히 칠십인역에서 발견되는 중요한 이문에 대한 그의 설명은 다음과 같다. "『아브라함의 묵시』, 『요셉과 아스낫』, 요한계시록은 모두 몇몇 전통적인 주해를 반영한다. 첫째, 이 전통은 인자 같은 이와 옛적부터 항상 계신 이는 동일인물로 알고 있다… 둘째, 이 전통은 단 7:13의 사람을 천사적인 존재와 동일시한다. 셋째, 결과적으로 이 전통은 인자 같은 이에 대한 본문을 그 병행본문으로서 단 10:6이하의 천사의 현현과 연결한다"(p. 107). 참조. Christopher Rowland, "A Man Clothed in Linen, Dan 10.6ff. and Jewish Angelology," *JSNT* 24 (1985): 99-110.

19. 예를 들어, 다음을 참조하라. John E. Goldingay, *Daniel*, WBC 30 (Dallas: Word, 1989), 210; Stephen R. Miller, *Daniel*, NAC 18 (Nashville: Broadman & Holman, 1994), 226. 『다니엘』 솔로몬.

다니엘 8:11, 24	다니엘 11:36-37
"[그 작은 뿔이] 군대의 주재처럼 강해졌다" "[작은 뿔을 나타내는 그 왕이] 강해질 것이다. 사전 경고도 없이 그가 많은 이들을 멸망시킬 것이다. 그리고 그는 군주들 중의 군주에게까지 대적하여 일어날 것이다."	"그리고 그 왕은 자기 뜻대로 행할 것이다. 그는 스스로를 높여 모든 신들 위에 자신을 강하다 할 것이요, 놀라운 것들을 말하면서 신들의 신을 대적할 것이다… 그는 다른 어떤 신들도 개의치 아니할 것이요, 이는 그가 모든 것 위에 스스로를 높일 것이기 때문이다."

이런 병행본문들로 인해 일부 학자들은 8:11과 8:24의 호칭들이 하나님 자신을 가리키는 별칭이라고 제안한다. 이런 제안은 "군대의 군주" 및 "군주들 중의 군주"가 여호와의 사자이자 여호수아 5:14에 등장하는 여호와의 군대 대장과 동일인물일 때 더 잘 이해가 된다. 만일 다니엘 8장의 문구들이 미가엘을 가리키는 것이라면 이런 병행들은 적절히 설명될 수가 없다.[20] 미가엘은 최고 군주들 중의 하나이면서 동시에 "신들 중의 신"일 수가 없다.

20. 일부 학자들이 이 병행본문들을 보면서도 어떻게 여전히 미가엘과 동일인물이라고 애써 주장하는지에 대해 논의한 다음의 자료를 참조하라. Heiser, "The Divine Council," 164-67. 이 문제는 수 5:14의 여호와의 군대 대장을 포함하여 구약 성경의 두 여호와 사상의 패러다임을 받아들이면 쉽게 해결된다.

4장.
제2성전기 유대 문헌의 천군에 관한 표현들

'제2성전기'는 유대 역사에서 이스라엘의 두 번째 성전 건축으로 시작하여(주전 516년경), 주후 70년 로마에 의해 성전이 파괴되기까지의 시기를 가리킨다.[1] 대략 주전 500년에서 주후 100년을 아우른다. 또한 이 시기는 '신구약 중간기'라고도 불리는데 대부분의 기간이 구약의 마지막 사건들과 신약의 사건들 그 사이에 해당하기 때문이다.

요세푸스와 필로처럼, 이 시기에 책을 쓴 저자들 중 몇몇은 오늘날 잘 알려져 있다. 다른 저자들에 대해서는 알려진 바가 없다. 그럼에도 불구하고 그들의 저술은 제2성전기를 비롯하여 기독교의 초기 몇 세기에 걸쳐 폭넓은 독자층을 형성했다. 여기엔 외경(Apocrypha; 토빗서, 솔로몬의 지혜서, 마카비1-2서)과 위경(Pseudepigrapha; 에녹1서, 희년서)

---

1. 두 번째 성전 건축은 구약 성경의 학개서에서 서술된다.

이 포함된다.[2] 쿰란문서 중 성경 사본에 해당하지 않는 문서들 역시 이 시기에 생산된 문헌이다.[3] 이 문서들은 쿰란 공동체의 삶에 대한 기록(분파주의 본문)뿐만 아니라 『창세기 위경』(Genesis Apocryphon) 같은 성경 이야기의 후속편에 이르기까지 다양한 장르로 존재한다.

제2성전기의 이렇듯 다양한 문헌들은 히브리 성경의 내용 및 그 신학과 빈번히 교류한다. 그중 일부는 필연적으로 천군에 관한 묘사들을 담고 있는데, 이것은 영적 세계와 그 활동에 관한 구약 시대 이후의 유대교 사상을 들여다보는 창을 제공한다.

제2성전기 유대 문헌은 히브리어, 아람어, 헬라어로 쓰였다. 하지만 제2성전기 문헌들을 엮은 문집에는 칠십인역(LXX로 축약해서 표기함), 즉 히브리 성경의 헬라어 번역까지도 포함된다. 궁금증을 일으키는 몇몇 지점들이 있긴 하지만, 우리가 본서 1장에서 탐구한 구약 성경의 용어 범주는 칠십인역의 번역자들의 작품과 잘 부합한다.[4] 한 가

2. "외경"이라는 용어는 개신교에 의해 구약에 속한 일단의 책들을 아우르는 용어로 사용되었으며, 로마 가톨릭의 정경목록에 포함된다. 결국 로마 가톨릭은 이 책들을 "제2정경"이라 부른다. "위경"은 그 내용이 거짓되다는 의미에서 "가짜 저술"을 의미하는 것이 아니다. 이 용어는 현대적인 개념 용어로, 신원미상의 저자들이 해당 저술의 내용을 몇몇 주목할 만한 인물(실제로나 상상으로나)의 이름을 붙여 기록한 문헌들을 가리키는 이름표다. 이런 책들 중 일부는 고대 유대인과 기독교인에게 높이 평가받았다. 그것들은 분류법상 해로운 책으로 평가받지 않았다.

3. 쿰란 동굴은 대부분의 사해두루마리와 관련된 사해 인근의 유적지다.

4. 칠십인역(LXX)은 예수 및 사도들의 시대 이전에 만들어진 히브리 성경을 고대 헬라어로 번역한 것이다. 칠십인역 번역자들은 어떤 히브리 본문을 사용해 자신들의 번역물을 생산했는데, 이것은 전통적인 히브리 본문인 마소라 본문(Masoretic text)과 몇몇

지를 제외하고는, 칠십인역의 실제 자료는 제2성전기 천사론에 관한 특정한 학문적 추측을 뒷받침하지 않는다. 본장에서 다룰 테지만, 이번 탐구에서 칠십인역이 중요하게 취급되는 이유는 이것이 천군에 대한 중간기 유대사상을 논의하기 위한 기초자료가 될 뿐만 아니라, 신약 저자들이 매우 빈번하게 칠십인역을 활용하기 때문이다.[5]

일반적인 일치

제2성전기 유대 문헌에서 이스라엘의 하나님께 충성하는 천군을 가리키는 어휘는 구약 성경에서 하나님의 천상의 대행자들을 가리키는 용어와 대체로 일치한다. 아래의 표는 본서 1장에서 조사한 히브리어 어휘들을, 제2성전기 문헌에서 하나님을 섬기는 초자연적 존재들을 가리키는 데 사용된 히브리어, 아람어, 헬라어 어휘들과 비교한 것이다. 대표적인 몇 개의 단어만 제시해 놓았다.[6]

지점에서 다르다.

5. 학자들의 연구에 따르면 신약 저자들이 곳곳에서 구약 성경을 인용할 때 마소라 본문(MT)과 칠십인역(LXX)이 대략 20퍼센트의 일치율을 보인다. 신약의 구약인용에서 두 자료가 명백히 불일치하는 나머지 80퍼센트 중 신약 성경의 본문이 마소라 본문과 보이는 일치율은 5퍼센트 미만에 불과하다. 이는 신약 저자들이 구약 성경을 인용할 때 대부분 칠십인역을 사용한다는 것을 입증한다. 참조. Karen H. Jobes and Moises Silva, *Invitation to the Septuagint* (Grand Rapids: Baker, 2000), 189-93. 『70인역 성경으로의 초대』 CLC.

6. 표에서 번역된 용어들은 어형 변화를 반영하지 않은 기본형으로 표기되었다.

히브리 성경	제2성전기 본문	칠십인역(LXX)
"영들"(루아흐; 복수형: 루호트) 왕상 22:19-23; 삿 9:22-23; 삼상 16:14-16; 18:10-11; 사 19:13-14; 37:5-7; 시 104:4	"영들"(프뉴마) 에녹1서 15:7,10; 25:4, 6; 37:2; 38:2; 39:2; 40:2; 41:2; 43:4; 46:3; 48:2; 에녹2서 16:7 요세푸스, 『아피온 반박문』(하데스에 관한 설교 발췌, 6); 쿰란문서(루호트): 1QS iii.18, 24; iv.23; 1QM xii.9; xiii.2, 4, 10; xiv.10; 4Q400 1.i.5; 4Q403 1.ii.7; 4Q404 5.5; 4Q405 23.i.9; 23.ii.6	프뉴마 왕상 22:19-23; 삿 9:22-23; 삼상 16:14-16; 사 19:13-14; 37:5-7; 시 104:4[1]
"하늘에 있는 자들"(샤마임) 시 89:5; 욥 15:15; 신 32:43	"하늘(우라노스)의 아들들/자녀들"[2] 에녹1서 6:2; 13:8; 14:3; 쿰란문서(브네 샤마임): 1QS iv.22; xi.8	우라노스 복수형(하늘에 있는 자들): 시 89:5; 신 32:43
"별들" "군대(만군)"[3] 시 103:21	"하늘의 권세들(뒤나미스)"; "별들"(코카빈) 에녹1서 18:14-15; 21:3, 6; 46:7; 86:3; 88:3; 90:21; 에녹1서 29:3; 아담과 하와의 생애 15:3	뒤나미스 또는 아스트론 "만군의 주"가 '뒤나미스'를 사용해 "권능있는 자들의 주"로 번역됨 시 103:21(복수형); 욥 38:7(아스트론의 복수형)
"거룩한 자들"(케도쉼) 시 89:5-7[히브리성경: 6-8]; 욥 15:15; 신 33:2-3; 욥 5:1; 슥 14:5; 단 4:17	"거룩한 자들"(하기오이; 케디쉰)[4] 에녹1서 1:9; 9:3; 12:2; 14:23, 25; 45:1; 47:2; 61:10; 희년서 17:11; 31:4; 33:12; 쿰란문서: 1QS xi.8; 1QM x.12; xii.1, 4, 7; xviii.2; 1QHa xix.12; 11QMelch ii.9	하기오이 시 88:6; 욥 15:15; 슥 14:5(복수형); 신 33:2; 욥 5:1 = 앙겔로스

히브리 성경	제2성전기 본문	칠십인역(LXX)
"사역자"(동사: 샤라트, 피엘형: 쉐레트)	"종"(레이투르고스) 아브라함의 유언(A) 15:1; 요셉의 기도(단편A) 8; 쿰란문서(임재하신 이의 사역자들): 4Q400 1.i.4, 8; 4Q401 15.3; 4Q405 23.i.3	레이투르고스 시 102:20; 103:4[5]
"순찰자"(아람어: 이르; 복수형; 이린) 단 4:13, 17, 23;[아람어 본문: 10, 14, 20절]	"순찰자"(에그레고로이); 아람어: (이린) 에녹1서 1:5; 10:7, 9, 15; 12:2, 3, 4; 14:1, 3; 13:10; 15:9; 16:2; 희년서 4:15; 7:21; 8:3; 10:5; 납달리의 유언 3:5; 5:6	앙겔로스 단 4:13, 21, 24
"권능있는 자들"(깁보림, 압비림) 시 78:25; 103:20	쿰란문서(깁보림): 1QHa xvi.11; xviii.34-35; 1QM xv.14; 4Q402 1.4; 4Q403 1.i.21	"천사들… 능력 있는 자들"(앙겔로스, 뒤나토스; 이스쿠스), 시 103:20; 시 78:25의 "천사들"
"중보자"(멜리쯔) 욥 33:23		"죽음의 일천 천사들"(앙겔로스) 욥 33:23(개역개정, 일천 천사)
"그룹"(케루빔) 겔 10장(곳곳에) "스랍"(세라핌) 사 6:2, 6	"그룹"(케루빔) 에녹1서 14:11, 18; 20:7; 시빌의 신탁 3:1; 모세의 묵시 19, 22, 32, 38; 아브라함의 유언(B) 10:8, 11; 쿰란문서(케루빔): 4Q4031.ii.15; 4Q405 20.ii-21-22.3, 8	케루빔 겔 10장(곳곳에) 스랍 사 6:2, 6

히브리 성경	제2성전기 본문	칠십인역(LXX)
"천사" (말라크; 복수형: 말라킴)[6] 창 19:1, 15; 28:12; 32:1; 욥 4:18; 시 78:49; 91:11; 103:20; 104:4; 148:2	"천사"(앙겔로스) 에녹1서 6:2; 10:7; 14:4, 21; 18:14; 20:1-7; 21:5, 9, 10; 22:3, 6; 24:6; 32:6; 요세푸스, 『유대고대사』 1.196; 1.200; 1.325; 필론, 『알레고리적 해석』 III.177; 가인과 아벨의 제사에 관하여 5; 거인들에 관하여 6:2; 도피와 찾음에 관하여 212; 쿰란문서(말라킴): 1QHa ix.11; xiv.13; xxiv.top.4, 7; 1QM i.15; xii.1, 4, 8; xiii.12	앙겔로스 창 19:1, 15; 28:12; 32:1; 욥 4:18; 시 77:49; 90:11; 102:20; 103:4;[7] 148:2

1. 삼상 18:10-11은 칠십인역에 없음.
2. "하늘에 있는 자들"에 관한 다음 논의를 참조하라. L. Dequeker, "The 'Saints of the Most High' in Qumran and Daniel," *Old Testament Studies* 18 (1973): 108-87 (133-37).
3. 여기서 "만군의 주"는 별도로 다루기 위해 제외함.
4. 쿰란문서의 "거룩한 자들"에 대해서는 다음을 참조하라. Dequeker, "Saints of the Most High," 137-72.
5. 칠십인역의 장절 표기는 히브리 본문과 다름(102:20; 103:4는 히브리 성경 및 개역개정에서 각각 103:20; 104:4임-옮긴이).
6. 기본형 '말라크'가 213회 언급된 것 가운데 절반 이상이 초자연적 존재를 가리키며, 대부분의 경우 "여호와의 사자"를 가리킨다. 복수형이 사용되어 초자연적 존재들을 가리키는 10개의 사례는 표에 제시되었다.
7. 특정 시편 구절에서 보이는 표기상의 차이는 칠십인역의 장절 표기가 전통적인 히브리 본문과 다르기 때문이다.

상기 도표에는 “신들” 및 “하나님의 아들들”을 가리키는 히브리어 어휘가 누락되어 있는데, 이는 앞서 다룬 특정한 학문적 탐색의 요점이 그 용어와 관련된 것이기 때문이다. 그 문제로 넘어가기 전에, 먼저 도표의 어휘에 대해 몇 가지를 지적할 필요가 있다.

특히 (헬라어로 쓰인 칠십인역을 포함하여) 도표에서 분류한 세 가지 본문 유형에서 드러나는 유의미한 용어상의 일치는 제2성전기의 많은 유대인 저자들이 구약 성경의 용어에 담긴 미묘한 어감을 고스란히 보존했음을 보여준다. 물론 여기엔 예외도 존재한다. 칠십인역 번역자들은 신명기 33:2과 욥기 5:1의 “거룩한 자들”(Holy ones, 케도쉼, *qedōšîm*)을 ‘앙겔로이’, 즉 천사들로 번역한다. 이 번역이 뜻밖인 이유는 하나님과 함께 있는 복수형 “거룩한 자들”은 천군을 시사하기 때문이다. 다니엘서에도 비슷한 경우가 나타나는데, 여기서 “순찰자들”이 칠십인역에서는 “천사들”로 번역되는 반면, 에녹1서의 헬라어 본문은 이를 문자 그대로 “순찰자들”(에그레고로이, *egrēgoroi*)로 번역한다. 이런 단어 선택은 아마도 다니엘서 4장 서두에서 꿈을 해석하기 위해 하늘로부터 파견된 순찰자 역시 “거룩한 자”로 불린다는 사실 때문일 것이다. 소식을 전하기 위해 파견된 “거룩한 자”가 이 대목에서 “천사”로 번역되는 일은 그리 놀라운 사례가 아니다. 왜냐하면 그들이 수행하는 직무가 히브리 성경에서 전형적으로 천사들이 수행하던 일이기 때문이다.

칠십인역 번역자들이 욥기 33:23의 '멜리쯔'(중보자)를 "죽음의 일천 천사들"(개역개정, 일천 천사)로 번역할 때 어떤 의도로 그랬는지를 정확히 알기는 어렵다. 게이미(Gammie)는 칠십인역의 천사론에 관한 자신의 연구에서 단정적이진 않지만 일관성 있는 설명을 제시한다.

> 천사들이 인간을 위한 '대변인'으로서 '멜리찜'(*meliṣîm*, 중보자들) 역할을 더 이상 수행하지 못하는 것으로 번역자가 간주했다는 주장은 가능하다(예. 에녹1서 15:2). 하지만 나는 이 주장에 오류가 있다고 본다. 번역자는 오히려 "사탄"(the Adversary; '오 디아볼로스', ὁ διάβολος, 마귀)이 죽음의 전달자로 등장하는 욥기의 서문을 상기시키려 했을 가능성이 높다. 사탄은 욥의 자녀들의 죽음에 중재자로서의 책임이 있다는 점에서 죽음의 전달자(death-bearer)인 것이다. 그렇다면 이 구절에서 말하는 것은 번역자가 욥기를 전체적으로 바라보는 관점일 가능성이 높다. 번역자는 욥기 초반부에서 천사들 중 "사탄"(The Adversary)이라 불리는 자에게 맡겨진 어떤 역할을 상기시키려는 의도로 '타나토포로이'(θανατόφοροι, 죽음을 전달하는)란 단어를 사용했을 수 있다.[7]

7. John G. Gammie, "The Angelology and Demonology in the Septuagint Book of Job," *HUCA* 56(1985): 5-6.

게이미는 칠십인역 욥기에서 발견되는 다른 특이점들에 주목한다. "칠십인역은 때때로 천사들에 대한 명백한 언급이 없는 마소라 본문에 기초해 '앙겔로이'(ἄγγελοι)로 번역한다."[8] 히브리 성경과 칠십인역의 "천사" 관련 용어를 비교해 보면, 이런 현상이 욥기보다 더 광범위하게 나타나는 것을 알 수 있다. 히브리 성경에서 기본형 '말라크'가 언급된 213회 중 거의 절반 이상이 인간 메신저가 아닌 초자연적 존재를 가리킨다.[9] 그중 대부분은 여호와의 사자(천사)와 관련된다. 복수형 '말라킴'이 초자연적 존재를 가리키는 경우는 10회인데 이 성경구절은 앞의 도표에서 제시되었다. 칠십인역에서는 '앙겔로스'를 쓰는 총 292회 중 초자연적 존재를 가리키는 횟수는 160회다. 우리의 관심사와 관련하여 칠십인역은 도표에서 언급된 10회 이외에도 23회나 더 초자연적 존재를 가리킬 때 '앙겔로스'의 복수형을 사용한다.[10]

---

8. Gammie, "The Angelology and Demonology in the Septuagint Book of Job," 1.

9. 이 통계수치는 다음 자료의 컴퓨터 검색결과에 따른 것이다. *The Lexham Hebrew Bible*(Bellingham, WA: Lexham Press, 2012) and the Septuagint with Logos Morphology (A. Rahlfs, *Septuaginta: With Morphology* [electronic ed.; Stuttgart: Deutsche Bibelgesellschaft, 1979]).

10. 칠십인역에서 추가로 '앙겔로스'의 복수형이 사용된 구절은 다음과 같다. 창 6:2; 신 32:8, 43; 33:2; 시 8:6; 77:25; 96:7; 137:1; 욥 1:6; 2:1; 5:1; 36:14; 38:7; 40:11; 40:19; 41:25; 지혜서 16:20; 토빗서 8:15; 11:14; 12:15; 솔로몬의 송시 2:8, 43; 10:58.

그렇다면 칠십인역은 천사들을 언급할 때 전통적인 히브리 본문보다 통계적으로 3배 이상 잦게 집단을 가리키는 의미로 사용한다고 결론내릴 수 있다(칠십인역은 33회, 히브리 성경은 10회). 칠십인역에서 이 용어가 더 자주 등장하는 이유는 부분적으로는 히브리 정경에 포함되지 않는 책들이 칠십인역에 포함되어 있기 때문이다. 하지만 이런 통계적 현상은 정경적인 이슈로만 온전히 설명하기 어렵다. 히브리 성경에서 신의 복수성(divine plurality)을 가리키는 언어("신들"[gods]을 복수형 '엘림', '엘로힘' 그리고 '브네 엘림', '브네 엘로힘'으로 언급한 사례)가 칠십인역에선 '앙겔로이'로 대체 표기된 경우가 여럿 있다. 우리는 이것을 어떻게 이해해야 하는가?

많은 학자들은 칠십인역의 번역이 암시적으로 신의 복수성을 부정한 것으로, 다신론에서 확고하고 타협없는 유일신론으로의 신학적 진화 과정의 일부라고 믿는다. 이는 기본적으로 제2성전기 천사론에 대해 글을 쓰는 학자들이 전제하는 개념이다.[11] 하지만 이것은 신의 복

---

11. 예를 들어, 캐롤 뉴섬(Carol Newsom)은 사해사본에서 복수형 '엘림'을 "천사적인 존재"로 해석한다(Carol A. Newsom, *Songs of the Sabbath Sacrifice: A Critical Edition* [Atlanta: Scholars Press, 1985], 23-24). 존 콜린스(John J. Collins)도 사해사본 자료의 하늘 성전에 등장하는 존재들에 대해 쓸 때 같은 입장을 취한다. "이런 거룩한 자들 역시 '신들'(엘림), 천사들, 영들, 군주들이라 불린다."(John J. Collins, "Powers in Heaven: God, Gods, and Angels in the Dead Sea Scrolls," in *Religion in the Dead Sea Scrolls*, eds. John J. Collins and Robert A. Kugler [Grand

수성에 대한 오해 및 자료를 전체적으로 탐구하지 못한 데 기인한 것이다. 나는 앞에서 이 문제를 자세하게 다룬 바 있다. 여기서 우리의 주된 관심은 후자에 있다.[12]

제2성전기 유대 저자들이 히브리 성경에 나타난 신의 복수성을 가리키는 언어에 우려를 했는지 여부에 대한 일관성을 평가하려면 두 개의 일차자료, 즉 칠십인역과 사해 두루마리를 살펴볼 필요가 있다.

칠십인역에서 천군을 가리키는 어휘

앞서 지적했듯이, 칠십인역이 신의 복수성 언어를 '앙겔로이'로 번역한 것이 사실이다. 하지만 섣불리 결론에 이르기 전에 두 가지 사실을

Rapids: Eerdmans, 2000], 9-20 [esp. 12]). 마이클 와이즈(Michael Wise)는 40페이지 이상의 분량을 할애하여, 특정 쿰란 두루마리가 어떻게 이스라엘의 하나님을 "천사들" 위에 군림하는 존재로 드높이는지를 분석한다. 하지만 그가 다루는 두루마리들 중 어디에서도 '말라킴'(천사들)이라는 용어가 등장하지 않으며 오히려 신적 복수성을 의미하는 다른 용어들이 포함되어 있다(Michael O. Wise, "מי כמוני באלים:: A Study of 4Q491c, 4Q471b, 4Q427 7, and 1QHa 25:25-26:10," *DSD* 7.2 [2000]: 173-219).

12. 왜 다신론 관점이 일관성이 떨어지는지에 대해 1장에서 개관한 내용을 참조하라. 복수형 '엘로힘'을 다신론으로 해석하는 것은 현대적 관점을 고대사상에 소급해서 읽는 것이다. 신의 복수성은 히브리 성경의 저자들의 머릿속에서 여호와의 유일성을 붙드는 데 전혀 장애요소가 되지 않는다. 현대 학자들은 복수형 '엘로힘'이 본질적으로 하나님과의 동일한 신적 속성을 공유하는 개념으로 해석해야 한다고 잘못 추론한다. 참조. Heiser, "The Divine Council in Late Canonical and Non-Canonical Jewish Literature"; idem, "Monotheism, Polytheism, Monolatry, or Henotheism"; idem, "Does Divine Plurality in the Hebrew Bible Demonstrate an Evolution from Polytheism to Monotheism in Israelite Religion?"

반드시 고려해야만 한다. 즉, 칠십인역 번역자들이 이것을 일관성 있게 옮긴 것은 아니다. 그들이 '앙겔로이'를 선택하는 대부분의 구절에서 칠십인역의 다른 본문들은 '앙겔로이'를 쓰지 않고 신의 복수성을 문자 그대로 번역한다. 아래의 도표는 이 논의에 해당하는 모든 구절들을 취합한 것이다. 이는 칠십인역 번역자들이 어떤 단어를 '앙겔로이'로 번역했는지를 보여준다.

히브리 성경 "신들"/"신적인 존재들"(엘로힘; 엘림) "하나님의 아들들"(브네 엘림/엘로힘))	칠십인역이 히브리 단어를 '앙겔로스'(천사)의 복수형으로 번역한 경우	칠십인역이 '데오스'(신)의 복수형을 사용해 신적 복수성을 보존한 경우[1]
오경에서 '엘로힘'이 다른 신들을 가리킨 예들: 출 18:11("모든 신보다 크시므로"; 엘로힘) 신 8:19("다른 신들을 따라"; 엘로힘) 신 10:17("신 가운데 신이시며"; 엘로힘) 신 17:3("다른 신들을 섬겨"; 엘로힘) 신 29:26("자기들이 알지도 못하고 여호와께서 그들에게 주시지도[alloted: 배정하지도] 아니한 다른 신들을… 섬기고"; 엘로힘 2회 언급)[2]		'데오스'의 복수형은 오경의 율법문서에서 아주 흔하게 등장한다(다음의 구절들을 포함하여 60회 이상 사용됨): 출 18:11; 신 8:19; 10:17; 17:3; 29:26
출 15:11("신 중에"; 엘림)		출 15:11(데오이스)
시 82:1("그들[신들]" 가운데에서:; 엘로힘)		시 81:1(데우스)[3]

히브리 성경 "신들"/"신적인 존재들"(엘로힘; 엘림) "하나님의 아들들"(브네 엘림/엘로힘))	칠십인역이 히브리 단어를 '앙겔로스'(천사)의 복수형으로 번역한 경우	칠십인역이 '데오스'(신)의 복수형을 사용해 신적 복수성을 보존한 경우
시 86:8("신들 중에"; 엘로힘)		시 85:8(데오이스)
시 95:3("모든 신들보다 크신 왕"; 엘로힘)		시 94:3(데우스)
시 96:4("모든 신들보다 경외할 것임이여"; 엘로힘)		시 95:4(데우스)
시 97:9("모든 신들보다 위에 계시니이다"; 엘로힘)		시 96:9(데우스)
시 136:2("신들 중에 뛰어난 하나님"; 엘로힘)		시 135:2(데온)
삼상 28:13("내가 한 신[또는 신들]이 땅에서 올라오는 것을 보았나이다"; 엘로힘; 개역개정 "영")		삼상 28:13(데우스)
창 6:2("하나님의 아들들"; 브네 하-엘로힘)		창 6:2("하나님의 아들들"; 호이 휘오이 투 데우)
시 29:1("하나님의 아들들"; 브네 엘림; 개역개정 "권능 있는 자들")		시 28:1("하나님의 아들들"; 휘오이 데우)

1. 칠십인역의 일부 장절표기는 히브리어 마소라 본문과 다름.
2. 배정(allotment)이라는 표현과 관련하여 도표의 신 32:8에 관한 논의를 참조하라.
3. 참조. R. B. Salters, "Psalm 82:1 and the Septuagint," *ZAW* 103.2 (1991): 225-39.

히브리 성경 "신들"/"신적인 존재들"(엘로힘; 엘림) "하나님의 아들들"(브네 엘림/엘로힘))	칠십인역이 히브리 단어를 '앙겔로스' (천사)의 복수형으로 번역한 경우	칠십인역이 '데오스' (신)의 복수형을 사용해 신적 복수성을 보존한 경우
시 89:7("하나님의 아들들"; 브네 엘림; 개역개정 "신들"[89:6])		시 88:7("하나님의 아들들 가운데"; 엔 휘오이 데우)
시 8:5("그를 하나님[또는 신들]보다 조금 못하게 하시고"; 엘로힘)	시 8:6("천사들보다 못하게 하시고"; 브라퀴 티 파르 앙겔루스)	
시 97:7("너희 신들아 여호와께 경배할지어다"; 엘로힘)	시 96:7("그의 모든 천사들아"; 판테스 호이 앙겔로이 아우투)	
욥 1:6; 2:1("하나님의 아들들"; 브네 하-엘로힘)	욥 1:6; 2:1("하나님의 천사들"; 호이 앙겔로이 투 데우)	
신 32:8("하나님의 아들들"; 브네 하-엘로힘; 개역개정 "이스라엘 자손")[4]	신 32:8("하나님의 천사들"; 앙겔론 데우)	
신 32:43("그에게 절하라 모든 신들아"; 엘로힘; 개역개정 "너희 민족들아 주의 백성과 즐거워하라")[5]	신 32:43("하나님의 천사들"; 앙겔로이 투 데우)[6]	
욥 38:7("하나님의 아들들"; 브네 하-엘로힘)	욥 38:7("나의 모든 천사들"; 판테스 앙겔로이 무)	
시 138:1("신들 앞에서 주께 찬송하리이다"; 엘로힘)	시 137:1("천사들 앞에서"; 에난티온 앙겔론)	

히브리 성경 "신들"/"신적인 존재들"(엘로힘; 엘림) "하나님의 아들들"(브네 엘림/엘로힘))	칠십인역이 히브리 단어를 '앙겔로스' (천사)의 복수형으로 번역한 경우	칠십인역이 '데오스' (신)의 복수형을 사용해 신적 복수성을 보존한 경우

4. 이 구절의 가장 오래된 히브리 본문은 사해 두루마리에서 발견되었는데 '브네 하-엘로힘'이라고 쓴다. 전통적인 마소라 본문은 "이스라엘의 아들들"이라고 쓴다. 사해문서의 독법이 더 우월한 이유에 관한 긴 논의는 다음을 참조하라. Heiser, "Deuteronomy 32:8 and the Sons of God," *BSac* 158 (2001): 52-74.
5. 이 표현은 마소라 본문에는 없고 사해 두루마리 자료에만 존재한다. 참조. Heiser, "Monotheism, Polytheism, Monolatry, or Henotheism?," 9-10; Jeffrey Tigay, *Deuteronomy*, JPS Torah Commentary (Philadelphia: Jewish Publication Society, 1996), 516-17.
6. 칠십인역에서도 이 구절의 1행에 "하나님의 아들들"을 첨가하는데, 이 문구는 쿰란의 히브리 자료에서 누락되어 있다. 이것이 지닌 함의에 관한 후속 논의와 그 설명에 관해서는 다음을 참조하라. Tigay, *Deuteronomy*, 516-17.

위의 도표는 칠십인역 번역자가 신의 복수성에 관한 표현을 "천사들"로 번역한 여덟 개의 본문을 제시한다. 하지만 도표는 이 번역자가 문자적으로 그대로 번역하려 했던 더 많은 본문들이 있음을 시사한다. 그중 몇몇은 히브리 성경이 다신론의 흔적들을 남겨두고 있다고 주장하고픈 학자들이 빈번하게 인용하는 구절들에 해당한다(시 29:1; 82:1; 89:7; 출 15:11). 만일 제2성전기 유대인들이 이런 표현들이 다신론을 함의할 수 있다고 우려했다면, 그들이 신의 복수성을 가리키는 이런 본문들을, "천사들"로 번역할 때와 마찬가지로 칠십인역에 고스란히 남겨두었다는 것 자체가 말이 되지 않을 것이다. 우리가 앞서 확인한 대로 신의 복수성과 관련된 히브리어 본문을 칠십인역에서 균일하게 번역하지 않은 것은, 칠십인역이 히브리 성경의 다신론적 표현을 삭제하고 신적 복수성을 나타내는 본문들을 천사들로 격하시켜 버렸다는 주장의 근거로 여겨질 수 없음을 보여준다.

복수형 표현인 '엘림', '엘로힘', '브네 엘림', '브네 엘로힘'을 '앙겔로이'로 번역한 여덟 구절에 관한 본문비평 자료를 조사해 보면 칠십인역이 "다신론적" 표현을 제거하려 했다는 주장은 더욱 약화된다. 칠십인역 번역자가 '앙겔로이'로 옮긴 여덟 구절 가운데(오늘날 사용되는 비평본과 동일함-옮긴이), 해당 구절의 다른 칠십인역 사본의 이문들에서는 신의 복수성을 함의하는 문자적 번역을 남겨둔 경우가 절반이나 된다.[13] 이것 역시 유대교 공동체 내에서 이런 히브리어 단어들이 신학적으로 전혀 우려의 대상이 아니었음을 시사한다. 그것은 칠십인역 번역자들 중 소수만이 "신들" 또는 "하나님의 아들들"이라는 표현보다 "천사들"이라는 표현을 선호한 경우일 수 있지만, 자료는 대다수의 번역자들이 그런 우려를 전혀 가지지 않았음을 보여준다.

13. 오늘날 통용되는 비평본 칠십인역의 욥 1:6; 2:1가 "하나님의 천사들"로 번역하는 곳에서 아퀼라 역은 "하나님의 아들들"('호이 휘오이 데우'[*hoi huioi theou*, 1:6], '호이 휘오이 투 데우'[*hoi huioi tou theou*, 2:1])로 쓴다. 욥 38:7에서도 아퀼라 역과 데오토티온 역은 비평본 칠십인역 "나의 모든 천사들" 대신에 "하나님의 아들들"로 쓴다. 마지막으로 비평본 칠십인역 시 137:1의 "천사들 앞에서"에 대해 아퀼라 역과 헥사플라 관주 E 부분은 "신들 앞에서"라고 쓴다(흔히 칠십인역[LXX]으로 부르며 사용하는 본문은 사본비평을 거쳐 완성된 '비평본'을 가리킨다. 아퀼라 역과 헥사플라는 비평과정을 거치기 이전 고대의 원자료 사본을 지칭하는 표현이다-옮긴이).

사해 두루마리에서 천군을 가리키는 어휘

사해 두루마리(DSS)를 살펴보면, 신의 복수성에 관한 표현을 우려했던 유대 저자들이 이 어휘를 "천사들"로 일원화했다는 많은 학자들의 견해가 더욱 심한 타격을 받는다. 다음과 같은 진술을 읽으면 그것을 결코 알 수 없을 것이다.

> 많은 신들(אלהים; 엘로힘)에 대해 이야기하는 다양한 본문들이 있다. 하지만 적어도 시대가 바뀔 무렵 이(엘로힘)들은 하나님의 천사들 무리(*angelic* host)로 여겨졌다. 이런 현상은 특히 '엘로힘' 또는 '엘림'(אלים)이 천사들을 지칭하는 일반적인 표현으로 사용되는 사해 두루마리에서 볼 수 있다.[14]

이 주장에는 오류가 있다. 사해 두루마리 자료들은 사실 우리로 하여금 정반대의 결론을 내리게 한다. 필자는 사해 두루마리에 나타난 신의 복수성 관념에 대한 논문에서 이 주장을 자세하게 반박한 바 있다.[15] 이에 대해 본장의 나머지를 할애하여 요약하고자 한다.

---

14. Crispin H. T. Fletcher-Louis, *Luke-Acts: Angels, Christology, and Soteriology* (Tübingen: Mohr Siebeck, 1997), 3-4.

15. 참조. Michael S. Heiser, "Monotheism and the Language of Divine Plurality in the Hebrew Bible and the Dead Sea Scrolls," *TynBul* 65.1 (2014): 85-100. 다른 학자들도 그런 주장과 사해 두루마리의 어휘 간의 모순점에 대해 똑같이 지적했다.

사해 두루마리에는 히브리 성경에 나타나는 신들의 회의(divine council)를 가리키는 언급들이 많이 있다. 그런 언급들은 우리가 본서 1장에서 조사했던 천상회의를 가리키는 어휘들, 즉 엘로힘 또는 엘림의 회의(a council of *ʾelōhîm* 또는 *ʾēlîm*)란 표현을 똑같이 사용한다. 그러나 사해 두루마리 자료에서는 신들의 회의와 관련된 어휘들이 천사들(말라킴)을 가리키는 히브리어 단어를 포함하는 경우가 전혀 없다. 플레쳐-루이스(Fletcher-Louis)를 비롯한 많은 학자들의 주장대로, 만일 흔히 말하기로 제2성전기 유대교에 다신론 언어를 피하려는 신학적 경향이 있었고, 천상회의의 일원들이 용어상 천사들로 바뀐 것이라면, 이런 생략이 특이하다고 말해도 과언이 아니다.[16]

에이벡(Abegg)이 취합한 쿰란 분파 사본의 권위 있는 데이터베이스에 따르면,[17] 복수형 '엘림'이 106회,[18] 복수형 '브네 엘림'이 5회 등

필자는 신의 복수성 관련 어휘를 다신론과 연결하는 데 동의하진 않지만, 다음 자료는 참고할 만한 가치가 있다. Peter Hayman, "Monotheism-A Misused Word in Jewish Studies?" *Journal of Jewish Studies* 42.1 (1991): 1-15 (esp. 8-9).

16. 이 결론을 뒷받침하는 사해 두루마리 자료들에 대해서는 다음을 참조하라. Heiser, "Monotheism and the Language of Divine Plurality," 92-93.

17. Martin G. Abegg, Jr., *Qumran Sectarian Manuscripts* (Bellingham, WA: Logos Bible Software, 2003). 이른바 "분파 사본"(sectarian manuscripts)이라는 이름은 사해 두루마리 가운데 제2성전기 유대교의 한 분파와 관련된 생활규칙, 관습, 성경 해석들을 다루는 성경 이외의 본문들을 가리키는 말이다. 이 분파의 정체에 대해서는 의견이 분분하다. 추가 논의로 다음을 참조하라. Edward M. Cook, "Dead Sea Scrolls, Nonbiblical," *LBD*.

18. 1QM i.10, 11; xiv.15, 16, 17; xv.14; xvii.7; xviii.4, 6; 1QH^{a} iii.bottom.8; xv.28; xviii.8; xxiii.bottom.3, 10; xxiv.top.8; xxvi.top.7; xxvi.bottom.3; 1Q22 1.iv.1;

장한다.[19] 이 용어들은 부정적이거나 논쟁적으로 다뤄진 적이 없으며, '엘림'을 천사들로 이해시키려는 취지로 '말라킴'과 함께 쓰인 적도 없다.

'엘로힘'은 500회 이상 등장하는데, 그중 70회가 의미론적으로 복수형이다.[20] 이 용례들은 우상들에 대한 언급이 아니다. 분명한 사실은 쿰란 저자들이 히브리 성경과 마찬가지로 "신들의 영들"(루호트 엘로힘, *rûḥôt ʾelōhîm*)과 "살아있는 신들의 영들"(루호트 엘로힘 하이임, (*rûḥôt ʾelōhîm ḥayyîm*)과 같은 문구들에 기초해 그들을 영적인 존재로 간주했다는 것이다.[21]

필자는 신의 복수성 관련 언어에 관한 사해 두루마리 연구에서 다음과 같이 썼다.

1Q35 1.2; 4Q166 1.ii.6; 4Q181 1.ii.4; 4Q248 1.3; 4Q286 2.2; 7.i.6; 4Q381 15.6; 4Q400 1.i.4, 20; 4Q400 1.ii.9, 17; 2.1, 7; 4Q401 14.i.5 (2x), 7; 16.1; 30.1; 4Q402 4.8; 6.3; 9.2; 4Q403 1.i.14, 18, 21, 26, 31, 33, 34, 35, 38 (2x); 1.ii.26, 33, 35; 4Q404 2.2; 4.6, 7; 4Q405 4-5.1, 2, 3; 13.2, 5; 14-15.i.3; 19.3; 23.i.8; 4Q418 69.ii.15; 81.4; 4Q423 8.4; 4Q427 7.i.8, 11; 7.ii.9; 4Q428 8.2; 9.3; 15.3; 4Q431 i.4, 7, 8; 4Q471b 1a-d.1, 5, 8; 4Q491 8-10.i.13 (2x), 14; 10.ii.15; 13.1; 15. 8, 11; 24.3, 4; 4Q491c 1.5, 7, 11; 4Q496 i.2.1:2; 4Q503 48-50.8; 65.2; 4Q510 1.2; 4Q511 10.11; 16.4; 5Q13 1.6; 11Q11 ii.10; 11Q13 ii.14; 11Q17 iii.5, 9; iv.3, 10; 11Q17 v.7; vi.4; viii.7.

19. 1QH[a] xxiii.bottom.3, 10; 4Q381 15.6; 4Q491 24.4; 5Q13 1.6.

20. 4Q400 1.i.2; 1.ii.7; 2.2, 3, 5; 3.i.3; 4Q401 1-2.5; 14.i.8; 4Q402 3.ii.12; 4.7, 9, 10; 4Q403 1.i.2, 32, 33, 36, 40, 43, 44, 46; 1.ii.5, 6, 8, 9, 12, 16, 20; 4Q404 5.5; 4Q405 4-5.4; 6.5, 7; 14-15.i.5, 6, 8; 18.3; 19.2, 4, 5, 6, 7; 20.ii-22.3, 7, 8, 11, 13; 23.i.4, 5, 6, 13; 4Q511 8.12; 11Q17 2.6; 4.8, 10; 5.3, 4, 6; 6.3, 5, 6, 7, 8, 9; 7.5, 10, 11, 13; 8.4, 6, 8.

21. 각각 4Q405 6 7 그리고 4Q405 20 II-22:11.

쿰란 분파문서에서 명백하게 신의 복수성을 나타내는 언급이 거의 180회에 달하는데, 이는 히브리 성경보다 훨씬 많은 빈도수다. 그중 대다수가 분명히 신들의 회의(divine council)를 이야기하는 맥락에 등장한다. 이는 이스라엘 종교사에서 흔히 말해지는 다신론 단계와 관련된 유형에 해당한다. 이런 신들은 하나님을 찬양하고 섬기는 하늘성전에서 발견된다. 천사들(말라킴)은 이런 문맥에 거의 등장하지 않는다. 천사들이 등장한다 하더라도 '엘림' 또는 의미론적인 복수형 '엘로힘'이 '말라킴'으로 묘사된 분명한 사례는 존재하지 않는다. 따라서 자료들은, 유대 신학사상이 다신론에서 비타협적인 유일신론으로 이행하고 있었다고 가정했을 때 예상될 법한 결과와 꽤나 상반된 신학적 상황을 묘사한다.

우리가 발견한 사실들을 요약하자면, 제2성전기 유대 문헌의 어휘는 히브리 성경과 상당히 일치한다는 것이다. 이것은 심지어 번역에서도 마찬가지다. 하지만 이런 일관성에도 불구하고 제2성전기 유대교의 천사론은 구약 성경을 넘어 보다 창의적인 방식으로 발전한다.

5장
제2성전기 천사론[1]

도로시 리이퍼(Dorothy Leiffer)는 1926년 자신의 학위논문에서 다음과 같이 주장한 바 있다. "중간기 문헌에서 가장 주목할 만한 특징 가운데 하나는 천사에 대한 꽤 발전된 형태의 신앙이 등장한 것이다."[2] 이 주장은 정확하다. 물론 리이퍼가 사해 두루마리가 발견되기 20년 전보다 더 앞선 시기에 이 연구를 수행했기 때문에 이 주장이 오늘날

1. 필자는 본서 1장, 4장에서 탐구한 천군의 일원들에 관한 다양한 어휘들을 망라하기 위해 "천사론"(angelology)이라는 용어를 선택했다. 이 용어에 대해 토론했기 때문에 독자들은 이 용어가 편의를 위채 채택된 것임을 알아야 한다. 우리의 탐구는 올리얀(Olyan)의 평가와 일치한다. "학자들이 대중적으로 통용되는 용어인 '천사론'을 사용하는 것은 문제가 있다. 이 용어는 일부 특정 그룹(아마도 쿰란 분파주의자들)을 위해 존재해 왔던, 이른바 천사에 관한 단일하고 체계적인 교리를 암시할 수도 있지만, 확실히 랍비 본문에서는 존재하지 않는 용어다"(Saul M. Olyan, *A Thousand Thousands Served Him: Exegesis and Naming of Angels in Ancient Judaism* [Tübingen: Mohr Siebeck, 1993], 1).

2. Dorothy Leiffer, "Development of Angelology in the Apocrypha and Pseudepigrapha," Masters Thesis, Northwestern University, 1926, 1.

의 시각에서는 매우 절제된 표현으로 들리는 것이 사실이다. 그럼에도 이 논문은 제2성전기에 이르러 천사론에 대한 집착이 얼마나 강해졌는지 분명히 보여준다.

하나님의 천군의 일원들은 제2성전기 유대 문헌에서 반복적으로 언급된다.[3] 사해 두루마리에는 복수형 '엘림' 또는 '엘로힘', 그리고 이와 관련된 문구 '브네 엘림'과 '브네 엘로힘'이 거의 170회나 등장한다. 어디에서도 이런 존재들이 '말라킴'으로 언급된 적이 없는 반면, 이 용어는 쿰란 두루마리에서 100회 이상 복수형으로 나타난다.[4] 위경의 헬라어 본문에서 '앙겔로이'(천사들)는 196회 언급된다.[5] 동일한 헬라어 위경문집에 '에그레고로스'(*egrēgoros*, 순찰자)는 모두 복수형으

---

3. 지금 우리의 관심사는 하나님의 천군의 충성된 일원들이지만, 제2성전기 유대교의 천사론에 관한 많은 연구의 관심사는 주로 귀신들 또는 타락한 순찰자들이었다. 물론 기존 연구의 주요 흐름과 다른 주제를 탐구한 다음과 같은 학자들도 존재한다. 참조. Leiffer, "Development of Angelology"; Harold B. Kuhn, "The Angelology of the Non-Canonical Jewish Apocalypses," *JBL* 67.3 (Sept 1948): 217-32.

4. 본서 4장에서 다루었던 쿰란 자료의 빈도수와 마찬가지로, 통계적인 계산은 에이벡의 데이터베이스에 기초한 것이다. Abegg, *Qumran Sectarian Manuscripts*. 만일 여기서 단수 형태까지도 포함시키면 이 용어들과 동일한 기본형을 지닌 어휘의 빈도수는 거의 150회에 이른다. 쿰란의 천사론은 다음과 같이 여러 탐구 주제들로 다뤄진 바 있다. S. F. Noll, "Angelology in the Qumran Texts," PhD diss., University of Manchester, 1979; Maxwell Davidson, *Angels at Qumran: A Comparative Study of 1 Enoch 1-36; 72-108 and Sectarian Writings from Qumran* (Sheffield: Sheffield Academic Press, 1992).

5. 헬라어 위경의 빈도수 계산은 다음의 자료에 기초한다. Ken Penner and Michael S. Heiser, *Old Testament Greek Pseudepigrapha with Morphology* (Bellingham, WA: Lexham Press, 2008). 단수형 '앙겔로스'는 헬라어 위경에서 177회 나타난다.

로 13회 언급된다. 구약 외경에는 "천사"가 9회, "천사들"이 38회, "영들"이 5회 언급된다.[6] 요세푸스의 저술에서는 '앙겔로스'가 66회 언급되고 그중 22회가 초자연적 존재를 가리킨다.[7]

이런 잦은 빈도수를 보면 중간기 문헌에서 천군에 대한 관심이 지대하다는 사실을 알 수 있다. 제2성전기 문헌은 천사들의 능력과 활동, 그리고 그들이 지극히 높으신 이를 섬기는 모습을 구약 성경과 대부분 동일한 방식으로 묘사하는데, 물론 차이점도 존재한다. 구약 성경과 비교할 때 제2성전기의 천사에 관한 묘사에 나타난 유사점과 차이점이 본서에서 우리가 다룰 내용이다.

속성과 능력

제2성전기 유대교 본문은 종종 천사를 "거룩한 자들"(holy ones)로 언급하는데, 이것은 의심할 여지없이 그들이 하나님의 임재에 근접해 있다는 사실에서 비롯된다. 하나님의 천군을 "거룩한 자들"로 묘사하

---

6. 이 본문들 역시 헬라어 본문이다. 빈도수 계산은 외경을 포함한 랄프의 칠십인역 비평본에 기초한다. Rahlf, *Septuaginta: With Morphology* (electronic ed.; Stuttgart: Deutsche Bibelgesellschaft, 1979).

7. Christopher Begg, "Angels in the Work of Flavius Josephus," in *Angels: The Concept of Celestial Beings: Origins, Development and Reception*, eds. Friedrich V. Reiterer, Tobias Nicklas, and Karin Schöpflin (Berlin: De Gruyter, 2007), 525-36. 이 22회 언급은 '앙겔로스'가 언급된 총 66회의 3분의 1에 해당한다. 나머지 3분의 2는 인간 메신저들을 지칭한다.

는 경우는 사해 두루마리에서 147회, 헬라어 위경본문에서 98회로 빈번하게 나타난다.[8] 제2성전기 저자들은 천군의 일원을 묘사하기 위해 '루호트'(*rûḥôt*, 영들)란 단어를 175회 사용하면서 천사들이 신적 속성(divinity)을 지니고 있음을 시사하기도 한다. 희년서 2:2에 따르면 천군의 영적인 구성원들은 천지창조의 첫째날에 함께 창조되었다.[9] 필로가 그들을 "육체와 분리된 영혼들"(disembodied souls)이라 언급한 것은 잘 알려진 사실이다(*on the confusion of Tongues* 34:174). 사해 두루마리 1QH[a] ix.8-11은 하나님이 "모든 영들을 조성하셨고", "자신의 뜻을 따라" 하늘의 모든 천군을 창조하셨다고 선언한다. 천사가 소위 (타락한) 별들로 언급된다는 점 또한 이들이 지닌 신적 속성을 입증해 준다(에녹1서 18:13-16; 21:6; 41:5; 86:1-3; 88:1; 90:21).[10]

이 시기의 저자들은 초자연적 세계의 (거룩한 또는 타락한) 구성원들이 이스라엘의 하나님과 비교할 때 하등한 신분이었다는 점에 대해 의심의 여지를 남겨두지 않는다. 데이빗슨(Davidson)은 (천사에 대해 가장 많은 본문을 할애하여 언급하는) 에녹1서 및 쿰란 두루마리를 인용하면서 다음과 같이 쓴다.

---

8. 사해 두루마리에서는 '케도쉰'(*qedôšîn*), 헬라어 위경본문에서는 '하기오이'(*hagioi*)가 쓰인다. 아람어 두루마리에서는 '케도쉰'(*qedôšîn*, 거룩한 자들)이 22회 언급된다.

9. 이와 대조적으로, 에녹2서 29장은 이들의 창조가 둘째날이라고 명시한다.

10. 하늘의 별들은 에녹1서의 많은 본문에서 천사와 구별된 존재로 나타난다(예. 에녹1서 8:3; 14:8; 18:4; 33:2; 36:3; 43:1; 60:12).

> 에녹 문헌에는 서로 동등한 [또는 거의 동등한] 하늘의 두 권세들이 서로를 대적하는 그런 형태의 우주적 이원론의 흔적이 전혀 나타나지 않는다… 에녹 문헌의 저자들은 하나님과 동등한 존재에 대해 어떤 여지도 남기지 않는다. 천사가 매우 중요한 존재라 해도… 하나님의 권위를 빼앗으려고 도전하는 천사는 존재하지 않는다.[11]

쉽게 오해되는 용어인 쿰란 공동체의 이원론에 관한 오랜 학문적 논의를 고려할 때 이 내용은 중요하다. 쿰란 자료에 대한 학문적 탐구의 초기 단계에서, 일부 연구자들은 『공동체 규칙』(1QS)이 하나님과 대등한 위치에 있는 악한 라이벌을 상정하는 우주적 이원론을 보여준다고 잘못 주장했다. 이 그릇된 생각은 1QS의 단편 중 오늘날 "두 영의 대화"(Two Spirits Discourse)라 부르는 자료에 기초했다. 데이빗슨의 말은 여기서도 적절하다.

> 『공동체 규칙』에 나오는 "두 영의 대화"편(1QS 3.13-4.26)은 이 이슈와 관련하여 상당한 논란을 불러일으켰다. 그것은 이 단편이 서로 적대하는 천사들에 대해 이야기하기 때문인데, 여기서 빛의 아들들과 관련된 '빛들의 군주'(Prince of Lights)와, 어둠의 아들들과 이를 따

---

11. Davidson, *Angels at Qumran*, 304-5.

르는 다른 천사들과 관련된 '어둠의 천사'(Angel of Darkness)가 대립한다(1QS 3.20-21, 24-25). 하나님이 만물을 지으셨고 그들의 모양을 미리 정하셨다는 분명한 서술을 고려하면(1QS 3.15-18), "두 영의 대화"가 우주적 이원론을 전제한다고 해도, 서로 동등한 [또는 거의 동등한] 두 권세에 관한 이야기를 다루는 것은 아니다. 이것은 하나님과 악한 천사에 관해 단순하게 서술되는 것을 반대하는 것도 아니다… 이 단편에 나타난 이원론은 사실 우주적 이원론의 다양성을 보여줄 뿐이며, 다만 거기서도 하나님은 무엇과도 필적할 수 없는 유일하신 분이다.[12]

천사들(에녹 문헌에서는 "순찰자들")은 잘못된 도덕적 판단으로 타락했거나 또는 자신들의 교만으로 인해 반역을 저질렀을 것이다. 에녹1서는 이 두 가지 죄악이 홍수 이전 인간 여성들과의 금지된 결합과 관련 있음을 시사한다.[13] 이처럼 제2성전기 유대교는 거룩한 자들을 불완전한 존재로 보았다. 타락한 순찰자들이 하나님에게 벌을 받는다는 사실(에녹1서 10)은 그들이 하나님의 심판의 대상으로 여겨졌음

12. Davidson, *Angels at Qumran*, 306-7. 1QH^a xv.26-33; xviii.1-12 은 하나님의 우월성을 명확하고 설득력 있게 주장하는 두 본문이다. 1QH^a xv.28은 출 15:11의 "여호와여 신('엘림', *'ēlîm*; gods) 중에 주와 같은 자가 누구니이까"라는 고백을 반향한다. 물론 이 질문은 수사의문문에 해당한다.

13. 참조. 에녹1서 6-16.

을 보여준다.[14]

또한 하나님의 천군의 일원들은 전지한 존재로 여겨지지도 않았다. 먼 미래에 구체적으로 어떤 사건들이 있게 될지를 질문받았을 때, 한 천사가 서기관에게 다음과 같이 대답한다. "네가 내게 물은 징조들에 대해 나는 일부만을 말할 수 있다. 나는 네 생명에 관해 말하도록 보냄받지 않았다. 나는 알지 못하기 때문이다."[15]

제2성전기 저자들은 천사들이 불멸하는(immortal) 존재라고 생각했다. 실제로 에녹1서에서 인간 여성들과 동침한 천사적 존재들을 정죄한 이유 중 하나는 그들이 생식을 통해 자신들의 종족을 영속화할 필요가 없는 불멸의 존재였기 때문이다(에녹1서 15:6-7). 쿰란 두루마리 1QH[a] xix.13은 하늘에 있는 "영원한"(everlasting) 천군에 대해 이야기하는데, 이는 "천사들은 무한히 살게 될 것"임을 시사한다.[16] 하지만 쿤이 지적하듯이 그들의 불멸성은 하나님의 은총을 조건으로 한 것이었다. "그들은 불사의 존재로 여겨졌지만 하나님의 심판을 받는 경우라면 소멸할 수도 있다."[17]

---

14. 쿰란문서 1QH[a] xviii.34-35 는 "거룩한 자들의 무리"에 대한 심판을 언급한다. 이것은 에녹 문헌의 "순찰자들"(Watchers)에 대한 언급일 것이다. 참조. Davidson, *Angels at Qumran*, 209-10.

15. *OTP*, 1:531.

16. Davidson, *Angels at Qumran*, 200.

17. Kuhn, "Angelology of the Non-Canonical Jewish Apocalypses," 220.

또한 천사들은 '자연의 힘'과도 밀접히 연결되어 있었다. 희년서 2:1-2가 이를 대표적으로 말해 준다.

> 첫째 날 그가 위에 하늘과 땅과 물을 지으시고,
> 더불어 그를 위해 일하는 모든 영들을 지으셨다.
> 즉, 임재의 천사,
> 성화의 천사,
> 불의 영의 천사,
> 바람의 영의 천사,
> 구름과 어둠과 눈과 우박과 서리의 영의 천사,
> 울림과 천둥과 번개의 천사,
> 추위와 더위와 겨울과 봄철과 추수기와 여름의 천사,
> 하늘과 땅에 있는 그의 피조물의 모든 영들을 지으셨다.[18]

이 희년서의 발췌문은 천사를 하늘과 날씨의 작용과 연결하는데, 이는 에녹1서 60:11-13, 17-19에서도 공명하는 사상이다.

> 그 후에 나와 동행했던 다른 천사가 내게 은밀한 것들을 보여주었다.

---

18. *OTP*, 2:55.

즉 위에 하늘의 시작과 끝이 무엇이며, 땅 아래 깊은 곳이 무엇이며, 하늘 저쪽 끝과 하늘의 크기가 어떠한지, 또 바람의 창고는 무엇이고, 바람이 어떻게 나누이며 측량되는지, 그것이 각기 그 바람의 위력에 따라 어떻게 갈라지고 사라지며 어디에서 출발하는지, 또 달빛의 위력은 어떠하고, 그것이 얼마나 적당한지, 또 별은 각각 그 명명법에 따라 어떻게 세분하는지, 곳곳마다 떨어지는 천둥은 무엇이며, 번개를 그 빛의 번뜩임과 그 길을 따라가는 속도에 따라 어떻게 세분하는지… 서리바람은 그것의 보호자(직역하면, "천사"), 우박바람은 일종의 메신저다(직역하면, "천사"). 저장고는 힘 때문에 눈바람을 버려, 연기처럼 올라오는 작은 바람만 남겨졌고 그 이름은 서리다. 그리고 바람과 안개는 그 저장고에 함께 머물지 못한다. 그러나 안개는 그 길이 찬란하여 자기 저장고를 가진다. 그것은 우기와 건기에 빛과 어둠을 함께 가지고 있는데, 그 저장고가 곧 한 천사다.[19]

이 사고는 성경이 천사(하나님의 아들들), 별, 하늘 등을 계절과 날씨에 대한 하나님의 주권적인 다스림과 연관짓는 일종의 추론적인 외삽법에 해당한다(욥 5:10; 시 107:25; 147:16; 왕상 17:1, 14). "하늘에 있는 것들"(sky beings)과 마찬가지로 천사도 당연히 그런 일들을 하는 하

19. *OTP*, 1:41. 에녹1서 61:10도 참조하라.

나님의 대행자일 것이다.[20] 쿤은 다음과 같이 지적한다.

> 자연계에서 천사들의 역할과 관련하여 일반적으로 다음과 같은 원리가 통용된다. 자연의 힘을 가진 "영들"로서, 천사들은 바다, 서리, 우박, 안개, 이슬, 비 등과 같이 그들이 관리 감독하는 요소들과 관련된 존재로 이해된다. 그들은 태양을 왕래하고 번개를 지휘하며 "계절과 연한"을 다스리고, 땅의 식물들이 자라는 과정을 감독한다.[21]

제2성전기 유대교 사상가들에게 천사는 초자연적인 천상의 존재들이었다. 그럼에도 천사에 대한 그들의 묘사는 성경의 많은 장면에서 천사들이 사람들과 단지 상호작용하는 것 그 이상을 제공한다.

---

20. 별을 천사와 동일시하는 것에 대해 동의하지 않는 몇몇 제2성전기 작품들이 있지만, 이 사상은 유대교에서 고대 후기까지 줄곧 이어져왔다. 히브리어로 작성되어 주후 5-6세기에 구성된 에녹3서는 훌륭한 예다. 찰스워스(Charlesworth)의 구약 위경(*Old Testament Pseudepigrapha*)에 기고한 알렉산더(Alexander)는 에녹3서에서 "별은 분명히 천사처럼 살아있는 존재로 여겨져 '영'을 소유한 것으로 말해질 수 있다. 그들은 천사처럼 불타는 육체를 가졌고… 지각이 있는 존재들이다. 하지만 14:4와 17:6에서는 그들은 천사에 의해 움직이는 비활성의 물체 덩어리로 여겨지는 것처럼 보인다"(*OTP*, 1:299, note b).

21. Kuhn, "Angelology of the Non-Canonical Jewish Apocalypses," 225. 같은 페이지에서 쿤은 다음과 같이 덧붙인다. "비슷하게도 희년서 저자도 불의 영의 천사, 바람의 영의 천사, 구름과 어둠과 눈과 우박과 서리의 영의 천사, 많은 소리와 천둥과 번개의 천사, 추위와 더위와 겨울과 봄과 가을과 여름의 천사, 그리고 하나님의 피조물들의 모든 영의 천사에 대해 이야기한다."

사람으로서의 천사

에녹1서 17:1-2에 따르면, 천사들은 "불꽃" 같은 존재지만 그들이 원한다면 "사람처럼 나타날" 수 있다. 이것은 제2성전기 천사론의 일관된 특징이다. 대개 이런 현상은 인간과 의사소통할 때 거의 필연적으로 나타난다.[22] 주전 3세기에 작성된 토빗서가 가장 대표적인 예다. 토비트는 빚을 회수하러 자신의 아들 토비아스를 미디아로 보내면서 함께 길을 떠날 동반자를 찾게 한다. 토비아스는 한 "사람"을 만나는데, 결국 이 사람은 라파엘이라는 천사임이 밝혀진다(토빗서 5:3-6). 라파엘은 토빗서가 끝날 때까지 자신의 정체를 끝내 밝히지 않는다.[23] 신기하게도 토빗서 6:5에서는 라파엘이 그와 동행하던 인간과 함께 식사를 했음을 암시하지만, 12:19에서는 라파엘이 그 장면을 환상일 뿐이라고 여긴다.[24]

---

22. 설리번(Sullivan)의 연구는 유대교 천사론에서도 특히 이 요소에 집중한다. 참조. Kevin P. Sullivan, *Wrestling with Angels: A Study of the Relationship between Angels and Humans in Ancient Jewish Literature and the New Testament* (Leiden: Brill, 2004).

23. 학자들의 해석에 따르면, 토빗서가 묘사하는 라파엘의 모습은 "천사의 중재행위의 발전의 한 단계를 묘사해 주는데, 이는 이전 유대교 본문에서 천사가 구원자 역할을 했던 것과 뚜렷한 차이를 보일 뿐만 아니라 예수에 관한 초기 기독교의 관점과도 유의미하게 연결될 수 있다… 그는 천상의 존재로서 평범한 이스라엘 사람으로 등장하여 소망과 치유, 그리고 악한 영으로부터의 해방에 관한 소식을 고난받는 이스라엘에게 가져온다"(Philip Muñoa, "Raphael, Azariah, and Jesus of Nazareth: Tobit's Significance for Early Christology," *JSP* 22.1 [2012]: 3).

24. 천사가 음식을 먹는지에 관한 고대 유대교의 논쟁에 대해서는 다음을 참조하라. D.

주후 1세기의 작품인 『요셉과 아스낫』에는 "천상의 사람"(heavenly man)이 인간의 모습으로 등장하는데, 이 인물은 "얼굴이 번개 같고, 눈은 햇빛 같으며, 머리털은 타오르는 횃불에서 나오는 불꽃 같고, 손발은 불에서 나온 쇠처럼 빛나며, 그 손과 발에서 섬광이 뿜어져 나온다"고 묘사한다(요셉과 아스낫 14:9).[25] 그 빛나는 천사가 아스낫의 환대를 받아들이지만, 특별히 아스낫이 갖고 있지 않은 벌집을 음식으로 요구한다(요셉과 아스낫 15:14-16:2). 이 천사는 아스낫에게 그것을 어디서 찾을 수 있는지를 가르쳐주지만, 그 벌집은 "하나님의 낙원에 있는 생명의 장미에 있는 이슬"에서 따온 "낙원의 벌들"이 만든 것이었다(요셉과 아스낫 16:8-9).[26]

Goodman, "Do Angels Eat?" *Journal of Jewish Studies* 37.2 (1986): 160-75.

25. *OTP*, 2:225. 설리번은 다음과 같이 설명한다. "대부분의 해석자들은 본문에 '앙겔로스'라는 단어가 없음에도 불구하고, 이 존재를 천사로 이해한다. 이 해석은 훌륭한 근거로 뒷받침된다. 본디 이 존재는 하나의 '별'(14:1)로 등장한다. 해당 본문에서 그는 '하늘에서 온 사람'(4절)으로 불리며, 자기 스스로의 정체를 '하늘의 온 군대를 통솔하는 지휘관'이라고 밝힌다(7절). 이 칭호는 수 5:13-15에 등장했으며, 나중에 미가엘 같은 비중 있는 천사들을 가리키는 것으로 여겨졌다. 빛나는 얼굴과 타오르는 손과 발의 이미지(9절)는 천사의 현현 사건에서 일반적이다. 게다가 아스낫은 이 천사를 보고서 바닥에 엎드리는 반응을 보인다. 이것은 분명히 천사가 사람으로 언급되는 경우에 해당한다"(Sullivan, *Wrestling with Angles*, 78).

26. 환대의 뜻으로 식사 대접을 받은 천사들이 등장하는 다른 예들도 있다. 『아브라함의 유언』에서 미가엘이 아브라함, 사라, 이삭에게 한 번 이상 나타난다. 이 이야기는 여러 지점에서 창 18장의 장면을 상기시키면서, 미가엘이 자신이 받은 음식을 실제로는 먹지 않았다는 인상을 풍긴다. 대신에 하나님은 "모든 것을 먹어치우는 한 천사"를 보내어 마치 미가엘이 그것을 먹은 것처럼 보이도록 음식을 집어삼키게 한다. 참조. Sullivan, *Wrestling with Angels*, 189-90. 이 이야기가 대체로 창 18장을 가리키는 것이 거의 확실하긴 하지만, 분명히 히 13:2과도 일부 관계가 있다("손님 대접하기를 잊지 말라 이로써 부

주후 1세기 후반에 저술된 『아브라함의 묵시』는 천사 아이오엘(야호엘, Yahoel)이 "사람과 같은 모습으로" 족장 아브라함에게 나타났다고 묘사한다(아브라함의 묵시 10:3).[27] 아브라함이 아이오엘을 올려다보았을 때 그의 몸에서 화려한 광채가 발했다는 사실에도 불구하고(아브라함의 묵시 11:1-3), 이 천사는 아브라함의 손을 잡음으로써 그가 육체를 가지고 나타났음을 드러낸다(11:1).

천사들이 인간의 형체, 심지어 육체까지도 입고 나타난다는 믿음은 분명히 천사들이 육체를 가진 채로 등장하는 것으로 추정되는 구약 성경의 특정 사건들에 기초한다(예. 창 6:1-4; 18-19장).[28] 에녹1서 6-16은 천상의 존재인 하나님의 아들들이 인간 여자들과 더불어 자손(네피림)을 낳는 창세기 6:1-4 사건을 확장하여 각색한 것이다.[29] 사해 두루마리의 『창세기 외전』(col. II.1-26)에서도 천사가 육체를 가지고 등장한다.[30] 벡(Begg)은 요세푸스를 집중적으로 다루면서 이 주제

지중에 천사들을 대접한 이들이 있었느니라").

27. 이 천사의 이름은 때때로 '야호엘'로 기록된다. 루빈큐비츠(Rubinkiewicz)에 따르면, "여기서 '야호엘'(*yhwh'l*)이 암시된다"(*OTP*, 1:681).

28. 참조. Sullivan, *Wrestling with Angels*, 197-226.

29. 에녹1서에 기록된 이 에피소드에 관한 충분한 논의에 대해서는 다음을 참조하라. Annette Yoshiko Reed, *Fallen Angels and the History of Judaism and Christianity: The Reception of Enochic Literature* (Cambridge: Cambridge University Press, 2005); Archie T. Wright, *The Origin of Evil Spirits: The Reception of Genesis 6:1-4 in Early Jewish Literature* (Tübingen: Mohr Siebeck, 2013). 또한 다음을 참조하라. Heiser, *The Unseen Realm*, 92-109. 『보이지 않는 세계』 좋은씨앗.

30. 그 이유는 쿰란 문헌에서 귀신들이 "나쁜 영들"로 언급되기 때문이다(4Q510 [=

에 관해 다음과 같이 쓴다.

> 요세푸스의 천사에 관한 첫 번째 언급은 『유대고대사』 1.173에 나온다. 이는 창세기 6:2의 칠십인역 독법과 일치하는데, 여기서 요세푸스는 "하나님의 천사들"이 인간 여자들과 더불어 혼합된 존재들("거인들", 6:4)을 낳았다고 암시한다… 여기서 요세푸스는 천사를 매우 인간적이고 육체적인 활동인 성교에 관여하는 존재로 본다.[31]

다른 곳에서도 요세푸스는 천사들이 싸움(『유대고대사』 1.332-33)을

4QShir[a]] 1:5; 4Q511 [= 4QShir[b]] 35:7; 4Q204 [= 4QEnoch[c] ar] v.2-3; 11QapocPsa[= 11Q11] ii.3; v.6). 제2성전기 유대교 본문에서 귀신들은 살해당한 거인들의 육체에서 빠져나온 순찰자들(타락한 하나님의 아들들)의 자손이다. 참조. Loren T. Stuckenbruck, "The 'Angels' and 'Giants' of Genesis 6:1-4 in Second and Third Century BCE Jewish Interpretation: Reflections on the Posture of Early Apocalyptic Traditions," *DSD* 7.3 (2000): 354-77; Ida Fröhlich, "Theology and Demonology in Qumran Texts," *Henoch* 32.1 (2010): 101-28; Hermann Lichtenberger, "Spirits and Demons in the Dead Sea Scrolls," in *The Holy Spirit and Christian Origins: Essays in Honor of James D. G. Dunn*, eds. James D. G. Dunn, Graham Stanton, Bruce W. Longenecker, and Stephen C. Barton (Grand Rapids: Eerdmans, 2004), 22-40.

31. Begg, "Angels in the Work of Flavius Josephus," 529. 계속해서 벡은 요세푸스가 천사가 음식을 먹는 것에 대해 침묵하는 것에 호기심을 가지고 주목한다(비교. 창 18:8). 요세푸스는 단지 먹는 것처럼 보이기만 하는 세 "사람"(성경 기사에서 여호와와 두 천사)에 대해 이야기한다. 또한 벡은 요세푸스가 특정 부분에서 천사에 대해 서술할 때 "유령"(phantom)이라는 단어를 사용한 것을 인용한다. 이 용어를 두고 요세푸스가 천사가 육체를 가졌다는 사실을 부정했다고 볼 수는 없다. 왜냐하면 벡의 저술에서 보여주듯이, 요세푸스는 이 용어를 "천사"와 교환적으로 사용함으로써 육체성을 요구하는 구약본문들을 지지하기 때문이다(Begg, "Angels in the Work of Flavius Josephus," 530).

벌이거나 칼을 휘두르는 등(『유대고대사』 7.327a) 육체성을 시사하는 다른 행위들에 참여하는 한편, 누군가의 도움 없이 자력으로 하늘로 승천하는 능력을 지니고 있음을 기록한다(『유대고대사』 5.284; 7:327b).

이것은 우리가 구약 성경에서 보는 것과 유사하지만, 제2성전기의 천사에 관한 묘사는, 그것이 "사람"으로 묘사될 때조차도 매우 정교하다. 구약 성경에서 천사가 인간과 가시적으로 구분되는 일은 드물다. 사람들이 이런 존재들과 만날 때에도 그들이 인간이 아니라는 사실을 어느 정도 스스로 밝히지 않는 이상 전혀 모르는 경우가 많다(비교. 창 19장; 32:22-32; 삿 6장). 제2성전기 본문은 천사를 인간으로 묘사할 때 인간에게 흔하지 않은 특성을 지닌 존재로 묘사하는 데 보다 자유로운 태도를 취한다.

천사들의 명명법

제2성전기 유대교 천사론에서 더욱 획기적인 것 중 하나가 바로 천사들의 명명법이다. 성경에서는 미가엘과 가브리엘만 개별적인 이름을 지닌, 여호와의 거룩한 천상의 종으로 등장한다.[32] 그런데 제2성전기

32. 다른 신적인 존재들은 그들을 가리키는 히브리 단어를 음역하고 성경 이외의 고대 근동 본문에서 그 단어들이 확인되는 방식을 통해(예. '사탄, 라합, 리워야단') 알려지거나, 그렇지 않으면 그들 자신이 이방신의 이름으로 밝혀진 것(예, 마르둑[개역개정 "므로닥"], 아세라, 바알)으로 인해 알려진다. 이런 존재들은 여호와의 천군에 속한 거룩한 구성원이

에 이르러 이 숫자가 증가한다. 또한 이런 변화는 그 범위가 확대되면서 천사들의 무리를 가리키는 이름도 생긴다. 올리얀(Olyan)의 관찰은 이런 발전과정을 포착한다.

> 천사들의 이름과 세부계급에 대한 명칭이 나타나는 현상은, 믿음의 발전과정을 이해해 보려는 역사학자들에게 문제를 일으키고… 이스라엘 종교와 대비되는 고대 및 중세 유대교의 가장 두드러진 특징으로 널리 주목받아왔다. 포로기 이전과 포로기의 성경 본문들은, 하나님을 찬양하고 전쟁과 심판 중에 하나님을 섬기는 수천의 이름없는 천사들이 신적인 영역에 살고 있음을 시사한다. 한편 이 부분에 대해 고대 및 중세 유대교는 전혀 다른 그림을 보여준다. 천사들은 그 숫자를 셀 수 없고 각기 이름이 있으며 보다 구체적으로 묘사된다… 이런 변화에는 천사들의 구체적인 이름, 천상의 존재들 사이의 계급, 천사들의 위계질서, 천사장의 존재, 하늘 성전의 복합구조와 예배, 선한 천사와 악한 천사의 투쟁, 인간 영역에서 천사들이 수행하는 역할의 확장, 천사들의 성격 묘사 등이 포함된다.[33]

아니다. 이들은 적대적인 혼돈의 대행자 또는 라이벌 관계에 있는 신들이다. 많은 구약학자들이 지적했듯이, 영어 성경에서 "Satan"으로 번역된 단어 '사탄'은 히브리어 문법적 규칙에 따르면 특정 대상을 한정하여 가리키는 고유명사가 아니다. 참조. Heiser, *The Unseen Realm*, 56-57; Day, *Adversary in Heaven*; Walton, "Satan," *DOTWPW* 714-17.

33. Olyan, *A Thousand Thousands Served Him*, 2-3.

바턴(Barton)은 이 구체적인 이름과 관련해 "외경문헌"에서 서른 남짓 되는 "선한 천사들"의 이름을 열거한다.[34] 벡은 위-필로(Pseudo-Philo)의 천사론에 관한 간략한 논의에서 다섯 가지 이름을 추가로 밝혀낸다.[35] 올리얀의 작업이 증명하듯이 더 많은 이름들이 있고, 제2성전기 이후에는 그 숫자가 더 많아진다.[36]

이름을 가진 천사들에 관한 논의는 대체로 천사장과 동일시되는 천상의 존재들을 중심으로 이뤄진다. 이들은 에녹1서 20:1에서 "순찰자"(이린, ʿîrîn)라고도 불린다.[37] 제2성전기 유대 문헌은 이런 천사들의 숫자에 대해 일관적이진 않다. 주요 자료에서 계수한 바에 따르면 넷, 여섯 또는 일곱 천사장이 존재한다. 에녹1서 9-10을 주석하면서 니켈스부르그(Nickelsburg)는 다음과 같이 쓴다.

---

34. George A. Barton, "The Origin of the Names of Angels and Demons in the Extra-Canonical Apocalyptic Literature to 100 A.D.," *JBL* 31.4 (1912): 156-67. 바턴의 논문에서 "외경문헌"(apocryphal literature)은 학문적으로 규정된 용어가 아니다. 여기에는 위경의 책들도 포함된다.

35. Christopher Begg, "Angels in Pseudo-Philo," in *Angels: The Concept of Celestial Beings: Origins, Development and Reception*, eds. Friedrich V. Reiterer, Tobias Nicklas, and Karin Schöpflin (Berlin: De Gruyter, 2007), 537-54.

36. 게다가 일부 천사들의 이름은 한 가지 이상의 형태를 지닌다(예, 라파엘/라파엘[Raphael/Rafael] vs. 루파엘/로파엘[Rufael/Rofael]). 바턴이 지적하듯이("Origin of the Names," 158), "루파엘(예, Rôfael)은 히브리어 형태이고 라파엘은 아람어 형태다."

37. 이 명칭은 에티오피아 본문에서 발견된다. "그리고 이것들은 감시(watch)하는 거룩한 천사들의 이름이다."(*OTP*, 1:23). "순찰자"(watcher)란 단어는 주로 제2성전기 문헌에서 홍수 이전에 범죄한 신적인 존재들을 가리킨다. 물론 단 4장에서처럼 이 단어가 타락한 신적 존재들에게만 독점적으로 사용되는 것은 아니다. 학문적인 저술들에서 일부 학자들은 "천사장"(archangels)보다는 "최고위천사"(principal angels)란 표현을 선호한다.

넷 그리고 나중에 일곱 명의 이름 있는 천사장("거룩한 자들")에 대한 문법상의 보어가 에녹1서 9-10장에서 처음으로 나타나는데, 이것은 나중에 유대교와 기독교 문헌에서 표준으로 자리잡는다. 천사장의 존재 그리고 넷이라는 수는 에스겔 1-2장의 보좌 환상에 등장하는 네 생물(하요트, חיות)에서 추론된 것이 분명하다. 이후 문헌에서는 에스겔 1-2장과의 연관성을 명백히 드러낸다. 에녹1서 9-10장 사건에서 네 명의 천사장은 보좌 앞에 위치하지 않는다. 그들은 하늘에서 내려와 땅을 살피고, 인류를 대신하여 간구할 것을 하나님의 보좌 앞에 가지고 나오고, 그러고 나서는 하나님을 대신하여 일하기 위해 땅으로 파견된다… 에녹1서 20-36장과 81장에서 이 숫자 넷은 일곱으로 확대된다(즉, 미가엘, 사리엘, 라파엘, 가브리엘 등 기존의 네 명에서 우리엘, 르우엘, 르미엘 등이 더해져 일곱이 된다). 이는 하나님의 보좌가 아닌, 에녹이 우주여행을 하는 장소들과 연결된 천사들에 대해 천사장이라는 보어가 덧붙은 것이다.[38]

38. George W. E. Nickelsburg, *1 Enoch 1: A Commentary on the Book of 1 Enoch, Chapters 1-36; 81-108*, Hermeneia (Minneapolis: Fortress, 2001), 207. 이름을 열거하는 방식에서의 차이는 에녹1서의 본문 상황과 관련있다. 쿰란에서 발견된 소수의 아람어 파편들을 제외하면, 이 책은 상당 부분 헬라어로 보존되어 있고, 에피오피아 본문만 완성본으로 존재한다. 미칼라크(Michalak, *Angels as Warriors*, 66-67)는 다음과 같이 지적한다. "최고위천사의 숫자에 관한 전통은 서로 다르다. 네 명의 천사장에 대한 개념은, 추측컨대 가령 에녹1서 20장에서 증명되는 일곱 천사장 개념보다 앞선 것으로 보인다. 이 본문은 권능 있는 일곱 천사(앙겔로이 톤 뒤나메온, Ἄγγελοι τῶν δυνάμεων)의 목록을 지닌 전통에 대해 말해 주는 한편, 에녹1서의 에티오피아 본문에선 여섯 천사만 발견된다. 헬라어 본문에는 우리엘, 라파엘, 라구엘, 미가엘, 사라카엘, 르

왜 이 시기에 천사들을 명명하는 일이 급증하는 걸까? 제2성전기 저자들 가운데 어떤 동인이 작용한 걸까? 이에 관해 여러 이론들이 제시되었다. 올리얀은 천사들과 천사 "여단"(birgades)의 이름에 관한 장편의 연구에서 접근법에 관한 비판적인 개관을 제시한 바 있다.[39]

1. 이방세계의 영향: 유대교 바깥의 종교사상이 천사에게 이름을 붙이는 '개인화'를 촉진시키고 그들을 더욱 주목할 만한 대상으로 여기게 만들었다.
2. 주술적 관습: 천사들의 이름을 직접 언급하면 악한 영과 싸우기 위해 행하던 종교의식 또는 점을 치는 행위가 더욱 강력해진다고 여겨졌다.
3. 하나님의 초월성: '초월성'이라는 단어는 유대인들이 하나님을 접근하기 어려운 존재로 생각했음을 시사한다. 그래서 천사들은 더욱 더 중재자로서의 역할을 도맡았고, 결국 보다 개인화된 존재로 다뤄졌다.
4. 영지주의의 흔적: 구체적인 분파 및 계파와 관련하여 제2성전기는 시기적으로 영지주의를 논하기에 너무 이르다. 그러나 영지주의

미엘 등이 나온다. 따라서 이런 확장된 형태는 라구엘, 르미엘, 사라카엘을 포함한다. 르미엘은 에티오피아 사본에는 나타나지 않는다."

39. Olyan, *A Thousand Thousands Served Him*, 3-9.

사상의 다양한 요소들은 유대교 신비주의에서 온 것들이다. 이런 사상의 줄기 중 하나가 바로 이름이 붙은 존재들이 급증하는 것이다(예, 에온들[aeons, 영지주의에서 이 단어는 하나님으로부터 유출된 신적 존재들로 그리스도도 다수의 에온들 중 하나라고 본다-옮긴이]).

5. 유대교 내부의 발전: 이 논증을 통해 학자들은 하나님에 대한 신인동형론적 언어의 현저한 침투를 지적한다. 일례로, 희년서가 구약 성경의 이삭의 결박(과 희생될 뻔한) 이야기를 다루면서 하나님 대신 그 자리에 천사를 집어넣는 방식이 그러하다(희년서 17:15-18:19). 이와 마찬가지로 다른 제2성전기 본문들도 구약 성경 이야기 속 비중 면에서 하나님의 역할을 줄인다. 이는 앞서 세 번째 경우와 관련 있는데, 이런 접근은 하나님이 보다 멀리 계신 것으로 인식되었기 때문에 개인화 된 천사들이 하나님의 자리를 대신 했다고 주장한다.

올리얀(그리고 나)은 이런 의견들이 설득력이 부족하다고 본다. 물론 몇 가지는 유의미한 통찰도 있긴 하다.[40] 올리얀은 그나마 유대교

40. 간단히 말하자면, 올리얀(pp. 4-5, n. 9, 10)은 이것이 포로기 이후의 발전과정을 설명하지 못한다고 주장한 링그렌(H. Ringgren)과 폰 라드(G. von Rad)의 견해에 동조하면서 이들을 인용한다. 이 학자들은 이스라엘 종교에 나타난 신들의 회의(divine council)야말로 천사들의 역할이 다양화하게 되는 더 나은 근거로 보는 것을 선호한다. (H. Ringgren, *Israelite Religion* [Augsburg Fortress, 1966], 310-12; G. von Rad, "B. מַלְאָךְ in the OT," in (*TDNT* 1:79). 히브리 성경에서 신들의 회의가 하나님의 뜻을

내부의 발전에 관한 설명이 가장 받아들일 만하다고 여기지만, 그렇다고 그가 사람의 모습을 한 신에 대해 의구심을 품는다는 것은 아니다. 오히려 그는 여기서 주해상의 발전과정을 포착한다. 말하자면, 특히 천사들의 이름은 성경 본문에 대한 유대교의 독창적인 해석의 산물이라는 것이다. 그는 다음과 같이 설명한다.

> 천사들의 구분과 개별 천사들의 수많은 이름은 특히 신과 천사의 현현 사건과 신들의 회의를 묘사하는 성경 본문들에 대한 주해의 결과였다… 주해는, 비록 가장 중요한 요소는 아닐지라도, 학자들이 후대의 성경 및 성경 이후의 본문들에 나타난 천사의 개념적 발전과정을 잘 이해하기 위해 시도하는 복잡한 틀의 주된 요소다… 히브리 성경

지상에 실현하는 대행자임을 강조한 것을 고려할 때, 이것은 제2성전기에 천사의 활동이 하나님이 인간사에서 한발 물러서 있음을 암시한다는 많은 학자들의 주장과 일치하기 어렵다. 올리얀은 귀신을 쫓는 주술제의로 알려진 『솔로몬의 유언』 같은 제2성전기 유대교 작품들은 "잘 알려져 있지 않은 천사의 이름들 중 다수를 밝히는 데 유용하고, 그 이름들은 주후 10세기까지의 헤칼롯 본문과 유대교 마법관련 자료에 나타난다"고 지적한다(pp. 5[n. 11], 8). 그러나 그는 다시금 마법의 수행에 의해서는 전혀 설명되지 않는 천사들의 이름과 관련하여 유의미한 지점들이 있다고 결론내린다. 접근불가능한(초월적인) 하나님과 관련하여, 올리얀의 다음과 같이 평가한 것은 옳다. 즉, 하나님께로 가는 통로가 되기 위해 얼마나 많은 천사들이 필요한가? 제2성전기 본문들은 이런 역할을 수행하는 천사는 거의 없으며, 대부분은 "하늘의 제2위 권능"을 지닌 위격들(hypostases)임을 밝힌다. 그러므로 많은 수의 이름을 가진 천사들은 불필요했고, 하나님의 접근불가능성을 해결하려 했다는 설명은 설득력이 떨어진다. 올리얀은, 자신이 이 책을 저술하던 당시에, 이런 관점이 "고전적인 설명 기저에 있는 반유대주의적 편견 및 이 관점을 뒷받침할 증거의 부족으로 인해 신빙성 있게 받아들여지지 않았다"고 지적한다(p. 8). 이와 마찬가지로, 올리얀은 영지주의라는 선택지 역시 "천사에 관한 신념의 몇몇 특징들을 설명해 줄 수 있으나, 이것 역시 증명을 결여하고 있다"고 지적한다(pp. 8-9).

의 신 또는 천사의 현현 장면에서 천사들을 묘사하기 위해 사용된 많은 형용어와 수식어는 이후에 천사들에 관한 보다 정교한 몇몇 묘사에서 천사의 특정 무리를 가리키는 명칭으로 자리잡는다.[41]

간단히 설명하자면, 올리얀은 하나님의 어전회의실을 배경으로 하는 장면과 연관된 일반 단어들 (또는 같은 장면에서 사본기록상의 오류로 인해 혼동을 야기했던 희귀한 단어들)이 유대교 저자들에 의해 천사 무리의 이름을 짓는 데 사용되었음을 발견했다.[42]

올리얀은 제2성전기 저자들이 특정 천사들의 이름을 만들어내기 위해 이와 똑같은 기법을 사용했음을 발견했다. 열 명의 천사들의 이름을 조사한 후에 그는 이렇게 지적한다.

---

41. Olyan, *A Thousand Thousands Served Him*, 11. "신 현현"(theophanic)과 "천사 현현"(angelophanic)이라는 단어는 각각 하나님과 천사의 나타남을 가리킨다.

42. 올리얀은 구체적인 예시를 든다. "보좌단 일체를 구성하는 각각의 부분들, 종종 드물거나 생소한 단어들, 그리고 때때로 그 의미가 불명확한 단어들이 천사의 서열을 만들어냈다(오판[*'ôpan*]>오파님[*'ôpannîm*][바퀴들, wheels]; 갈갈[*galgal*]>갈갈림[*galgallîm*][바퀴, wheel]; 하쉬말[*ḥašmal*]>하쉬말림[*ḥašmallîm*][합금, electrum]; 타르쉬쉬[*taršîš*]>타르쉬쉼[*taršîšîm*][감람석, chrysolite]). 다른 곳에서 흔히 사용되긴 하지만, 여기서는 특히 하나님의 보좌와 밀접한 관련성을 지니는 단어들도 있다(마 아쎄헴[*ma'aś êhem*]>마 아씸[*ma'îm*][구조물, construction]). 신 현현 사건에서 매우 중요한 단어들이 사본상의 오기로 인해 와전된 것도 있다. 천사 현현의 배경은 주해 과정을 통해 천사의 특정 무리를 지칭하는 단어를 생성한다.(알페 쉬니안[*'alpê šin'an*]>쉰 아님[*šin'ā nîm*][활 쏘는 자들, archers]; 에르 엘람[*'er'ellā m*]>에르 엘림[*'er'ellîm*][영웅들, heroes])… '하팍스 레고메나'(*Hapax legomena*), 본문상의 오기, 난해하고 복잡한 신 현현/천사 현현 내러티브가 이런 천사 무리의 구분을 낳았다."(Olyan, *A Thousand Thousands Served Him*, 68). '하팍스 레고메나'는 성경본문에서 한 번만 등장하는 단어들을 가리킨다.

> 열 명의 개별 천사들의 이름에서 주해의 패턴이 드러난다. 그 이름들의 어원이 성경에서 나온 것으로 보인다… 본장에서 논의된 많은 이름들이 히브리 성경의 난해한 본문에서 파생된 것처럼 보인다. 그 가운데 특히 일부는 하팍스 레고메나에 속한다(예, 시드리엘, 예페피야, 도키엘, 크발라[*sidrî'ēl, yepêpiyyâ , dōqî'ēl, keballa'*]). 이런 난해한 본문이나 하팍스 레고메나는 대부분 신과 천사의 현현 장면이거나 그와 연관성을 지니면서 하나님의 활동과도 밀접한 관련이 있는 배경에서 나타난다.[43]

천군: 지극히 높으신 이의 군사들

올리얀이 천사들을 가리킬 때 "여단"(brigades) 같은 군사용어를 선택한 것이 독자들에게 이상하다는 느낌을 줄 수 있다. 제2성전기의 어휘는 이런 관점을 인정한다. 한 무리의 천사들을 지칭하는 그룹명은 군사적인 분위기를 풍길 때가 많다. 실제로 다양한 전쟁용어들이 천사들을 수식하는 데 사용되며, 이들은 명백히 하늘의 전사들로 간주된다. 예를 들어, 쿰란 본문들은 천사들을 지칭할 때 "부대"(troops, 그두딤[*gedûdîm*]), "전사들"(worriors, 깁보림[*gibborîm*]), "중대, 여단"(com-

43. Olyan, *A Thousand Thousands Served Him*, 87.

panies, brigades, 드갈림[*degalîm*]) 등의 단어들을 사용한다.[44]

이 시기의 천사론을 집중적으로 탐구하는 다른 학자들은 천사가 종종 군사적인 역할로 등장하고 이런 초상들은 묵시문헌에서 종종 나타난다고 지적한다. 미칼라크는 제2성전기 유대 문헌에 나타난 전사로서의 천사에 관한 중요한 연구에서 다음과 같이 해설한다.

> 이 시기의 묵시 작품들을 살펴보면, (여러) 천사론이 매우 정교하게 발전했음을 알 수 있다. 이런 묵시문헌의 정체성을 보여주는 표식 중 하나는 선지자가 하늘의 세계와 더불어 그곳에 거주하는 천사들을 볼 수 있다는 사상이다. 따라서 이런 문헌에서 천사들의 다양한 범주를 구분하고 그들의 서열구조를 확립하려는 경향이 나타나는 것은

44. '그두딤'(*gedûdîm*)에 대해서는 4Q529을 참조하라. 또한 데이빗슨(Davidson, *Angels at Qumran*, 88)은 이 단어가 『전쟁 두루마리』(1QM)에 등장하는 타락한 천사들을 가리킬 때 사용된 것을 지적한다. 다른 단어들의 용례에 관해 다음을 참조하라. Davidson, *Angels at Qumran*, 89-94. 『전쟁 두루마리』에서 '그두딤'과 '깁보림'(*gibborîm*)을 언급한 부분은 다음과 같다. 1QM xii.7-8; xv.14; 1QH^a xvi.11; xviii.24, 34-35; xix.35-36. '드갈림'(*degalîm*)의 단수형은 '드겔'(*degel*)이며 "깃발"로 번역될 때가 많다. 그레이(G. B. Gray)가 보여준 것처럼, 천사들을 가리키기 위한 목적과 관련하여 "깃발"이라는 의미는 문맥상 정확할 수 없다. 그래서 그레이는 가장 적절한 선택안으로 "중대"(company)라는 단어를 선택한다(참조. G. B. Gray, "The Meaning of the Hebrew Word(דגל)," *Jewish Quarterly Review* 11 [1899]: 92-101). 미칼라크(Michalak)는 칠십인역이 이 단어를 대대급의 단위를 가리키는 '태그마'(*tagma*)란 단어와 함께 사용한다(p. 91). 롤랑 드 보(Roland de Vaux) 역시 이 단어가 군대의 한 세부단위를 묘사하는 것이라고 주장했다(Roland de Vaux, *Ancient Israel, Its Life and Institutions* [Grand Rapids: Eerdmans, 1997], 226). '드갈림'에 대한 두루마리의 용례는 다음을 포함한다. 1QM 3.6; 4.10; 4Q503 (frags 8-9, 1-5); 4Q405 20 ii-21-22 14.

놀라운 일이 아니다.[45]

이런 제2성전기 천사론의 특징은 하나님에게 속한 거룩한 자들을 어떤 초자연적인 지휘관(사르; "군주")의 통솔 아래 있는 "만군"(host; 쩨바오트)으로 묘사하는 것과 일치하며, 사실상 이 시기의 천사론은 이 사상으로부터 파생된다.[46] 구약 성경의 여러 본문들은 지상 및 하늘의 원수들이 그들을 향한 하나님의 진노를 가져오는 거룩한 자들의 군대와 치르는 마지막 때의 전투를 묘사한다(사 24:21-23; 34:1-4; 슥 14:1-5). 그래서 제2성전기 천사론이 하나님을 섬기는 천군이란 요소를 포함하는 것은 납득할 만하다.

제2성전기 문헌에서 초자연적인 군대에 대한 가장 분명한 예시는 쿰란의 『전쟁 두루마리』에 등장한다(1QM). 이 장편의 두루마리는 인류의 군대가 천사들과 더불어 악한 사람들 및 초자연적인 어둠의 권세들과 싸우는 모습을 그린다. 미칼라크는 이 내용을 다음과 같이 요약한다.

---

45. Michalak, *Angels as Warriors*, 57.

46. 본서 2장의 논의에서 지적했듯이 이 히브리어는 일반적으로 히브리성경에서 인간 군대를 묘사하는 데 사용된다(*HALOT*, 302; cf. 창 21:22; 민 1:3; 31:34; 삼하 3:23). 데이빗슨은 "이 종말전쟁에 천사들의 군대가 참여한다는 사상은 이스라엘에서 표현된 거룩한 전쟁의 전승에 속하는 내용이다"라고 첨언한다(Davidson, *Angels at Qumran*, 230).

> 이 작품의 주요 주제는 빛의 아들들이 벨리알의 지휘 아래 있는 어둠의 아들들과 싸우는 종말 전쟁이다. 이 주요작은 쿰란 1번 동굴에서 발견되었으며 19개의 단으로 구성된다. 4번 동굴에서는 6개의 필사본 조각들이 발견되었는데, 이것들은 모두 1번 동굴의 『전쟁 두루마리』와 일치한다… 『전쟁 두루마리』는 유대교 천사론에 관한 우리의 지식을 향상시킨다. 이 작품에서는 앞서 언급한 것처럼 인간이 천사와 소통한다는 관념이 특별히 두드러지게 나타난다. 천사들은 거룩한 전쟁에서 "벨리알의 군대"를 대적하는 빛의 아들들의 군대에 속한 자들이다.[47]

쿰란의 천사론을 연구한 또 다른 주요 저자인 데이빗슨은 다음과 같이 첨언한다.

> 하나님의 군대는 하늘에 있는 "수많은 거룩한 자들"과 "천사들의 군대", 그리고 지상에서는 "거룩한 민족으로 선택된 자들"로 구성된다(1QM 12:1). 이들은 모두 전쟁을 위해 소집된다(1QM 12:4-5)… 『쿰

47. Michalak, *Angels as Warriors*, 151-52. 미칼라크는 거룩한 전쟁에 참여하는 천사들을 가리키는 데 사용된 용어들을 다음과 같이 제시한다. "천사들"(말라킴), "거룩한 천사들"(말라킴 코데쉬), "신들"(엘림), "권능있는 자들"(깁보림), "거룩한 자들"(케도쉼), "군대, 만군"(쩨바오트). 두루마리 내의 참조구절들에 대해서는 다음을 참조하라. Michalak, *Angels as Warriors*; Davidson, *Angels at Qumran*, 334-37.

란 두루마리』의 저자는 천사들이 그들과 함께 있을 것을 주장할 뿐 만 아니라, 전쟁에 능하신 하나님이 친히 그들과 함께 할 것이라고 믿는다. 이 사상은 하나님이 친히 손을 들어 악한 영들을 대적하고 천사들이 전투에 대비하는 1QM 15:13-14의 장면과도 유사하다.[48]

천사의 군대는 위경에서도 발견된다. 여기서 천사장급의 순찰자들이 수호자 및 "특수부대"(special forces)로 등장하며 여호와의 지시를 받아 순찰자들 중 타락한 반역자들을 잡아들이고, 그들의 자손인 네피림을 괴멸시킨다(에녹1서 9-10). 에녹2서 28:1에서 하나님이 "하늘과 땅의 모든 군대"를 어떻게 창조하셨는지를 에녹에게 친히 보여주시는 장면에서, 하나님은 이렇게 말씀하신다. "나는 수를 헤아릴 수 없는 천사들을 계급별로 창조했는데, 그들은 육체가 없고, 불을 무기로 삼으며, 그들의 옷은 타오르는 불꽃이다. 그리고 나는 그들에게 명령하여 각기 그 계급을 따라 자기 자리를 지키라고 명했다."[49]

열국의 군주들과 그 백성들에 대한 종말의 심판을 상기시키는 에녹1서 56-57장의 한 단락은 대적하는 열국을 향한 천사들의 공격을 묘사한다.

---

48. Davidson, *Angels at Qumran*, 230.
49. *OTP*, 1:148.

> 그 무렵에 천사들이 모여 파르티아인과 메데인이 있는 동쪽으로 진격할 것이다. 천사들이 그 왕들을 뒤흔들면 불안의 영이 그들에게 임하고, 왕들은 보좌에서 쫓겨나게 될 것이다… 그때에 스올이 그 입을 벌릴 것이요, 그들은 스올에 삼켜져 소멸될 것이다. (이처럼) 스올은 선택받은 자들이 보는 앞에서 죄인들을 삼킬 것이다… 그 일이 있은 후에 나는 또 다른 환상에서 사람들을 태운 많은 병거들이 동쪽과 서쪽에서 발원하여 바람을 타고 일제히 진격하는 것을 보았다. 그 병거들이 내는 소리는 요란했다. 이 소란이 일어났을 때 하늘의 거룩한 자들이 이를 주시했고 세상의 기둥들이 뿌리째 흔들렸다(에녹1서 56:5, 8; 57:1-2a).[50]

전사인 천사들은 『열두 족장의 유언』에서도 두드러지게 나타난다. 이것은 단일의 저작이지만, 제목이 암시하듯이 야곱의 열두 아들들에게 초점을 맞추어 각기 열두 개로 분할될 수 있다.[51] 전사인 천사 하나가 홀로 유다를 대신하여(유다의 유언 3:10), 그리고 레위의 요청에 의해 등장한다(레위의 예언 5:6). 몇몇 학자들은 『레위의 유언』에 등장하는 천사를 미가엘로 간주한다. 미가엘에 대한 간접적인 언급이 『단의

---

50. *OTP*, 1:39. 천사들의 전쟁은 다음 구절에서도 묘사된다. 1 Enoch 8:1; 69:6; 90:14.

51. 유언 장르는 "그 이름이 제목에 실린 인물이 남긴 마지막 말(고별 담화)로 일컬어지는 작품들을 다룬다"(Penner and Heiser, "Introduction to the Testaments of the Twelve Patriarchs," *Old Testament Greek Pseudepigrapha with Morphology*).

유언』 6:1에 한 차례 나타나는데, 이는 유다서 9절을 상기시킨다. 『레위의 유언』 3:3에는 천사들로 구성된 군대가 기록된다.

또 다른 제2성전기 저술들은 천사들을 공격부대로 제시한다. 마카비2서 3:25-34에서는 하나님이 초자연적인 전사들과 함께 성전의 보물들을 헬리오도로스의 침공에서 지켜낸다. 마카비2서 3:24-26는 이렇게 말한다.

> 그런데 그[헬리오도로스]가 호위병을 데리고 성전 금고에 가까이 갔을 때, 모든 영과 모든 권세를 주관하시는 이가 굉장히 놀라운 모습으로 나타나셨다. 헬리오도로스와 결탁하여 무례하게 성전에 칩입한 모든 이들이 하나님의 권능에 압도되어 대경실색했다. 휘황찬란하게 치장한 말이 무시무시한 모습의 기사를 태우고 그들 눈앞에 나타났던 것이다. 그 말은 맹렬하게 돌진하여 앞발을 쳐들고 헬리오도로스에게 달려들었다. 그 말을 타고 나타난 기사는 황금으로 된 갑옷과 무기로 무장해 있었다. 그와 함께 두 젊은이가 나타났는데 그들은 굉장한 힘이 세고 아름다웠으며, 입고 있는 옷마저 휘황찬란하였다. 그들은 각각 헬리오도로스 좌우에 서서 그를 채찍으로 연신 때려 큰 타격을 주었다.[52]

52. 외경을 포함한 NRVS을 참조하라.

이런 장면이 마카비2서 3장에만 나오는 것은 아니다. 비슷한 이야기가 마카비2서 4:1-2, 5:2, 10:29-30, 11:6-8, 15:22-23에도 나온다. 마카비3서는 프톨레마이오스 4세에 대한 천사의 개입 ("하나님의 거룩한 얼굴"과 더불어)에 대해 이야기한다(마카비3서 6:1-5).[53] 『필로의 위서』(Pseudo-Philo)는 각기 이름을 지닌 두 명의 전투 천사를 묘사하는데, 이들은 아모리인들과 싸우는 그나스(Kenaz)의 지원군으로 등장한다(Liber antiquitatum biblicarum [LAB] 27:10). 미칼라크는 이 그나스라는 인물이 이스라엘 사사인 삼손 및 기드온과 유사하게 묘사된다고 설명한다.[54] 흥미로운 사실은 『필로의 위서』가 구약 사사기에 실린 여러 이야기를 각색하면서 천사들을 등장시킨다는 것이다.[55]

신들의 회의: 찬양과 심판의 장면들

구약신학에서의 천군(heavenly host) 사상과 마찬가지로, 제2성전기

---

53. 다음의 논의를 참조하라. Michalak, *Angels as Warriors*, 196-210. 요세푸스는 천사들의 활동을 중요하게 여기지 않았기 때문에, "그의 마카비 혁명에 대한 기록에 천사들에 관해 어떤 언급도 하지 않는다"(Michalak, *Angels as Warriors*, 213).

54. Michalak, *Angels as Warriors*, 224.

55. Begg, "Angels in Pseudo-Philo," 541-44. 벡은 다음과 같이 적는다(p. 541). "『필로의 위서』가 천사를 언급하는 비중은 특히 이 저자가 사사기의 인물과 사건을 극적인 방식으로 각색한 긴 단편 부분(*LAB* 25-48)에 집중적으로 나타난다(전체 59회 중 37회 언급으로 거의 2/3를 차지한다)".

문헌에서도 천사들은 하나님의 회의기구에 등장하여, 하나님을 찬양하고 하나님이 내리시는 칙령을 반포한다.

앞에서 우리는 사해 두루마리, 그중에서도 특히 여호와의 회의기구가 위치한 하나님의 어전회의실을 다루는 대목에서 신의 복수성을 나타내는 언어(복수형 '엘로힘' 또는 '엘림')가 상당수 발견된다는 사실을 지적한 바 있다. 제2성전기 문헌은 성경의 천상회의 사상을 훼손하지 않는다. 오히려 이를 수용하고 여러 참신한 변화를 덧붙인다.[56]

천상회의 언어는 쿰란에서 나온 제2성전기 본문과 위경 문서들에서 가장 두드러지게 나타난다. 예를 들어, 『안식일 제사의 노래』(4Q400–407; 11Q17; Mas1K)에서 발견되는 복잡한 천사 제의들은 이스라엘의 천상회의 장소에 관한 히브리 성경의 중요한 어휘를 포함한다.[57] 천상회의가 모이는 장면 중 하나는 다음과 같다.

---

56. 나는 학위논문에서 부분적으로 제2성전기 문헌에 나타난 천상회의를 다룬바 있다. 참조. Heiser, "The Divine Council." 이와 유사한 연구가 하나 더 있다. 참조. Kathryn Muller Lopez, "The Divine Council Scene in Second Temple Literature," PhD diss., Emory University, 2002. 내 논문은 위경문헌 중 에녹1서 90장에만 초점을 맞춘 로페즈의 것보다 더 광범위한 자료들을 제시한다.

57. Heiser, "The Divine Council," Section 7.2. 이 용어는 "높은 곳"(heights)을 뜻하는 히브리어(메로밈, 마롬, 라밈[*merômîm, mārôm, rāmîm*])을 포함한다. 『안식일 제사의 노래』에는 대략 10회 이상에 걸쳐 "높은 곳"의 회의에 관한 언급이 나오는데, 여기서 '말라킴'(천사들)이란 용어는 사용되지 않는 대신 복수형 '엘로힘' 또는 '엘림'이 사용된다. 『안식일 제사의 노래』는 "열세 가지의 구성요소로 이뤄진 제의문서로, 각각의 요소들이 한 해의 첫 열세 번의 안식일을 위한 지침에 해당한다… 이 작품의 노래들은 각기 제목과 날짜 공식으로 시작한다(예. '지휘자를 위해, 첫째 달 넷째 날 첫 안식일의 제사 노래'). 그리고 나서 찬양으로의 부름이 나오는데, 이것은 '찬양하라'는 명령으로 시작해서 찬양의 직접적인 대상(하나님의 별칭), 그리고 호격(천사를 부르는 칭호) 순으로 진행된다. 이

(30절) 지휘자에게. 해당월 열여섯째 날 일곱째 안식일 제사의 노래. 높은 곳에 계신 하나님을 찬양하라. 하나님을 찬양하라.

(31절) 지식이 있는 모든 신들 가운데서. 하나님의 거룩한 자들은 영광의 왕, 곧 그 거룩하심으로 말미암아 모든 거룩한 자들을 거룩하게 하시는 하나님을 찬미할지어다. 가장 높은 자들,

(32절) 곧 모든 신들의 찬양 가운데 가장 높은 자들아, 위엄찬 찬미소리로 하나님을 찬양하라. 그 위엄찬 찬미소리 가운데 그 나라의 영광이 있도다. 이를 통해 모든 신들의 찬양이 나오며,

(33절) [그의] 모든 찬란한 위엄이 함께 있도다. [그리고] 하늘 높이 그의 높으심을 찬양하며, 높은 신들의 신과, 모든 높은 신들 위에 영광스러우신 하나님을 높일지어다.

(34절) 그는 [신들의 신이요] 높은 곳에 있는 모든 높은 자들의 하나님이시요, 모든 영원한 천상회의를 주관하는 왕의 왕이시로다.

(35절) 그의 지식에 속한 뜻하심 가운데, 그의 입에서 나오는 말씀으로 높임받는 모든 신들이 존재하고, 그 입술의 발하심으로 모든 영원한 영들이 존재하며, 그의 지식에 속한 뜻하심 가운데 온 피조물이 존재하는도다.

(36절) 기쁨으로 노래하라. 그를 앎으로 마음이 기쁘고 아름다운 신

첫 번째 찬양의 요청은 비슷한 내용을 담은 복수의 요청으로 확장된다(C. A. Newsom, "Songs of the Sabbath Sacrifice [4Q400–407, 11Q17, Mas1K]," *DNTB* 1137).

들 가운데서 즐거워하는 자들아.[58]

『안식일 제사의 노래』는 천사들 사이에 정교한 위계질서가 있음을 알려준다.

그 노래들은 숫자 7이 두드러지게 반복되는 형식을 갖추며, 여섯째 및 여덟째 노래는 각기 7명의 최고 군주 및 부군주가 드리는 찬양과 축복을 열거한 것을 특징으로 한다. 여기서 중심적인 일곱째 노래는 찬양으로의 최초의 부름을 정교하게 꾸미되, 점차적으로 정교해지는 7개의 구조로 되어 있고, 그 찬양으로의 부름은 일곱 개의 천사 회의기구에 각기 전달된다. 이러한 찬양으로의 부름 이후에 노래는 찬양이 터져나오는 하늘성전을 묘사하는데, 이는 하나님의 전차 보좌(chariot throne)에 관한 묘사와 이 전차 보좌(메르카보트[*merkābôt*]) 앞에 서 있는 자들, 곧 그 그룹들과 바퀴들(오파님[*'ophannîm*])의 찬양으로 마무리된다.[59]

위경에도 이와 유사한 장면이 나온다. 『스바냐의 묵시』(본문 A)는

---

58. 4Q403 1.i.30–36a. 번역은 다음 자료에서 발췌했다. Florentino García Martínez and Eibert J. C. Tigchelaar, *The Dead Sea Scrolls Study Edition* (Leiden: Brill, 1997–1998), 819.

59. Newsom, "Songs of the Sabbath Sacrifice," 1138

스바냐가 다섯째 하늘에서 본 천상회의 환상을 묘사한다. "나는 군주라 불리는 천사들을 보았는데, 성령으로 그들 위에 면류관이 씌여 있고 그들 각각의 보좌는 해보다 일곱 배나 더 빛이 났다."[60] 다니엘 7장의 천상회의를 상기시키면서, 에녹1서 47:3에서 에녹은 이렇게 말한다. "내가 날들의 창시자(Chief of Days)를 보았을 때, 그는 자기 영광의 보좌에 앉았고, 산 자들의 책들이 그 앞에 펼쳐져 있었다. 하늘 위 그의 모든 천군과 천상회의는 그 앞에 서 있었다." 에녹2서 20:1는 이 회의기구를 수많은 천사장, 통치자, 권세자들이 둘러선 "많은 눈들의 보좌"로 묘사한다. 에녹2서에서 하나님은 열 번째 하늘에 앉은 것으로 이야기하는데, 그렇다면 그 아래에 놓인 보좌들은 천상회의의 일원들을 위해 마련된 것임을 암시한다.

외경은 쿰란 문헌 못지않게 천군과 천상회의에 대해 매우 상세한 묘사를 제공한다. 앞서 군사적인 호칭들이 사용된 것 외에도 여기엔 다른 많은 용어들이 있으며, 그 용어들이 통칭하는 집단 사이에 어떤 서열관계가 있는지를 식별하기는 어렵다.

예를 들어, 에녹1서 61:10은 이렇게 말한다. "그리고 하나님은 하늘의 모든 권세들, 위에 있는 거룩한 자들, 주의 권세들 즉 케루빔, 세라핌, 오파님, 통치하는 모든 천사들, 택함받은 자들, 그밖의 땅과 물에

---

60. *OTP*, 1:508.

있는 다른 권세들을 불러 모으실 것이다".[61] 우리가 이미 생각해본 다른 존재들과 마찬가지로, 이 글은 천군의 일원들을 하나님의 보좌뿐만 아니라 자연계의 요소들과도 연결시키고 있다. 따라서 제2성전기 유대교 천사론에는 특별히 하나님의 임재에 근접해 있는 무리와 구분되는, 자연계를 관할하는 다른 무리가 존재하는 것으로 추정된다. 에녹2서 19:1-5에서 에녹은 천상의 존재들에게 주어진 몇 가지 직무들을 기술한다.

> 그 사람들은 거기서 나를 이끌어 여섯째 하늘로 데려갔다. 그리고 나는 일곱 무리의 천사들을 보았는데, 이들은 매우 찬란하고 영광스러웠다. 이들의 얼굴은 태양의 빛보다 더 밝았고, 똑같은 얼굴을 하고 있으며 외양이나 옷차림도 동일했다. 이들은 별들의 움직임과 태양의 회전과 달의 주기, 그리고 우주의 질서를 관장하고 궁구한다. 그들이 어떤 악행을 목격하면 차례로 명령과 지시를 내리고, 감미로운 합창과 온갖 종류의 영광스러운 찬양을 부르기도 한다. 이들은 천사장들로서 천사들을 다스린다. 이들은 하늘과 땅에 있는 모든 존재를 조화롭게 다스린다. 또한 계절과 연한을 다스리는 천사들, 강과 바다를 다스리는 천사들, 지상의 열매와 각종 식물을 다스리고, 살아있

61. *OTP*, 1:42.

는 것들에게 온갖 음식을 공급하는 천사들, 그리고 하나님 앞에 있으면서 모든 인간의 영혼과 행실과 생애를 기록하는 천사들도 있다.[62]

여기서 우리는 천사장들이 다른 천사들을 주관한다는 점, 그리고 그들이 매우 분주하게 창조질서를 보존하고, 때와 계절을 나누고, 지극히 높으신 이를 찬양하고 있음을 알게 된다. 다른 천사들은 인류의 생애를 기록하는데, 그럼에도 그들이 하나님 앞에서 결코 떠나지 않는 것처럼 보인다. 여기엔 당연하게도 우리가 탐구할 수 있는 훨씬 더 많은 내용들이 있다. 분명히 제2성전기 문헌에 나타난 하늘의 관료체제는 꽤 복잡하다. 이 시기의 유대 문헌들은 다양한 존재를 언급한다. "임재자의 천사들"(angels of the Presence, 헬라주의적 회당 기도서 4:11), "성화의 천사들"(angels of sanctification, 희년서 15:27), "천사장"(예. 에녹1서 20-22, 40:8-10; 아담과 하와의 생애 25:3-4), "지배자"(archon, 욥의 유언 49:2; 에녹1서 6:7-8; 에녹2서 20:1), "별들을 다스리는 자"(rulers of the stars, 에녹2서 4:1-2), "사탄"(에녹1서 40:1-8), "권능자"(powers, 에녹1서 40:8-10; 65:6-7; 82:8-9), "주권자"(principalities, 에녹1서 61:10-11), "통치자"(dominions, 에녹1서 61:10; 에녹2서 20:1). 에녹1서 6:7-8에서 '아르케'(*archē*)와 '아르콘'(*archōn*)이라는 이름은 스무 명의 이름있는 순

62. *OTP*, 1:132.

찰자들을 가리키는 호칭으로도 교환적으로 사용된다.[63]

이것은 추측이긴 해도 논리적인 질문들을 낳는다. 천사장들은 자신들의 직무에 전념하느라 너무 바쁜 나머지 혹시 하나님을 찬양하는 일에는 참여하지 못하는 건 아닐까? 그들은 하급 천사들을 감독하고 창조세계를 경영하느라 하나님의 임재를 누릴 충분한 시간이 없지는 않을까? 에녹1서 40:2-4, 9-10은 이런 의문을 어느 정도 해소해 주는 것처럼 보이는데, 여기서 네 천사장(미가엘, 라파엘, 가브리엘, 바누엘)이 "여호와의 영광 앞에 서 있고… 영들의 주재의 이름을 축복하고… 영광의 주 앞에서 찬양한다"(비교. 에녹1서 40:9; 54:6; 71:8-9, 13).[64]

제2성전기 천사론에선 계급구조가 명확하게 드러나진 않지만, 재판을 열고 진행하는 신들의 회의에 대해서는 매우 분명한 그림을 보여준다. 학자들이 "동물묵시록"(Animal Apocalypse)이라 부르는 일종의 알레고리인 에녹1서 89-90장은 신들의 회의 장면을 도발적으로 담고 있다. "동물묵시록"은 그 이름이 시사하는 것처럼 마지막 때에

---

63. Heiser, "The Divine Council," 238.

64. *OTP,* 1:32. 에녹1서 40:10에서는 바누엘이 사리엘과 우리엘을 대신한다. 여기서 이름들이 중첩되는 것으로 이해되어 왔을 수 있다. 참조. Geza Vermes, "The Archangel Sariel: A Targumic Parallel to the Dead Sea Scrolls," in *Christianity, Judaism, and Other Greco-Roman Cults: Studies for Morton Smith at Sixty, ed. Jacob Neusner* (Leiden: Brill, 1975), 159-66. 에녹1서 40장에 나오는 천사의 두 음성은 인간을 위해 "중보하고 기도하며", 귀신들을 내쫓고 이들이 "땅에 거하는 사람들을 고발하기 위해 영들의 주재에게 오는 것을 금한다." 이어지는 논의에서 이 임무에 대해 다룰 것이다.

대한 환상이다.[65] 콜린스는 그 내용을 이렇게 진술한다.

> 이 묵시는 사람 대신 동물들을 등장시켜 묘사하는 복잡한 알레고리다. 아담은 흰 소, 가인은 검은 송아지, 아벨은 붉은 송아지, 이스라엘은 양으로 등장한다. 포로기 이후의 기간 동안 이 양들은 칠십 인의 목자들에게 맡겨지는데, 이는 열국의 수호천사들을 가리킨다.[66]

에녹1서 89-90장의 70명의 목자들은 하나님의 타락한 아들들로, 이들은 옛 바벨탑 사건에서 흩어진 이방 민족들(열국)을 다스리도록 각각 배정받은 존재들이다.[67] 이들이 이스라엘을 다스리게 되는데 이는 이스라엘에게 내린 형벌이다. 이 알레고리가 전하는 관념은 목자장, 즉 이스라엘의 양 떼를 주관하시는 여호와께서 자신의 양 무리를 다스릴 권한을 바벨탑 사건에서 열국을 다스리도록 배정받은 70인의 천사인 하급 목자들에게 넘기셨다는 것이다. 이스라엘은 버림을

---

65. 『동물묵시록』과 다른 유대교 위경 작품들은 종말의 때에 관한 묵시가 인류 역사의 정점을 배경으로 하고 있으며 이 역사가 하나님이 정하신 구체적인 시기들로 나뉜다는 점에서 다니엘 7-9장과 중대한 관련성을 갖는다(비교. 단 9:24–27의 칠십 "이레"). 참조. "Excursus: The Chronology of the Vision: Seventy Shepherds Ruling for Seventy Weeks of Years," in Nickelsburg, *1 Enoch 1*, 391–93.

66. John J. Collins, "Enoch, Books of," *DNTB* 315.

67. 본서 1장의 논의와 더불어 다음을 참조하라. Heiser, *The Unseen Realm*, 110-22; Heiser, "Deuteronomy 32:8 and the Sons of God," 52–74.

받고 마지막 때까지 여호와가 아닌 하등한 천사들에 의해 다스림받게 될 것이다(에녹1서 89:51-67). 이는 이스라엘의 포로생활을 시사하는 비유 언어다. 에녹1서 89-90장의 저자는 예레미야 25장의 논조를 따라가면서도, 이스라엘을 지배하고 학대하는 인간 통치자들을 포로기의 이스라엘에게 배정된 천사 목자들로 변형시킨다.[68] 달리 말하자면, "동물묵시록"은 이스라엘의 반역과 포로생활을 초자연적 개념의 틀 위에서 전개한 것이다.

하나님은 이 목자들에게 (정해준 수효만큼) 자신의 양들을 도살하라고 명령하지만(에녹1서 89:59-60), 그들은 이에 불순종하여 하나님이 설정한 한도를 지나쳐 행동한다. 따라서 해방의 때까지 이스라엘이 경험한 혹독한 현실은 열국의 수호 천사들이 불순종한 죄로 인한 것이다. 이로 말미암아 천상에서 신들의 회의가 열리게 되는 것이다(에녹1서 90:20-27).

"동물묵시록"은 창세기 6:1-4에 등장하는 하나님의 아들들(순찰자들)의 타락에 대한 심판, 그리고 열국의 군주로서 다스리던 70명의 하

---

68. 데이빗슨(*Angels at Qumran*, 108)은 이렇게 적는다. "바벨론 정복에서 종말의 도래까지의 일흔 번의 시기 동안 이스라엘을 다스리는 칠십 인의 천사들에 관한 계획은 구약성경에 나타난 몇 가지 사상을 응용한 것이다. 창 10장은 노아로부터 시작된 칠십 개의 열국 목록을 제공하며, 신 32:8은 이에 기초해 천사들에게 개별 민족들이 배정되었다고 말한다. 그와 달리 이스라엘은 여호와 자신이 직접 돌보셨다. 렘 25:17-38 역시 에녹1서의 저자에게 영향을 준 것이 분명하다. 왜냐하면 렘 25:34, 36에 따르면, 이스라엘을 압제했던 열국의 (인간) 지도자들이 하나님에 의해 형벌을 받게 될 '목자들'로 언급되기 때문이다."

나님의 아들들의 불순종에 대한 심판, 이 둘을 결합한다. 이것은 사실상 열국을 다스리던 '엘로힘'이 "사람처럼 죽는다"(시 82:6-7)고 말한 최종 판결이 어떻게 시행될 것인지를 저자가 상상으로 그려낸 것이라고 볼 수 있다. 하지만 이스라엘을 압제하던 열국의 거주민들 역시 심판을 받았다. 구약신학이 말하는 바와 동일하게도, 여호와의 날에 있을 묵시적인 심판은 지상과 초자연이라는 두 영역에서 함께 시행된다(단 7:1-12; 사 24:21-24; 34:1-4; 욜 3:11[히 4:11]). 로페즈는 다음과 같이 적는다.

> 앞서 언급한 바와 같이, 요엘 3장은 신/인간의 전투가 여호와를 대적하는 모든 자들에 대한 지상의 심판과 연결되는 초기의 사례다. 다른 병행본문은 이사야 24:17-23에서 발견된다… 심판의 시행이 직접적으로 언급되진 않지만 요엘 3장에서와 마찬가지로 하늘과 땅 모두가 형벌을 받는다. 다니엘 7장을 포함하여 이런 본문들이 함의하는 바는 악인에 대한 심판이 하늘에선 일어날 수 없다는 것이다. 에녹1서 90장의 천상회의 장면이 추가로 암시하는 바는, 지상의 악인들만 하늘에 들어갈 수 없을 뿐만 아니라 하나님께 불순종한 천상의 존재들까지도 하늘로의 출입이 금지된다는 것이다… 책들이 펼쳐지면 세 부류의 무리들, 즉 타락한 별들, 칠십 인의 목자들, 눈 먼 양들을 향한 심판이 시행된다(24-27절). 이 하나의 심판 장면에서 각기 다른 전승

들이 발현되고 있음을 주목해야 한다. 첫째, 여기서 타락한 별들이라 불리는 순찰자들에 대한 심판이 있다는 것이다. 여기서 그들은 그들이 타락한 순서대로 언급된다. 먼저는 아사엘이라 하는 별이 언급되고 이어서 나머지 별들이 등장한다. 여기서 추락한 별들과 나란히 70명의 목자들이 언급되는데, 그들은 하늘에서 추락하진 않았으며(즉 공개적으로 하나님을 거부한 건 아니며) 하나님에 의해 이스라엘을 다스리도록 위임받은 자들이다. 그들이 형벌을 받는 이유는 그들이 직접적으로 하나님을 거부했기 때문이 아니라 그들이 하나님의 심판을 시행하는 직무를 수행할 때 하나님이 명령하신 것보다 더 가혹하게 했기 때문이다. 이들 두 부류의 천상의 존재들은 각각 심판을 받아 "정죄의 장소"이자 "불타는 심연"으로 보내진다. 형벌이 이뤄지는 곳은 지상의 끝 어딘가이며, 형벌 장소에 대한 묘사는 에녹1서 전반에 걸쳐 묘사된 내용과 일치한다.[69]

수호, 중보, 해석의 직무

우리는 앞서 천사장을 언급하면서 에녹1서 20장에서 천사장의 일부 역할에 대해 간략히 살펴보았다. 그중 두 가지는 "지상에 거주하는 사

---

69. Lopez, "The Divine Council Scene in Second Temple Literature," 223, 227.

람들을 대신하여 중보하고 기도하며 영들의 주재의 이름으로 탄원하는 일과… 귀신들을 내쫓고 이들이 지상에 거주하는 사람들을 고발하기 위해 영들의 주재에게 나아오는 것을 막는 일이다."[70]

본문은 하나님의 백성을 보호하고 그들을 대신해 중보하는 천사들의 사역에 초점을 모은다.[71] 천사의 중보는 다양한 제2성전기 본문에서 나타난다. 토빗서 12:12에서 천사 라파엘은 "너와 사라가 기도하던 때 너의 기도를 영광스러운 주님 앞에 가져가 대신 전해 드린 이가 바로 나다"라고 밝힌다. 에녹1서에서 에녹은 대홍수 이전의 족장으로서 거룩한 자들이 "인간의 자녀들을 대신해 중보하고 탄원하고 기도하는" 모습을 목격하고(에녹1서 39:5), 한 천사가 "지상에 거주하는 사람들을 대신하여 중보하고 기도하면서 영들의 주재의 이름으로 탄원하는" 소리를 듣는다(에녹1서 40:6).[72] 요한계시록 6:9, 8:3-5은 "거룩한 자들의 기도"가 금 제단 위에 있고, 그 곁에는 하나님의 보좌 앞 금 제단을 살피는 천사가 있고, 그 제단 아래에는 "하나님의 말씀으로 말

---

70. *OTP*, 1:32.

71. 하나님 앞에서 사람들을 위해 천사들이 중재하는 것은 천사의 특별한 언어를 통해 이뤄진다고 생각되었다. 본서 7장을 참조하라. 유대 문헌에서 천사의 중재직에 대한 간략한 연구로는 다음을 참조하라. Norman B. Johnson, *Prayer in the Apocrypha and Pseudepigrapha: A Study of the Jewish Concept of God* (Philadelphia: Society of Biblical Literature and Exegesis, 1948), 52-53; Davidson, *Angels at Qumran*, 309-13.

72. *OTP*, 1:31-32.

미암아 죽임을 당한 영혼들"(계 6:9)이 있는 장면을 묘사한다. 에녹1서 47:1-2는 이 장면을 상기시키면서 다음과 같이 말한다.

> 의인들의 기도가 하늘로 올려졌고, 의인들의 피가 땅에서부터 영들의 주재 앞으로 상달되었다. 하늘 위에 사는 모든 거룩한 자들이 함께 살게 되는 날이 올 것이다. 그리고 그들은 한 목소리로 영들의 주재의 이름 앞에 영광과 찬양과 축복을 드리면서 이 세상에서 피흘린 의인들을 대신하여 하나님께 간구하며 기도할 것이다. 영들의 주재 앞에서 그들의 기도는 심판이 시행되는 날까지 영원히 그치지도 쉬지도 않을 것이다.[73]

『단의 유언』 6:1-2는 다음과 같이 충고한다. "그리고 여호와를 두려워하라. 나의 자녀들아 사탄과 그의 영들을 조심하라. 하나님과 너희를 위해 중보하는 천사를 가까이 하라. 이는 그가 하나님과 사람들 사이에서 이스라엘의 평화를 위한 중보자이기 때문이다."[74] 천사장들은 "의로운 자들이 부지중에 범한 모든 죄를 위해 여호와께 화목제를 드린다"(레위의 유언 3:5).[75]

---

73. *OTP*, 1:35.
74. *OTP*, 1:810.
75. *OTP*, 1:789.

천사들이 개인을 보호하는 것과 관련된 포괄적인 언급이 있긴 하지만(예를 들어, 희년서 35:17에서 리브가는 야곱에게 에서의 "보호자"보다 더 강한 "보호자"가 있다고 말한다), 제2성전기 유대교에서 천사의 수호자 역할은 보호를 위한 중보와 지시의 방식으로 나타난다. 중보 역할은 우리가 앞서 구약 성경에서 봤던 것과 유사하다.[76] 니켈스부르그가 지적하듯이 에녹1서는 이 모티프가 풍부하게 나타난다.

> 에녹1서의 거의 모든 곳에서 천사들은 인류를 위한 중보자로서 막중한 역할을 수행한다… 천사의 중보자 역할과 그 맥락은 히브리 성경으로 거슬러 올라갈 수 있고, 초기 기독교 신학에서도 중요한 의미를 갖는다. 하늘의 중보자 이미지는 욥기에서 두드러지는데, 여기에선 욥을 두고 하나님과 논쟁을 벌이는 당당한 주역으로 그려진다. 이런 역할을 감당하는 존재를 성경은 "심판"(umpire) 또는 "중재자"(arbiter, 욥 9:3; 비교. 16:21), "증인"(witness, 욥 16:19), "중보자"(mediator, 욥 16:20; 33:23), "변호자"(vindicatior) 또는 "구속자"(redeemer, 욥 19:25-27) 등으로 다양하게 기술한다. 이런 개념은, 사람들마다 자기가 모시는 신을 따로 두고 섬기되 그 신이 천상회의에서 자신을 대신하여 일해 주기를 기대했던 고대의 신앙으로까지 거슬러 올라간

76. 본서 2장을 참조하라.

다… 에녹 문헌과 유사한 병행이 토빗서 3:16-17, 12:12-15에 나타난다. 욥기에서처럼 관건은 고통받는 의인(토비트와 사라)의 무고함이다. 라파엘은 거룩한 일곱 천사 중 하나로 "거룩한 자들"의 기도를 위대하고 거룩하신 이에게 "상기시킨다." 여기서 라파엘은 중보자이자 하나님이 보낸 치유자로서 상황을 판단하게 될 존재로 묘사되는데, 이는 에녹1서 9-10에 묘사된 심판의 중재자 및 시행자로 사역하는 천사와 일치한다… 『희년서』 17:15-18:16에 등장하는 이삭의 희생제사 이야기는 욥기의 서문과 유사한 틀로 구성되는데 여기서 하나님 앞에 선 천사들이 아브라함의 의로움을 칭찬하는 반면, 귀신들의 수장이자 마스테마의 군주가 아브라함을 고발한다… 바룩3서에서 미가엘은 의인들의 기도와 공로를 받는다(11-12장). 다른 곳에서처럼 여기서도 기도를 중보하는 일이 기도하는 자의 정직함과 결부된다.[77]

개인들 역시 천사들에게서 지시를 받는다. 천사들이 어떻게 아담에게 에덴 동산에서 일하는 법을 가르쳤는지와 같은 지엽적인 사례들

77. Nickelsburg, *1 Enoch 1*, 208-9. 이와 더불어 니켈스부르그는 다음과 같이 주석한다(p. 209). "슥 1:12-17에서 선지자 스가랴는 이런 복수의 중재자들이 있어야 할 자리에 '여호와의 천사'를 이스라엘 민족을 위한 단수의 중재자로 소개한다. 이 중재자는 이스라엘의 무고함을 호소하는 대신 '언제까지입니까'라는 질문을 제기한다. 그러면서도 하나님의 처벌이 충분하지 않냐고 주장한다. 본서 3장에서 구약 성경이 이 천사를 어떻게 미가엘보다 우월한 존재로 제시하는지 참고하라.

도 존재한다(희년서 3:15-16). 하지만 제2성전기 유대 문헌에서 천사의 지시하는 사역은 대체로 "해석하는 천사" 모티프로 발전한다. 구약 성경은 천사들이 메시지를 전하는 많은 사건들을 기술하지만, 다니엘과 같은 늦은 시기의 기록으로 갈수록, 그 메시지는 보다 형식적인 것으로 바뀌고, 대개는 환상이나 꿈의 해석을 중심으로 이루어진다. 콜린스가 지적하듯이 이런 형태의 묘사는 제2성전기, 특히 묵시문헌에서 두드러지게 나타난다.

> 일부 문학 형식을 보면 예언에서 묵시로의 진화가 나타난다. 예를 들어, 해석하는 천사의 역할이나 초자연적 중보자 개념은 주전 6세기 후반인 스가랴서에서 처음으로 등장한다.[78]

니켈스부르그는 이런 특성들을 강조하면서 구약과의 연결점을 지적한다.

> 에녹1서의 이 단락에 등장하는, 동행하며 해석하는 천사들은 에스겔과 스가랴 같은 예언서에 등장하는 그와 유사한 인물들을 확장하고 공식화한 것이다. 에스겔 8-11장에서 선지자는 찬란한 모습의 초자

78. John J. Collins, "Apocalyptic Literature," *DNTB* 42.

연적인 존재에 의해 "하나님의 환상"으로 들어가(겔 8:3), 바벨론에 있는 자신의 집에서 예루살렘으로 이동한다. 그리고 이 초자연적인 존재는 선지자를 다시 바벨론으로 돌려보내기 전까지 성전과 거기에 있는 가증한 것들에 대해 설명한다. 40-48장에서 에스겔이 다시금 "하나님의 이상 중에" 예루살렘으로 이동하기 전에, (추정컨대) 이전과 동일한 초자연적 존재가 에스겔을 이끌어 성전을 통과하면서 그 특징들에 대해 설명한다. 여기서 언어 형식에 유의할 필요가 있다. "나를 이끌어… 그가 말했다… 이것은 무엇이다." 스가랴 1-6장에서 스가랴는 한 천사와 더불어 자신이 본 환상의 내용에 대해 문답식으로 대화한다… 에녹1서의 순찰자의 책 섹션에서는 해석하는 천사의 주도로 진행되는 '환상과 질문과 답변'이 하나의 조합을 이뤄 유일한 계시의 수단으로 사용되는데, 이것은 이미 에녹1서의 표제에서 암시된 것이다(에녹1서 1:2). 게다가 에스겔 40-44장과 마찬가지로, 그 천사는 선지자의 환상 체험에 동행한다. 이런 문학 장치는 비유의 책 섹션에서도 구조적인 형태로 계속적으로 나타난다(에녹1서 40:8; 52:3; 53:4; 54:4; 56:2; 60:9, 11, 24; 61:2; 64:2). 토빗서에서도 이와 동일한 개념이 전제된다. 이 작품에서 라파엘은 토비아스를 안내해 메소포타미아를 지나면서, 토비아스에게 물고기의 내장이 지닌 마술적인 능

력에 대해 설명한다(토빗서 6:6-8).[79]

천사들이 전 과정을 해석해 준다는 개념은 그들이 인류 및 인류의 운명에 관련된 일들에 관해 신적인 지식에 접근할 수 있음을 전제한다. 이 지식 가운데 일부는 천사들이 하나님의 의사결정 과정에 직접 참여한 결과로 묘사되기도 한다. 그럼에도 구약 성경에서와 마찬가지로 제2성전기 문헌에는 신적인 기록을 보관하는 것에 관한 암시들도 존재한다. 희년서 19:9은 아브라함이 "의로운 자였고 그가 하늘 서판에 여호와의 친구라고 기록되었다"고 알려준다.[80] 다른 단락에서는 레위가 제사장으로 승격한 것이 "만유의 하나님 앞에서 하늘 서판에 증거로써 기록되었다"고 설명한다(희년서 30:20). 하나님의 언약을 깨뜨린 자들은 "하늘 서판에 원수"로 기록되고, "장차 생명책에서 그 이름이 지워질 것이며, 땅에서 축출당한 자들과 더불어 멸망할 자들의 책에 그 이름이 기록될 것이다"(희년서 30:21-22).[81] 에녹1서 47:3은 옛적부터 항상 계신 이가 보좌에 앉아 계시고 "산 자들의 책들이 그 앞에 펼쳐져 있는" 장면을 기록한다.[82]

---

79. Nickelsburg, *1 Enoch 1*, 294.

80. *OTP*, 2:92. "하늘 서판"(heavenly tablets)이라는 언급이 희년서 3:9-11; 33:10에 있는데, 이 본문들은 모세율법이 이미 하늘에서 선재했던 것으로 설명하려 한다.

81. *OTP*, 2:113.

82. *OTP*, 1:35.

공동체를 수호한다는 개념은 천사들이 전사로 등장하는 방식을 통해 가장 분명하게 드러난다. 우리가 앞서 살펴본 본문들의 맥락은 대개는 이스라엘을 보호하는 것과 관련이 있다. 미가엘은 이스라엘의 최고 수호천사로 묘사되기도 하는데(모세승천기 10:2), 이는 다니엘 10:21, 12:1과 일치한다. 몇몇 헬라어 위경에서 미가엘은 '아르키스트라테고스'(*archistratēgos*, 아브라함의 유언 2:3; 에녹2서 22:6; 33:10; 71:28; 요셉과 아스낫 14:8[헬라어 판본: 14:7])로 불리는데, 이는 헬라 문학에서 사령관을 가리키는 표준 단어인 '스트라테고스'보다 군사적으로 더 우월성을 나타내는 단어다. '아르키스트라테고스'는 칠십인역이 여호수아 5:14의 여호와의 군대 대장("군주"[prince]; 히브리어 '사르')을 헬라어로 번역한 단어이기도 하다.[83] 다른 곳에서는 이름없는 한 천사가 나타나 자신이 이스라엘의 수호자라고 말하기도 한다(레위의 유언 5:6).[84] 4Q529는 비록 단편의 형태로만 남아 있지만 천사들이 미가엘의 지휘 아래 성전을 지켰다고 제안한다.

한편 수호자의 직무(guardianship)는 어두운 면을 시사하는 것이기도 하다. 우리는 "동물묵시록"에서 "하나님이 자기 백성을 수호천사

83. 본서 3장의 미가엘에 관한 논의를 참조하라.

84. 미칼라크가 지적하듯이, 몇몇 학자들은 이 정체 모를 천사가 미가엘이라고 믿는데, 왜냐하면 미가엘은 이 같은 역할을 수행하는 맥락에서 매우 자주 등장하기 때문이다. 그래서 일부 학자들은 이 설명에 기초해 미가엘을 『전쟁 두루마리』에 나오는 빛의 군주와 동일 인물이라고 주장한다. Michalak, *Angels as Warriors*, 165–69, 236.

들의 손에 넘기셨으며, 이는 그 백성이 하나님께 반역을 저질러 심판을 받은 결과"임을 저자가 내비쳤다는 점을 살펴본 바 있다. 시리아어로 된 『바룩의 묵시』는 예루살렘이 바벨론의 침공이 있기 직전에 이미 네 명의 이름없는 천사들에 의해 파괴되었다고 말한다(바룩2서 6:4-8:1).[85] 『필로의 위서』(Liber antiquitatum biblicarum 15:5)에서 이스라엘의 수호천사들은 이스라엘 백성을 위해 중보하지 말고 도리어 그들을 괴롭게 하라는 명령을 받는다.

둘째 여호와로 등장하는 중요한 천사들

우리는 본서 3장에서 구약 성경에서 인간의 형체를 취한 여호와로 등장하는 여호와의 사자의 정체에 대해 논의한 바 있다. 이 천사는 구약 신학의 "이름 신학"과 더불어, 제2성전기 문헌 및 랍비 유대교의 후기 사상에서 "둘째 여호와" 또는 "하늘의 두 권능" 모티프의 두 번째 존재와 동일 인물로 추측된다.[86] 이 주제와 관련해 제2성전기 문헌에 관한 가장 중요한 연구 중 하나는 찰스 기쉔(Charles Gieschen)의 것인데,

---

85. 참조. 바룩4서 3:2; 4:2.

86. 참조. Heiser, "Co-Regency in Ancient Israel's Divine Council as the Conceptual Backdrop to Ancient Jewish Binitarian Monotheism," *BBR* 26.2 (2015): 210-17. 유대교의 두 권능 사상을 다루는 작품에 대해서는 다음을 참조하라. Segal, *Two Powers in Heaven*.

그의 연구에 따르면, 이 시기의 저자들은 높임 받고 영화롭게 된 인간들과 천사들을 모두 하늘의 둘째 권능자로 묘사한다.[87] 둘째 권능자를 판단하는 기준은 다음과 같이 요약될 수 있다.

> 높임을 받은 부섭정의 직(exalted vice-regency)을 이해하려 할 때 학자들이 특별히 주목해야 할 특징으로 합의한 다섯 가지 기준이 있다. (1) 신적인 지위. 이 존재가 하나님 및 그의 보좌 곁에 또는 가까이 있는가? (2) 신적인 외양. 이 존재가 히브리 성경에 나타난 육신의 형체를 취한 하나님과 동일한 방식으로 묘사되는가? (3) 신적인 역할. 이 존재가 하나님만이 행하실 수 있는 일을 수행하는가? (4) 신적인 이름. 이 인물이 여호와의 이름을 갖고 있는가? 아니면 그 이름(the Name)이라는 위격[88]으로 묘사되는가? (5) 신적인 경배. 이 존재가 경배를 받는 대상으로 등장하는가? 아니면 이 인물을 향해 기도가 드려지는가? 이 마지막 기준과 관련하여, 어떤 존재가 높임을 받는 것은 거의 대부분 출애굽기 23:20-23, 24:9이하, 다니엘 7:9이하, 에스겔 1, 10장에 그 뿌리를 두고 있다. 이 본문들이 정확히 두 권능

---

87. Charles Gieschen, *Angelomorphic Christology: Antecedents and Early Evidence* (Leiden: Brill, 1998).

88. 과거에는 위격이라는 단어를 사용한 명명법(hypostasis nomenclature)이 학자들의 비판을 받았다. 하지만 이 비판들은 유대교 천사론과 신적인 중재사역에 관한 최근 저술에서 보다 상세하게 다뤄졌다. 참조. Gieschen, *Angelomorphic Christology*, 36-48.

사상에 관한 논쟁의 주요 본문이라는 사실은 결코 우연이 아니다. 왜냐하면 그것들은 모두 둘째 하나님의 위격을 분명히 밝히고 있기 때문이다.[89]

그러므로 우리는 이 다섯 가지 기준에 가장 근접한 천사들에 초점을 맞출 것이다.[90]

『요셉과 아스낫』에서 아스낫에게 찾아온 "천상의 사람"(요셉과 아스낫 14:4-17:10)은 신(데오스[*theos*])으로 두 차례 언급되지만(17:9; 22:3), 다음과 같은 호칭으로 인해 하나님과 구별된다. "여호와의 집의 수장이자 지극히 높으신 이의 군대의 지휘관"(요셉과 아스낫 14:7-8). 많은 학자들은 이 천상의 인물이 미가엘이라고 믿는다. 물론 본문에는 미가엘과 관련한 아무런 언급이 없을 뿐더러, 제2성전기의 어떤 본문에

---

89. Heiser, "The Divine Council," 235. 참조. Gieschen, *Angelomorphic Christology*, 1–46, 51–123; Segal, *Two Powers in Heaven*, 148–49; Christopher Rowland, *The Open Heaven: A Study of Apocalyptic in Judaism and Early Christianity* (Eugene, OR: Wipf & Stock, 1982), 78–112.

90. 메타트론(Metatron)은 우리의 논의에서 제외되긴 하지만 특별히 언급할 가치가 있다. 메타트론은 부섭정 전승(vice-regent traditions)의 절정으로 주장되는데, 이는 메타트론이라는 인물이 *yhwh hqṭn*("하등한 야훼"[lesser Yahweh]; 에녹3서 7; 12:5, 48)란 이름을 가졌기 때문이다. 메타트론에 관한 자료는 대부분 에녹3서의 히브리어 판본에서 발견되는데, 학자들은 이 자료들이 제2성전기의 표준적인 기간에서 벗어난 주후 2-5세기 작품으로 보고 있다. 에녹3서는 천상회의 장면을 구체적으로 묘사하는데, 이는 신적 복수성과 두 권능 신학이 랍비 유대교의 시기에 존재했음을 증명한다.

서도 미가엘이 '데오스'로 불린 적이 없다.[91]

학자들은 『요셉과 아스낫』에 등장하는 이 천상의 사람이 미가엘과 동일한 존재임을 증명하기 위해 여호수아 5:14의 칠십인역에서 여호와의 군대 대장("군주"; 히브리어 '사르')이 헬라어로 '아르키스트라테고스'로 불린다는 점에 주목한다(요셉과 아스낫 14:8[헬라어 판본: 14:7]). 하지만 이 같은 칭호는 가까운 후대에 저술된 본문에서 라파엘에게도 사용되었고(헬라어 에스라의 묵시 1:4),[92] 미가엘이 맡은 군사적인 역할도 미가엘에게만 한정된 것이 아니라, 다른 천사장들에게도 공통적으로 위임되었다(1QM 9.15-16; 에녹1서 20:5; 40; 54; 71:8-9, 13; 바룩3서 4:7; 모세의 묵시 40; 시빌의 신탁 2:214-37).[93]

미가엘과 구별되는 신격화된 존재가 제2성전기 문헌에 나타난다.

91. 이 본문의 여러 사본들은 일부 서기관들이 그 내용을 불쾌하게 여겼음을 보여준다. 몇몇 사본에서 한 서기관은 '데오스' 앞에 정관사를 추가했는데, 그럼으로써 그 존재가 바로 하나님이며 두 번째 신적 존재에 대한 언급이 아니라는 점을 드러내려 한 것으로 보인다. 다른 사본들은 '데오스'의 자리에 "천사"를 사용했다. 참조. *OTP*, 2:231, 239.

92. 헬라어 『에스라의 묵시』는 주후 2세기에서 9세기의 작품으로 추정된다(*OTP*, 1:562).

93. 미가엘을 가장 신격화하는 것으로 보이는 제2성전기 본문은 에녹1서 40:1-9와 69:13-25다. 에녹1서 40:1-9 본문은 "임재자 앞에 서 있는 천사들"(angels of the Presence) 넷을 가리키고(에녹1서 40:2) 미가엘을 그 중 "첫 번째"로 열거한다(에녹1서 40:9). 이 묘사적인 어구는 희년서 1:27-2:2에서도 사용되는데, 여기서 이름이 언급되지 않은 "임재자 앞에 서 있는 천사"가 "이스라엘 진영 앞에 나아갔던 천사"와 명백히 동일시된다(예. 여호와의 사자). 따라서 이 전략은 침묵으로부터의 논증(argument from silence)을 낳는다. 두 번째 본문(에녹1서 69:13-25)에서 미가엘은 하나님의 숨겨진 이름을 알려달라는 요청을 받는다. 추측에 따르면 여호와와 동등한 존재여야 이 정보를 알 수 있다고 주장되기도 한다.

내게 말하는 목소리를 듣고 나는 놀라 두리번거렸다. 나는 숨을 쉴 수가 없었고, 내 영은 크게 놀랐으며, 내 혼은 내게서 달아났다. 나는 돌처럼 굳어 바닥으로 고꾸라지고 말았다. 더 이상 땅을 딛고 설 힘이 없었기 때문이다. 엎드러져 바닥에 얼굴을 대고 있을 때 거룩하신 이(the Holy One)의 목소리가 다시 들렸다. "가라. 같은 이름의 야엘(Ya'el of the same name)이여, 나의 형언할 수 없는 그 이름(Name)의 중보를 통하여 이 사람을 거룩하게 하고 힘을 주어 두려워하지 않게 하라." 그러자 그가 보내신, 사람의 모습을 한 천사가 내게로 왔고 내 오른손을 잡아 일으켜세웠다. 그가 내게 말했다. "일어나라 아브라함아, 너를 사랑하신 하나님의 친구여, 사람의 두려움이 너를 에워싸지 못하게 하라. 나는 너를 강하게 하고, (하늘과 땅의 만물을 창조하시고 너를 사랑하신) 하나님의 이름으로 너를 축복하도록 보냄을 받았다. 담대하라. 나는 야엘이다… 일어서라 아브라함아! 담대히 가라. 기뻐하고 즐거워하라. 내가 너와 함께 하리라. 영원하신 이(the Eternal One)가 너를 위해 존귀한 영광을 예비하셨나니, 가서 내가 명한 제사를 드려라. 볼지어다. 나는 너와 네게서 나올 자손으로 예정된 자들과 함께 하라는 명을 받았다. 나와 함께 미가엘도 너를 영원히 축복하리니, 담대하라!(아브라함의 묵시 10:1-7, 15-17).[94]

94. 『아브라함의 묵시』는 제2성전이 파괴된 시점 또는 그 직후에 작성되었다(*OTP*, 1:683).

이 본문을 주목해야 하는 이유는 이 천사가 하나님의 이름인 야엘("여호와는 하나님이시다")을 지니고 있고, 사람으로 나타났으며, 미가엘과 명백히 구분되기 때문이다(아브라함의 묵시 10:17).[95] 이 천사는 하나님의 이름을 지니고 있을 뿐만 아니라, 독자들은 이후 같은 작품에서 야엘이 곧 이스라엘의 하나님임을 알게 된다. 『아브라함의 묵시』 17:4-13에서 아브라함은 "높음의 장소에서" 하나님의 이름들을 낭송하는 노래를 부르면서 하나님을 경배하도록 명령을 받는다(17:4). 아브라함은 이 말씀에 순종한다.

> 영원하신 분, 전능하신 이, 거룩한 엘, 스스로 계신 절대자 하나님, 썩지 않으시는 분, 흠이 없으신 분, 자존자, 순결하신 분, 불멸자, 스스로 완전하신 분, 스스로 나신 분, 아버지와 어머니가 없으신 분, 원인이 없으신 분, 높임받으실 분, 맹렬히 타오르고, 정의롭고, 인간을 사랑하시고, 자비하시고, 긍휼이 여기시고, 풍성하시고, 나에게 질투하시고, 오래 참으시고, 가장 자비로우신 분. 나의 하나님, 영원하신 분, 전능자, 거룩하신 분, 만군의 하나님이시고, 가장 영광스러운 엘, 엘, 엘, 엘, 야엘이여(17:8-13).

95. 또는 "야호엘"(Yahoel)(*OTP*, 1:692, n. 10b).

여기서 요점은 하나님을 향해 선포된 기나긴 이름 중 '야엘'이 포함된다는 것이다. 이 천사가 하나님과 정체성을 공유한다는 점은 『아담과 하와의 생애』에서 반복된다. 여기서도 하나님이 다시금 '야엘'로 불린다.[96]

> 여호와께서 이렇게 말씀하시면서 낙원에서 떠나라고 명하셨다. 낙원 맞은편에 선 당신의 조상(아담)은 천사들 앞에서 울었고 천사들은 그에게 말했다. "아담아, 우리가 너에게 무엇을 해주길 원하느냐?" 당신의 조상은 천사들에게 이렇게 대답했다. "당신들이 저를 내쫓으셨습니다. 간청하오니 낙원의 향기라도 가져가게 해주소서. 그러면 내가 낙원을 떠나서 제사를 드릴 때 하나님이 제게 귀기울이실 것입니다." 천사들은 하나님께 나아가 그 말을 전했다. "야엘, 영원한 왕이시여, 낙원에서 향기를 가져다가 아담에게 주도록 명을 내리소서." 그러자 하나님은 아담이 낙원에서 향기를 취하여 계속 생명을 부지하며 살아갈 수 있도록 명하셨다. 천사들의 허락을 받고 아담은 네 종류의 향기, 곧 크로커스, 나드, 갈대, 계피 향을 모았고, 그가 먹을 다른 씨앗들도 모았다. 그는 이것들을 가지고 낙원을 나왔다. 이렇게 우리가 세상에 나오게 된 것이다(아담과 하와의 생애 29:1-6).

---

96. *OTP*, 2:285.

분명한 사실은 제2성전기 천사론은 천군에 대한 구약신학과 강한 유사성을 지닌다는 것이다. 이후에 살펴보겠지만, 많은 독자들이 분명히 인식하고 있듯이 천사에 관한 제2성전기의 사상은 신약 성경과도 뚜렷한 연결점을 갖고 있다.

6장.
신약 성경에 등장하는 천군

지금까지의 어휘 연구로 구약 성경과 제2성전기의 천사론 사이에 상당한 연속성이 있음이 드러났다. 천군에 속한 일원들은 두 시기의 여러 문헌에서 거의 같은 방식으로 언급된다. 다만 구약 성경의 일부 어휘는 제2성전기 문헌에서 반복되지 않는다. 물론 구약 성경과 비교할 때 제2성전기의 천사론에는 적지 않은 추측성 변화와 더불어 획기적인 변화도 나타난다. 신약 성경은 앞선 두 시기의 문헌과 비교하여 뚜렷한 차이를 보인다. 신약의 천사론은 구약 성경에 기초하지만 천군을 가리키는 어휘에 있어서 다양성이 대폭 줄어든다. 또한 제2성전기 문헌에 나타난 여러 변화에도 별 관심을 보이지 않는다.[1]

---

1. 이런 현상은 천군에 속한 "선한" 구성원들에 대해서다. 본서가 다루지 않는 귀신론과 관련해 신약 성경은 제2성전기 문헌이 구약 성경의 사상들을 분명하고 중요한 방식으로 발전시킨 것을 그대로 따라간다.

천군에 대한 신약의 어휘

신약 저자들의 어휘 선택은 쉽게 오해받을 소지가 있다. 가령, '데오스'(*theos*, 신, 신들)의 복수형은 신약에서 고작 8회만 발견된다. 이것만으로 신약 성경이 초자연적 존재에 대한 구약의 사상을 거부했다고 보기에는 설득력이 부족하다. 오히려 이런 제한된 사용은 실용적인 면이 있다. 신약 성경 저자들은 신적 복수성을 가리키는 언어를 필요할 때만 제한적으로 사용한다. 예를 들어, 구약 본문을 인용하거나, 이교도의 우상을 가리킬 때, 이방인의 종교를 다룰 때 등이다. 바울이 구약에 등장하는 신들(gods)을 실제로 존재하는 악한 존재들로 여겼다는 점은 분명하다. 고린도전서 8:1-6에서 바울은 고린도인들에게 사람들이 여호와나 예수가 아닌 다른 신들(데오이[*theoi*])과 주들(퀴리오이[*kurioi*])을 예배한다고 말한다. 바울은 신명기 32:17의 칠십인역을 따라 이런 존재들을 귀신으로 간주한다(고전 10:21-22).[2] 바울은 고

2. 귀신에 관한 어휘에 대해 말하자면, 칠십인역과 신약 성경은 모두 이방의 신들과 우상들을 가리키는 구약의 어휘를 통합하여 '다이몬/다이모니온'(*daimōn/daimonion*)으로 통칭한다. 헬레니즘 시대에 이르러 이 단어는 (유대교 분파들 사이에) 하나님을 대적하는 존재들을 가리키는 용어로 광범위하게 사용되었다. 영어 역본들은 종종 '데오이'(*theoi*)를 인용부호 속에 집어넣어 바울이 이를 실제로 존재하는 것으로 진지하게 여기지 않았다는 인상을 줌으로써 바울의 사상을 모호하게 만들어 버린다. 마찬가지로 이 영어 역본들은 일반적인 헬라어 기본형, '레고'(*legō*; "말하다"[to say, speak])를 일괄적으로 "이른바"(so-called)로 옮김으로써 잘못된 인상을 불러일으킨다. 바울의 주장에는 애매한 것이 전혀 없다. 고전 8:5-6은 다음과 같이 있는 그대로 번역되어야 한다. "비록 하늘에나 땅에나 신들과 주들로 '불리는'(so-called) 자들이 있으나('실제로'[indeed] 많은 신들과 주들이 있듯이), 우리에게는 한 하나님 곧 아버지가 계시니 만물이 그에게서 왔고, 우리

린도인들이 희생제물로 바쳐진 고기를 먹음으로써 "귀신에게 참여하는 자들"이 될 것을 우려했다(고전 10:20).[3]

마찬가지로 구약 성경 및 제2성전기 사상에서 사용된 다른 용어들도 거의 발견되지 않는다는 점을 고려하면, 신약 성경의 어휘에 관해 잘못된 결론을 도출하지 않도록 주의할 필요가 있다. 신약 성경은 "거룩한 자들"(holy ones)이라는 표현을 인간이 아닌 천상의 존재를 가리킬 때 한 번만 사용하며(유 14절), 이 경우도 위경 자료에서 인용한 것

도 그를 위해 존재하며, 또 한 주이신 그리스도가 계시다." 바울의 신학은 '엘로힘'이 복수로 존재한다는 것을 인정하면서 여호와의 유일성을 주장하는 구약 저자들과 정확히 일치한다. 바울이 이들의 존재를 받아들인다는 사실은 그가 신들과 주들을 언급하는 고전 10:21-22에서도 포착된다. 여기서 바울은 신 32:17의 칠십인역을 인용하면서 히브리어로 '엘로힘'(*'elōhîm*)과 '셰딤'(*šēdîm*)이라 불리는 이 존재들을 일컬어 귀신들(demons)이라고 부른다. '셰딤'은 이스라엘인들이 여호와의 처소에서 하나님 대신 희생제사를 드리던 대상으로, 지역을 관할하는 존재들을 가리킨다. 이 용어는 신 32:8이 보여주는 구약 세계관의 맥락 안에서 더 잘 이해된다. 참조. Heiser, *The Unseen Realm*, 328–29, 339–40. 『보이지 않는 세계』 좋은씨앗.

3. 여기서 드러나는 바울의 생각은 이보다 앞선 고전 8:8에서의 결론과 서로 충돌하지 않는다. "우리가 먹지 않는다고 해서 더 못사는 것도 아니고 먹는다고 해서 더 잘사는 것도 아니니라"(고전 8:8). 인간의 손으로 만든 우상은 사실 아무것도 아니다(고전 8:4). 하지만 그 우상 안에 들어가 산다고 여겨지는 실체에 대해서라면 이야기가 아주 달라진다. 바울은 시장에서 파는 고기를 먹으라고 했지만(고전 10:25), 분명히 이방신에게 드리는 희생 제사와 관련된 모든 것은 귀신과의 교제를 의미했다(고전 10:18-22). 이것은 이스라엘의 실패를 불러왔던 바, 이방 신들을 예배하는 것과 다르지 않기에 마땅히 이스라엘이 피해야 할 행위였다(고전 10:22; 비교. 신 32:21) 이 본문은 "귀신들"[셰딤; 칠십인역: 다이모니오이스]이 "신들"[엘로힘; 칠십인역: 데오이]로 불리는 신 32:17의 맥락에 맞게 이해되어야 한다. 우상숭배의 논리, 그리고 신들의 실재성과 우상의 차이점에 대해서는 다음을 참조하라. Gay Robins, "Cult Statues in Ancient Egypt," in *Cult Image and Divine Representation in the Ancient Near East*, ed. Neal H. Walls (Boston: American Schools of Oriental Research, 2005), 1–2; Michael P. Dick, *Born in Heaven, Made on Earth: The Making of the Cult Image in the Ancient Near East* (Winona Lake, IN: Eisenbrauns, 1999), 33–34.

이다(에녹1서 1:9). 이 단어가 아주 드물게 사용되었다고 해서 신약 성경 저자들이 천군의 일원들이 거룩하지 않다고 생각했다거나, 하나님이 계신 곳에 천상의 다른 존재들은 없다고 생각했다는 식으로 결론 내려서는 안 된다. 신약 성경이 "하나님의 아들들"(sons of God) 또는 "하나님의 자녀"(children of God)를 언급할 때 그 대상은 (영화롭게 되거나 아직 그렇게 되지 않은) 인간 신자들을 가리킨다.[4] 그렇다고 해서 만일 신약 성경 저자들이 천사들은 (영적인 "자녀"로서) 하나님이 창조하신 존재가 아니라고 생각했다거나, "하나님의 아들들"이라는 표현이 신학적으로 잘못되었다고 생각했다는 식으로 결론을 내린다면, 우리는 완전히 틀렸다.[5] 신약 성경 저자들은 이미 그들만의 확고한 관점을

---

4. 신약 성경에서 "하나님의 아들들" 또는 "하나님의 자녀"로 거론되는 다른 모든 용례는 (영화롭게 되거나 아직 그렇게 되지 않은) 신자들을 가리킨다. 참조. 요 1:12; 11:52; 롬 8:16, 21; 9:8; 빌 2:15; 요일 3:1, 10; 5:2.

5. 다른 곳에서 설명했듯이, 신자를 가리키는 이 언어는 하나님의 자녀인 영적 존재들을 가리키는 구약어휘를 의도적으로 원용한 것이다. 참조. Heiser, *The Unseen Realm*, 23–43, 307–21. 천상회의 또는 신자들의 "신적 아들됨"(divine sonship)의 배경에 대한 통찰이 담긴 다른 주석에 대해서는 다음을 참조하라. Brendan Byrne, *"Sons of God"—"Seed of Abraham": A Study of the Idea of the Sonship of God of All Christians in Paul Against the Jewish Background* (Rome: Pontifical Biblical Institute Press, 1979), 1–69; James Tabor, "Firstborn of Many Brothers: A Pauline Notion of Apotheosis," in *Society of Biblical Literature Seminar Papers 21* (Chico, CA: Scholars Press, 1984), 295–303. 바이른(Byrne)은 계속해서 신약 성경의 아들 언어(sonship language)에 관해 연구해 왔다. 다른 연구들도 이를 중점적으로 다룬다. 참조. James M. Scott, *Adoption as Sons of God: An Exegetical Investigation Into the Background of Yiothesia in the Pauline Corpus* (Tübingen: Mohr Siebeck, 1992); Matthew Vellanichal, *The Divine Sonship of Christians in the Johannine Writings* (Rome: Pontifical Biblical Institute Press, 1977).

가지고 있었다. 그러므로 그들의 저작 속에서 구약의 천사론을 새삼 언급할 필요가 없었을 뿐이다.

존재론적 언어(예. "영들")는 빈번하게 사용되었고, 종종 형용사가 붙은 채로 귀신을 묘사하는 데 사용되면서 그 자체로 존재론적 언어가 되기도 했다(예, "악한 영들"). "귀신"(Demon)은 사실상 헬라어 '다이몬'(또는 '다이모니온' 계열의 명사들)을 의역한 것인데, 이것이 고전 헬라어 문헌에서는 선악 여부와 관련없이 여느 초자연적 존재를 묘사하는 데 사용된다. '다이몬'은 신, 여신, 그보다 하등한 초자연적 존재, 심지어는 인간의 육체에서 이탈한 영을 가리킬 수도 있다.[6] 결국, '다이몬'은 의미론적으로 히브리어 '엘로힘'과 유사하다.[7] 복음서 저자들은 '다이몬'에 형용 표현을 더해 "악한 영" 또는 "더러운 영"처럼 사용한다.[8] 그래서 '다이몬' 또는 '다이모니온'은 신약 성경에서 거의 항상 하나님을 대적하는 육체가 없는 영적 존재를 가리킨다.[9] 이런 초자연

---

6. '다이몬'이라는 단어에 대해서는 다음을 참조하라. J. E. Rexine, "*Daimōn* in Classical Greek Literature," *Greek Orthodox Theological Review* 30.3 (1985): 335–61.

7. 본서 1장의 논의를 참조하라.

8. 참조. 눅 8:2, 29; 9:42 (비교. 눅 4:33; 계 18:2). 마 8:16에서 귀신은 영으로 지칭되기도 한다.

9. 한 가지 예외가 행 17:18인데, 여기서 바울과 쟁론을 벌이던 이방인들(헬라인들)이 말한다. "그는 이방 신들(다이모니온[*daimoniōn*])을 전하는 사람인가보다." 신약 성경은 귀신의 기원에 대해 아무말도 하지 않는다. 성경 이외의 유대교 본문(가령 에녹1서 같은)에서 귀신의 기원은 창 6:1-4 사건과 연결된다. 이런 본문들에서 네피림이 죽었을 때, 육체를 떠난 영이 곧 귀신으로 간주되었다. 그리고 이런 귀신들은 지구를 떠돌면서 사람들을 괴롭혔다. 귀신의 기원에 대해서는 다음을 참조하라. Wright, *The Origin of Evil Spirits*;

적인 타락한 영들은 추락하거나 떠도는 "별들"로 등장하기도 한다(마 24:29[비교. 사 34:4]; 막 13:25; 유 13절).

복음서 외에, 바울의 저술에서 어둠의 권세(powers of darkness)를 가리키는 단어는 기능 또는 역할을 의미하는 용어와 함께 사용되는 특징이 있다. 어둠의 권세를 염두에 두고 바울이 사용하는 대부분의 어휘는 지역에 대한 통치권과 연결된다. 이렇게 선택된 어휘들은 여호와에 의해 열국을 배정받았던 타락한 하나님의 아들들의 기원을 설명하는 신명기 32:8-9과 시편 82편을 고려하면 더 잘 이해된다.

> 바울이 사용한 어휘를 보면 그가 신명기 32장 세계관을 이해했고 또 전제하고 있었음을 분명히 알 수 있다. "통치자"('아르콘톤' 또는 '아르콘'), "정사"(아르케), "권세"(엑수시아[*exousia*]), "권능"(뒤나미스), "주권"(퀴리오스), "왕권"(드로노스[*thronos*]), "세상 통치자"(코스모크라토르([*kosmokratōr*]). 이 기본형 어휘들은 공통적으로 신약 성경과 다른 헬라어 문헌 모두에서 지리적 지배권(geographical domain

---

Loren T. Stuckenbruck, "Giant Mythology and Demonology: From Ancient Near East to the Dead Sea Scrolls," in *Demons: The Demonology of Israelite-Jewish and Early Christian Literature in Context of Their Environment*, eds. Armin Lange, Hermann Lichtnberger, K. F. Diethard Römheld (Tübingen: Mohr Siebeck, 2003), 31-38; idem, "The 'Angels' and 'Giants' of Genesis 6:1-4 in Second and Third Century BCE Jewish Interpretation: Reflections on the Posture of Early Apocalyptic Traditions," *DSD* 7.3 (2000): 354-77.

authority)을 나타내는 데 사용되었다. 간혹 이 용어들이 인간에 대해 사용되었지만, 그보다 많은 사례에서는 바울이 영적 존재들을 염두에 두고 사용했음을 보여준다.[10]

천군의 충성된 일원들을 가리키는 신약의 어휘들은 존재론적이기보다 기능적인 성격이 있다. 존재론적 어휘는 때때로 하나님의 종들을 묘사하는 데 사용된다. 그들은 때로는 "영들"(히 1:14; 계 1:4; 3:1; 4:5; 5:6),[11] "하늘에 속한 자들"('에푸라니오이'[*epouranioi*]; 고전 15:48), "영광 있는 자들"('독사이'[*doksai*]; 벧후 2:10; 유 8절), "빛들"('포톤'[*phōtōn*]; 약 1:17), "거룩한 자"('하기아이스'[*hagiais*]; 유 14절), "별들"로 묘사된다.[12]

---

10. Heiser, *The Unseen Realm*, 329–30. 참조. 신 4:19–20; 17:1–3; 29:23–26; 32:17. 마지막 구절의 '엘로아'(*'elôah*)를 복수형인 "신들"(gods)로 정확히 번역했다. 이는 다음의 영어 역본들도 마찬가지다. KJV, NKJV, NLT, NRSV, NET, LEB, NIV[1984]). 신 32:8에 대해서는 본서 1, 2장의 논의를 참조하라.

11. 형용사 '프뉴마티코스'(*pneumatikos*)는 하나님을 대적하는 초자연적 존재를 통칭하는 존재론적 명칭으로 딱 한 번 사용된다(엡 6:12; "영적 세력들"). 이 어휘의 동일한 기본형의 다른 복수형태로 다음과 같은 단어들을 가리키거나 묘사하기도 한다. "신령한 제사"(벧전 2:5; '프뉴마티카스'), "영적인 것[진리]"(고전 2:13; 9:11; '프뉴마티카'), "영적인 것[복]"(롬 15:27; '프뉴마티코이스'), "신령한 것[은사]"(고전 12:1; 14:1; '프뉴마티콘'), "신령한 노래"(엡 5:19; 골 3:16; '프뉴마티카이스'), "신령한 자들"(고전 2:13; 3:1; 갈 6:1; '프뉴마티코이스').

12. 요한계시록의 일곱 교회의 사자들을 "별"로 지칭한 것에 대해서는 본서 7장을 참조하라(계 1:16, 20; 2:1; 3:1; 12:4). 모든 학자가 일곱 교회와 관련된 사자(천사)들을 신적인 존재로 해석하는 것은 아니다. 여기서 "영들"을 사용하는 두 용례는 특별히 설명할 필요가 있다. 첫째, 히 12:9에서 하나님을 "영들의 아버지"(father of spirits)라고 말하는 부분은 그냥 중립적인 용어이거나, 인간의 영/호흡의 근원이신 하나님을 가리킬 수 있다. 전자를 따를 경우 이 단어는 하나님이 모든 신적인 존재들을 (그들의 충성스러움이나 타락한 상

신약 성경 저자들이 "천사"라는 단어를 "거룩한"이라는 형용사로 수식하는 경우는 거의 없다(막 8:38[비교. 9:26]; 행 10:22; 계 14:10). 그럼에도 천사는 하늘과 연결된다(마 22:30; 24:36; 막 12:25; 13:32; 눅 2:13, 15;

태와 무관하게) 창조하셨다는 의미가 될 것이다. 히 12:23의 "의인의 영들"은 분명히 구원받은 인간 영혼을 가리킨다. 둘째, 약 1:17은 하나님을 "빛들의 아버지"(father of lights)로 언급하는데, 이 표현은 별들을 천상의 존재로 간주했던 구약 성경 및 제2성전기 유대교의 개념을 상기시킨다. 참조. 본서 1, 4장 그리고 P. W. van der Horst, "Father of the Lights," *DDD* 328-29. '스토이케이아'(*stoicheia*; elemental principles)란 단어는 "선한" 천사들을 가리킬 때 사용하는 존재론적 용어 목록에서 제외된다. 이 용어가 자연계를 구성하는 물질적인 요소들("물질"; 벧후 3:10) 또는 모세 율법의 "첫째 원리들"(하나님의 말씀의 "초보"; 히 5:12)을 가리키지 않고, (적어도 부분적으로) 신적인 존재를 가리키는 것으로 알려진 본문을 살펴보면(갈 4:3, 9; 골 2:8, 20), 이 본문들이 가리키는 대상은 타락한 초자연적 존재일 것이다(옮긴이: '스토이케이아'가 영어로 "spirits"를 수식하는 "elemental"로 번역된 반면, 우리말 성경에선 "초등학문"으로 번역되었다. 저자는 '스토이케이아'가 초자연적인 존재에 대한 수식어로 사용된다고 설명하고 있다). 이 단어와 해당 본문에 대해서는 다음을 참조하라. D. G. Reid, "Elements/Elemental Spirits of the World," *DPL*. *The Unseen Realm* (p. 327, n. 17)에서 필자는 다음과 같이 썼다. "학자들 사이에서는 바울이 '스토이케이아'를 어떤 의미로 사용했는지에 대한 일치된 견해가 없다(갈 4:3, 9; 골 2:8, 20). 문제는 바울이 갈 4:3, 9과 골 2:8, 20에서 영적 실체나 일월성신을 가리키기 위해 이 용어를 사용했는지 여부다. 넷 중 세 사례에 "of the world"가 딸려 있다('코스모스', 즉 '세상의 스토이케이아'). 하지만 그렇다고 해서 의미가 명쾌해지는 건 아니다. 갈 4장과 골 2장에 나타난 바울의 논의는 영적 세력(angels, principalities and powers, false gods)을 망라하는 맥락이므로 '스토이케이아'가 신적인 존재를 가리킨다고 볼 수도 있다. 바울은 '스토이케이아'를 어떤 점에선 그리스도 안의 구원과 대비시키고 있다. 바울이 유대인과 이방인 둘 다에게 말하고 있으므로 바울이 각 청중마다 다른 방식으로 용어를 썼을 가능성도 있다. '스토이케이아'를 '율법'으로 본다면 이방인에게는 앞뒤가 안 맞겠지만 유대인에게는 와닿는 표현일 것이다. 내가 보기에 갈 4:3에서는 바울이 유대인 청중을 염두에 두고 율법과 신앙적 가르침이라는 의미로 '스토이케이아'를 사용했을 가능성이 크다(비교. 갈 4:1-7). 갈 4:8-11에서는 청중이 이방인으로 바뀌었으므로 갈 4:9의 '스토이케이아'는 신적인 존재들, 아마도 일월성신(the "Fates", 운명의 신)을 가리킨다고 보는 것이 논리적일 듯하다. 갈 4:8의 청중이 (유대인은 이미 참 하나님에 대해 알고 있으므로) 이교도로 바뀌었으므로 "날과 달과 절기와 해"를 삼가 지킨다는 언급(갈 4:10)은 유대력(Jewish calendar)이 아니라 일월성신 숭배를 가리키는 것이다. 바울의 이방인 독자들은 자신들의 운명이 천상의 실체들에게 지배받는다는 생각에 매여 종노릇해서는 안 되었다.

히 12:22; 계 10:1; 14:17; 18:1; 20:1).

기능 또는 역할론적 단어로서 "천사"(*angelos*)는 단연 하나님을 섬기는 천상의 존재들을 가리키는 신약의 주요 언어다. 실제로 '메신저'의 직무를 가리키는 이 명칭은 하늘에서 온 조력자라는 의미를 전달한다. '앙겔로스'가 사용된 175회 중 4회만 타락한 신적 존재들을 가리킨다.[13] 신약 성경 저자들에게 '앙겔로스'는 하나님을 충성스럽게 섬기는 초자연적인 대행자들을 통칭하는 포괄적 용어다. 따라서 구약 성경과 제2성전기 문헌에 나타난 다양한 어휘들은 대체로 '앙겔로스'로 수렴된다.

신약 성경도, 구약과 마찬가지로, 미가엘(유 9절; 계 12:7)과 가브리엘(눅 1:19, 26) 두 천사의 이름만 언급한다. 따라서 신약 성경에는 제2성전기 문헌에서 발견되는 특정 천사들에 대한 관심이 거의 나타나지 않는다. 구약 성경이 여호와의 천사(또는 여호와의 사자)를 중점적으

13. 참조. 마 25:41; 계 12:9; 벧후 2:4; 유 6절. 추론은 분명해야 한다. 어떤 영이 하나님을 섬기고 있지 않다면, 그것은 다른 타락한 신적 존재들과 함께 하나님을 대적하는 존재일 것이다. 마귀는 제2성전기 문헌 및 신약 성경에서 에덴의 뱀(나하쉬[*nachash*])과 연결되는데, 그는 최초의 반역으로 인해 지하세계 곧 고대 우주론에서 하나님의 거처의 반대되는 장소를 다스리는 지위를 갖는다. 참조. Heiser, *The Unseen Realm*, 276–77. 홍수 사건 이전에 타락한 하나님의 아들들(창 6:1-4)과 마귀와의 연결점은 제2성전기 문헌에서 두드러진다. 이 사상은 사실 구약 성경과도 깊이 연결된다. 다수의 제2성전기 유대 문헌의 저자들이 그렇듯이 창 6:1-4의 메소포타미아(바벨론)적 배경은 이 연결점을 잘 보여준다. 참조. Heiser, *Reversing Hermon*, 1–52. *NIDNTTE*에 따르면 '앙겔로스'란 단어는 "특히 요한계시록(67회), 공관복음서(51회), 사도행전(21회)에서 빈번하게 나타난다. 이 단어로 인간 메신저를 가리키는 경우는 드물다(눅 7:24; 9:52; 약 2:25[비교. 칠십인역 수 7:22]; 그리고 마 11:10; 막 1:2; 눅 7:27의 말 3:1 인용)" (*NIDNTTE* 1:122).

로 다루고, 그리고 제2성전기 문헌에서 "둘째 여호와"로 여겨지는 천사적 존재들(멜기세덱, 빛의 군주, 천상의 사람, 야호엘)에 많은 지면을 할애하는 것과 달리, 신약 성경의 초점은 그리스도에게 맞춰져 있다.[14]

14. "여호와의 사자" 또는 "여호와의 천사"라는 어구가 신약 성경에서 11회 나타난다(마 1:22, 24; 2:13, 19; 28:2; 눅 1:11; 2:9; 행 5:19; 8:26; 12:7, 23). 이와 비슷한 표현으로 "하나님의 천사"는 두 번 언급된다(행 10:3; 갈 4:14). 주해적인 관점에서 이 어구들이 구약 성경의 여호와의 사자와 동일한 존재로 해석될 가능성은 매우 낮다. 문제는 히브리어 표현을 영어로 대응시켜 번역하려면 문법상 그 대상을 한정해서 번역해야 한다는 사실("'그' 여호와의 천사")과 신을 가리키는 명사가 앞 단어에 의해 수식을 받는 히브리연계형 구문이 서로 조화되지 않기 때문이다. 즉 신을 가리키는 히브리 연계형 문구를 한정적이지 않은 의미로 번역하는 경우는 드물다는 지적이 적절하다. 예를 들어, 삼상 16:23, 18:10은 '루아흐 엘로힘'(*rûaḥ 'elōhîm*)이 "하나님의 성령"을 의미할 수 없다. 이미 앞에 두 차례 언급된 부분(삼상 16:15, 16)을 살펴보면, 문맥상 형용사가 어떻게 명사를 수식하는지를 따져봤을 때, 이는 하나님이 보낸 "악한 영"을 뜻한다. 하지만 대개의 경우 구체적인 신과 관련된 히브리 연계형은 한정형으로 사용될 것을 요구한다. 헬라어 문법은 보다 유동적이어서 한정적 의미를 나타내기 위한 관사의 사용을 필요로 하지 않고, 신을 가리키는 어떤 문구가 의미론적으로 한정형으로 쓰이지도 않는다. 헬라어는 또다른 속격 명사와의 구문론적인 관계에서 그 명사 앞에 관사를 생략할 수 있다. 이에 따라 관사의 생략은 앞에 나오는 명사가 부정명사일 가능성을 만든다. "주의 사자"란 문구에서 '앙겔로스' 앞에 관사가 나오는 경우는 신약 성경에서 마 1:24가 유일하다. 관사 사용과 의미론, 그리고 마 1:24에서의 관사의 사용에 관한 월리스(Wallace)의 도표를 활용하면, 마 1:24는 앞서 마 1:20에서 (관사 없이) 언급된 동일한 천사를 다시금 가리키는 대용어로 이해하는 것이 가장 정확하다. 이 관사가 어떤 특별한 천사를 가리킨다는 의미로 사용될 가능성은 없다. 참조. Wallace, *Greek Grammar Beyond the Basics*, 230. 게다가, 신약 성경 저자들이 여호와의 사자에 초점을 맞추는 구약 성경 본문들을 분명히 인용하거나 암시할 때, 이 본문들은 "주의 천사"라는 문구를 사용하지 않는다(행 7:30, 35, 38[출 3:1-3]). 저자의 의도를 추적해 봤을 때, 신약 성경 저자가 여호와 자신을 가리키는 의미에서 "여호와[주]의 사자"를 가리킬 법한 상황은 계 1장에 딱 한 번 나온다. 만일 이것이 사실이라면, 요한은 부활하신 그리스도를 그 "주의 사자"와 동일시한 것이 된다. 구약 성경에서 여호와의 사자를 여호와 자신과 동일시한다는 점, 그리고 신약 성경 저자들이 이런 동일시를 통해 예수와 여호와(주)를 연결한다는 점을 고려하면 요한이 그리스도를 "주의 사자"와 동일시한다는 해석은 설득력이 있다(참조. Heiser, *The Unseen Realm*, 127-48, 267-69). 하늘에서의 부활 이후 맥락을 고려할 때, 예수라는 위격으로 성육신하기 이전에 주의 사자의 신분으로 인간의 형체를 입고 나타나는 삼위일체의 제2위에 대해 아무 논쟁도 일어나지 않을 것이다. 계 1장의 요점은 이 천사(계 1:1, "그의 [하나님의] 천사")가 이후에 인간 예수

신약 성경 저자들에 따르면, 둘째 권능자가 예수 그리스도 안에서 성육신하셨다.[15]

고귀한 천사들에 대한 신약 성경의 관심도가 낮은 가운데 천사장에 대한 언급 역시 거의 나타나지 않는다. '아크앙겔로스'(*archangelos*)란 용어는 단 두 번 사용된다. 데살로니가전서 4:16의 사례는 그리스도의 재림을 선포하는 적어도 한 천사장의 역할을 언급한다. 특정한 천사장이 거론되지는 않는다.

유다서 9절에서 미가엘이 한번 눈에 띄게 언급되는데, 여기서 이 천사장은 모세의 시신을 두고 마귀와 다투어 변론하는 것으로 나타난다. 이 당황스러운 본문은 대부분 '하싸탄'(*hassāṭān*; 그 "대적자" 또는 사탄)이 대제사장 여호수아를 대적하는 스가랴 3장 같은 본문을 생각

로 나타난 인물이라는 것이다. "이제도 계시고 전에도 계셨고 장차 오실 이"라는 표현(계 1:4)은 칠십인역 출애굽기에서 가져온 것이다(출 3:14). 여기서 불타는 떨기나무에서 하나님의 이름이 계시되고, 거기서 여호와의 사자가 등장하는데(출 3:1-3; 비교. 계 1:8; 4:8; 히 13:8), 이는 예수를 알파와 오메가로 묘사하는 것과 밀접한 관련이 있다(계 1:8; 21:6; 22:13). 이런 동일시가 지닌 문제는 아버지 하나님이 아닌 예수가 요한에게 사자를 보낸다고 말하는 계 22:16에서 나온다. 하지만 이 구절은 단순히 예수와 하나님의 공통된 정체성을 표현하는 또다른 방식일 수 있다. 요한계시록에서는 어떤 사건에서도 "주의 사자"에 대한 명시적인 언급이 나타나지 않는다. 계 1장과 관련된 문제에 대한 장세한 논의는 다음을 참조하라. Sean M. McDonough, *YHWH at Patmos: Rev. 1:4 in Its Hellenistic and Early Jewish Setting* (Tübingen: Mohr Siebeck, 1999).

15. Alan F. Segal, "'Two Powers in Heaven' and Early Christian Trinitarian Thinking," *The Trinity: An Interdisciplinary Symposium on the Trinity* (Oxford: Oxford University Press, 1999): 73–95; Daniel Boyarin, "The Gospel of the Memra: Jewish Binitarianism and the Prologue to John," *HTR* 94.3 (2001), 243–84.

나게 하는 것으로 해석된다. 보컴의 해설이 대표적이다. "마귀는 고대로부터 자신이 맡았던 고발자 역할에 걸맞게 모세를 정죄하려 한다. 즉 모세가 명예로운 장례를 받기에 합당하지 않음을 입증하고 그의 시신을 자신이 거두기 위해서다."[16] 유다서 9절에 관한 보컴의 논의는 칭찬할 만한데, 특히 이 이상한 에피소드를 해석하는 데 기여할 만한 제2성전기 문헌들을 모아놓은 것은 아주 훌륭하다. 하지만 이 주장을 최종적으로 받아들이지 못하는 것은 스가랴 3장을 마귀와 연결하는 것이 히브리어 문법에 어긋나기 때문이다.[17]

유다서 9절의 내용과 관련해 보컴의 결론을 보완할 수 있는 또 다른 논점이 있다. 신명기 34:6에 따르면 하나님은 모세를 "벳브올 맞은편 모압 땅에 있는 골짜기에 장사했고, 오늘까지 그의 묻힌 곳을 아는 자가 없다." 이 장소는 이스라엘의 우주론과 종교에서 매우 중요한 의미를 지닌다. 이곳은 지리적으로 오봇과 아바림을 포함하는 일대에 속한다(민 21:10-11; 33:43-48). 모세는 하나님이 그를 안식하게 하시기 전에 느보산에서 약속의 땅을 보았는데(신 34:1), 이 산은 신명기 32:49에 나오는 아바림과 분명히 연결된다. 이 지점들은 지하세계

---

16. Richard J. Bauckham, *2 Peter, Jude*, WBC 50 (Dallas: Word, Inc., 1998), 59, 65-76. 『유다서·베드로후서』 솔로몬.

17. 본서 2장에서 지적했듯이, 욥 1-2장과 슥 3장 같은 본문의 대적자는 마귀와 동일한 존재가 아니다. 히브리어는 개인을 가리키는 고유명사 앞에 정관사를 허용하지 않는다는 점을 상기할 필요가 있다. 욥 1-2장과 마찬가지로, 슥 3장에서도 '사탄'에 정관사가 붙는다.

와 죽은 자들을 위한 고대 제의와 관련된다. 결국 신명기 34:6에서 언급된 "골짜기"는 에스겔 39:11에 언급된 '오브림'(*ʿōbĕrîm*)의 골짜기일 수 있다(개역개정 "사람이 통행하는 골짜기"). 스프롱크(Spronk)는 이 지명에 대해 다음과 같이 설명한다.

> "이쪽에서 저쪽으로 지나가다"를 뜻하는 동사 '아바르'(*ʿbr*)의 칼(*Qal*) 복수형 분사 '오브림'은 죽은 자들을 위한 제의 맥락에서 특별한 의미를 갖는 것으로 보인다. 이는 죽은 자들의 영이 산 자들의 땅의 경계를 넘어 죽은 자들의 세계로 건너가는 것을 가리킨다. '오브림'은 에스겔 39:11, 14에서 신적인 이름으로 해석될 수 있는데, 이는 아바림이라는 지명에 보존되었을 수 있다(민 21:10-11; 27:12; 33:44, 47-48; 신 32:49; 렘 22:20). 그렇다면 '오브림'에 해당하는 우가릿어는 KTU² 1.22 I:15에 언급된 *ʿbrm*일 것이다.
>
> 우가릿 본문 KTU² 1.22의 강령식(necromantic session)을 서술하는 대목에서, 왕은 '르바임', 즉 죽은 자들의 영을 불러 연회를 연다. 이것은 아마도 신년축제일 것이다. 그들은 말이 끄는 전차를 타고 건너온 자들로 알려진다. 죽은 자들의 영이 자신들을 위해 마련된 연회에 참여할 때 그들은 분명히 "건너온 자들"(those who came over)로 불린다.
>
> '오브림'의 골짜기는 "바다 동쪽"(겔 39:11)에 위치해 있는데, 이 바다

는 아마도 사해일 것이다. 따라서 이곳은 요단 동편(Transjordan) 지역에 속한다. 이곳에선 죽은 자들에 대한 고대 제의의 많은 흔적들을 볼 수 있는데, 예를 들어, 고인돌이라 불리는 거석기념물과 오봇(obot), 브올(Peor), 아바림(Abarim) 같은 죽은 자와 지하세계를 가리키는 지명 등이 그러하다.[18]

이런 자료를 감안하면, 모세가 죽은 자들의 영역과 관련된 지역에 매장된 것으로 결론내리는 게 합리적으로 보인다. 만일 (이스라엘 역사의 핵심 인물인) 모세의 시신을 두고 죽은 자들의 군주(lord)인 사탄과 당시에 논쟁이 벌어졌다는 제2성전기 유대교 전승이 있었다면, 이 주장은 꽤 당연한 것일 수 있다. 다니엘 10, 12장에 따르면 미가엘은 이스라엘의 군주이자 여호와의 분깃의 수호자로 알려지는데, 그렇다면 그는 약속에 따른 종말의 땅을 위해 또는 사후세계의 여호와 통치를 위해 모세의 시신에 대한 권리를 주장할 자격이 되는 것이다.

신약 성경 저자들은 (특정 존재들의 역할을 나타내는) 다른 기능성 어휘들도 사용하는데, 그 중 일부는, 앞서 지적했듯이, 타락한 초자연적 존재를 묘사한다. 바울은 열국을 다스리도록 하나님으로부터 배정받은 초자연적인 존재들을(신 32:8) 하나님을 대적하는 "통치자", "권세

---

18. K. Spronk, "Travellers," *DDD* 876–77.

자", "지배자", "주권자"라고 부른다(골 2:15; 엡 1:21).[19] 이 단어들이 보다 중립적인 의미로 사용되는 경우도 있다. 골로새서 1:16에서 하나님은 "하늘과 땅에서 보이는 것들과 보이지 않는 것들과 혹은 왕권들이나 주권들이나 통치자들이나 권세들이나" 만물을 창조하신 분으로 언급된다. 이 구절에서 피조물로서 영적이고 육체가 없는(보이지 않는) 존재들을 가리키기 위해, 통치하는 역할과 관련된 단어들이 사용된 것은 그들이 하나님이 자신을 대신하는 감독자와 관리자로 삼으려고 창조하신 존재들임을 알려준다. 에베소서 3:10을 읽으면서 우리는 하늘에 있는 (타락한) 통치자들과 권세들만이 하나님의 구원 계획과 관련된 풍성한 지혜를 알게 된다고 생각해선 안 된다.[20] 베드로

---

19. 나는 엡 1:21을 적대적인 초자연적 권세들의 패배를 가리키는 것으로 본다. 왜냐하면 이는 문맥상 부활과 연결되기 때문이다. 신약 성경은 부활 승리를, 바벨탑에서의 심판으로 인해 열국을 배정받은 것으로 알려진 어둠의 권세들에게서 권력을 박탈하는 사건과 결부짓는다(골 2:13-15; 엡 4:7-12; 고전 15:20-28; 벧전 3:18-22). 동시에 이런 사상은 열국 이방인들로 하여금 영적 통치자들에게서 떠날 것을 요구한다. 이 통치자들의 권세는 여호와에게서 기원했고, 마침내 열국/열방은 그로 인해 복을 얻을 아브라함의 자손인 그리스도의 사역의 결과로 다시금 여호와에게로 되돌아간다(창 12:3).

20. 흥미롭게도, "통치자들"(rulers, 아르카이[*archai*])이 롬 8:38에서 "천사들"과 함께 열거된다. 롬 8:38-39에서 서로 짝을 이뤄 나오는 단어들이 각기 상반된 의미를 갖기 때문에, 여기서 "통치자들"은 부정적으로 사용되고 이와 병행하는 "천사들"은 그 반대 의미로 쓰였다고 볼 수 있다. 이것은 천군에 속한 충성된 일원을 가리키는 단어다. 반면, 히 6:5에서 "하나님 말씀의 선함"(개역개정 "선한 말씀")과 함께 거론되는 "오는 세대의 권능들"(powers of the age to come; 개역개정 "내세의 능력")은 초자연적인 존재들이 아니라, 개시된 하나님 나라의 영적 은사들 또는 영적 경험 자체를 가리키는 것처럼 보인다. 참조. William L. Lane, *Hebrews 1-8*, WBC 47A (Dallas: Word, 1991), 141; Donald Guthrie, *Hebrews: An Introduction and Commentary*, TNTC 15 (Downers Grove, IL: InterVarsity Press, 1983), 146. 『히브리서 상 1-8』 솔로몬.

후서 2:10("주관하는 이")와 유다서 8절("권위를 업신여기며 영광을 비방하는도다")에 등장하는 영적 권세자[들](spiritual authorities, '퀴리오테스'[*kuriotēs*])은 거의 분명히 하나님을 가리키지만, 그럼에도 불구하고, 뒤에 논의하겠지만, 이것은 하나님의 천상회의를 가리킬 수도 있다(눅 12:8-9). 후자의 해석이 설득력 있다면, 여기서 거론된 영적 권세자들은 분명히 천군에 속한 충성된 일원을 가리킬 것이다.

신약의 천사론: 속성, 능력, 지위

하나님의 충성된 천군의 속성과 능력은 우리가 앞서 언급했던 존재론적 언어의 연장선상에 있다. 천사는 육체가 없는 초자연적인 영이다. 히브리서 1:7은 이 같은 의미로 시편 104:4를 인용하면서 천사의 특징을 "바람"과 "불꽃"으로 묘사한다.[21] 시편 기자가 초자연적인 존재를 가리키기 위해 '루호트'(*rûḥôt*)를 빈번하게 사용하는 것과 같은 방식으로, 히브리서 저자는 '프뉴마타'(*pneumata*)란 단어를 자주 사용한다(행 23:8; 고전 3:16; 히 12:9). 히브리서 1:14에서 저자는 이런 존재들을 "섬기는 영"(프뉴마타)이라고 지칭한다.

천사는 육체가 없기 때문에 물리적인 생식이 필요 없다(마 22:30; 막

21. 본서 1장에서 지적했듯이, 시 104:4는 103:19-21에 비추어 이해되어야 한다.

12:25). 물론 경우에 따라 육체를 입고 사람의 모습으로 나타날 수도 있다(행 12:7, 13-14).[22] 그들이 속성상 육체가 없는 영적 존재라는 사실은 그들을 인간보다 "더 큰 힘과 능력을 가진" 존재로 만들어주는 것처럼 보인다(벧후 2:11).[23] 영으로 존재하는 것이 육체를 가진 상태보다 우월하다는 사실은 제2위의 하나님이 나사렛 예수로 성육신하신 것을 이야기하는 특정 진술들에서도 암시된다. 빌립보서 2:5-8은 성육신을 겸손과 자기 비하로 묘사한다. 히브리서 저자는 하나님의 아들이 성육신한 것이 "천사보다 조금 못하게" 된 것이라고 말한다(히 2:7).[24] 이는 부차적인 신분이기에 한시적인 성격을 띤다. 그리스도는 부활과 승천 이후에 "천사보다 훨씬 뛰어난 존재가 되어 그들보다 더

---

22. 마 22:30과 막 12:25는 예를 들어, 베드로서신과 유다서에서처럼 창 6:1-4의 하나님의 아들들을 초자연적 존재로 해석하는 논리를 약화시키지 않는다. *The Unseen Realm*에서 지적했듯이(p. 186), "본문은 천사가 성관계를 못한다고 하지 않고 안 한다고 말한다. 이유는 자명하다. 이 주장은 부활 논쟁을 배경으로 하는데, 부활은 넓은 의미에서 내세 또는 더 정확하게는 마지막 때에 전지구적 에덴의 새로운 갱신을 가리킨다. 어느 쪽이든 논점은 분명하다. 신적인 존재들의 영역인 영적 세계에서는 생식할 필요가 없다. 생식은 물리적으로 인구를 보존하기 위해 필요한 물리적인 세계에 속한 일이다. 완전해진 에덴적 세계의 삶에서는 이 같은 방식으로 자녀를 낳음으로써 인류를 존속시킬 필요가 없다. 모두가 불멸의 부활체를 가진다. 결국 비인간의 영적 세계에서 성이 불필요한 것처럼 부활 때에도 성은 불필요하다." 창 6:1-4에 관한 논의는 다음을 참조하라. Heiser, *The Unseen Realm*, 92-109, 186-91. 창 6:1-4에 관한 초자연적 해석을 요구하는 원시 문맥에 대해서는 다음을 참조하라. Heiser, *Reversing Hermon*, 37-54.

23. 벧후 2:11의 비교진술의 대상은 사람인 거짓 선생들이다.

24. 히브리서 저자는 시 8:5(인용 출처인 칠십인역에서는 8:6)을 인용한다. 시편의 히브리어는 '엘로힘'이라고 쓰여있고, 칠십인역 번역자들은 이를 복수형으로 옮겼다. 본서 1장에서 지적했듯이, '엘로힘'은 히브리 성경에서 육체가 없는 영적 세계에서 살고 있는 존재를 묘사하는 데 광범위하게 사용되는 포괄적인 어휘다.

욱 아름다운 이름을 기업으로 얻었고"(히 1:4), "천사들과 권세들과 능력들이 그에게 복종한다"(벧전 3:22).

우월한 속성을 지녔음에도 불구하고 천사들은 모든 것을 아는 전지한 존재는 아니다. 그들은 예수님의 재림 시기를 알지 못하고(마 24:36; 막 13:32), 하나님의 구원 계획이 정확히 어떻게 작동하는지도 알지 못했다(벧전 1:10-12).

구약 성경에서도 그랬지만, 천사들은 타락할 수 없는 존재가 아니다. 고린도전서 11:10의 바울의 설명을 보면, 그가 천사들이 유혹당할 수 있음을 우려했다는 점이 드러난다. 바울은 여자들이 머리를 가려야 하는 이유와 여성의 머리카락이 일종의 "가리는 용도"로 주어졌다는 점을 논설하면서 여자들은 "천사들 때문에" 자신의 말을 유념해야 한다고 조언한다. 최근 연구에 따르면, 고린도가 속했던 그리스-로마 세계관에서 이런 주제에 관한 바울의 논의는 본질적으로 성적인 것을 의미했고, 결국 임신과 관련있다.[25]

---

25. 참조. Troy W. Martin, "Paul's Argument from Nature for the Veil in 1 Cor 11:13-15: A Testicle instead of a Head Covering," *JBL* 123.1 (2004): 75-84 (75-76을 보라). 다음의 소논문은 마틴의 논제를 반박한 것이다. Mark Goodacre, "Does Περιβολαιον Mean 'Testicle' in 1 Cor 11:15?" *JBL* 130.2 (2011): 391-96. 이에 마틴은 자신의 논문을 변호하기 위해 구데이커에게 다음의 소논문으로 철저한 답변을 제시했다. Troy W. Martin, "Περιβολαιον as 'Testicle' in 1 Cor 11:15: A Response to Mark Goodacre," *JBL* 132.2 (2013): 453-65. 고전 11:15b의 "가리는 것"(covering, '페리볼라이온'[*peribolaion*])은 남성의 고환을 가리킬 때 자주 사용된다. 트로이 마틴의 전문분야는 그리스-로마의 의학 문헌인데, 그는 바울의 고전 11장 논의가 고린도교회에 특별히 필요했던 주제인 정숙함과 성적인 의미에서의 부부간의 신의

스투켄브루크(Stuckenbruck)가 지적했듯이, 고린도전서 11:2-16의 바울의 가르침에서 드러나는 성적인 요소는 (제2성전기 유대 문헌이 창세기 6:1-4을 우주적 질서를 위배한 사건으로 각색한) 에녹1서에 등장하

를 주문한 것임을 주장하는 자신의 연구에서 많은 사례를 취합하여 제시한다(비교. 고전 5-6장). 마틴의 첫 번째 논문은 이렇게 설명한다. "고대의 의학 개념이 이 연관성을 확인해 준다. 히포크라테스 시대 저자들은 털은 속이 텅 비었으며, 남성 또는 여성의 생식액이나 정액이 그 안으로 흘러들어가 응고되어 자란다고 생각했다(Hippocrates, *Nat. puer.* 20). 속이 비어 있는 신체 부분은 진공 상태가 되고 유체를 끌어들이는데, 그처럼 털이 정액을 끌어들인다는 것이다… 털이 머리에서 가장 왕성하게 자라는 이유는 정액이 뇌에서 생산되거나(78) 최소한 뇌에서 저장되기 때문이다(Hippocrates, *Genit.* I). 털은 사춘기 이전 연령에서는 머리에서만 자라난다. 이는 정액이 머리에 저장되어 있으나, 이 시기에는 체내의 통로들이 생식액이 몸 전체에 순환되기에 충분히 커지지 않기 때문이다(Hippocrates, *Nat. puer.* 20; *Genit.* 2). 사춘기에 이차성징이 발현해 음부에 털이 자라나는 것은 생식액이 뇌에서부터 나머지 신체 부위로 이동했음을 나타내는 것이다(Hippocrates, *Nat. puer.* 20; *Genit.* I). 여성의 신체에 상대적으로 털이 적은 이유는 정액을 적게 가지고 있기 때문이기도 하지만, 여성의 몸이 더 차가워서 몸 전체로 정액을 뿜어내지 못하여 털끝에서 일어나는 정액의 증발을 감소시키기 때문이기도 하다(Hippocrates, *Nat. puer.* 20)… 이런 의학 저술들에 따르면, 남성의 몸에 털이 더 많은 이유는 정액을 더 많이 가지고 있는데다, 남성의 체온이 더 높아서 이 정액이 더 용이하게 체내 전체로 순환되기 때문이다(Hippocrates, *Nat. puer.* 20). 남성의 신체적 특성(nature, '퓌시스')은 정액을 흘리고 배출하고 배설하는 것이다… 긴 털을 가진 남성은 더 많은 정액을 보유하고 있으며, 긴 머리털은 정액이 배출되어야 할 생식기가 아니라, 거기서 멀리 떨어져 있는 머리부분으로 끌어온 결과다. 따라서 고전 11:14는 이런 의학지식을 배경으로 할 때, 남성의 신체적 특성(퓌시스)이 정액을 보유하고 있는 것보다 배출하는 데 있기 때문에, 남성이 긴 머리털을 가진 것은 부끄러운 것이라고 적절하게 진술하고 있는 것이다. 이에 반해, 여성의 신체적 특성(퓌시스)은 정액을 끌어당기고 이것을 태아를 위해 자궁에 응고시키는(79) 성향을 가진다(Hippocrates, *Genit.* 5; *Nat. puer.* 12). 털을 여성 생식기의 일부로 보는 개념은 여성의 불임 여부를 검사하는 히포크라테스 검사가 무엇인지 잘 이해시켜준다. 이 검사에 따르면, 의사는 향기나는 좌약을 여성의 자궁에 삽입하고, 그 다음날 이 좌약의 향내가 입에서 나는지를 검사한다. 만일 의사가 향기 냄새를 맡으면 이 여성은 가임여성이고, 향기를 맡지 못하면 의사는 이 여성이 불임이라고 판단한다. 왜냐하면 자궁에서부터 머리로 연결되는 통로가 막혔음을 의미하기 때문이다. 그 여성에게 있는 털의 흡입력이 정액을 체내의 적절한 통로를 통과시킬 만큼 강력하지 못한 것으로 진단된다. 따라서 이런 신체를 가진 여성에게서는 남성의 정액이 보존되기보다는 배출되어 임신하지 못하게 된다"(pp. 78-80).

는 순찰자들의 죄를 상기시킨다.[26] 스투켄브루크는 고린도전서 11:2-16 해석에 대한 학계의 세 가지 주요 제안들을 매우 자세히 분석하고 비판했다. 그는 이런 접근법이 지닌 결함들을 입증한 후에, 이 본문이 창세기 6:1-4, 그리고 에녹1서의 순찰자 이야기와 관련있다는 자신의 주장을 옹호하기 위해 다수의 일차문헌들을 종합적으로 제시한다. 그는 다음과 같이 적는다.

> 고대 남성들 사이에서 머리 덮개를 착용하는 것은 드문 일이 아니었지만, 이런 관습이 여성들 사이에서는 강한 성적 의미를 내포하고 있었다. 물론 의복은 남녀 간의 차이 또는, 더 정확히 말해, 경계를 표시함으로써 성별에 따른 범주를 구분하는 하나의 방식이었다… 많은 유대교 문헌에서도 확인되는 바, 여성의 연약함과 열등함에 대한 그리스-로마의 관점, 그리고 이에 수반하여 예방적 차원에서 머리에 수건을 쓰는 관습은 창세기 6:1-4에 대한 초기 유대교의 신화적 해석에 잘 들어맞는다. 이와 관련하여 신약 학자들은 의례히 "타락한" 천사들의 본질적인 악에 초점을 맞춘다. 이는 그 천사들이 "사람의

26. Loren T. Stuckenbruck, "Why Should Women Cover Their Heads Because of Angels?" *Stone-Campbell Journal* 4 (2001): 205-34 (esp. 228-34). 초기 기독교 지도자 가운데 터툴리아누스는 이 같은 연결을 시도한 저자로 알려진다. "그(바울)는 여자들이 머리를 가려야 하는 이유가 천사들 때문이라고 말한다. 왜냐하면 천사들이 사람의 딸들 때문에 하나님에게 반역했기 때문이다"(*On Prayer* 22.5).

딸들"의 아름다움에 매혹되었기 때문이다. 이것은 에녹1서의 "순찰자의 책"(7-8장)과 "거인의 책"과 상당히 일치한다… [바울이] 머리에 수건을 덮을 것을 권하는 이유는 곧 우주의 서로 다른 부분들을 가르는 경계 중 가장 많이 침범될 소지가 있는 곳이 바로 '여성'이라는 뿌리깊은 전제에서 결코 벗어나지 못한다… 바울이 여기서 천사들을 언급하는 것은 이것이 남녀의 사회적 관계를 넘어서는 문제이기 때문이다. 결국 수건을 덮는 행위는 우주적 질서를 유지하는 사안이다. 그것은, 서로 구분되긴 하지만 때때로 사회적으로 중첩되기도 하는 어떤 영역들을 보다 선명하게 구분하는 경계선을 그음으로써 우주적 질서를 보존한다는 의미에서 예방적 행위라 할 수 있다. 이런 경계선은 창조 이래로 우주의 근본적인 구조에 속하기 때문에 마땅히 존중되어야 한다… 이런 원칙으로 인해 수건을 덮는 행위는 본질적으로 창조질서의 서로 다른 영역에 속한 것으로 간주되는 천사들과 여성을 구분하는 역할을 하기도 한다.[27]

우리의 논의와 관련해 이 해석이 의미하는 바는, 바울은 천사들이 다시 타락할 수 있음을 우려했다는 것이다. 제2성전기 유대 저자들이 보기에 창세기 6:1-4의 사건은 인류를 부패하게 만든 결정적인 계기

27. Stuckenbruck, "Why Should Women Cover," 228–30.

였기 때문에, 바울의 우려는 이해할 만한 것이었다.[28]

타락할 수 있는 존재인 천사들이 구원의 대행자가 될 수 없다는 것은 매우 당연하다(히 1:4-5). 오히려 천사들은 하나님의 구원 계획을 궁금해 하는 관찰자에 가깝다. 이들이 구속의 비밀을 다 아는 것은 아니다.

> 이 구원에 대하여는 너희에게 임할 은혜를 예언하던 선지자들이 연구하고 부지런히 살펴서 자기 속에 계신 그리스도의 영이 그 받으실 고난과 후에 받으실 영광을 미리 증언하여 누구를 또는 어떠한 때를 지시하는지 상고하니라 이 섬긴 바가 자기를 위한 것이 아니요 너희

---

28. 제2성전기 유대인들이 볼 때, 창 6:1-4에서 기원한 문제의 핵심은 '네피림'이 아니었다. 네피림들이 죽을 때 그 육체에서 빠져나온 순찰자의 영들이 귀신으로 간주되지만, 이 대홍수 이전의 타락 사건에서 파생되는 더 심각한 신학적 우려는 이 순찰자들이 인류에게 전한 가르침이 인류를 자기 파괴적인 행실과 우상숭배로 치닫게 했다는 데 있었다. 귀신의 기원론의 관점에서 순찰자 이야기 및 창 6:1-4를 해석하는 주요 학자에 대해서는 다음을 참조하라. Reed, *Fallen Angels and the History of Judaism and Christianity*; Wright, *The Origin of Evil Spirits*. 순찰자 이야기 및 창 6:1-4를 인류 타락의 결정적 계기로 보는 해석에 대해서는 다음을 참조하라. Amar Annus, "The Antediluvian Origin of Evil in the Mesopotamian and Jewish Traditions A Comparative Study," in *Ideas of Man in the Conceptions of the Religions*, eds. Tarmo Kulmar and Rüdiger Schmitt (Münster: Ugarit-Verlag, 2012); 1–43; Miryam Brand, *Evil Within and Without: The Source of Sin and Its Nature as Portrayed in Second Temple Literature* (Göttingen: Vandenhoeck & Ruprecht, 2013); Loren T. Stuckenbruck, "The Origins of Evil in Jewish Apocalyptic Tradition: The Interpretation of Genesis 6:1–4 in the Second and Third Centuries B.C.E.," in *The Fall of the Angels*, eds. Christoff Auffarth and Loren T. Stuckenbruck (Leiden: Brill, 2004), 86–118.

를 위한 것임이 계시로 알게 되었으니 이것은 하늘로부터 보내신 성령을 힘입어 복음을 전하는 자들로 이제 너희에게 알린 것이요 천사들도 살펴보기 원하는 것이라(벧전 1:10-12).

이 본문은 천사가 그 속성상 신적인 존재라는 사실이 꼭 전지성을 의미하는 것이 아님을 알려준다. 천사도 인간과 마찬가지로 하나님의 형상이므로 하나님의 속성을 공유하긴 하지만, 하나님의 속성을 빠짐없이 다 갖고 있거나 하나님의 완전성까지 닮은 것은 아니다.[29]

---

29. 나는 *The Unseen Realm*, 39-42에서 이 주제를 길게 다루었다. 히브리어 문법과 구문론과 관련된 여러 논점들을 살펴볼 때, 하나님의 형상은 자질이나 속성으로 이해되어선 안 된다. 오히려 이것은 하나님을 '대표한다'는 신분을 가리킨다. 우리는 형상이라 불리는 어떤 '것'을 소유하고 있는 것이 아니다. 우리 자체가 하나님의 형상이다. 따라서 우리는 하나님을 형상화하는 존재(imagers, 형상담지자)다. 창 1:26-27의 복수언어(우리의 형상을 따라 우리가 사람을 만들자)는 천군의 일원들 역시 지상의 인류와 마찬가지로 영적인 세계에서 하나님을 대표하면서, 하나님을 형상화하는 존재임을 시사한다. 하나님의 속성 중 일부를 공유하는 것이 바로 하나님을 형상화하는 이 대표 직무를 가능하게 한다. 나는 *The Unseen Realm*(p. 39)에서 이렇게 썼다. "많은 성경 독자들이 복수형 대명사(우리)의 의미에 대해 궁금해 한다. 복수 명사가 삼위일체를 가리킨다고 말할 수도 있겠지만 히브리어 문법과 주해를 전문적으로 연구한 이들은 삼위일체적 해석은 앞뒤가 안 맞는다고 주장한다. 해법은 고대 이스라엘 사람이라면 쉽게 간파했을 훨씬 직접적인 설명에 있다. 우리가 볼 수 있는 단서는 바로 단수로 지칭된 하나님이 천상회의에 속한 무리에게 말씀하는 장면에 있다." *The Unseen Realm*의 다른 곳에서 나는 신성 내의 구별된 위격 개념(a Godhead)이 구약 성경에 정말로 나타난다고 주장한 바 있다. 하지만 창 1:26은 이 주제와 무관하다. 신학적으로 생각할 때, 신성을 가진 세 위격이 영원하고 전지하다면, 하나님은 다른 위격들에게 인류창조의 결심을 굳이 알릴 필요가 없으셨을 것이다. 다른 위격들은 이미 그것을 알았을 테고, 그 결정에 이미 동참했을 것이다. 창 1:26의 복수 언어에 대한 가장 철저한 학문적 논의에 대해서는 다음을 참조하라. W. Randall Garr, *In His Own Image and Likeness: Humanity, Divinity, and Monotheism* (Leiden: Brill, 2003). See especially pp. 17–94. 복수 언어에 대한 하나의 대답으로 "위엄의 복수형"(plural of majesty) 개념도 거론되는데 이것 역시 문법적인 문제가 있

우리는 천사들이 하나님에게 순종할 수도 있고, 자신들의 의지로 반역을 시도할 수도 있는 지성을 갖춘 피조물임을 분명히 알 수 있다. 또한 이들은 감정을 지닌 존재여서 "죄인들이 믿을 때 기뻐한다"(눅 15:10; 히 12:22).

신약 성경에 따르면, 충성된 천사들은 자신들이 하나님보다 하등한 존재임을 알고 있으며 따라서 인간에게 경배받기를 거부한다.

> 내가 그 발 앞에 엎드려 경배하려 하니 그가 나에게 말하기를 나는 너와 및 예수의 증언을 받은 네 형제들과 같이 된 종이니 삼가 그리하지 말고 오직 하나님께 경배하라 예수의 증언은 예언의 영이라 하더라(계 19:10).

> 이것들을 보고 들은 자는 나 요한이니 내가 듣고 볼 때에 이 일을 내게 보이던 천사의 발 앞에 경배하려고 엎드렸더니 그가 내게 말하기를 나는 너와 네 형제 선지자들과 또 이 두루마리의 말을 지키는 자들과 함께 된 종이니 그리하지 말고 하나님께 경배하라 하더라(계 22:8-9)

다. 주옹과 무라오카는 동사 형태에서 "위엄의 복수형으로 '우리'를 사용하는 것은 히브리어에 존재하지 않는다"고 지적한다(참조. GBH, 347 [§114e]). 위엄의 복수형은 명사 형태로 존재한다(참조. GBH §136d). 그러나 창 1:26은 명사가 아닌 동사 형태로 '우리'를 표현하고 있다. 다음 논의도 참조하라. Beckman, "Pluralis Majestatis: Biblical Hebrew."

학자들은 이런 사상이 신약에만 유일하게 나타나는 것이 아님을 아래와 같이 지적했다.

> 요한계시록의 본문들 말고도, 환상 가운데 선지자의 경배를 거부하는 천사에 관한 내용은 제2성전기에 유대교, 유대 기독교, 기독교의 여러 저술에서 많이 나타난다. 다음은 천사들의 이름을 괄호표시하여 그 목록을 제시한 것이다.
>
> 토빗서 12:16-22(라파엘)
> 스바냐의 묵시 6:11-15(에레미엘)
> 이사야의 승천기 7:2(영광의 천사); 7:18-23(보좌에 앉은 이): 8:1-10, 15
> 에녹2서 1:4-8(두 거인)
> 에녹3서 1:7(병거 탄 군주들); 16:1-5(메타트론)
> 카리오 게니자 단편 "T.-S. K21.95.C"(제호바다/ 젊은이/ 메타트론)[30]
> 마태복음 외경 3:3(하나님의 천사)[31]

---

30. 비일(Beale)은 이 본문을 '카이로 게니자 헤칼롯'이라고 부른다(*Cairo Genizah Hekhalot* A/2, 13-18; G. K. Beale, *The Book of Revelation: A Commentary on the Greek Text, NIGTC* [Grand Rapids: Eerdmans, 1999], 946). 『NIGTC 요한계시록』 새물결플러스.

31. Loren T. Stuckenbruck, "An Angelic Refusal of Worship: The Tradition and Its Function in the Apocalypse of John," in *Society of Biblical Literature 1994*

천사들은 경배받기를 거부할 뿐만 아니라, 사람도 최고의 계명을 따라(출 20:3) 그들을 경배해서는 안 된다. 천사들이 신적인 신분을 가졌다고 해서 그들이 지극히 높으신 이에게만 드려야 할 경배를 받을 자격을 얻은 것은 아니다. 골로새의 천사숭배 관행을 목격했던 바울은 골로새서 2:18-22에서 다음과 같이 이야기한다.

> 아무도 꾸며낸 겸손과 천사 숭배(worship of angels)를 이유로 너희를 정죄하지 못하게 하라 그가 그 본 것에 의지하여 그 육신의 생각을 따라 헛되이 과장하고 머리를 붙들지 아니하는지라 온 몸이 머리로 말미암아 마디와 힘줄로 공급함을 받고 연합하여 하나님이 자라게 하시므로 자라느니라 너희가 세상의 초등학문(elemental spirits)에서 그리스도와 함께 죽었거든 어찌하여 세상에 사는 것과 같이 규례에 순종하느냐 (곧 붙잡지도 말고 맛보지도 말고 만지지도 말라 하는 것이니 이 모든 것은 한때 쓰이고는 없어지리라) 사람의 명령과 가르침을 따르느냐 이런 것들은 자의적 숭배와 겸손과 몸을 괴롭게 하는 데는 지혜 있는 모양이나 오직 육체 따르는 것을 금하는 데는 조금도 유익이 없느니라.

Seminar Papers, ed. Eugene H. Lovering Jr. (Atlanta: Scholars Press, 1995), 679-96 (esp. 680-81). 일부 기독교 전통(로마 가톨릭 및 정교회)은 예배(worship)와 공경(veneration, or adoration[흠모])을 구분하고 천사에 대한 공경을 허용한다.

"천사 숭배"(트레스케이아 톤 앙겔론[*thrēskeia tōn angelōn*])로 번역된 어구는 학자들 사이에 여러 이견을 낳았다. 이 표현은 천사들이 목적어가 되어 그들에게 경배가 드려진다는 것을 뜻하는가? 아니면 신자들이 하나님을 경배할 때 천사들이 이에 동참한다는 것을 의미하는가? 어떤 학자는 이 여러 해석을 다음과 같이 요약한다.

> 이 문구는 대체로 목적격 속격으로 간주되어 "천사들을 향한 예배"를 가리키는 것으로 해석되어 왔다… 천사 숭배와 관련한 이런 진술은 유대교 분파들 사이에 존재했던 천사들에 관한 추측을 넘어, 실제로 천사 숭배를 가리키는 것으로 보인다. 통치자와 권세자들을 염두에 둔 것으로도 보일 수 있지만, 여기서 바울은 하나의 계급으로서 천사들을 언급한다… 유대인들 사이에 천사 숭배가 있었다는 증거는 거의 찾아볼 수 없다… 그래서 이 표현은 골로새의 "철학"(8절)이 혼합주의적 성격을 지닌 것에 대한 증거라는 주장도 있다. 당시에 이것은 이교적 요소가 혼입된 유대교의 한 형태였다. 여기서 천사들은 우주의 흐름을 결정하고, 우주 속 인간의 환경을 결정하는 존재로 여겨졌다. 인간은 정해진 제의형식을 따라 예식을 거행하고 주어진 규례를 완수함으로써 천사에게 복종해야 했다…
> 한편, 프란시스(Francis)는 이 문구를 주격 속격으로 간주하여 이것이 "천사들이 수행하는 예배"를 가리킨다고 주장했다. 프란시스는

그가 특별히 "금욕-신비주의적 경건"(ascetic-mystic piety)이라 부르는 사상을 대변하는 광범위한 자료를 사용하여, 천사적 예배(angelic worship)에 관한 많은 묘사들로 관심을 집중시켰다… 천사적 예배에 참여하는 것은 여러 자료에서 상세하게 나타난다. 이사야는 다섯째, 여섯째, 일곱째 하늘의 예배에 참여한다(이사야의 승천기 7:37; 8:17; 9:28, 31, 33). 욥의 딸들은 천사의 언어로 하나님께 찬양하고 영광을 돌린다(욥의 유언 48-50). 쿰란 문헌은 여호와 앞에서만 아니라 천사들과의 '교제' 가운데서(in communion with angels) 제물을 드리는 제사장 공동체의 일원에 대해 자주 언급한다(비교. 1QSb 4:25, 26; 1QH 3:20-22)… 따라서 거짓 교사들은 자신들이 천상의 영역으로 들어가 신적인 비밀의 환상을 받을 준비를 하면서 하나님에 대한 천사적 예배에 참여했다고 주장했다.[32]

어떤 해석을 수용하든지 상관없이, 바울의 경고는 포괄적인 성격

---

32. Peter T. O'Brien, *Colossians, Philemon*, WBC 44 (Dallas: Word, 1982), 142-43. 참조. A. L. Williams, "The Cult of Angels at Colossae," *JTS* 10 (1909): 413-38. 제2성전기 유대교의 인간과 천사의 합동예배에 대한 학문적 탐구에 대해서는 다음을 참조하라. Carol A. Newsom, "He Has Established for Himself Priests," 101-20; Devorah Dimant, "Men as Angels: The Self-Image of the Qumran Community," in *Religion and Politics in the Ancient Near East*, ed. A. Berlin (Bethesda, MD: University of Maryland Press, 1996), 93-103; F. O. Francis, "Humility and Angelic Worship in Col 2:18," in *Conflict at Colossae*, eds. F. O. Francis and W. A. Meeks, 2nd ed. (Missoula, MT: Scholar's Press, 1975), 163-95.

을 갖는다. 천사들은 경배의 (올바른) 대상도 아니고, 천사 숭배가 하나님을 예배하는 행위도 아니다. 바울은 신령한 예배란 마음에 관한 것으로, (세상을 본받지 않고, 마음을 새롭게 함으로 변화를 받아) 자기 삶을 그리스도께 제물로 드리는 것임을 분명히 밝힌다(롬 12:1-2).

천사들은 실제로 종말의 때에 영화롭게 된 신자들을 섬기는 자리에 있게 될 것이다. 히브리서 저자는 "장차 올 세상을 천사들에게 복종하게 하심이 아니라"(히 2:5)고 지적하는데, 이 사상은 신자들이 장차 "천사들을 심판할 것"이라고 주장한 바울의 경고와도 맥을 같이한다(고전 6:3). 여기서 바울은 현재 열국을 통치하고 있는 타락한 영적 존재들이 결국 신자들에 의해 그 자리를 빼앗길 것이란 사실을 가리키고 있다.[33] 이 사상은 요한계시록에 두 번이나 나타난다.

> 이기는 자와 끝까지 내 일을 지키는 그에게 만국을 다스리는 권세를 주리니 그가 철장을 가지고 그들을 다스려 질그릇 깨뜨리는 것과 같이 하리라 나도 내 아버지께 받은 것이 그러하니라 내가 또 그에게 새벽 별을 주리라(계 2:26-28).

> 볼지어다 내가 문 밖에 서서 두드리노니 누구든지 내 음성을 듣고 문

33. 참조. Heiser, *The Unseen Realm*, 309-13.

> 을 열면 내가 그에게로 들어가 그와 더불어 먹고 그는 나와 더불어 먹으리라 이기는 그에게는 내가 내 보좌에 함께 앉게 하여 주기를 내가 이기고 아버지 보좌에 함께 앉은 것과 같이 하리라(계 3:20-21).

이 본문의 요점은 우리가 그리스도와 함께 그의 가족 구성원이 되어 열방을 함께 통치한다는 것이다. 민수기 24:17는 "한 별이 야곱에게서 나오며 한 규가 이스라엘에게서 일어난다"고 말한다. 이 본문은 제2성전기 유대교에서 메시아를 가리키는 것으로 간주되었다. 분명히 이 약속은 왕적인 특성을 가리키는데(한 규가 일어날 것이다), 우리가 기억해야 할 사실은 신적인 존재들이 별로 지칭된다는 것이다(욥 38:7).

요한계시록의 새벽별이라는 표현은 신적인 메시아의 통치를 뜻하는 것으로 이해된다. 이 사상은 요한계시록 22:16에서 훨씬 더 분명하게 나타난다. "나는 다윗의 뿌리요 자손이니 곧 광명한 새벽 별이라"(계 22:16). 놀라운 사실은 예수님이 요한계시록 2:28에서 자신을 따르는 자들에게 동일한 약속을 전하신다는 것이다. "[이기는 자에게는] 내가 그에게 새벽 별을 주리라." 신자들은 그리스도와 함께 통치할 권세를 가진다.

신약의 천사론: 하늘과 땅에서의 섬김

앞서 지적했듯이 천사('앙겔로스'; 메신저)라는 단어는 신약 성경에서 거의 항상 하나님의 충성스러운 사절들을 가리키는 단어로만 사용된다. 이들은 하나님과 인간 신자들 모두를 섬김의 대상으로 한다. 하늘에서 천사들은 하나님을 찬양하고 천상회의의 의사결정에 참여하고 하나님의 명령을 수행함으로써 하나님을 섬긴다. 이들은 지상에서 다양한 형태로 신자들을 돕고, 아마도 예수님을 돕기도 했던 것으로 보인다. 그리고 이들은 불신자들을 심판하는 하나님의 대행자 역할을 수행한다.

물론 위의 역할들보다는 인간이 천사들과 만나는 장면들이 우리에게 더 익숙할 것이다. 결국 우리는 천사가 인간을 섬기는 이야기로 시작하려 한다.

1. 신자를 위한 사역

신약 성경에선 천사의 지상 활동에 관한 묘사가 하늘에서의 섬김보다 더 많이 나타난다. 신약 성경에서 천사의 지상 활동의 비중을 계산해 보면, 천사에 관한 총 180회의 언급 중 대략 4분의 3을 차지한다. 이런 빈도수가 놀라운 것이 아닌 이유는, 천상에서 하나님의 대행자로 부름받은 천사들도 지상에서 인류 가족을 섬기는 것이 하나님의 뜻이기 때문이다.

천사들은 우리의 경배와 찬양의 대상이 아니다. 신약 성경에서 이들은 "섬기는 영으로서 구원받을 상속자들을 위하여 섬기라고 보내심"을 받는다(히 1:14). 천사들은 다양한 방식으로 섬김의 직무를 수행하는 것으로 묘사된다. 그들은 감옥에서 사도들을 구출했다(행 5:18-21; 12:7-11). 어떤 천사는 목숨이 경각에 달린 바울을 안심시켰다(행 27:23). 꿈(요셉: 마 1:20-24; 2:13, 19)을 통해 사람들에게 메시지를 전하고, 예수님의 모친 마리아(눅 1:26-38), 사가랴(눅 1:8-23), 고넬료(행 10:3-7, 22[비교. 행 11:13]), 빈 무덤 앞에 있던 막달라 마리아와 "다른 마리아"(마 28:1-7[비교. 눅 24:23]; 요 20:12-12; 비교. 딤전 3:16)에게는 환상 중에 나타나 메시지를 전했다. 그리고 하늘에서 목자들에게 나타나 예수님의 탄생을 알렸다(눅 2:9, 10).

천사들은 육체를 지닌 상태로 사람과 만날 수도 있었다. 어떤 천사는 감옥에 있는 베드로의 옆구리를 쳐서 깨우고 초자연적인 방식으로 그의 족쇄를 풀었다(행 12:7). 그럼에도 불구하고 베드로는 감옥에서 탈출하여 길거리로 나왔음을 뒤늦게 알아챌 때까지 자신이 환상을 경험하고 있는 줄로 착각했다(행 12:7-11). 빌립에게 나타난 주의 사자의 경우도 마찬가지다. 본문은 그것이 환상이라고 설명하지 않기 때문에 이 만남이 물리적인 형태로 일어났다고 해석할 수 있다(행 8:26). 천사들은 예수님이 광야에서 마귀를 대적하신 후에 그를 수종들었다(마 4:11; 막 1:13). 어떤 천사는 예수님의 무덤을 막았던 돌문을 굴렸고,

그 위에 앉기도 했다(마 28:2).

이런 예들은 모두 구약 성경의 천사에 관한 묘사와 비교할 때 일관성을 보인다. 이런 점을 고려할 때, 천사들이 나타나 사람들에게 말을 건넬 수 있다는 믿음을 표현하는 유대인들이 신약 성경에 등장하는 것은 놀라운 일이 아니다(요 12:29; 행 23:9). 히브리서 저자가 지적하듯이, 이런 형태의 만남에서 자신이 만난 존재가 진짜 천사인지를 완벽하게 인지할 수는 없다. "손님 대접하기를 잊지 말라 이로써 부지중에 천사들을 대접한 이들이 있었느니라"(히 13:2). 이것은 천사들이 일반적인 사람들과 분간할 수 없을 정도로 비슷할 수 있음을 의미한다. 히브리서 저자는 창세기 18-19장과 같은 구약의 사건을 염두에 두고 있는 것으로 보인다.[34] 하지만 신약 성경에서 천사들을 일컬어 '사람'이라고 명시적으로 언급하는 예는 드물다(눅 24:4[비교. 요 20:12]; 행 1:10; 10:30). 그들이 사람처럼 등장할 때는 눈부시게 빛나는 옷을 입고 있는데, 이는 그들이 평범한 존재가 아님을 시사한다.[35]

---

34. 롯이 소돔에 찾아온 천사들을 보통의 사람을 넘어서는 존재로 알았다는 어떤 암시도 없다. 하지만 독자들은 그들이 천사라는 점을 알고 있다(창 19:1). 그 중 두 방문자가 자신들을 위협하는 무리의 눈을 멀게 했을 때라야 비로소 그들이 인간 이상의 존재임이 밝혀진다(창 19:9-14).

35. 여기서 눅 2:9, 13을 언급할 필요가 있다. 물론 여기서 예수의 탄생을 알리기 위해 목자들에게 나타난 천사(그리고 나중에는 천사의 무리로 등장한다)가 사람으로 지칭되지는 않는다. 천사는 눅 2:9(그리고 아마도 13절에서도)에서 빛나는 모습으로 나타나는데, 이에 목자들은 그 천사가 신적인 존재임을 깨닫는다. 눈부신 흰 옷에 관한 묘사는 예수님의 변모사건에도 적용된다(막 9:3). 이 흰 옷이 광채를 수반할 때 그것은 신적인 임재를 나타내는 것처럼 보인다. 흰 옷은 언제나 보통 인간이 입는 먼지나고 때묻은 의복과 대비되기

천사들이 개입하여 사람들을 섬기는 일에서 두드러지는 것 중 하나는 환상이나 하나님의 뜻을 해석해 주는 일이다. 우리는 이미 이 주제("해석하는 천사" 모티프)가 구약의 묵시문학에 나타난다는 점을 살펴보았다.[36] 신약의 묵시문학, 특히 요한계시록도 마찬가지다. 요한계시록에서 천사들은 주기적으로 요한이 본 환상을 해석해 준다(1:1; 4:1; 10:7-10; 17:1, 17; 21:9, 10; 22:1, 6, 8). "해석하는 천사" 모티프를 연구한 어떤 학자는 이렇게 설명한다.

> 요한계시록은 묵시장르의 전형이기 때문에 대체로 묵시 유형의 표준적인 기준들에 잘 들어맞는다. 묵시는 그 자체로 천상의 존재들의 중보를 통해 주어진 계시다(아포칼립세, αποκαλυφη, *apokalypsē*).[37]

천사들은 변호하는 역할을 수행하는 것으로 묘사되기도 하는데,

때문에 그 자체만으로도(행 20:12; 행 1:10) 신성을 나타내거나 정결함을 표시하기에 충분할 만큼 충격적인 모습으로 여겨질 수 있다.

36. 참조. 본서 2장. 천사가 공공연한 대화를 통해 하나님의 메시지나 환상을 해석해 주는 사건 이외에도, 신약 성경은 천사들을 시내 산에서 율법을 전하는 일과 연결한다는 점을 기억하라. 여기서 율법은 하나님에게서 나온 계시로 수식된다(행 7:53; 갈 3:19; 히 2:2).

37. David P. Melvin, "Revelation," *LBD*. 오니(Aune, *Revelation 1-5*, WBC 52A [Dallas: Word, 1997], 12)는 더 구체적인 본문 분석을 제시한다. "요한계시록에서 '데이크뉘나이'(*δείκνυναι*, *deiknunai*, 보여주다)란 동사가 총 8회 언급되는데, 그중 한 가지를 제외한 모든 사례에서 그 동사의 주어가 '해석하는 천사'(*angelus interpres*)로 나타난다(1:1; 4:1; 17:1; 21:9, 10; 22:1, 6, 8)." 참조. 계 10:7-10; 17:7.

이들을 일반적으로 "수호천사"라고 부른다.[38] 우리는 이미 구약 성경에서 거룩한 존재들을 "중보자"(mediators)로 부른다는 것을 살펴보았다. 이들은 하나님의 결정들을 설명해 주고 무고하게 고통당하는 이들을 위해 증인 역할을 수행한다. 신약 성경은 이와 동일한 사상의 단서들을 가지고 있다. 여기서 물론 신자들은 예수님 자신이 하나님 앞에서 우리를 위해 직접 중보하시므로(딤전 2:5), 더 이상 변호자의 역할을 수행하는 다른 중보자를 필요로 하지 않는다.

마태복음 18:10은 이렇게 말한다. "삼가 이 작은 자 중의 하나도 업신여기지 말라 너희에게 말하노니 그들의 천사들이 하늘에서 하늘에 계신 내 아버지의 얼굴을 항상 뵈옵느니라." 물론 이것은 시기적으로 그리스도의 대제사장적 사역이 있기 전의 발언인데다, 구약에 나타난 천사의 중보직 개념을 원용한 것이다. 바렛은 "유대교는 보호하고 인도하는 천사를 믿었다"고 지적한다.[39] 『필로의 위서』(Liber antiqui-

---

38. 이 역할은 계 1-3장의 요점일 수 있다. 여기서 천사들은 교회들에게 배정된 것처럼 보인다. 본서 7장을 참조하라.

39. C. K. Barrett, *A Critical and Exegetical Commentary on the Acts of the Apostles*, ICC (Edinburgh: T&T Clark, 2004), 585. 또한 바렛의 주장에 따르면, 유대인들은 이 수호천사들이 "때때로 그들이 보호하는 인간과 외양이 닮은 것으로" 믿었다는 것이다. 그 예시로 창 48:16, 토빗서 5:4-6, 21, 마 18:10, 헤르마스의 목자의 환상편(5:7)을 거론하면서 다음의 자료를 인용한다. Hermann L. Strack and Paul Billerbeck, *Kommentar zum Neuen Testament aus Talmud und Midrasch: Die Briefe des Neuen Testaments und die Offenbarung Johannis: erl. aus Talmud u. Midrasch/von Paul Billerbeck* (München: C. H Beck, 1922-1961), 1:781-83; 2:707. 이 본문 가운데 천사가 그의 보호를 받는 사람과 외양이 비슷하게 생겼다는 식의 어떤 설명도 찾아볼 수 없다. 토빗서 5:4-6, 20-21와 헤르마스의 목자 5:1-2는 분명히

tatum biblicarum 59.4)와 『욥의 유언』(1:10)은 천사의 수호자 역할을 표현하기 위해 시편 91:11-12(비교. 눅 4:10)을 원용한다. 토빗서에서 토비트는 아들을 떠나보낼 때 아내에게 이렇게 말한다.

> 걱정하지 말아요. 우리 아이는 건강한 몸으로 갔다가 건강한 몸으로 돌아올 것이오. 이 아이가 건강한 몸으로 당신에게 돌아오는 날을 당신 눈으로 볼 것이오. 그러니 여보, 걱정하지 말고 이 사람들 때문에 염려도 하지 마시오. 선하신 천사께서 토비야와 함께 가실 터이니, 이 아이는 여행을 잘 마치고 건강한 몸으로 돌아올 것이오(토빗서 5:21-22 공동번역).

사도행전 12장은 천사의 두루 살피는 감시 활동(oversight)을 일부 시사하는 것처럼 보인다. 천사가 베드로를 감옥에서 꺼내준 후에, 베

수호천사의 개념을 지지하지만, 헤르마스의 목자는 신약 성경 이후에 기록된 책이다. 또한 스트랙과 폴 빌러벡(Strack and Paul Billerbeck)은 후대의 랍비문헌도 예시로 언급하는데(Genesis Rabbah 78 [50a] on Gen 33:10), 여기서 개별 천사가 자신이 지키고 있는 사람의 외양을 닮은 것으로 묘사된다. 이것은 사실상 더 적절한 예시에 해당하긴 하지만, 이것 역시 성경자료보다 후대의 기록이다. 어떤 수호천사가 하나님이 그에게 보호령을 내린 어떤 인물과 비슷한 외양을 가진다는 개념은 행 12:12-16에 기인한 것일 수도 있다. 물론 이 본문 역시 이런 관념을 명시적으로 긍정하지는 않는다. 이 본문을 자세히 읽어보면, 로데가 다른 이들에게 달려가 말하기 전에 베드로가 문앞에 있던 광경을 실제로 보지 못했던 것으로 드러난다. 로데는 단지 베드로의 목소리가 익숙하다는 사실에 기초해 그것을 베드로와 동일시했을 뿐이다. 독자들은 함께 모인 다른 사람들이 로데가 "그의 천사다"라고 외치기 전에 그 얼굴을 본 것으로 생각했다고 추측해야만 할 것이다. 하지만 그것은 지나치게 구체적인 내용을 본문에 집어넣어 해석하는 것이 되고 만다.

드로는 "마가라 하는 요한의 어머니 마리아의 집에 갔고, 여러 사람이 거기에 모여 기도하고 있었다"(행 12:12). 문 두드리는 소리에 나갔던 어린 여종 로데는 문밖에서 들리는 목소리가 베드로의 것임을 알고는 흥분한 나머지 베드로를 집에 들이지도 않은 채 집안에 모인 사람들에게 달려갔다. 사람들은 베드로를 위해 기도했으면서도 로데가 전한 말을 믿지 않았고, "그러면 그의 천사겠지"라고 반응한다. 베드로는 계속해서 문을 두드렸고 결국 집안으로 들어와 환대를 받는다(12:15-16). 그날밤 그 자리에 모였던 신자들은 베드로에게 그를 섬기는 개별 천사가 있다고 믿고 있었다.

천사들이 사람들을 구해 주는 장면에서, 수호천사의 개념에 보호하는 임무가 있음이 명백히 드러난다. 그밖에도 인간 세상에서 이루어지는 수호천사의 감시 활동으로는 무고한 자들에게 자행된 악을 후일의 심판을 위해 추적하거나, 영생을 기업으로 받을 자들에 대해 기록하는 일이 포함된다. "하늘에 있는 책"(books in heaven) 개념이 고대 근동의 천상회의와 관련있다는 점을 기억할 필요가 있다. 요한계시록 3:5에서 예수님은 특별히 신자들을 지목하면서, "그 이름을 내 아버지 앞과 그의 천사들 앞에서 시인하리라"고 말씀하신다. 여기에 나오는 천사들에 대한 언급은, 그리스도에게 속한 자들이 누구인지를 "천상회의에서 인정"(council validation)하는 것과 관련있을 뿐만 아니라, 이런 판단에 천사가 증인 역할을 한다는 것을 말해 준다. 요한계시록의 다른 곳에서 누군가를 "시인"(또는 부인)하는 행위는 "생명책"과 관련있다(계 13:8; 17:8; 20:12, 15; 21:27). 누가복음 10:20에서 예수님은 70명의 제자들에게 "귀신들이 너희에게 항복하는 것으로 기뻐하지 말고 너희 이름이 하늘에 기록된 것으로 기뻐하라"고 말씀하셨다. 다른 신자들은 "생명책"에 기록된다(빌 4:3). 이것은 누가복음 16:22에서 나사로가 죽은 후에 천사들에게 받들려 "아브라함의 품"에 안겨서 위로를 받는 장면과 비슷한 맥락일 수 있다. 요한계시록의 몇몇 본문들이 자연스럽게 묵시적 종말과 연결되는 것을 고려할 때, 천사들이 생명책에 그 이름이 기록된 택하신 자들을 모으는 직무도 수행한다고 보는 것이 적절하다(마 13:39; 24:31; 막 13:27).

2. 불신자에 대한 심판

신약 성경이 천사들을 하나님의 심판의 대행자로 묘사하는 것은 놀라운 일이 아니다. 우리가 살펴보았듯이 구약 성경 및 제2성전기 유대 문헌은 하나님을 악인을 벌하기 위해 천사 군대를 거느리고 계신 분으로 묘사한다. 우리는 이런 묘사들이 (전부는 아닐지라도) 대부분 종말론적인 심판을 가리킨다는 점을 살펴보았다. 이는 신약 성경에서도 마찬가지다. 유일한 예외가 헤롯이 당한 심판인데, 사도행전 12:21-23은 그의 수치스러운 죽음을 다음과 같이 기록한다.

> 헤롯이 날을 택하여 왕복을 입고 단상에 앉아 백성에게 연설하니 백

성들이 크게 부르되 이것은 신의 소리요 사람의 소리가 아니라 하거늘 헤롯이 영광을 하나님께로 돌리지 아니하므로 주의 사자가 곧 치니 벌레에게 먹혀 죽으니라.

위에서 암시된 것처럼 신약 성경에 나타난 천사에 의한 심판 모티프는 거의 항상 묵시적인 성격을 띠고, 시기상 마지막 때에 위치한다. 그래서 이것은 그리스도의 재림이 있을 주의 날 또는 "그리스도의 날"과도 맥이 닿는다. 예를 들어, 예수님은 모인 무리에게 곡식과 가라지 비유를 말씀하시고(마 13:24-30), 이어서 그 의미를 설명하신다(마 13:36-43).

이에 예수께서 무리를 떠나사 집에 들어가시니 제자들이 나아와 이르되 밭의 가라지의 비유를 우리에게 설명하여 주소서 대답하여 이르시되 좋은 씨를 뿌리는 이는 인자요 밭은 세상이요 좋은 씨는 천국의 아들들이요 가라지는 악한 자의 아들들이요 가라지를 뿌린 원수는 마귀요 추수 때는 세상 끝이요 추수꾼은 천사들이니 그런즉 가라지를 거두어 불에 사르는 것 같이 세상 끝에도 그러하리라 인자가 그 천사들을 보내리니 그들이 그 나라에서 모든 넘어지게 하는 것과 또 불법을 행하는 자들을 거두어 내어 풀무 불에 던져 넣으리니 거기서 울며 이를 갈게 되리라 그때에 의인들은 자기 아버지 나라에서 해와 같이 빛나리라 귀 있는 자는 들으라.

그물 비유 역시 같은 논점을 제시한다. 예수님의 설명 중에 이런 내용이 나온다. "천사들이 와서 의인 중에서 악인을 갈라 내어 풀무 불에 던져 넣으리니"(마 13:49-50). 묵시적 환상에 따르면, 천사들은 이런 가공할 파괴자 역할을 수행하는데, 마지막 때에 세상과 악인을 전염병, 전쟁, 기근, 질병, 우주적 격변으로 공격한다(계 7:1-2; 8:5-13; 9:1, 13-15; 10:1, 5, 7; 15:1, 6, 7, 8; 16:1, 5; 17:1; 18:1, 21). 천사들은 심판 도중에 이따금씩 땅에 거주하는 자들을 향해 경고하기도 하고, 다른 한편으로 의인들에게 인내하라고 격려하기도 한다(계 14:6-10).

마가복음 13:27에는 택하신 자들을 불러모으는 정반대의 상황이 묘사된다. 예수님은 마지막 때에 하나님이 "천사들을 보내어 자기가 택하신 자들을 땅 끝으로부터 하늘 끝까지 사방에서 모을 것이라"고 가르치셨다. 공관복음의 병행본문인 마태복음 24:31은 한 가지 요소를 덧붙인다. "그가 큰 나팔소리와 함께 천사들을 보내리니 그들이 그의 택하신 자들을 하늘 이 끝에서 저 끝까지 사방에서 모으리라." 여기서 천사들은 큰 나팔소리와 함께 택하신 자들을 모은다. 이런 묘사는 천사들이 택하신 자들을 모으는 주제와 주의 재림을 다루는 다른 본문을 연결한다(살전 4:16-18; 비교. 고전 15:52).

택하신 자들을 모으는 천사의 역할 대신, 큰 그물을 던지는 것에서 천사들은 주님이 재림하실 때 대개는 그와 동행하는 것으로 묘사된다. "인자가 아버지의 영광으로 그 천사들과 함께 오리니"(마 16:27; 비교. 마 25:31; 26:53; 막 8:38; 눅 9:26; 살후 1:7). 몇몇 예시에서 하나님의 수행원들은 명백히 군사적인 성격을 띠고, 예수님은 천사의 군대를 거느리고 다시 오신다(마 26:53; 계 19:11-16). 이런 그림은 독자들로 하여금 여호와의 날에 그와 동행할 여호와의 천군에 의도적으로 이목을 집중시킨다(슥 14:5).

3. 하늘에서의 섬김

천사들이 하나님을 찬양하는 일에 관여하리란 사실은 매우 명백한 것처럼 보여도, 막상 신약 성경을 살펴보면 그런 취지의 구체적인 언급은 드물다. 앞서 우리는 "수많은 천군"이 메시아의 탄생을 알리며 하나님을 찬송하는 누가복음 2:13의 사례를 살펴본 바 있다. 요한계시록 4-5장에서 천사들의 예배에 대해 살펴본다면, 많은 독자들은 이 장면을 천사들이 어린양께 예배하는 것으로 생각한다. 하지만 실제로 그것은 이십사 장로, 네 생물, 그리고 영화롭게 된 인간 예배자들이 어린양 앞에 엎드려 경배하는 장면이다.[40] 요한계시록 5:11-12(비

40. 제2성전기 유대교에서 말하는 바, 하늘에서 일제히 한 동작으로 예배를 드리는 신자 공동체의 개념을 고려할 때 이런 요소들은 중요하다. 학자들은 이런 형식의 예배, 그리고 이와 관련한 믿음을 "메르카바 신비주의"(*merkabah mysticism*)라고 말한다. '메르카바'란 단어는 "전차 보좌"(throne chariot)를 의미하는데, 이것은 겔 1장 같은 하나님의 보좌 환상에서 원용한 것이다. 예를 들어, 쿰란 분파는 천체 숭배 및 이와 관련

교. 계 7:11)에서만 실제로 천사들이 예배하는 이들 속에 들어가 큰 무리를 이루어 찬양한다.

> 내가 또 보고 들으매 보좌와 생물들과 장로들을 둘러 선 많은 천사의 음성이 있으니 그 수가 만만이요 천천이라 큰 음성으로 이르되 죽임을 당하신 어린 양은 능력과 부와 지혜와 힘과 존귀와 영광과 찬송을 받으시기에 합당하도다 하더라.

천사들은 하늘에서 하나님을 찬양하는 일 외에도 다른 책무들을 맡고 있다. "천사장"이라는 단어는 천사들 사이에 위계질서가 있음을 시사한다. 즉 특정 천사들은 다른 천사들을 관리감독하는 일을 한다는 것이다. 하지만 앞서 언급한 바 천사장을 언급하는 두 예시(살

된 태양력 사용 문제를 두고 예루살렘 성전과 분리되었다. 계 4-5장이 겔 1장의 요소들을 가져왔기 때문에, 학자들은 계 4-5장을 "메르카바 신비주의"의 사례 중 하나로 간주한다. 참조. David J. Halperin, *Faces of the Chariot: Development of Rabbinic Exegesis of Ezekiel's Vision of the Divine Chariot* (Tübingen: Mohr Siebeck, 1988); Ithamar Gruenwald, *Apocalyptic and Merkabah Mysticism* (Leiden: Brill, 2014); Andrei Orlov, "Celestial Choirmaster: The Liturgical Role of Enoch-Metatron in 2 Enoch and the Merkabah Tradition," *JSP* 14.1 (2004): 3–29; Carol A. Newsom, "He Has Established for Himself Priests"; Cameron Afzal, "Wheels of Time: Merkavah Exegesis in Revelation 4," *Society of Biblical Literature Seminar Papers* (Atlanta: Society of Biblical Literature, 1998), 465–82; Rachel Elior, *The Three Temples: On the Emergence of Jewish Mysticism*, trans. David Louvish (Liverpool: Liverpool University Press, 2005).

전 4:16; 유 6절)는 이런 관리감독에 대해 많은 것을 알려주지 않는다.

더 흥미로운 사실은 천사들을 하나님의 결정들을 추인하는 존재로 등장시키는 본문들이 있다는 것이다. 이 직무는 구약 성경의 천상회의 장면에서 드러난 역할과 유사하다. 요한계시록 4-5장은 천상회의 장면으로 학자들 사이에서 널리 받아들여진다. 오니(Aune)는 다음과 같이 주석한다.

> 보좌 환상은 하늘궁정에 좌정하신 하나님에게 초점을 맞춘다. 이곳에 하나님의 신하들로 섬기는 (천사, 천사장, 스랍, 그룹처럼) 다양한 천사적 존재들 또는 하등한 신적 존재들이 하나님의 보좌를 에워싸고 있다. 하늘궁정 가운데 좌정하신 하나님에 대한 이런 묘사들은 이스라엘뿐만 아니라 고대 메소포타미아, 우가릿, 페니키아에서 발견되는 신들의 회의 및 총회라는 고대적 관념에 기초한다.[41]

하늘에서 하나님과 그의 천군이 회동하는 모임이 있는 것은 분명하지만, 여기서 천사들의 역할은 주변적인 것에 그친다. 한 천사가 크게 묻는다. "누가 그 두루마리를 펴며 그 인을 떼기에 합당하냐"(계

---

41. Aune, *Revelation 1-5*, 277. 『요한계시록 상』 솔로몬. 참조. R. Dean Davis, *The Heavenly Court Scene of Revelation 4-5* (Lanham, MD: University Press of America, 1992); J. M. Baumgarten, "The Duodecimal Courts of Qumran, Revelation, and the Sanhedrin," *JBL* 95.1 (1976): 59-78.

5:2). 그리고 수많은 무리가 찬양에 합류한다(계 5:11).

천상회의의 구체적인 장면에 대해 우리가 기대하는 보다 많은 것을 보여주는 다른 본문들도 있다. 이 중 주목할 만한 몇 가지다.

> 이기는 자는 이와 같이 흰 옷을 입을 것이요. 내가 그 이름을 생명책에서 결코 지우지 아니하고 그 이름을 내 아버지 앞과 그의 천사들 앞에서 시인하리라(계 3:5).

> 내가 또한 너희에게 말하노니 누구든지 사람 앞에서 나를 시인하면 인자도 하나님의 사자들 앞에서 그를 시인할 것이요 사람 앞에서 나를 부인하는 자는 하나님의 사자들 앞에서 부인을 당하리라(눅 12:8-9).

두 본문 모두에서 예수님은 신자들이 장차 하늘에서 하나님뿐만 아니라 천군 앞에 서게 될 것이라고 말씀하신다. 이것은 예수님이나 그 이름이 생명책에 기록된 신자들이 신들의 총회로부터 어떤 승인장 같은 것을 받아야 한다는 것이 아니다. 오히려 이것은 천군이 거주하는 하늘 본향에 입성한 새로운 가족 구성원을 소개하는 장면이다. 천상회의는 그리스도 안에서 끝까지 믿음으로 인내한 성도들을 추인하거나 열렬히 지지한다.

이와 관련해 가장 극적인 본문은 히브리서 2:10-15다.

> 그러므로 만물이 그를 위하고 또한 그로 말미암은 이가 많은 아들들을 이끌어 영광에 들어가게 하시는 일에 그들의 구원의 창시자를 고난을 통하여 온전하게 하심이 합당하도다 거룩하게 하시는 이와 거룩하게 함을 입은 자들이 다 한 근원에서 난지라 그러므로 형제라 부르시기를 부끄러워하지 아니하시고 이르시되 "내가 주의 이름을 내 형제들에게 선포하고 내가 주를 총회(assembly) 중에서 찬송하리라" 하셨으며 또 다시 "내가 그를 의지하리라" 하시고 또 다시 "볼지어다 나와 및 하나님께서 내게 주신 자녀라" 하셨으니 자녀들은 혈과 육에 속하였으매 그도 또한 같은 모양으로 혈과 육을 함께 지니심은 죽음을 통하여 죽음의 세력을 잡은 자 곧 마귀를 멸하시며 또 죽기를 무서워하므로 한평생 매여 종 노릇 하는 모든 자들을 놓아 주려 하심이니(강조는 저자).

예수님이 신자들을 "총회 중에서" 내 형제들이라 부르신다는 점을 주목하라. 성육신, 십자가 사역, 부활 및 승천을 통해 예수님은 인류 신자들을 신적인 가족으로 이끌어 들이시고, 이에 천군의 무리에 속한 초자연적인 하나님의 아들들은 함께 기뻐한다.

7장.
신약 천사론의 특별한 주제들

지금까지 살펴본 천군 및 천사들의 섬김에 대한 어휘 연구는 신약 성경이 천사들에 대해 무엇을 말하는지 이해하기 위한 출발점을 제공했다. 하지만 신약의 천사론에는 여전히 세심히 들여다봐야 할 많은 까다로운 이슈들이 남아 있다.

요한계시록 1-3장의 "일곱 교회의 사자들"은 누구인가?

요한계시록은 신약 성경에서 가장 잘 알려진 묵시문학이다.[1] 묵시문학의 핵심요소는 천사들이 등장하는 환상이다. 요한계시록은 요한이

1. 참조. Adela Yarbro Collins, "The Book of Revelation," in *The Continuum History of Apocalypticism*, eds. Bernard McGinn, John J. Collins, and Stephen Stein (New York: Continuum, 2003), 195–219.

본 인자(the son of man)의 환상으로 시작한다(계 1:9-20). 하나님의 위엄에 압도된 요한은 이런 말로 인자를 묘사한다.

> 그의 머리와 털의 희기가 흰 양털 같고 눈 같으며 그의 눈은 불꽃 같고 그의 발은 풀무불에 단련한 빛난 주석 같고 그의 음성은 많은 물소리와 같으며 그의 오른손에 일곱 별이 있고 그의 입에서 좌우에 날 선 검이 나오고 그 얼굴은 해가 힘있게 비치는 것 같더라(계 1:14-16).

이 환상에서 "인자"는 부활하여 영화롭게 된 그리스도를 가리킨다. "두려워하지 말라 나는 처음이요 마지막이니 곧 살아 있는 자라 내가 전에 죽었었노라 볼지어다 이제 세세토록 살아 있어 사망과 음부의 열쇠를 가졌노니"(계 1:17-18). 우리의 논의에서 예수님의 오른손에 있는 "일곱 별"은 중요한 의미를 지닌다. 이어서 본문은 우리의 질문을 예상하고 다음과 같이 대답한다. "네가 본 것은 내 오른손의 일곱 별의 비밀과 또 일곱 금 촛대라 일곱 별은 일곱 교회의 사자(angels of the seven churches)요 일곱 촛대는 일곱 교회니라"(계 1:20).

우리는 이 사자들(또는 천사들)을 어떻게 이해해야 할까? 그들은 초자연적인 존재인가? 그렇다면 왜 그들을 교회들에게 짝지어주는 걸까? 어쩌면 그들이 사람일 수도 있다. 왜냐하면 '앙겔로스'는 단순히 메신저를 의미하고, 신약 성경(눅 7:24; 9:52)과 칠십인역(학 1:13; 말 1:1;

3:1[비교. 마 11:10; 막 1:2]; 수 7:22[비교. 약 2:25])에서도 인간을 가리키면서 이 단어를 사용하기 때문이다. 오니는 이 논쟁을 이렇게 소개한다.

> '앙겔로스'란 단어는 요한계시록에서 단수 복수를 모두 포함해 총 77회 나타난다. 이 중 8회만 해석상의 논쟁을 야기하는데, 그중 1회가 "일곱 교회의 사자들"(1:20)이고, 나머지 7회는 단수형 '앙겔로스'를 사용해 각 교회에 전파되는 일곱 개 선포의 수신자들을 가리키는 데 사용된다(2:1, 8, 12, 18; 3:1, 7, 14). 이 8회를 제외한 69회의 '앙겔로스'나 '앙겔로이'의 용례는 하나님과 그의 피조물 사이에 중재자와 메신저 역할을 수행하는 선한 초자연적 존재들을 가리킨다… 학자들 대부분은 논쟁을 야기하는 이 8가지의 용례 역시 분명히 선한 초자연적인 존재를 가리키는 것이 분명하다고 추측한다.[2]

1. 제안된 정체성

오니는 이 주석에서 "일곱 교회의 사자"의 정체가 누구인지에 관한 질문에 충분한 답변이 이루어졌다고 보지 않는다. 이 질문에 대한 대답은 그리 간단하지 않다. 요한계시록 1-3장에 나타난 어휘와 문법을 중심으로 여러 해석적 대안들이 제시되었다. 각각의 이유는 간략

---

2. Aune, *Revelation 1–5*, 108–9. 『요한계시록 상』 솔로몬.

히 설명될 수 있다.[3]

요한계시록 1-3장에 나타난 천사 어휘에 대한 지배적인 접근은 이들을 초자연적 존재로 보는 것이다. 이 관점의 주요 주장은 일곱 사자들을 "일곱 별"이라고 부르는 요한계시록 1:20에 기초한다. 천체언어(star language)는 "다양한 본문(주로 유대교 묵시문학)에서 지상의 열국을 대표하는 천상의 존재들을 가리키기 위해 사용된다."[4] 비일(Beale)은 이렇게 덧붙인다.

> 20절에 언급된 "별들"을 교회들의 "사자들(천사들)"로 해석하는 것은 "별들"이 다니엘 12:3에서 원용한 것이라는 앞선 주장을 확증해 주는 것처럼 보인다. 왜냐하면 미가엘이 다니엘 12:1(비교. 단 10:21)에서 이스라엘의 수호 "천사"로 나타나고, 12:3의 "별들"과도 직접적으로 연결되기 때문이다… 사실 다니엘 12:3은 부활한 이스라엘 사람들이 갖게 될 천상적인 지위를 천사들의 지위에 빗댄 것이다. 왜냐하면 다니엘 8:10의 "별들"은 8:11, 7:27, 8:24에서 입증되었듯이 천사들을 가리키기 때문이다… 같은 방식으로 에녹1서 104:2-6은 다니엘 12:3을 발전시켜, 환란을 견디는 신자들에게 그들이 "하늘의 빛들

3. 참조. Aune, *Revelation 1–5*, 110–12. 『요한계시록 상』 솔로몬. 앞의 두 관점에 대한 미묘한 차이점에 대해서는 비일의 주석과 비교해 보라. Beale, *The Book of Revelation*, 217. 『NIGTC 요한계시록』 새물결플러스.

4. Aune, *Revelation 1–5*, 110. 『요한계시록 상』 솔로몬.

처럼 빛날 것이며… 하늘의 천사들처럼 큰 기쁨을 누릴 것이고… 천군과 함께 지내게 될 것"이라고 약속한다.[5]

일부 학자들은 교회의 사자들이 천상의 존재들이라는 해석을 지지하면서, 열국을 배정받은 신적인 '군주들'인 하나님의 아들들의 비유를 인용한다(신 32:8; 단 10:20-21; 12:1). 이에 대한 논리는 이렇다. "천사들"이 열국을 다스리는 위치에 있기 때문에 그들은 또한 (관리감독 같은 역할로) 교회들을 다스릴 수도 있다. 이와 관련해 『이사야의 승천기』 3:15-16은 특히 흥미롭다. 이 구절은 선지자 이사야가 구체적으로 그리스도의 부활을 언급하게 하기 위해 기독교적으로 각색한 것임을 보여준다. "마지막 날에 그가 불러낼 천사, 즉 하늘에 있는 교회의 사자가 내려올 것이다. 성령의 천사, 거룩한 천사들의 우두머리인 미가엘이 셋째날에 그의 무덤을 열 것이다."[6]

우리의 논의에서 주목할 만한 사상은 교회(하늘에 있는 교회) 공동체를 한 천사가 대표한다는 점이다. 구약 성경에서 한 천사(미가엘)가 하나님의 인류 가족을 대표할 수 있다는 생각은(단 12:1) 여기에서 어느 정체 모를 천사가 그리스도의 몸인 교회를 대표한다는 것과 접점을 이루는 것으로 보인다. 이 유비를 개별 교회와 연결짓는다면 정확하

5. Beale, *The Book of Revelation*, 218.

6. *OTP*, 2:160.

지 않겠지만, 교회의 사자들이 그 교회들을 대표하는 천상의 존재들이라 간주하는 해석적 통로는 제공한다.

두 번째 접근은 요한계시록 1-3장에서 언급되는 일곱 교회의 사자들을 각 교회의 인간 지도자로 보는 것이다. 물론 (감독이든 장로든 하는) 구체적인 직분이 거론되지는 않는다. 몇몇 학자들은 이 점을 고려해, "사자들"(angels)이 요한의 묵시로부터 받은 메시지를 각 교회에 선포하는 (일반적인 의미에서) 선지자 같은 존재라고 제안한다.

이 관점의 주된 옹호 논리는 '앙겔로스'가 신약 성경과 칠십인역 모두에서 인간 메신저를 가리키는 데 사용된다는 점이다.[7] 오니는 일부 학자들이 "일곱 교회의 '앙겔로이'가 편지의 수신자들이기 때문에, 그들이 지상에 있고, 천사보다는 인간으로 이해하는 것이 바람직해 보인다"고 주장한 것을 지적한다.[8] 이 주장의 약점은 하늘의 천사들이 주기적으로 지상의 인간들에게 메시지를 전달했고, 따라서 요한계시록의 "교회의 사자"가 메시지를 받기 전에 지상에 자리잡고 있을 필요가 없다는 것이다.

세 번째 견해는 학자들 사이에서 그다지 주목받지 못했는데, 일곱

---

7. 참조. 눅 7:24; 9:52; 약 2:25 [칠십인역 수 7:22를 인용함]; 마 11:10; 막 1:2; 눅 7:27 [칠십인역 말 3:1을 인용함]; 칠십인역 학 1:13. 오니(*Revelation 1–5*, 111)는 그를 비롯한 다른 학자들이 인간을 가리키는 것이라고 잘못 추측한 다른 예시들을 인용한다. 예를 들어, 오니는 사람들을 위해 율법을 전하는 사자들(angels)과 관련해 요세푸스를 인용한다. 이것은 구약 성경에서 그 선례를 찾아볼 수 없는 내용이다.

8. Aune, *Revelation 1–5*, 112. 『요한계시록 상』 솔로몬.

사자들을 각각 해, 달, 그리고 육안으로 볼 수 있는 다섯 개의 행성 같은 천체(수성, 금성, 화성, 목성, 토성)라고 보는 것이다. 이런 해석의 논거가 되는 본문은 실제 천사들인 일곱 별의 타락을 언급한 에녹1서 18:-13-16 및 21:1-6과 하나님이 창조한 일곱 별을 위의 목록으로 명명하는 에녹2서 30:2-3이다.

이 관점은 이런 본문들이 상호 병행적으로 읽혀야 한다는 전제, 그리고 에녹 문헌의 일곱 별이 요한계시록 1:20에 언급된 일곱 별과 동일하다는 전제 아래서 작동한다. 하지만 이 관점은 일곱이라는 숫자적 병행 이외에 이 본문들을 통합적으로 읽어야 한다는 근거를 전혀 제시하지 못하는 것으로 보인다. 게다가 에녹1서와 에녹2서의 일곱 별은 타락한 천사들을 가리키는데, 요한계시록 1-3장에서는 이 사자들이 타락한 신적 존재들이라는 암시를 전혀 찾아볼 수 없다.

이 관점을 옹호하는 보이체코프스키(Wojciechowski)는 에녹 문헌의 동일한 참고구절들을 인용하여, "별"(아스테르[*astēr*])로 번역된 헬라어에 행성들이 포함된다는 점을 지적한다. 그는 이렇게 쓴다. "그러므로 인자의 손에 들린 일곱 별의 정체가 해와 달, 그리고 다섯 행성이라고 볼 가능성이 있다. 전체 이미지는 인자가 우주를 다스릴 모든 권세를 가졌음을 나타낸다."[9] 안타깝게도 이런 천체들에 대한 천

9. Michal Wojciechowski, "Seven Churches and Seven Celestial Bodies (Rev 1:16; Rev 2-3)," *Biblische Notizen* 45 (1988): 48.

문학적 개념과 요한계시록 1-3장의 교회들에 관한 묘사를 연결하려는 보이체코프스키의 시도는 무리가 있다. 결국 이 주장은 널리 수용되지 못했다.

2. 정체성에 관한 단서가 되는 본문상의 특징들

결국 요한계시록 1-3장의 문법적 해석은 교회의 사자들을 어떻게 이해해야 하는지를 보여주는 데 있어서 가장 분명한 논점을 제공한다.[10]

각 교회마다 전해진 일곱 개의 메시지에서("~에 있는 교회의 사자에게 편지하라"), 각 '교회'는 2인칭 단수 대명사로 지칭된다. 예를 들어, 요한계시록 2장은 에베소에 있는 교회를 향한 가르침으로 시작한다. 이어서 화자는 이렇게 말한다. "나는 '너의' 행위와 '너의' 수고와 '너의' 인내를 알고, 또 '너가' 악한 자들을 용납하지 아니한 것을 안다(계 2:2, 강조표시는 저자). 여기서 대명사 또는 동사 형태에 나타난 2인칭은 각각 문법적으로 단수다. 따라서 이런 문법적 해석이 보여주는 요점은 교회의 사자에게 가르침이 전달되긴 하지만, 그 내용은 사자를 위한 메시지가 아니라 교회 공동체를 위한 것이라는 점이다.[11]

이 견해는 타당성 있다. 요한이 맨처음 기록하라는 명령을 받았을

10. 오니는 교회의 사자들을 일관성 있게 이해하기 위해 반드시 주목해야 할 본문자료들을 취합하여 제시했다(Aune, *Revelation 1-5*, 109-12). 그의 주석은 후속 논의에서 요약하여 제시될 것이다.

11. 오니(*Revelation 1-5*, 110)는 이 대명사와 동사가 종종 복수로 변환되는데, 그럴 때는 그것이 교회 내의 특정 그룹을 겨냥한 경우라고 지적한다. 참조. 계 2:10, 13, 23-25.

때, 여기서 의도된 청중은 사자들이 아닌 일곱 교회라고 구체적으로 특정된다(계 1:11, "네가 보는 것을 두루마리에 써서 일곱 교회에 보내라"). 오니는 다음과 같이 주석한다.

> 각 선포의 메시지는 분명히 성령에 의해, 그리고 교회들에게('타이스 에클레시아이스'[*tais ekklēsiais*]; 2:7, 11, 17, 29; 3:6, 13, 22) 말해지는 것으로 나온다. 그리고 이 선포의 수신자는 메시지를 직접적으로 받는 '앙겔로스'다(2:1, 8, 12, 18; 3:1, 7, 14).[12]

교회에 전하는 메시지는 각각 "귀 있는 자는 성령이 '교회들'에게 하시는 말씀을 들을지어다"로 마무리된다. 이것은 분명히 각각의 메시지가 교회의 회중을 대상으로 하고 있음을 시사한다. 즉 각각의 메시지는 한 사자에게(to) 전해지는데, 그 내용은 교회를 위한(for) 것이다.[13] 따라서 각 교회의 사자는 일종의 대리자에 해당한다고 볼 수 있

---

12. Aune, *Revelation 1–5*, 109. 『요한계시록 상』 솔로몬. 이 인용문에 이어서 오니는 이 언어가 "교회와 사자의 등가성을 시사한다"고 개인적인 의견을 밝힌다. 같은 페이지 다른 곳에서 오니는 "분신"(alter ego)이라는 표현을 사용하면서 앞서 서술된 "교회와 사자"의 관계가 일종의 목적어와 가목적어 사이의 관계와 같다고 암시한다.

13. 오니(p. 109)는 이 관점을 강화하기 위해 몇 가지 흥미로운 사실을 덧붙인다. "1:20에서 처음으로 나오는 '앙겔로이'가 관사 없이 사용된 것을 보면, 저자가 볼 때 교회의 회중들이 이 사자라는 존재들을 잘 안다고 생각하지 않았음을 암시한다(그들은 8:2의 일곱 천사장이나 15:6의 대접을 들고 있는 천사들과 동일시될 수 없다)… 이들 '앙겔로이'가 하늘에 있다는 암시는 전혀 없다… 어떤 무리를 마치 한 개인처럼 지칭하면서 2인칭 단수 동사와 대명사를 사용하는 것은 문학적으로 널리 알려진 현상이다(습 3:14-20에 언급되

다. 즉, 사자와 교회는 동일한 존재는 아니지만 서로 관련되어 있다.

요한계시록 1-3장의 다른 본문들도 사자들(angels)을 초자연적 존재로 해석한다는 사실을 고려할 때, 이들을 대리자로서의 역할을 수행하도록 교회에 위임된 천군의 일원으로 이해하는 것이 최선으로 보인다.[14] 신자를 향한 (구약 성경에서 이미 살펴본 대로, 칭찬과 책망 모두를 담고 있는) 하나님의 뜻과 말씀을 천사가 대신 전해 주는 일은 이런 관계에서 작동하는 것 같다.

"타락한 천사들"이 구원받을 수 있는가?

이것은 학자들 사이에서 그다지 주목받지 못하는 질문이다. 그 이유는, 대체로, 우리가 앞으로 살펴보겠지만, 히브리서 2:14-18이 분명히 대답했다고 여기기 때문이다.

는 시온의 딸; 겔 27장은 두로를 개인으로 상정한다). 물론 다른 경우도 존재한다. 호 9:16; 14:1-3에서 이스라엘은 처음에는 단수 대명사와 동사 형태로 다뤄지다가 나중에는 복수 형태로 거론된다. 특정 교회들에 전해진 초기 기독교 서신문학에서는 대부분 개별 교회를 지칭할 때 동사와 대명사가 항상 2인칭 복수형으로 나타난다(이것 역시 예언적 발언에서도 발견된다. 예, 습 2:1-5)."

14. 참조. G. R. Beasley-Murray, *Revelation* (rev. ed.; New Century Bible; London: Marshall, Morgan & Scott, 1978), 68-70; W. J. Harrington, *Understanding the Apocalypse* (Washington, D.C.: Corpus Books, 1969), 80-81; 비일(Beale, *The Book of Revelation*, 217)은 "천사적인 존재들은 요한계시록 내 다른 곳에서 지상의 그리스도인과 대응되는 의미에서 하늘에 거주하는 존재들로 묘사되기 때문에, 공동체적인 의미에서 그리스도인들과 동일시된다."『NIGTC 요한계시록』 새물결플러스.

타락한 천사가 구원받을 수 있다는 주장은 두 궤적을 따라 전개된다. (1) 교회의 사자들에게 지시가 내려지는 요한계시록 1-3장의 언어가 회개를 촉구한다는 점, (2) 골로새서 1:19-20. "아버지께서는 모든 충만으로 예수 안에 거하게 하시고 그의 십자가의 피로 화평을 이루사 만물(all things) 곧 땅에 있는 것들이나 하늘에 있는 것들이 그로 말미암아 자기와 화목하게 되기를 기뻐하심이라." 앞으로 이 두 주장에 대해 고찰하고 평가를 내리고자 한다.

우리는 부활한 그리스도의 메시지를 받는 청중이 각 회중에 속한 인간 구성원이라는 사실을 간과해서는 안 된다. 이 사실은 천사의 구원 문제에 관한 첫 번째 주장을 논의할 때 매우 중요한 의미를 갖는다. 다음의 요한계시록 2장의 사례들을 고려해 보라.

> 에베소 교회의 사자에게 편지하라 오른 손에 있는 일곱 별을 붙잡고 일곱 금 촛대 사이를 거니시는 이가 이르시되… 그러므로 어디서 떨어졌는지를 생각하고 회개하여 처음 행위를 가지라 만일 그리하지 아니하고 회개하지 아니하면 내가 네게 가서 네 촛대를 그 자리에서 옮기리라(계 2:1, 5).

> 서머나 교회의 사자에게 편지하라 처음이며 마지막이요 죽었다가 살아나신 이가 이르시되… 네가 죽도록 충성하라 그리하면 내가 생

> 명의 관을 네게 주리라(계 2:8, 10)

> 버가모 교회의 사자에게 편지하라 좌우에 날선 검을 가지신 이가 이르시되… 그러므로 회개하라 그리하지 아니하면 내가 네게 속히 가서 내 입의 검으로 그들과 싸우리라(계 2:12, 16).

주목할 사실은, 회개를 촉구하는 동일한 진술을 포함하는 이 각각의 본문들의 청중이 바로 교회이고, 그 메시지를 전달하는 사자가 아님이 분명하다는 점이다. 각 메시지마다 이렇게 마무리된다. "귀 있는 자는 성령이 교회들에게 하시는 말씀을 들을지어다"(계 2:7, 11, 17).

이 본문들은 부활하신 그리스도가 (인간 신자들로 구성된) 회중에게 말씀하고 있다는 점을 분명히 한다. 사자는 교회가 아니라, 교회를 위한 의사소통의 대리자다. 결국, 사자는 회개를 촉구하는 대상에 속하지 않는다는 것이다. 게다가 이 대리자 역할을 맡은 사자가 타락하여 하나님에게서 멀어진 존재라는 어떤 암시도 존재하지 않는다. 오히려 우리는 이스라엘의 수호천사인 미가엘의 경우와 같은 맥락에서, 이 사자들이 천군의 충성된 구성원임을 믿을 많은 이유를 갖게 된다. 그러므로 요한계시록 1-3장의 언어는 타락한 천사들이 구원받을 수 있다는 사상을 지지하지 않는다.

타락한 천사들은 "만물"의 통일에 포함되는가?

요한계시록 1-3장은 타락한 천사에게 구원이 주어진다는 것을 확인해 주지 않지만, 골로새서 1:19-20은 그 개념을 정당화하는 데 사용되어왔다.

> 아버지께서는 모든 충만으로 예수 안에 거하게 하시고 그의 십자가의 피로 화평을 이루사 만물 곧 땅에 있는 것들이나 하늘에 있는 것들이 그로 말미암아 자기와('에이스 아우톤'[*eis auton*]; to himself) 화목하게 되기를 기뻐하심이라.

대부분의 학자들은 "땅에 있는 것들이나 하늘에 있는 것들"에 천군도 포함된다고 인정할 것이다.[15] 이런 전제에 비추어볼 때, 십자가를 통한 "화목"(reconciling)과 "화평"(peace)의 의미가 무엇인지를 고찰할 필요가 있다. 독자들은 대부분 이런 표현이 죄의 용서를 가리킨다고 생각하겠지만, 사실은 그렇지 않다. 화목의 개념은 다면적인 성격을 지닌다. 예를 들면, 그리스도의 사역은 피조물의 갱신과 연결된다. 피조물의 죄 용서와는 관련이 없다. 피조세계 자체는 죄를 짓지 않았

15. 모두가 이에 동의하는 것은 아니다. 이를 확장하여 다른 관점들에 대해서도 논의한 다음의 자료를 참조하라. O'Brien, *Colossians, Philemon*, 53-57.

다. 즉 하나님에게 대항하여 도덕적인 죄를 범하지 않았다는 말이다. 피조세계의 "화목"(물론 피조세계는 "만물"이라는 단어에 포함된다)은 죄 용서와는 다른 무언가를 의미한다. 오브라이언(O'Brien)은 몇 가지 눈에 띄는 관찰과 함께 이 본문에 관한 자신의 논의를 전개한다.

> 여기서 나타나는 일반적이지 않은 특징은 이 본문이 "만물"(타 판타[*τὰ πάντα; ta panta*])의 화목을 가리키면서도, 그것을 '과거'의 사건으로 다룬다는 점이다. 반면 고린도후서 5:19(비교. 요 3:16 및 유사 본문들)은 세상(코스모스)의 화목에 대해 이야기하지만, 그것이 가리키는 곳은 분명 인간 세상이다. 게다가 피조세계가 썩어짐의 종노릇에서 해방되어 하나님의 자녀에게 속한 영광스러운 자유를 얻게 되는 것(롬 8:19-21)은 '미래'에 속한 종말론적 사건으로 주장된다. 따라서 이 논쟁과 관련해 다음의 세 가지 질문이 제기된다. (a) "만물을 그에게 화목시킨다"는 문구의 의미는 무엇인가?… (b) 이 문구와 이에 후속하는 "십자가를 통해 화평을 이룬다"는 표현은 서로 어떤 관계에 있는가?… (c) 골로새서 1:20의 내용과 하나님께서 십자가로 악의 세력들을 이기신다는 2:15의 내용을 동일한 개념을 말하는 것으로 묶는 것이 가능하거나, 바람직한가?[16]

---

16. O'Brien, *Colossians, Philemon*, 53–54.

천사의 구원에 관한 질문을 정확히 풀어가는 데 결정적인 두 가지 논점이 존재한다. 첫째, 골로새서 1:20이 말하는 화목은 '과거' 사건이다. 이 본문이 천사들에게까지 구원의 가능성이 열린 것을 포함한다고 주장하는 다수의 학자들은 헬라어 문법과 구문론에 근거한 이 논점, 즉 이 화목이 과거 사건으로 거론되었다는 사실을 놓치고 있다. 어느 학자는 이렇게 설명한다.

> 여기서 '에이스 아우톤'(그에게로, to him)은 "아직 시작되지 않았으나 곧 있을" 화목의 완성을 가리키지 않는다. 따라서 미래에 발생할 사건을 이야기한다고 볼 수 없다. 골로새서 1:20의 "만물이 '그와' 화목을 이룬다"는 표현은 단순과거 시제(aorist tense)로 해석되기 때문에, "만물이 그 안에서 창조되었다"(단순과거)고 말하는 1:16의 표현과 함께 병렬적으로 구성된 것으로 이해되어야 한다. 여기서 1:20의 특별한 의미가 1:16에서 파생된다. 즉 단순과거 시제의 용례가 보여주듯이, 1:20은 1:16과 상응하여 해당 사건의 성취를 나타내는 문장이라는 것이다. 따라서 화목은 창조에 그 시작점을 두고 있으며, 이제는 (만물에 대한 그리스도의 통치 가운데) 그 완성에 다다랐다는 것이다.[17]

17. Markus Barth and Helmut Blanke, *Colossians*, trans. Astrid B. Beck, AYB 34B (New Haven: Yale University Press, 1994), 215.

요점은 골로새서 1:16("만물이 그에게서 창조되되 하늘과 땅에서 보이는 것들과 보이지 않는 것들")이 골로새서 1:20("만물 곧 땅에 있는 것들이나 하늘에 있는 것들이 그로 말미암아 자기와 화목하게 되기를")과 나란히 이해되어야 한다는 것이다. 두 주장은 동일한 문단 단위에 있고, 두 동사 모두 (진행 중인 행위거나 아직 완료되지 않은 행위가 아니라) 완료된 행위에 초점을 맞추는 단순과거 시제다.[18] 따라서 골로새서 1:20의 (여전히 규정될 필요가 있는) 화목은 창조에 그 기초를 두고 있으며, 이제는, 십자가 사건 이후로, (그 자체로 만물에 대한 아들의 통치로 표현되는) 완성을 향하고 있다.

오브라이언이 지적했듯이, 골로새서 1:20의 화목(그리고 골 1:16의 본래의 창조질서)과 아들의 왕권과의 연결점은 골로새서 2:15에서 비롯된다. 이 구절이 골로새서 1:20의 이해를 위한 근거인 것은 거기에 초자연적인 권세들이 포함되어 있기 때문이다. 이들은 아들에 의해 창조되었고(골 1:16), 이제는 십자가를 통해 그와 화목을 이룬 "하늘에 있는" 영적 존재들이다. 그 앞의 본문도 읽어보자.

---

18. 월리스는 동사의 양태에 관한 패닝(Fanning)의 저술을 인용해, 단순과거의 요점에 대해 설명한다. "단순과거 시제는 외부의 시각에서 전체적으로 살펴본 어떤 사건을 요약적으로 제시한다. 이것은 해당 사건의 내부적인 구성을 고려하지 않는다." Wallace, *Greek Grammar Beyond the Basics*, 554. 런지(Runge)는 포터(Porter)를 긍정적으로 인용하여 단순과거 시제에 대해 이렇게 설명한다. "단순과거 시제는 행위를 '완전하고 분할되지 않는 과정'으로 묘사하면서 '완료된' 양태를 전달한다." 참조. Steven E. Runge, *Discourse Grammar of the Greek New Testament: A Practical Introduction for Teaching and Exegesis* (Bellingham, WA: Lexham Press, 2010), 129.

또 범죄와 육체의 무할례로 죽었던 너희를 하나님이 그와 함께 살리시고 우리의 모든 죄를 사하시고 우리를 거스르고 불리하게 하는 법조문으로 쓴 증서를 지우시고 제하여 버리사 십자가에 못 박으시고 통치자들과 권세자들을 무력화하여 드러내어 구경거리로 삼으시고 십자가로 그들을 이기셨느니라(골 2:13-15).

먼저 십자가의 실질적인 결과가 '인류를 위해' 구속이 주어지는 것임을 주목할 필요가 있다. 하지만 초자연적 통치자들과 권세자들, 즉 반역을 일으켜 하나님께 대항한 초자연적 세력들에게는 구속의 혜택이 주어지지 않는다. 대신에 십자가는 그들에게 패배와 수치를 가져다준다.

이처럼 골로새서 1:20를 1:16 및 2:15와 연결하여 해석하면, "화목"이란 사람들이 아직까지도 잘못 가정하고 있는 것처럼 죄 용서의 공여를 의미하지 않는다는 점을 알 수 있다. "화목"은 다른 것을 의미한다. 골로새서 1:16, 20에서처럼, 2:15의 모든 동사형태가 단순과거 시제이기 때문에 실제로 완료된 상태를 묘사한다. 골로새서 1:20에서 묘사된 "화목"은 원래의 창조질서와 부활하신 그리스도의 왕권과 부합하는, 이미 완료된 현실로 규정되어야 한다.

골로새서 1:20에 나타난 화목의 의미를 이해하기 위해 학자들이 제기한 다양한 이론 가운데, 초자연적 존재를 반드시 포함할 것을 인정하면서 동시에 1:16과 2:15과의 일관성 있는 관계를 고려하는 해석은 하나밖에 없다.[19] 에두아르드 로제(Eduard Lohse)는 다음과 같은 배경에서 화목의 의미를 설명한다.

> 사전에 언급되지는 않았지만, 여기서 전제되는 사실은, 우주의 통일성과 조화가 상당한 혼란, 심지어 파열을 겪었을 것이란 점이다. 우주 질서의 회복을 위해 반드시 화목이 필요했고, 이것은 그리스도 사건에 의해 성취되었다. 하나님은 친히 그리스도를 통해 이 화목의 일을 성취하셨다. 그리스도의 부활과 높아지심을 통해 하늘과 땅이 (하나님이 창조하셨고 작정하셨던) 질서로 다시 돌아왔다는 점에서 우주는 이미 화목을 이루었다. 이제 우주는 다시금 그 머리되신 자 아래로 되돌아갔고, 이로써 우주의 평화가 회복되었다. 하나님이 그리스도를 통해 이루신 화평은 다시금 온 우주를 하나로 통일시키고, 이 회복된 피조세계가 하나님과 화목되었음을 분명히 보여준다. 묵시적 기대사상과 달리, 화평은 마지막 때에만 성취되는 것이 아니다. 오히려 화평은 만물 안에서 이미 나타났고, 구속이라는 우주적 사건도 이미

---

19. 이 주제에 관한 오브라이언의 탐구가 명확히 밝혀주듯이, 많은 학자들은 이 본문이 사람이나 천사 둘 중 하나만을 지칭해야 한다고 주장하면서, 둘 다를 가리킬 가능성을 전혀 고려하지 않는다. (O'Brien, *Colossians, Philemon*, 54-57). "만물 곧 하늘에 있는 것들이나 땅에 있는 것들"의 명확성은 이 가능성을 배제하는 것처럼 보이지만, 그럼에도 불구하고 이 가능성을 모색하려는 시도도 이뤄지고 있다.

일어났다(비교. 빌 2:10). 그리스도는 우주와의 화목을 이루신 분으로서 자신의 왕권 통치에 이미 돌입하셨다. 화목의 중보자이신 그리스도는, 또한 피조물의 중보자로서, 통치자들과 권세자들을 다스리는, 우주의 주님으로서도 찬양을 받으신다.[20]

여기서 요점은 골로새서 1:20에서 "만물 곧 땅에 있는 것이나 하늘에 있는 것들"을 화목케 하는 것은 창조질서와 권세의 회복을 가리킨다는 점이다. 오브라이언은 다음과 같이 지적한다.

하늘과 땅은 하나님이 창조하시고 작정하신 질서로 되돌아갔고, 이 일은 그리스도의 부활과 높아지심을 통해 일어났다. 우주는 다시금 그 머리 아래로 돌아가고, 우주적 화평이 회복되었다(한편 몇몇 묵시적 기대사상에 따르면, 이 화평이 마지막 때에 이르러야 성취된다)… 통치자들은 그들의 권력을 빼앗기고(비교. 2:14, 15), 만물의 화목은 일어났다… 하나님이나 그리스도를 대적하는 것으로 추정되는 이런 권세자들에 대한 승리가 꼭 그들이 제거되었거나 최종적으로 멸망했음을 의미하지는 않는다. 분명한 사실은 그들은 계속해서 존재하고, 인류와 인류의 유익에 해로운 존재라는 점이다(비교. 롬 8:38, 39). 그

20. Eduard Lohse, *Colossians and Philemon*, Hermeneia (Philadelphia: Fortress Press, 1971), 59–60.

럼에도 불구하고 그들은 끝내 그리스도 안에 있는 자들을 해할 수 없고, 장차 반드시 궁극적인 종말을 맞게 될 것이다(고전 15:24-28; 또한 골 2:15 주석을 참조하라).[21]

골로새서 1:20에서 "화목"은 창조질서로 되돌아가는 것, 그리고 그리스도가 성육신, 죽음, 부활, 승천 이후에 하나님 우편에서 통치자의 자리를 다시 얻으신 것을 의미한다(행 7:55-56; 엡 1:20; 골 3:1; 히 1:3, 13; 벧전 3:22; 계 5:1). 여기서 천사가 구원받는 일은 고려되지 않는다. 대신에 그들이 통치자로서 사람들에게 행한 일탈 행위가 바로잡힌다. 그들의 권세는 이제 불법이 되었다.[22] 물론 그들은 기꺼이 권력을 포기하지 않을 것이다. 그래서 반드시 그들에게서 빼앗아야 한다. 그리고 그렇게 될 것이다. 지금도 하나님을 떠난 사람들은 참된 왕에 의해 권한을 박탈당한 권세자들에게 속임당하며 종노릇한다. 포로들을 해방시

21. O'Brien, *Colossians, Philemon*, 54, 56.

22. 타락 이후 사탄은 인류의 영혼에 대한 "합법적"인 권리를 취해갔다. 하나님 품을 떠난 인간은 죽음과 죽음의 주인 마귀에게 사로잡혀 있다(히 2:14). 열국은 하나님께 벌을 받아 흩어지고 신들의 다스림 아래 놓이게 되었다(신 32:8-9; 비교. 신 4:19-20; 17:1-3; 29:23-26). 열국을 다스리는 신들의 권세는 합법적이지만 그들의 권력 남용이나(시 82편), 이스라엘을 미혹하는 것은 용납되지 않았다(신 32:17). 십자가는 이 두 종류의 상황을 바로잡는다. 죄에 대한 형벌의 값이 지불되어 죽음이 정복당했다. 믿는 자들은 영생을 얻을 것이다. 통치를 받던 열국은 더 이상 소외되지 않는다. 그들은 아브라함의 자손인 메시아를 통해 하나님의 가족으로 환영받는다(갈 3:7-9, 26-29). 그들이 섬기던 신들의 권세는 깨졌고, 그들은 더 위대한 권세자, 지극히 높으신 자, 그리스도 안에서 성육신하신 이에 의해 해고되고, 폐위되었다.

키는 것, 그것이 바로 우리에게 주어진 대위임령의 핵심이다.

천사들은 구원이 거부되었나?

천사들에 대한 그리스도의 우월성이 히브리서 1-2장의 중심 주제다. 히브리서 1:13-14은 이 점을 분명히 한다. "어느 때에 천사 중 누구에게 내가 네 원수로 네 발등상이 되게 하기까지 너는 내 우편에 앉아 있으라 하셨느냐 모든 천사들은 섬기는 영으로서 구원 받을 상속자들을 위하여 섬기라고 보내심이 아니냐?"

14절의 표현을 자세히 보라. 천사들은 섬기는 영으로서 "구원 받을 상속자들"을 섬기도록 보내심 받는다. 이 본문은 천사들을 구원을 상속받는 자들과 명확히 구분한다. 천사들은 여기엔 해당하지 않는다는 암시를 준다.

왜 이런 표현을 사용한 걸까? 왜 저자는 구원이라는 주제를 다루면서 인간에게 초점을 맞추고, 천사는 배제하는 걸까? 히브리서 2:15-18은 그 질문에 대답하면서, 그와 동시에 타락한 천사들의 구원의 문을 닫아버린다. 다음의 본문을 살펴보자.

> 하나님이 우리가 말하는 바 장차 올 세상을 천사들에게 복종하게 하심이 아니니라 그러나 누구인가가 어디에서 증언하여 이르되 사람

이 무엇이기에 주께서 그를 생각하시며 인자가 무엇이기에 주께서 그를 돌보시나이까 그를 잠시 동안 천사보다 못하게 하시며 영광과 존귀로 관을 씌우시며 만물을 그 발 아래에 복종하게 하셨느니라 하였으니(히 2:5-8).

히브리서 저자는 "장차 올 세상"에 대해 언급하는데, 이는 요한계시록 21-22장에서 언급된 새 땅(new earth)이다. 새 땅은 하나님의 구원 계획의 최종 완성 단계인, 전지구적인 에덴을 의미한다. 에덴이 회복되는 것이다. 인류가 이런 구원을 유업으로 받는 이유는, 원래의 에덴과 세상이 그 자체로 바로 인류를 위해 창조되었기 때문이다. 하나님의 원래 계획은 이 땅에서 자신의 인류 가족과 함께 사시는 것이었다. 신적인 존재들보다 하등하게 지음받은 우리(히 2:6-7)는 하나님의 가족의 일원이 될 운명이었다. 타락 사건으로 이 목표가 좌절되었다. 나머지 성경의 내용은 잃어버린 것을 회복하(여 자기 백성과 함께 살며 이 세상을 자신의 나라로 변화시키)려는 하나님의 열심에 대한 것이다.

요점은 간단하다. 하나님의 구원 계획에서 인류가 중심이 되는 이유는 처음부터 인류가 이 땅에서 하나님의 임재 가운데 영원한 삶을 누리게 될 대상이었기 때문이다. 천사들은 관심의 주요 대상이 아니었다. 왜냐하면 이들의 타락이 지상 프로젝트를 망쳐놓았기 때문이다. 하나님의 형상담지자인 인류도 부패했고, 하나님을 떠남으로 하나님의 임재 가운데 살아가기에 부적합한 존재로 전락했다.[23] 그러나 결국 그리스도와 함께 새로운 세상을 통치하는 권세를 누릴 존재는 천사가 아닌 인류가 될 것이다. 바로 이런 이유로 요한계시록에서 동일한 종말론적 결말을 말하는 본문들은 천사가 아닌 인간 신자에게 초점을 둔다.

> 이기는 자와 끝까지 내 일을 지키는 그에게 만국을 다스리는 권세를 주리니 그가 철장을 가지고 그들을 다스려 질그릇 깨뜨리는 것과 같이 하리라 나도 내 아버지께 받은 것이 그러하니라 내가 또 그에게 새벽 별을 주리라(계 2:26-28).[24]

---

23. 에덴에서 인류를 유혹하여 타락에 이르게 한 초자연적 존재는 같은 상황에 있지 않다. 그 존재는 이미 하나님의 임재 가운데 살아가기에 적합한 존재였으나, 지극히 높으신 이에게 반역을 시도함으로써 그 지위를 거부당했다. 참조. Heiser, *The Unseen Realm*, 창 3장, 사 14:12-15, 겔 28:1-19이 공유하는 어휘와 모티프에 대한 논의를 살펴보라. 이사야와 에스겔의 해당본문은 타락 사건을 다루진 않지만, 저자들은 각각 고대 가나안(우가릿) 문헌에서 알려진 신적인 존재들의 반역 사건을 원용한다.

24. 내 책에서 설명했다시피(*The Unseen Realm*, 312-13), "새벽별"이라는 표현은 메시아적인 통치와 관련이 있다. "'새벽별'이라는 문구는 우리를 다시금 구약 성경으로 인도한다. 구약 성경에서는 때때로 천체 용어를 사용해 신적인 존재를 묘사했는데, 욥 38:7이 대표적인 예다('그때에 새벽별들이 기뻐 노래하며 하나님의 아들들이 다 기뻐 소리를 질렀느니라'). 고대인의 세계관에서 별들은 하늘에서 움직이며 인간 영역 너머에 있었기 때문에 광채를 내는 살아있는 신적 존재였다. 계 2:28의 '새벽별'이라는 표현은 메시아와 관련 있다. 즉, 새벽별은 유다에게서 나올 한 신적인 존재를 지칭한다. 이 점을 알려면 동시에 다른 두 구절을 고려해야 한다. 민 24:17에서 우리는 '한 별이 야곱에게서 나오며 한 규가 이스라엘에게서 일어난다'는 예언을 접한다. 이 구절은 신약 저자들과 무관하게 유대교에서 메시아 관련 구절로 여겨졌다. 달리 말하자면, 학식 있는 독자들은 요한의 글을 읽을 때 새벽별이 문자적인 의미의 광채를 가리키는 것이 아님을 알았을 것이다. 새벽별은 메시아가 이끄는 회복된 하나님 나라의 여명이 밝아온다는 것을 의미한다. 요한계시록 후

이기는 그에게는 내가 내 보좌에 함께 앉게 하여 주기를 내가 이기고 아버지 보좌에 함께 앉은 것과 같이 하리라(계 3:21).

사도 바울도 고린도 신자들에게 이 사실을 강조하면서, 그들이 언젠가 천사들을 심판할 것임을 상기시킨다(고전 6:3). 인간 신자들은 새로운 세상에서 천사들보다 더 높은 신분을 갖는다.

히브리서 저자는 계속해서 종말의 소망에 대해 말한다.

만물로 그에게 복종하게 하셨은즉 복종하지 않은 것이 하나도 없어야 하겠으나 지금 우리가 만물이 아직 그에게 복종하고 있는 것을 보지 못하고 오직 우리가 천사들보다 잠시 동안 못하게 하심을 입은 자 곧 죽음의 고난 받으심으로 말미암아 영광과 존귀로 관을 쓰신 예수를 보니 이를 행하심은 하나님의 은혜로 말미암아 모든 사람을 위하여 죽음을 맛보려 하심이라 그러므로 만물이 그를 위하고 또한 그로 말미암은 이가 많은 아들들을 이끌어 영광에 들어가게 하시는 일에 그들의 구원의 창시자를 고난을 통하여 온전하게 하심이 합당하도다 거룩하게 하시는 이와 거룩하게 함을 입은 자들이 다 한 근원에서 난지라 그러므로 형제라 부르시기를 부끄러워하지 아니하시

반부에서는 예수님 자신이 새벽별이라는 표현을 사용해 자신의 메시아적 지위를 말씀하신다. '나는 다윗의 뿌리요 자손이니 곧 광명한 새벽 별이라'"(계 22:16).

고 이르시되 내가 주의 이름을 내 형제들에게 선포하고 내가 주를 교회 중에서 찬송하리라 하셨으며 또 다시 내가 그를 의지하리라 하시고 또 다시 볼지어다 나와 및 하나님께서 내게 주신 자녀라 하셨으니(히 2:8-13).

여기서 언급된 "모든 사람"은 누구인가? 문맥을 고려하면 이는 저자가 몇 구절 앞에서("사람이 무엇이기에") 가리킨 인간이다. "모든 사람"으로 번역된 헬라어 단어는 '판토스'(*pantos*)다. 문법적 형태로는 남성 단수로, 이는 인류를 통칭하여 가리키는 단어다.[25]

9절에서 예수님은 천사들보다 못한(lower) 존재로서 이 사람들과 비교되는데, 이는 예수님이 사람이셨기 때문이다. 하나님은 예수 그리스도의 인격 안에서 사람이 되셨다. 성육신은 예수님과 우리를 연결한다. 성육신이 중요한 이유는 무엇인가? 그것은 세상에 있는 인류를 위해 죄를 대속하려면 영원한 희생제사가 필요했기 때문이다(요 3:16). 하지만 영원한 존재는 죽을 수 없기 때문에 하나님은 (죽을 수 있는) 사람이 되셔야 했다. 영원하신 아들은 그가 사람이 되어 죽음의 가능성을 자신의 것으로 취하지 않는다면 결코 죄를 대신해 죽을 수 없

25. 골 1:20에서는 '판타'(*panta*, 중성 복수형; "만물"[all things])가 사용됐는데, 이는 바울이 인류보다 더 광범위한 대상을 고려했기 때문이다. 이것이 천사의 (죄로부터의) '구원'을 가리키지 않는 이유에 대해서는 본장 앞부분의 골 1:19-20에 관한 논의를 참조하라.

다. 먼저 죽지 않는다면 죽음을 이길 부활도 불가능하게 된다. 달리 말하면, 속죄는 성육신없이 이루어질 수 없다.

이 연결점이 보이는가? 제2위 하나님이 사람이 되셨는데, 이는 대속의 대상이 타락한 인류였기 때문이다(눅 19:10; 고후 5:21). 예수님은 인류를 구원하시려고 사람이 되셨다. 더 자세히 말하자면, 예수님은 인류를 대속하기 위한 죽음을 위해 사람이 되셔야 했다. 인간이 되는 일에는 인간이 아닌 천사들과의 연결고리가 필요하지 않았다. 죄의 대속을 위한 그리스도의 죽음은 죄로 인한 우리의 죽음을 대신한 것이었다(갈 3:13; 롬 4:25).

인간의 희생적인 죽음이 필요하다는 사실은 곧 그리스도의 죽음이 사람이 아닌 천사들을 그 속죄의 대상으로 하지 않았음을 의미한다. 따라서 대속의 죽음은 천사들의 죄와 관계가 없고, 오로지 사람의 죄를 위한 것이다.

히브리서 2장의 나머지 내용은 이 해석을 확증한다.

> 자녀들은 혈과 육에 속하였으매 그도 또한 같은 모양으로 혈과 육을 함께 지니심은 죽음을 통하여 죽음의 세력을 잡은 자 곧 마귀를 멸하시며 또 죽기를 무서워하므로 한평생 매여 종 노릇 하는 모든 자들을 놓아 주려 하심이니 이는 확실히 천사들을 붙들어 주려 하심이 아니요 오직 아브라함의 자손을 붙들어 주려 하심이라 그러므로 그가 범

사에 형제들과 같이 되심이 마땅하도다 이는 하나님의 일에 자비하고 신실한 대제사장이 되어 백성의 죄를 속량하려 하심이라 그가 시험을 받아 고난을 당하셨은즉 시험 받는 자들을 능히 도우실 수 있느니라(히 2:14-18).

몇몇 핵심 구절에 대해 설명할 필요가 있다.

자녀들은 혈과 육에 속하였으매 그도 또한 같은 모양으로 혈과 육을 함께 지니심은…(히 2:14).

이 표현은 성육신의 근본적인 이유를 설명해 준다. 예수님이 사람이 되신 것은 그가 구속하기로 작정하신 대상인 우리가 사람이기 때문이다

죽음을 통하여 죽음의 세력을 잡은 자 곧 마귀를 멸하시며 또 죽기를 무서워하므로 한평생 매여 종 노릇 하는 모든 자들을 놓아 주려 하심이니(히 2:14-15).

여기서 분명한 사실은 인간의 죽음이 정복되어야 했다는 점이다. 하지만 이와 관련하여 마귀도 (인류를 다스리는 죽음의 권세를 쥐고 있으

므로) 정복의 대상이 되어야 한다는 것은 명확하지가 않다. 여기서 전하려는 개념은, 만일 구속사역이 없다면, 인간에 대한 사탄의 권세, 즉 에덴에서 있었던 일의 결과로 하나님에게서 멀어진 모든 인간에 대한 "합법적인" 소유권은 여전하리라는 것이다. 하지만 성경 어디에도 천사의 죄가 사탄에게로의 속박을 초래했다는 식의 개념을 지지하는 내용은 찾아볼 수 없다. 인류는 에덴에서의 타락 때문에 저주 아래 놓인다. 하지만 천사가 (예수님이 대속의 희생으로 해결하려 했던) 에덴의 저주 아래 있다거나, 아니면 사탄에게 타락한 천사들의 생명을 주관할 "합법적" 권리가 주어졌다는 식의 다른 저주의 내용은 성경 어디에도 없다.

> 이는 확실히 천사들을 붙들어 주려 하심이 아니요 오직 아브라함의 자손을 붙들어 주려 하심이라 그러므로 그가 범사에 형제들과 같이 되심이 마땅하도다 이는 하나님의 일에 자비하고 신실한 대제사장이 되어 백성의 죄를 속량하려 하심이라(히 2:16-17).

이 진술은 우리의 질문에 명확한 답변을 제공한다. 예수님의 희생제사는 천사들을 돕지 않는다. 예수님의 대속의 죽음은 신자들, 즉 믿음으로 아브라함의 자녀가 된 자들을 돕는다(갈 3:26-29). 예수님은 자신의 인간 형제들의 죄를 대속하기 위해 그들과 같은 사람이 되셔야

했고, 천사들보다 못한 존재가 되셔야 했다(히 2:9-11).

요약하자면, 히브리서 2:5-18의 언어는 그리스도의 구속사역의 목표가 천사가 아닌 인류를 위한 것임을 분명히 밝힌다.

디모데전서 5:21의 "택하심을 받은 천사들"은 누구인가?

바울은 디모데에게 회개하지 않는 죄인들을 책망하라고 충고하면서 그것이 매우 중요함을 강조하고 싶었던 것으로 보인다. "하나님과 그리스도 예수와 택하심을 받은 천사들(elect angels) 앞에서 내가 엄히 명하노니 너는 편견이 없이 이것들을 지켜 아무 일도 불공평하게 하지 말며." 맨검(Mangum)이 지적하듯이, 이 표현은 일반적이지 않다.

> 바울은 디모데전서 5:21에서 하나님과 예수 그리스도와 "택하심을 받은 천사들"을 이 권면에 대한 증인으로 소환하면서 자신의 경고를 강화한다. 바울은 디모데전서 6:13과 디모데후서 4:1에서도 유사한 표현을 사용하지만, 이 두 본문에서는 하나님과 예수 그리스도만 언급한다. 그래서 5:21에서 "택하심을 받은 천사들"이 추가된 것은 매우 특이하다. 바울은 "두세 증인"의 필요성을 가리키는 디모데전서 5:19의 구약적 암시 때문에 곧바로 이 표현에 세 번째 증인을 추가했던 것 같다… 바울은 바로 앞에서 두세 사람의 증인이 필요하다고 말

했었다. 그렇기 때문에 이 증인 공식을 확장시켜 세 번째 증인을 포함해야 한다고 느꼈을 수도 있다… 천사들을 언급하는 것에 대해 더 이례적인 면은 그들이 "택하심 받은 천사들"로 묘사된다는 점이다. 신약 성경에서 '에클레크토스'(*eklektos*, elect, 택하심 받은)는 일반적으로 하나님의 택하심 받은 자들, 곧 그리스도를 믿는 신자들을 가리킬 때 사용된다(마 24:31; 막 13:27; 롬 8:33; 골 3:12; 딤후 2:10; 딛 1:1; 벧전 1:1; 2:9; 계 17:14).[26]

앞서 살펴본 것처럼, 신약 성경에서 "천사"는 하나님께 충성하는 천상의 존재들을 통칭하는 단어다.[27] 학자들 사이에선 "택하심 받은"이 무엇을 가리키는지에 대해 견해가 갈린다. "택하심"이라는 호칭은 하나님께 반역한 천군의 일원(예. 타락한 천사들)과 대비시키기 위해 의도적으로 사용한 것이라고 봐야 합리적일 것이다.[28] 하지만 다른 학자들은 "택하심 받은 천사들"은 "거룩한 천사들"과 비슷한 일종의 별칭

26. Douglas Mangum, *Lexham Bible Guide: 1 Timothy*, with material contributed by E. Tod Twist, ed. Derek R. Brown (Bellingham, WA: Lexham Press, 2013), 1 Tim 5:21.

27. 본서 6장을 참조하라.

28. 다음의 예시를 참조하라. Andreas Köstenberger, "1 Timothy," in *The Expositor's Bible Commentary, Revised Edition, Vol 12: Ephesians—Philemon*, eds. Tremper Longman III and David E. Garland (Grand Rapids: Zondervan, 2006), 547; J. N. D. Kelly, *The Pastoral Epistles*, BNTC (London: Continuum, 1963), 127.

일 뿐, 타락한 천사들과의 대조점을 전달하기 위해 의도된 것이 아니라고 주장한다.[29] 보다 대중적인 관념에 따르면, "택하심 받은" 천사들은 죄를 지을 수 없다는 것이다. 하지만 이것은 자료를 과장되게 해석한 것이 분명하다. 왜냐하면 "택하심 받은 천사들"과 가장 근접한 표현이 에녹1서 39:1에 나오는데, 여기서는 인간 여성들과 더불어 범죄한 순찰자들을 가리키기 때문이다(비교. 창 6:1-4). "그런데 그때에 택함받은 자녀들과 거룩한 자들이 높은 하늘에서 내려올 것이고, 그들의 씨가 사람의 자녀들과 하나가 될 것이다."[30]

천사들이 그리스도와 함께 언급되는 신약 성경의 다른 본문들은 종말론적 심판을 배경으로 한다(마 13:39, 41, 42; 16:27; 24:31; 25:31; 막 8:38; 눅 9:26; 살후 1:7; 히 12:22-24; 계 14:10, 14-20). 하지만 디모데전서의 맥락은 종말론적이지 않다. 따라서 이 표현은 포괄적인 묘사로 받아들이는 것이 최선으로 보인다. "택하심 받은 천사들"은 성부와 성자를 섬기는 선한 천사들이다. 바울이 그들을 증인으로 소환한 것은 우리가 앞의 여러 곳에서 논의했던 천사의 역할과 일맥상통한다.

---

29. Johann E. Huther, *Critical and Exegetical Handbook to the Epistles of St. Paul to Timothy and Titus*, trans. David Hunter (Edinburgh: T&T Clark, 1881), 211-13.

30. *OTP*, 1:30. 이런 본문들이 어떻게 창 6:1-4의 사건들이 마지막 때까지 되풀이될 것이라는 믿음을 정당화하는지에 관한 현대의 통념에 대해 본서 8장을 참조하라. 이와 관련하여 찰스워스의 위경 번역에서 아이작(Isaac)이 번역한 부분은 이것이 미래적인 이야기로 들리게끔 오도하고 있다. 다른 학자들이 지적했듯이 문법적 형태는 과거시제로 번역될 수 있다. 그렇게 번역되어야 맞다.

“천사의 방언”은 무엇인가?

고린도전서 13장은 이렇게 시작한다. “내가 사람의 방언과 천사의 말을 할지라도.” 많은 그리스도인에게 사랑받는 이 유명한 도입부는 궁금증과 논쟁을 불러일으켰다. 바울이 언급한 “천사의 방언”(tongues of angels, 개역개정 “천사의 말”)이란 무엇일까?

학자들의 해석은 고대에 뿌리를 둔 두 대안 사이에서 왔다갔다한다.[31] 제2성전기 유대 묵시 문헌은 천사들이 자신들만의 비밀 언어(esoteric language)를 가지고 있다고 말한다. 한편 주후 5세기 이전의 랍비 공동체는 다른 견해를 가지고 있었는데, (랍비들에 따르면) 천사들이 하나님의 언어인 히브리어를 사용했다고 가르쳤다. 5세기 이후부터 유대교 저술들은 “천사의 방언”이 보다 고대적인 비밀 언어라는 입장에 더 개방적인 태도를 취한다.

천사들이 히브리어를 사용했고, 바울의 고린도전서 13:1의 발언이 그런 의견을 반영한다는 주장은 거의 전적으로 두 개의 제2성전기 본

31. 천사의 방언 문제를 철저히 다룬 유일한 연구로 다음을 참조하라. John C. Poirier, *The Tongues of Angels: The Concept of Angelic Languages in Classical Jewish and Christian Texts* (Tübingen: Mohr Siebeck, 2010). 이것은 포이리어(Poirier)의 학위논문에 기초한 출판물이다. 참조. “The Tongues of Angels: The Conceptual, Sociological, and Ideological Dimensions of Angelic Languages in Classical Jewish and Christian Texts,” Doctor of Hebrew Literature dissertation, Jewish Theological Seminary of America, 2005. 이후 각주들은 포이리어의 학위논문을 가리킨다.

문에 기초한다.[32] 첫 번째 본문은 주전 2세기 중반에 작성된 『희년서』다.[33] 『희년서』 12:25-27은 히브리어가 창조의 원래 언어였고, 하나님이 아브라함을 우르에서 불러내실 때, 아브라함이 히브리어를 이해할 수 있도록 초자연적으로 역사하셨다고 주장한다.

> 여호와 하나님이 내게 말씀하셨다. "그의 입과 귀를 열어서 그가 그 언어를 듣고 그 언어를 그의 입으로 말하게 하라. 그 언어는 타락의 날로부터 사람의 모든 아들들의 입에서 끊어졌기 때문이며 이제 계시되어야 한다." 나는 그의 입과 귀와 입술을 열고, 그에게 창조의 언어인 히브리어로 말하기 시작했다. 그리고 그는 (히브리어로 기록된) 그의 조상의 책들을 펼쳐 그것들을 필사했다. 그는 그날 이후로 그 책들을 공부하기 시작했다. 나는 그가 (이해)할 수 없었던 모든 것을 알게 해주었고, 그는 비가 오는 여섯 달 동안 그것들을 연구했다.[34]

---

32. 포이리어가 지적하듯이 이 입장은 랍비 요하난의 가르침에 의해 뒷받침된다(b. Sotah 33a and b. Shabbat 12b). 포이리어는 이런 랍비의 가르침이 회당 외부의 종교활동보다 문식력 있는 랍비들에게 더 큰 권위를 부여하기 위한 동기에서 비롯된 것이라고 주장한다(요하난은 천사들이 히브리어를 사용했지만 지방언어인 아람어는 이해하지 못했다고 가르쳤다). 참조. Poirier, "The Tongues of Angels," 24-37. 천사의 방언에 관한 탐구는 바울사상과 훨씬 더 관련이 있기 때문에, 필자는 제2성전기와 초기 기독교 본문까지만 참고했다.

33. *OTP*, 2:44.

34. *OTP*, 2:82. "타락의 날"(day of the Fall)이라는 어구는 에덴 사건이 아닌, 바벨탑의 심판 에피소드를 가리킨다(참조. Jubilees 10:26).

이 본문은 『희년서』의 다른 요소들과 더불어 에덴의 본래 언어가 히브리어였음을 시사한다. 실제로 이 작품의 저자는 "하나님이 히브리어를 사용하셔서 우주를 존재하게 하셨고, 살아있는 모든 생물들이 원래 히브리어를 말했다"고 믿는 것처럼 보인다.[35] 여기엔 동물도 포함된다. 하나님이 아담과 하와를 에덴에서 내쫓으시던 날, "모든 짐승과 가축과 새, 그리고 걷거나 움직이는 모든 생물의 입이 말하기를 멈추었다. 이는 그것들 모두가 하나의 말과 언어로 서로 대화했었기 때문이다"(희년서 3:29). 이 본문은 하나님을 섬기는 피조물인 천사들도 히브리어를 사용했다는 암시를 준다.

희년서와 더불어, 히브리어가 천사들의 언어였다는 생각은 두 번째 본문인 사해 두루마리 4Q464에서도 발견된다. 이 불완전한 본문은 『희년서』와 관련된 것으로 여겨진다.[36] 이 본문의 세번째 단편(제1단)은 다음과 같이 쓴다.[37]

1[...]

2[...]

35. Poirier, "Tongues of Angels," 19.

36. 포이리어("The Tongues of Angels," 23)는 이것이 『희년서』에 대한 페셰르(*pesher*) 주석이라고 믿는다. 참조. John C. Poirier, "4Q464: Not Eschatological," *Revue de Qumran* 20 (2002): 583–87.

37. García Martínez and Tigchelaar, *The Dead Sea Scrolls Study Edition*, 943.

3[...]종

4[...]하나로

5[...]혼란스러워진

6[...]아브라함[람]에게

7[...]영원히, 그가

8[...]... 거룩한 언어

9[...습 3:9 나는 만들 것이다] 사람들의 순수한 말을

10[...]

11[...]...[...]

이 본문이 무척 단편적인 정보만을 제공하긴 하지만, 『희년서』와 마찬가지로 아브라함이 히브리어("거룩한 언어")를 습득한다는 언급이 나온다.

반면, 천사의 방언을 비밀 언어라고 보는 견해는 그것을 히브리어로 보는 견해보다 더 많은 선례를 갖고 있다. 학자들이 기록 시기를 주전 1세기경으로 추정하는 위경본문인 『욥의 유언』의 마지막 여덟 장은 욥의 딸들이 천사의 언어로 노래하는 장면을 묘사한다.[38] 이 여덟

38. 포이리어가 설명하고 입증했듯이("The Tongues of Angels," 66-69), 『욥의 유언』은 매우 이른 시기의 기독교 본문일 가능성이 있는데, 이 시점은 바울사상을 이해하기 위한 이 책의 중요성을 훼손하지 않는다.

장의 본문에서 욥은 자신의 딸들에게 준 세 황금상자의 선물을 묘사하는데, 각 상자마다 반짝거리는 다양한 색의 띠들이 들어 있었다. 욥은 이 띠들을 하나님 아버지의 "부적들"(amulets of the Father)이라 불렀다(욥의 유언 47:11). 딸들은 이 선물이 사실상 쓸모없어 보였기 때문에 불평했고, 이에 욥은 이렇게 대답한다. "너희가 이것들로부터 생명을 얻게 될 것만이 아니다. 이 띠들이 너희를 이끌어 더 나은 세상으로 인도하고, 하늘에서 살게 할 것이다"(욥의 유언 47:2-3).[39] 욥의 딸들 중 하나가 자신이 받은 부적을 아름답게 꾸미려 하자, 곧 그녀는 세상 것에 더 이상 연연하지 않는 또 다른 심장 하나를 얻었다. 그녀는 몹시 황홀하여 천사의 방언으로 말하기 시작했고, 천사들의 찬양 형식에 맞게 하나님께 찬송을 올려드렸다(욥의 유언 48:2-3). 다른 두 딸들 역시 비슷한 경험을 했는데, 이들은 "지배자들의 방언"(욥의 유언 49:2)과 "그룹의 방언"(욥의 유언 50:2)으로 말했다.

포이리어가 지적했듯이, 이 본문은 천사의 방언에 대한 바울의 언급과 관련하여 신약학자들로부터 상당한 주목을 받았다. 흥미롭게도 세 차례 연이어 언급되는 방언들은 하나님의 임재 가까이로 나아가는 천상의 서열 순위(천사 → 지배자 → 그룹)와도 관련있는 것처럼 보인다.[40] 이런 지적은 하늘의 층계를 통해 올라감에 따라 점점 높은 계

39. *OTP*, 1:864. 이 단락에 실린 번역은 이 자료에서 가져온 것이다.

40. Poirier, "The Tongues of Angels," 73.

급의 천사들을 만나게 되는 '메르카바'(*merkabah*) 신비주의와도 일치한다.[41]

시간이 지나면 닳아 없어질 부적들이 황금상자에 들어있다는 것 역시 의미심장하다. 이는 부적과 황금상자의 연관성을 시사한다. 포이리어는 다음과 같이 주석한다.

> 황금 허리띠는 묵시문헌 전반에서 천사의 표준적인 의복으로 소개된다. 지중해 전역에서 황금은 신적인 존재를 상징한다. 게다가 황금 허리띠는 영감을 받아 알아들을 수 없는 말을 하게 되는 것과도 연결된다.[42]

포이리어는 광범위한 자료를 통해 이 주제와 관련된 많은 사례들을 취합하여 소개한다. 예를 들어, 다니엘 10:5에서 다니엘에게 말을 건네는 신적인 사람이 순금 띠를 착용했는데, 이는 『스바냐의 묵시』 6:12에서 선지자에게 말을 건네는 천사와 매우 비슷한 모습이다. 요한계시록의 이십사 장로는 금관을 썼으며(계 4:4, 10), 또 다른 신적인

41. Poirier, "The Tongues of Angels," 73. 여기서 포이리어는 이 논지를 강화하기 위해 알트만의 저술을 원용한다. Alexander Altmann, "The Singing of the Qedushah in Early Hekhalot Literature," *Melilah* 2 (1946): 1–24 (히브리어).

42. Poirier, "The Tongues of Angels," 74, 76.

존재도 마찬가지다("인자 같은 이"; 계 14:14).[43]

제2성전기와 초기 기독교 문헌에도 본질적으로 인간의 것과는 다른 천사의 언어(때때로 "천사의 옷을 입는 것"으로 언급함)에 대한 암시들이 나타난다.[44] 『스바냐의 묵시』 8:2-4는 이렇게 말한다.

> 천천과 만만의 천사들이 내게 찬양하고, 나는 스스로 천사의 옷을 입었다. 나는 천사들이 일제히 기도하는 것을 지켜보았다. 나 역시도 그들과 함께 기도했다. 나는 그들이 자신들의 언어로 내게 말하는 것을 알아들었다.[45]

『이사야의 승천기』 6-11장은 인간이 아닌 천사의 언어의 여러 예시를 포함한다. 이 위경 본문에서 선지자 이사야는 일곱째 하늘로 옮겨지는데, 그곳에서 그는 천사들과 함께 하나님을 찬양하고("내 찬양

43. Poirier, "The Tongues of Angels," 75 (notes 77, 78). 참조. Gregory M. Stevenson, "Conceptual Background to Golden Crown Imagery in the Apocalypse of John (4:4, 10; 14:14)," *JBL* 114 (1995): 257–72; A. Leo Oppenheim, "The Golden Garments of the Gods," *JNES* 8 (1949): 172–93.

44. 포이리어(Poirier, "The Tongues of Angels," 104–11)는 랍비문헌도 함께 다룬다(예. Genesis Rabbah 74:7; Leviticus Rabbah 1:13).

45. 여기서 천사의 언어가 중보기도와 찬양에 사용된다는 점을 주목할 가치가 있다. 우리의 탐구에서 살펴봤듯이 천사들은 정기적으로 인간을 대신해 하나님께 중보한다(본서 5장 참조). 토빗서 12:12; 에녹1서 39:5; 40:6; 47:1-4; 99:3; 104:1; 단의 유언 6:1-2; 레위의 유언 3:5-6; 5:5-7.

은 그들의 것과 같았다"), 천사들이 예루살렘의 자녀들의 행실을 기록한 책들을 읽을 수 있었다. 이 책들은 "이 세상의 책들과 달랐다"(이사야의 승천기 7; 9:20-23, 27-32).[46] 이와 유사한 장면이 『아브라함의 묵시』 15:2-7에도 나오는데, 여기서 아브라함은 일곱째 하늘에 올라갔고, 그 모습이 어느 정도 인간과 다르면서 비슷하기도 한 천사 같은 생물들이 그가 알지 못하는 언어로 외치고 있었다. 이사야와 마찬가지로 아브라함도 나중에 천사들의 찬양에 참여할 수 있게 된다.

필자가 생각하기에, 천사의 방언을 비밀 언어로 해석하는 입장이 더 설득력 있어 보인다. 『희년서』 자료는 천사들을 염두에 두었다는 전제가 요구된다. 『희년서』 12:25는 실제로 천사가 아닌 "사람의 아들들"과 관련하여 원래의 언어(original language)에 대해 말한다. 이것은 천사의 비밀 언어로 보는 입장과 맞지 않는다. 다른 몇몇 본문들은 비인간의 언어가 천사들의 것이라고 분명히 가리킨다. 고린도후서 12:1-7 역시 그것을 어떻게 읽느냐에 따라 이 해석에 설득력을 더할 수 있다. 바울은 자신이 하늘로 옮겨지는 체험을 묘사하면서 다음과 같이 쓴다.

---

46. 포이리어(Poirier, "The Tongues of Angels," 95)와 다른 학자들은 『이사야의 승천기』의 이 단락이 주후 1~2세기에 기록된 초기 기독교 저술과 비슷하다고 지적한다. 참조. J. Flemming and H. Duensing, "The Ascension of Isaiah," in *New Testament Apocrypha*, vol. 2, ed. Wilhelm Schneemelcher, trans. and ed. R. McL. Wilson (Philadelphia: Westminster John Knox Press, 1965), 642-63.

> 내가 그리스도 안에 있는 한 사람을 아노니 그는 십사 년 전에 셋째 하늘에 이끌려 간 자라 (그가 몸 안에 있었는지 몸 밖에 있었는지 나는 모르거니와 하나님은 아시느니라) 내가 이런 사람을 아노니 (그가 몸 안에 있었는지 몸 밖에 있었는지 나는 모르거니와 하나님은 아시느니라) 그가 낙원으로 이끌려 가서 말로 표현할 수 없는 말을 들었으니 사람이 가히 이르지 못할 말이로다(고후 12:2-4).

4절의 표현은 바울이 그 언어를 이해하지 못했다고 말하는 것인가? 만일 그렇다면, 히브리어를 하늘의 언어라고 보는 견해는 확실히 배제된다. 한편 바울이 자신이 하늘에서 들은 천사들의 말을 (한낱 인간이 누군가에게 옮기는 게 적절하지 않기 때문에) 발설해선 안 된다는 부담을 느꼈다는 의미로 4절처럼 말했을 수 있다. 하지만 이 후자의 가능성은 받아들이기가 어려운 것이, 바울은 이미 구약 성경과 제2성전기 문헌에 나오는 천사들의 수많은 대화 내용을 접했고 충분히 익숙해진 상황이었을 것이기 때문이다. 그러므로 그가 실제로 이해할 수 없는 천사들의 언어를 들은 것으로 해석하는 것이 보다 일관성이 있어 보인다. 만일 이것이 맞다면, 바울의 (고린도후서에서와 동일한 청중에게 했던) 고린도전서 13:1의 진술은 순전히 '가정에 따른' 언급에 불과하게 된다. 즉 "내가 사람의 방언과 천사의 방언을 할지라도"라는 표현은 바울이 실제로 천사의 비밀 언어를 말했다는 의미가 아닐 것이다. 바울이 실제로 전하고자 하는 의미는, 설령 자신이 천사의 방언을 말할 수 있다 하더라도 사랑이 없다면 그 능력은 아무것도 아니라는 것이다.[47]

---

47. 물론 이것은 고전 13:1이 마치 하늘의 언어 같은 신자들이 알아들을 수 없는 소리로 말하도록 호소하는 것이라는 주장을 일축한다. 오히려 여기서 방언을 말한다는 것은 초자연적 역사의 결과로 인간의 다른 언어들을 말하는 것일 가능성이 크다. 이 해석은 고전 14:21-24(비교. 사 28:11-12)의 구약적 배경에 의해 뒷받침된다. 참조. G. K. Beale and D. A. Carson, eds., *Commentary on the New Testament Use of the Old Testament* (Grand Rapids: Baker Academic, 2007), 740–42. 『일반서신·요한계시록』 CLC.

8장.
천사에 관한
신화와 질문들

천사들은 오랫동안 그리스도인들에게 매혹의 대상이었다. 그러니 천사들에 대한 많은 추측성 신화들이 생겨난 것이 놀라운 일은 아니다. 이렇게 된 부분적인 이유는 천사에 관심있던 대부분의 사람들이 이 책 같은 학문적 탐구에 필요한 일차자료와 고대 언어에 접근할 수 없었기 때문이다. 고대자료의 영어 번역본은 천사론에 관한 중요한 뉘앙스들을 잘 담아내지 못하는데, 안타깝게도 많은 연구들이 이 번역에 의존한다. 게다가 많은 사람들이 고대근동과 제2성전기 시대의 자료가 담고 있는 더 광범위한 고대적 맥락에는 거의 관심을 두지 않는다. 하지만 이른바 천사론 방정식에 있어선 순수한 상상도 무시못할 부분이긴 하다.

이 책의 저술을 준비하는 동안 나는 앞서 출간한 『보이지 않는 세계』와 『성경의 초자연적 세계관』의 독자들에게, 책이 다루는 주제와 관련하여 이전부터 그들이 접해본 이상한 것들에 대해 공유해줄 것과, 아울러 천사에 대해 궁금한 점도 질문해 달라고 부탁했다. 그들이 건네준 내용 가운데 어떤 것은 정말 이상했다. 다른 것은 성경이 실제로 가르치는 내용과는 지엽적으로만 관계가 있는 것들이었다.

이번 장은 이런 독자들의 피드백에 기초하여, 많은 그리스도인들이 천사에 대해 잘못 알고 있는 허구들로부터 사실을 가려내는 작업을 하고자 한다. 이를 위해 본장은 앞선 연구를 활용할 것이다. 하지만 나의 주장을 뒷받침하기 위해 앞장에서 살펴본 본문들을 굳이 반복하지는 않겠다. 적절한 지점에서 나는 일반적인 오해와 질문들을 조합했다.

"천사들은 날개가 있고, 여성도 있는가?"

본서 1장에서 살펴봤듯이, '말라킴'(천사), '케루빔'(그룹), '세라핌'(스랍)이라는 단어는 교환적으로 사용될 수 없다. 이 단어들은 사실 서로 다른 영적 존재들이 수행하는 직무 목록을 가리킨다. 성경에서 그룹과 스랍은 결코 사람들에게 메시지를 전달하기 위해 파송되지 않는다. 이런 일은 천사가 담당한다. 그룹과 스랍은 천상의 보좌를 지키는 자들이다. 맡은 역할 때문에 이들이 가끔은 인간들과 접촉하긴 하지만 사람들에게 무언가를 지시하기 위해 지상에 파견되는 경우는 없다. 이와 반대로, (메시지 전달자인) 천사들 역시 하나님의 임재 장면에서도 등장한다. 구약과 신약 저자들은 천사들이 그곳에 있는 것으로 묘사한다. 그러므로 (천사, 그룹, 스랍 같은) 용어들은 그 존재들이 어느 곳에 주로 있느냐 보다는, 무슨 역할을 맡느냐를 구분해 준다.

또한 우리는 천사들이 메시지 전달 역할을 수행하기 위해 인간들과 만날 때 사람의 형체로 나타난다는 것도 살펴보았다. 구약 성경에서 이들은 겉모습으로는 사람들과 구분되지 않는다. 그들이 이 세상에 속하지 않은 무언가를 시행할 때라야 그들의 초월적인 속성이 드러난다. (사람들과 접촉할 때 겉모습으로는 구분되지 않는) 이런 패턴에 대한 유일한 예외가 신약 성경에 있는데, 거기서 천사와 수많은 천군이 사람들 앞에 빛나는 영광 가운데 나타나고(눅 2:9, 13) 번개 같고 눈 같이 흰 형상으로 나타난다(마 28:3). 천사들은 결코 그룹이나 스랍처럼 비(非)인간의 특징(날개, 여러 얼굴)을 지녔다는 식으로 묘사되지 않는다. 그 반대도 마찬가지다. 인간에게만 있는 특성을 그룹과 스랍도 가졌을 수 있지만, 천사들은 짐승들에게만 있는 특성을 갖고 있지 않다. 여기서 결론을 도출하자면, (사람들과의 소통을 위해 지상으로 파견되는 신적 존재인) 천사들은 사람들처럼 보이면서, 날개를 갖고 있지 않다.

스가랴 5:9는 천사를 인간(남성)의 모습으로 묘사하는 것에 대한 예외로 자주 거론된다.

내가 또 눈을 들어 본즉 두 여인이 나오는데 학의 날개 같은 날개가 있고 그 날개에 바람이 있더라 그들이 그 에바를 천지 사이에 들었기로.

몇몇 학자들은 날개를 가진 이 여인들이 천사라고 주장하지만, 그럼에도 불구하고 이 여인들이 천사라고 단정할 본문상의 근거는 없다. "여인"(나쉼[*našim*])은 결코 천사로 묘사되지 않는다. 바로 다음 구절에서 스가랴 선지자는 한 천사(말라크)에게 말을 건네는데, 이 천사는 앞서 등장한 두 여인과 별개의 존재로 구분된다(슥 5:10). 저자는 이 천사가 말하는 것을 기록할 때(슥 5:11), 여성형 동사(토메르[*tōʾmer*])가 아닌 남성형 동사(요메르[*yōʾmer*])를 사용한다. 본문이 말하는 바는 명확하다.

따라서 스가랴 5:8-11은 천사가 날개를 갖고 있다거나 여성의 모습으로 사람들에게 찾아온다는 개념을 뒷받침할 만한 성경적 근거를 제공하지 않는다.[1] 이 여인들에게 날개가 달렸다는 사실이 이들을 하늘에서 온 존재로 부각시키는 것은 분명하지만, 해당 본문의 핵심 의

---

1. 외부자료를 참고해 이 주장을 뒷받침한다고 해서 성경본문을 달리 볼 여지는 없다(이 여인들은 결코 천사로 불리지 않는 반면에 남자는 그렇게 불린다). 이집트의 신들을 새를 닮은 모습으로 묘사하는 것 역시 잘 알려져 있고, 우가릿 문서에서도 신들이 새들로 등장하는 경우가 있다(Marjo C. A. Korpel, *A Rift in the Clouds: Ugaritic and Hebrew Descriptions of the Divine* [Münster: Ugarit-Verlag, 1990], 544–52).

도가 "그들이 천사"라는 점을 밝히는 데 있지는 않다. 오히려 여기서의 핵심은 이 여인들이 앞의 구절에서 언급된 바구니(슥 5:5-8; 개역개정 "에바") 안에 있는 악한 여인과 대조된다는 것이다. 즉 스가랴 3장에서 대제사장 여호수아의 더러운 옷을 벗기는 것과 비슷한 의미로, 스가랴 5장의 여인들은 하나님께서 자기 땅과 백성들뿐만 아니라 (악에 속한) 시날 땅(바벨론)에 이르기까지, 그들에게서 악을 제거하실 것임을 나타낸다.[2]

보다 논리적 근거를 갖춘 해석으로는 이 여인들을 그룹으로 보는 것이다. 스가랴 5:9는 날개라는 피조물로서의 특성 이외에도, "그 날개에 바람(루아흐[*rûaḥ*])이 있더라"라고 설명한다. '루아흐'라는 단어는 자주 "성령" 또는 "영"으로 번역된다. 날개에 바람이 있다는 것은 에스겔 1:12, 20, 10:17에서처럼 날개가 있는 그룹들이 "이동하는 것"과 동일한 의미다. 에스겔 1장과 마찬가지로, 이 문맥은 그룹에 대한 도상학의 원천인 바벨론에 초점을 둔다.

스가랴 5:8-11로는 천사들이 날개가 있는 생명체임을 입증하지 못하기 때문에, 역시 이 본문으로는 (최소한 성경에 입각하여 말하자면) 천사가 여성의 모습으로 등장할 수 있다는 주장 역시 뒷받침해 주지 못한다. 그 여인들이 천사가 아니라면, 스가랴 5:9는 천사들이 여성으로

---

2. Joyce G. Baldwin, *Haggai, Zechariah and Malachi: An Introduction and Commentary*, TOTC 28 (Downers Grove, IL: InterVarsity Press, 1972), 137.

나타날 수 있음을 알려주지 못한다.

게다가 (천사가 여성으로 나타날 수 있다는) 이 주장은 천사가 성별(gender)을 가진다는 관념을 전제한다. 그러나 천사들에겐 성별이 존재하지 않을 뿐더러, 실제로 가질 수도 없다. 그들은 영적인 존재이고 성은 생물학적 특성이기 때문이다. 천사들이 가시적인 형체나 육체를 입고 인류와 상호교류할 때마다 성경은 항상 그들을 남성으로 등장시킨다. 그들이 취한 육체는 당연히 성별을 가진다. 하지만 이것은 육체 자체가 생물학적으로 성별을 가지기 때문이지, 육체성이 천사의 본질에 해당하는 내재적인 특성이라서가 아니다.[3]

---

3. 독자는 일부 제2성전기 저자들이 이상하게도 천사들이 먹는 모습을 묘사하기를 주저했던 것을 기억할 것이다. 이들은 인간의 육체를 입은 천사가 여성과 성관계를 할 수 있다는 것에 대해서도 같은 태도를 보인다. 그다지 관심을 끌지도 않는 육체를 사용하는 행동을 묘사하는 것에 왜 그처럼 수동적이었는지는 이해하기 어렵다. 히 1:13-14를 보면, 신약 성경 저자들이 여호와와 두 천사가 아브람과 함께 식사하는 창 18-19장 같은 사건들을 불편하게 여기지 않았다는 것은 분명하다. 베드로서신과 유다서 역시 초자연적 존재들과 그들의 성적 범죄를 다루는 창 6:1-4를 수용하고, 바울 또한 창 6:1-4의 재앙이 다시 발생하지는 않을까 우려하는 것(고전 11:10)에 대해서도 같은 주장이 제기될 수 있다. 이 구절들에 대한 자세한 논의는 다음을 참조하라. Heiser, *The Unseen Realm*, 92–109; Heiser, *Reversing Hermon*, chs. 1–3, 8. 주해적인 측면에서 창 18-19장의 천사들의 식사가 실제 먹는 것과는 다른 일종의 위장행위였다는 해석을 정당화할 근거는 없다. 창 18:8은 단순히 "그들이 먹었다"고 말한다. "위장행위로 해석하는 입장"은 제2성전기가 이런 유형의 사건을 다룰 때 보이는 특성이다. 예를 들어, 『토빗서』 12장에서 라파엘은 실제로 사람들 앞에서 음식을 먹는 척했노라고 실토한다. 이런 류의 해석에 대해 복음서 저자들이 이미 알고 있었다는 사실은 주목할 만하다. 그들은 예수님의 부활이 육체의 부활은 아니라는 관념(눅 24:36-43, 특히 43절)을 반박하기 위해 의도적으로 부활 이후 예수님의 식사장면을 기록한다. 다음의 논의를 참조하라. Sullivan, *Wrestling with Angels*, 180–95; Fletcher-Louis, *Luke-Acts*, 69. 몇몇 신약 사본들은 예수님이 생선과 함께 "약간의 벌집"을 먹었다는 문구를 삽입한다(눅 24:42-43). 제2성전기 문헌(요셉과 아스낫 15-16)에서 천사들만 먹을 수 있는(먹도록 허락된) 음식이 "천상의 벌집"이

신약 성경과 관련하여 천사들이 날개를 가졌다는 주장은 요한계시록 10:1에서 비롯된다.

> 내가 또 보니 힘 센 다른 천사가 구름을 입고 하늘에서 내려오는데 그 머리 위에 무지개가 있고 그 얼굴은 해 같고 그 발은 불기둥 같으며.

이 본문은 결코 날개를 언급하지 않는다. 단지 이 천사가 "하늘에서 내려온다는 것" 때문에 날개가 있어야 한다고 주장하는 것이다. 이 같은 주장(날개에 대한 언급이 생략됐다는 주장을 포함해)은 요한계시록 14:6, 17에서도 동일하게 제기되는데, 여기서 천사들은 하늘 성전과 제단에서 나온다(15, 17, 18; 비교. 마 28:2).

이 주장은 하늘에서 내려온다는 표현에만 의존한다는 점에서 결함이 있다. 그 결론의 취약성을 입증하기가 어렵지 않은 것이, 그렇다면 우리는 하늘에서 내려온다는 사실만으로 예수님에게도 날개가 있어야 한다고 주장해야 하기 때문이다. 어쨌든 예수님은 하늘에서 내려오는 것이 사실이다(살전 4:16). 예수님이 세례받으실 때 하늘에서 내

었던 것을 고려하면 이는 매우 인상적이다. 이런 삽입이 치명적인 문제를 일으키진 않는 것 같다. 다만 이것으로 인해 (의도적이든지 그렇지 않든지) 예수님의 부활체가 육체성을 지닌다는 것을 거부하는 논리로 받아들여져서는 안 된다. 설령 이 삽입 구절이 원문이었다 하더라도 그것은 예수님이 생선을 먹었다는 사실을 삭제하지 않는다(본문은 문자 그대로 이렇게 쓴다. "그들이 구운 생선 한 토막을 예수님께 드렸다. 그리고 그는 이것을 받아 그들 앞에서 먹었다").

려온 성령도 날개가 있어야 하지 않는가(마 3:16; 막 1:10; 눅 3:22). 두 사례에서 확인할 수 있는 요점은, 초자연적인 존재들이 하늘에서 내려온다고 해서 그들에게 반드시 날개가 있어야 함을 의미하지 않는다는 것이다. 문맥에 따라 내려오는 모습이 다를 수 있는데, 공중에서 다니다가 내려오는 것일 수도 있고, 급하게 떨어지듯 내려오는 것일 수도 있다. 이것은 단순히 천사들이 하나님의 거처에서 내려왔다는 사실을 비유적인 언어로 나타내는 것일 수 있다.[4] 예를 들어, 이 같은 표현은 예수님의 첫 번째 강림에 대해 사용되는데, 예수님은 마리아에게서 출생하셨기 때문에 날개와는 무관하다는 것을 우리는 잘 알고 있다. "하늘에서 내려온 자 곧 인자 외에는 하늘에 올라간 자가 없느니라" (요 3:13). 따라서 신적인 존재가 단순히 하늘에서 내려온다는 표현은 필연적으로 날개의 필요성을 시사하지 않는다. 그러므로 단순히 하늘에서 내려온다는 표현이 천사가 날개를 가졌음을 의미한다는 주장을

---

4. 흥미롭게도 성령님이 "비둘기처럼" 내려오신다는 누가의 묘사는 "형체로"(in bodily form, 소마티코 에이데이[*sōmatikō eidei*], 눅 3:22)라는 설명어를 포함한다. 이 문구와 이미지의 일반적인 활용에 대해 보크(Bock)는 이렇게 쓴다. "성령의 내려오심은 하늘이 열리는 것과 함께 나타난다. 복음서 저자들 중 누가만 물리적인 형태로 강하한다는 것을 말함으로써 이 경험의 구체적인 성격을 강조한다. 유일하게 '소마티코 에이데이'(형체로)로 언급한 것은 성령의 오심이 가시적인 경험이었음을 보여준다. 이 사건에 대한 묘사들은 지나치게 은유적인 경향이 있다… 눈에 보인 것이 비둘기였다는 것이 아니다. 그저 눈에 보이는 것이 비둘기에 비교된다는 것이다. 왜냐하면 "-처럼, -같은"을 의미하는 '호스'(*hōs*, as)는 양태부사(adverb of manner)이기 때문이다. 성령이 내려오시는 양태가 마치 기품 있게 공중을 나는 비둘기 같은 방식이었다. 참조. Darrell L. Bock, *Luke: 1:1-9:50*, BECNT (Grand Rapids: Baker Academic, 1994), 338. 『BECNT 누가복음 1』 부흥과개혁사.

뒷받침할 근거를 제공하지 못한다는 것은 매우 자명하다.

"무저갱의 사자는 선한 천사인가, 악한 천사인가?"

이 사안은 요한계시록 9:1-5, 11에서 비롯된다.

> 다섯째 천사가 나팔을 불매 내가 보니 하늘에서 땅에 떨어진 별 하나가 있는데 그가 무저갱의 열쇠를 받았더라 그가 무저갱을 여니 그 구멍에서 큰 화덕의 연기 같은 연기가 올라오매 해와 공기가 그 구멍의 연기로 말미암아 어두워지며 또 황충이 연기 가운데로부터 땅 위에 나오매 그들이 땅에 있는 전갈의 권세와 같은 권세를 받았더라 그들에게 이르시되 땅의 풀이나 푸른 것이나 각종 수목은 해하지 말고 오직 이마에 하나님의 인침을 받지 아니한 사람들만 해하라 하시더라 그러나 그들을 죽이지는 못하게 하시고 다섯 달 동안 괴롭게만 하게 하시는데 그 괴롭게 함은 전갈이 사람을 쏠 때에 괴롭게 함과 같더라… 그들에게 왕이 있으니 무저갱의 사자라 히브리어로는 그 이름이 아바돈(Abaddon)이요 헬라어로는 그 이름이 아볼루온(Apollyon)이더라.

11절의 "무저갱의 사자"(아바돈/아볼루온)가 1절에서 언급된 천사,

즉 "무저갱의 열쇠를 받은" 자와 동일하다고 상정할 때 이는 혼란을 야기할 위험이 있다. 그 둘은 동일한 존재가 아니다.[5] 게다가 무저갱의 열쇠를 가진 천사를 악한 신적인 존재로 보아선 안 된다.[6]

얼핏 보면, 요한계시록 9:1의 천사는 "내가 보니 하늘에서 땅에 떨어진 별 하나가 있는데"라는 요한의 묘사 때문에 악한 존재로 해석될 수 있다. 게다가 "떨어진"(had fallen)의 동사가 완료시제여서 이 천사가 악한 존재라는 추측을 확증해 주는 것 같다. 이에 관해 오니는 다음과 같이 말한다.

> 떨어지는 별들은 종종 악한 천사 또는 귀신(에녹1서 86:3; 88:1; 90:24; 솔로몬의 유언 20.14-17; 유 13절), 또는 심지어 사탄도 가리킨다(에녹1서 86:1; 엘리야의 묵시 4:11; 눅 10:18; 계 12:9). 그러나 여기 등장하

---

5. 계 9:11의 언어는 무저갱의 왕(아바돈/아볼루온)과 아바돈/아볼루온을 풀어주는 천사를 구분한다. 저자가 그 둘을 동일시하고자 했다면 "그들에게 왕이 있으니"(계 9:11)라고 쓰지 않고, "그[계 9:1-2의 천사]가 왕이다"라고 썼을 것이다. 계 9:1-2를 20:1과 함께 읽으면, 계 9:11의 천사를 (명백히 거룩한 존재가 아닌) 아바돈/아볼루온과 동일시하는 논리를 피할 수 있다.

6. 비일은 계 9:1-2에 상당한 지면을 할애하여 이 단락의 천사가 악한 존재임을 논증한다. 그는 이와 관련해 1절의 "떨어진"이라는 단어에 주목한다. 하지만 그는 계 9:1-2의 천사가 악한 천사라는 그의 주장이 계 20:1을 설명하는 데 완전히 실패한다는 사실을 놓치고 있는 것처럼 보인다. 그는 "20:1-3에서 사탄의 영역은 그리스도의 권세 아래로 들어간다. 이 일은 한 중보 천사에 의해 실행될 것인데, 물론 20:1에서는 현재 마귀만이 이 천사의 권세 아래에 속한다"고 쓴다(Beale, *The Book of Revelation*, 984). 비일은 20:1에서 무저갱의 열쇠를 가지고 "내려오는" 천사를 선한 천사로 본다. 『NIGTC 요한계시록』 새물결플러스.

는 "떨어진 별"은 메신저 역할을 하는 천사로 이해되어야 하고(참조. 20:1), 9:11의 아바돈 또는 아볼루온으로 불리는 무저갱의 천사, 그리고 12:9의 사탄과도 동일시되어서는 안 된다. 반면 에녹1서 86:1에서 에녹은 한 별이 하늘에서 떨어지고, 이를 뒤따르는 많은 별들을 보는데(3절), 이것은 명백히 모두 타락한 천사들을 가리킨다.[7]

하나님께 반역한 신적인 존재들에 대해 "떨어진다"는 표현을 사용하는 방향성은 꽤 일관성 있게 나타난다. 하지만 이 표현이 전적으로 한쪽 방향으로만 해석되지는 않는다. 요한계시록 20:1-2만 봐도 그렇다. 여기서 우리는 9:11에서처럼 한 천사와 무저갱의 열쇠라는 동일한 언어를 발견하는데, 이 언어는 "떨어진"(fallen)이라는 표현이 그것이 위치한 문맥이 반역과 심판을 이야기하지 않는다면 단순히 "내려가다"(descend)를 의미한다는 것을 암시한다.

> 또 내가 보매 천사가 무저갱의 열쇠와 큰 쇠사슬을 그의 손에 가지고 하늘로부터 내려와서 용을 잡으니 곧 옛 뱀이요 마귀요 사탄이라 잡아서 천 년 동안 결박하여 무저갱에 던져 넣어….

---

7. Aune, *Revelation* 1-5, 525. 『요한계시록 상』 솔로몬.

나는 요한계시록 9:1-2가 20:1에 비추어 해석되어야 한다고 제안한다. 이것은 여러 해석상의 불일치를 막아준다. 첫째로, 하나님이 타락한 존재에게 무저갱을 다스릴 권세를 주신다는 것은 말이 되지 않는다. 둘째, 타락한 천사가 하나님의 종으로 사역한다는 생각은 구약과 신약 천사론의 다른 내용들과 배치된다. 셋째, 요한계시록 9:1-2의 천사가 무저갱의 열쇠를 가진 거룩하지 않은 존재라는 주장은, 20:1-2에서 동일한 신분이나 직무를 지닌 선한 천사가 등장한다는 사실과 모순된다.[8] 요한계시록 9:1을 이해하는 보다 단순한 해석은 그 천사가 하나님의 진노를 실행하기 위해 하늘에서 파견되어 아바돈/아볼루온을 풀어주는 천사라는 것이다.[9]

"천사들은 더 이상 반역할 수 없는가?"

기독교 천사론에선 일반적인 개념임에도 불구하고, 타락하지 않은 천

---

8. 무저갱(bottomless pit)을 가리키는 계 9, 20장의 단어는 '아뷔소스'(*abyssos*)다. 나의 해석 방식에 따르면, 아바돈과 아볼루온이 필연적으로 사탄일 필요가 없다. 물론 그것이 사탄이라는 주장도 가능하겠지만 말이다. 오니는 이렇게 지적한다(Aune, *Revelation 1-5*, 525). "계 9:1에서는 한 별(천사)이 하늘에서 땅으로 내려와 무저갱의 열쇠를 받는 반면, 20:1에서는 한 천사가 하늘에서 (아마도 땅으로) 무저갱의 열쇠를 가지고 내려온다. 두 본문 모두 세 층계로 이루어진 우주를 암시한다. 『요한계시록 상』 솔로몬.

9. 계 9:1에서 악한 존재로 추정되는 천사가 다섯째 나팔에 의해 야기되는 혼란에 간여하지 않는다는 점도 주목하라. 문맥은 이 천사가 하나님을 대적한다는 어떤 암시도 주지 않는다.

상의 존재들은 하나님께 반역할 수 없음을 시사하는 구체적인 증거를 성경에선 찾아볼 수 없다. 오히려 성경에서 드러나는 증거는 그와 반대로일 가능성을 남겨놓는다.

본서 2장에서 우리는 하나님의 거룩한 자들의 불완전함에 대해 욥기의 두 본문에서 간략히 언급한 바 있다.

> 사람이 어찌 하나님보다 의롭겠느냐 사람이 어찌 그 창조하신 이보다 깨끗하겠느냐 하나님은 그의 종이라도 그대로 믿지 아니하시며 그의 천사라도 미련하다 하시나니(욥 4:17-18).

> 하나님은 거룩한 자들을 믿지 아니하시나니 하늘이라도 그가 보시기에 부정하거든(욥 15:15).

이 본문들은 정황상 타락 이후의 시기에 속한다. 즉 에덴 사건 이후 천상의 존재들에 대한 서술이라는 것이다. 앞서 우리는 천군의 중보자 역할과 관련해 이 본문들을 살펴본 바 있다(욥 33:23). 또한 우리는 욥기 4:17-18, 15:15에 실린 천사에 대한 우호적이지 않은 표현들의 요점이 그들의 반역이 아닌, 오류의 가능성(fallibility)이라고 지적했다. 그럼에도 이 오류의 가능성에는 응당 반역을 저지를 가능성이 포함된다. 반역을 불가능하게 하는 유일한 방책은 도덕적 완전성, 다시 말해 하나님의 본성 자체를 총체적으로 소유하는 것뿐이다. 불완전한 존재는 사실상 실패할 수 있다. 그리고 천사들의 불완전성을 설명하는 어떤 본문도 이들이 반역을 면할 것이란 점을 전혀 암시하지 않는다.

"천사들은 시공간 밖에 존재하는가?"

이런 주장은 천사의 속성에 관해 흔히들 듣게 되는 말이지만, 이런 주장을 제기한 사람들이 정확히 무슨 의미로 그렇게 말하는지는 파악하기 어렵다.[10]

천사들은 영원한 존재라는 의미로 "시간을 초월하는" 존재가 아니다. 그들은 여느 피조물과 마찬가지로 어느 시점엔가 시작되었다. 그들은 죽지 않는 존재이지만(눅 20:36), 이 불멸성은 궁극적으로 하나님의 권세와 기쁨에 기반하며 좌우된다. 하나님이 의도하신 바, 천사들은 나이를 먹거나 더 이상 존재하지 않게 되는 식으로 시간의 제약을 받지 않는다. 그렇다고 해도 이런 속성이 그들이 과거와 미래를 넘

10. 이와 동일한 표현이 하나님을 묘사하는 데도 사용된다. 하나님과 시간과 영원성의 관계는 많은 이들이 생각하는 것보다 다루기 힘든 주제다. 예를 들어, 하나님이 "시간 밖에 계시다"(outside of time)는 주장은 기존 "정통" 신학의 주장과 다르다. 참조. William Lane Craig, *Time and Eternity: Exploring God's Relationship to Time* (Wheaton, IL: Crossway, 2001); Gregory Ganssle, ed., *God and Time: Four Views* (Downers Grove, IL: InterVarsity Press, 2001).

나들 수 있음을 의미하지는 않는다. 특히 미래로의 이동은 "시간의 바깥"에 존재하는 것과 더 관련있을 것이다.

여기서 말하는 "공간"이란, 우주 공간을 가리키는 것이 아니라, 육체가 없는 존재임에도 공간(특정 장소)을 점유할 수 있는가의 여부를 의미한다. 철학적인 신학자들은 이런 질문에 대해 많은 고민을 해왔다. 피터 윌리엄스(Peter Williams)는 피터 크리프트(Peter Kreeft)를 따라, "천사들은 한정된 공간 안에 있을 수 있거나 한정된 장소에서 사건을 발생시킬 수 있다"고 제안한다. 이것은 그들이 물질적으로 존재할 수 있거나 물질적인 공간을 점유할 수 있기 때문이 아니라, 그들이 "영적으로 현존하기"(spiritually present) 때문이라는 것이다.[11] 윌리엄스와 다른 학자들이 말하는 "영적인 현존"이란, 천사의 현존이 물질(substance)에 의해서가 아니라 '활동'(activity)에 의해 증명된다는 의미에서다. 이 관념은 분명히 성경적이다. 왜냐하면 천사들은 물질적으로 현존하지 않으면서도 물질적으로 현존하는 사람들에게 영향을 미치는 것으로 묘사되기 때문이다(창 21:17; 22:11, 15; 31:11; 마 1:20; 2:13, 19; 행 8:26; 10:3).[12]

---

11. Peter Williams, *The Case for Angels* (Milton Keynes, UK: Paternoster Press, 2002), 86.

12. 이 본문 예시들 중 구약의 사례들은 적절하지 않을 수도 있다. 왜냐하면 내가 앞선 연구와 다른 곳에서도 주장했듯이, 구약 성경에는 가시성과 육체성을 띤, 그러면서도 본질적으로 다른 영적 존재들의 속성을 초월하는 여호와 자신인 여호와의 사자가 등장하기 때문이다. 본서 3장과 다음 책을 참조하라. Heiser, *The Unseen Realm*, 127–48. 따라

이런 접근은 천사들이 물질적인 방식으로 공간적으로 현존해야 할 필요성을 요구하지 않는다. 하지만 천사들은 경우에 따라 물질적으로나 공간적으로 현존할 수 있다. 예를 들어, 두 천사가 아브라함과 함께 식사를 하거나(창 18:1-8; 비교. 19:1), 물리적으로 롯을 붙잡기도 하고(창 19:10), 또 어떤 천사는 베드로를 쳐서 깨우기도 한다(행 12:7).

우리는 천사들이 "공간 바깥"(outside space)에 존재한다고 말하기보다는 공간과 무관하게 존재한다고 말할 수 있다. 공간과 공간성은 천사의 존재나 현존에 필수적인 요소가 아니다.

"천사들은 마음을 읽거나 물질계를 조종할 수 있는가?"

천군의 일원들이, 하나님이 하시듯이, 어떤 사람의 마음이나 생각을 읽을 수 있다는 성경적인 증거는 없다. 그렇다고 천사가 사람의 마음을 읽을 수 있느냐는 결코 유치한 질문이 아니다. 이 질문은 천사가 인간의 마음 또는 꿈과 환상을 통해 인간의 의식 속에 나타나는 내용을 배경으로 하는 본문에서는 꽤 그럴듯한 이야기가 될 수 있다. 성경에서 분명히 확인되는 이런 사례들은 천사들이 인간의 의식에 접근할 수 있다는 취지로 분석될 수 있다. 만일 천사들에게 이런 방식의 접근

서 신약 성경에 등장하는 꿈과 환상의 사례들은위의 주장과 더 밀접한 관련이 있다. 『보이지 않는 세계』 좋은씨앗.

이 가능하다면, 일부 학자들은 그들이 인간의 마음에 있는 생각에도 응당 접근할 수 있다고 주장할 것이다.

천사들이 어떻게 꿈에 나타날 수 있는가에 대해 성경이 아무런 설명을 하지 않으므로 우리는 이 주제에 관해 그저 추측만 할 수 있을 뿐이다. 가령, 우리는 천사들이 어떤 사람의 두뇌나 의식에 저장된 정보에 접근한다고 추측할 수 있다. 하지만 이 추론의 타당성을 입증할 방법이 없다. 그와 달리, 만일 꿈이란 사람의 의식에 정보를 전달하는 것에 불과하다고 추측한다면, 우리는 천사와 동등한 입장이 된다. 정보전달은 정보탐색이 아니기 때문이다. 오늘날의 예로 말하자면, 천사들은 우리의 CD나 DVD에 무언가를 "기록"할 수 있지만, 그 안의 내용을 읽어내지는 못한다고 말할 수 있다. 따라서 천사들은 마음을 읽을 수 없다고 가정하는 것이 타당해 보인다. 물론 여기서 논의한 두 가지 해석 모두 추측에 지나지 않는다.[13]

천사들이 물질세계에 영향을 줄 수 있느냐는 질문에 대해, 우리는 보다 성경적인 근거를 가지고 말할 수 있다. 앞서 살펴본 것처럼 천사들은 물질적 형체를 취할 수 있고 물질적 대상들에게 행동을 취할 수 있다. 가령, 롯을 방문한 두 천사들은 소돔 사람들의 눈을 멀게 할 수

13. 윌리엄스(Williams, *The Case for Angels*, 82)는 결국 텔레파시에 의한 의사소통을 말할 정도로 억지 주장을 편다. 그는 앞서 소개한 보다 설득력 있는 추측들에 주목하지 못한다. 윌리엄스의 논의는 "천사의 의식"이 인간의 의식과 상호작용한다고 가정하지만, 그 의식이 실제로 이해되기 전까지는 그런 가정이 합리적인지 알 수 없다.

있었다(창 19:10-11). 어떻게 그런 일이 일어났는지는 설명하지 않지만, 두 천사는 나타난 결과의 원인이었다. 어떤 천사는, 어떻게 그럴 수 있었는지는 모르겠지만, 베드로를 차꼬에서 풀어주고(행 12:7), 접촉하지 않은 채로 철문을 열었고(행 12:10; 비교. 행 5:9), 헤롯에게 질병을 일으키기도 했다(행 12:23). 예수님의 무덤을 막고 있던 돌문을 옮긴 천사도 있었다(마 28:2).

영적인 존재들이 물질적인 속성을 갖는 것을 포함하여 인간의 형체를 취하는 능력은, 고린도후서 11:14을 생각하면 훨씬 더 흥미로운 주제다. 여기서 바울은 "사탄도 자기를 광명의 천사로 가장한다"고 쓴다. "위장하다"(disguises)로 번역되는 동사 '메타스케마티조'(*metaschēmatizō*)를 다른 번역자들과 학자들은 "가장하다"(masquerades; 개역개정과 일치)로 번역한다. 거스리(Guthrie)는 다음과 같이 주석한다.

> '메타스케마티조'란 동사는 "자기를 위장하다" 또는 "자신이 아닌 척하다"를 의미하며, 따라서 "가장하다"로 번역될 수 있다. 위경인 『욥의 유언』에서 사탄은 자신을 한 사람의 거지로(6.4), 페르시아 왕으로(17.2), 나중에는 빵 굽는 사람(23.1)으로 위장하는데, 여기서 모두 같은 동사가 사용된다. 많은 유대 전승에서는 사탄이 사람들을 더 잘 유혹하기 위하여 자신을 천사 또는 빛의 천사로 변형시켜 나타난다.

어쩌면 바울은 『아담과 하와의 생애』에서 사탄이 타락사건 이후에 하와를 다시 유혹하는 본문을 알았을 수도 있다. "그러자 화가 난 사탄은 스스로를 밝게 빛나는 천사로 변형시켰고 하와를 보기 위해 티그리스 강으로 떠났다. 거기서 하와가 울고 있었다."[14]

고린도후서 11장의 바울의 발언을 이해하기 위한 일부 배경지식을 제공하는 또 다른 제2성전기 본문이 있다. 『아담과 하와의 생애』 17:1-2에서 하와는 사탄(뱀?)이 천사의 모습을 하고 있는 것을 본다.

그러자 사탄이 천사의 모습으로 나타나, 천사들처럼 하나님을 찬양했다. 그리고 나는 그가 천사처럼 벽을 향해 몸을 굽히는 것을 보았다. 그가 내게 말했다. "네가 하와냐?"[15]

요점은 이 제2성전기 자료가 영적 존재들이 자신들의 겉모습을 바꿀 수 있다는 관념이 1세기에 꽤 성행했음을 알려준다는 것이다. 어떤 사람들은 이 의미가 은유적이라고 주장할 수도 있는데, 그렇게 되면 여기서 사탄이 자신을 자신이 아닌 모습으로 "나타내는" 것은 가

14. George H. Guthrie, *2 Corinthians*, BECNT (Grand Rapids: Baker Academic, 2015), 528.

15. *OTP*, 2:277-79.

시적인 외양이라는 의미가 아니라, 대개는 거짓말과 속임수를 가리키게 된다. 본문들을 개별적으로 살펴보면, 이 입장은 고전 11:14에서 가능하지만, 위에서 인용된 동시대의 일부 사례들은 이런 추상적 개념을 넘어선다. 여기서 바울은 속이는 행위 이외에도 가시적인 출현을 염두에 두고 있었을 것이다. 이런 가능성이 갖는 의미는, 영적 존재들이 단지 육체적인 형태를 취하는 것과 더불어 형체를 바꿀 수 있다는 것이다. 즉 겉모습을 바꾸는 것이 그들의 여러 능력 중 하나일 수 있다는 것이다.

"천사들은 사람들을 천국으로 데려가는가?"

누가복음 16:19-31의 부자와 나사로 비유에서 우리는 이런 언급을 볼 수 있다. "그 거지가 죽어 천사들에게 받들려 아브라함 곁에 들어가고"(눅 16:22). 아브라함의 "곁"(side or bosom; 개역개정 "품")은 복된 내세를 가리키는 비유 언어다.[16]

---

16. 학자들은 이 구절이 분명히 아브라함이 천국이 있음을 가정한다고 보지만, 이 문구가 정확히 "천국"(heaven)이나 "낙원"(paradise) 같은 단어들과 동의어인지 여부에 대해 의견을 달리 한다. 제2성전기 본문은 아브라함이 천국으로 올라가는 것을 묘사하고 따라서 이 내용에 관해 전혀 애매한 태도를 취하지 않는다(필로의 위서, Liber antiquitatum biblicarum 18.5; 아브라함의 유언 10-14; 아브라함의 묵시 15:4-30; 에스라4서 3:14-15). 보크(Bock)는 "비유"란 말은 눅 16:19-31에 대한 정확한 표현이 아닐 수 있다고 지적한다. 왜냐하면 이것은 결코 비유로 불린 적이 없고, 비유라는 장르에서 기대되는 몇몇 특징들을 결여하기 때문이다(Darrell Bock, *Luke: 9:51-24:53*, BECNT [Grand

보크(Bock)는 "천사의 호위를 받아 천국에 가는 일은 유대교의 일반적인 그림이다. 기독교 외경에서 이런 이미지는 죽은 사람들의 영혼을 두고 벌어지는 천사들의 전쟁을 그리는 식으로 상당히 구체적으로 묘사된다."[17] 두 예시가 그의 주장을 뒷받침한다.

『욥의 유언』은 욥의 죽음으로 끝난다. 욥은 그가 죽기 전 자신의 딸들에게 다음과 같이 말한다.

> 그러니 내 아이들아 너희가 이 물건들을 가졌으니 너희는 전혀 원수를 만나지 않게 될 것은 물론, 너희 맘속에서라도 그를 만날 걱정이 없을 것이다. 왜냐하면 이것은 너희를 지켜주는 하나님 아버지의 부적이기 때문이다. 그러니 일어나서 내가 죽기 전에 그 부적들을 허리에 싸매어 나로 하여금 내 영혼을 찾아오는 자들을 내가 보게 하고 또 너희도 이 하나님의 피조물들을 보며 감탄하도록 하여라(욥의

Rapids: Baker Academic, 1996], 1362). 『BECNT 누가복음 1』 부흥과개혁사.

17. Bock, *Luke: 9:51–24:53*, 1368. 같은 페이지의 한 각주에서 보크는 다음과 같이 첨언한다. "타락한 사람들의 경우 사탄의 호위를 받으며 지옥으로 가는 것 역시 가능성이 있다. 참조. 아셀의 유언 6.4–6 (Marshall 1978: 636 이 본문은 본문비평상의 논쟁이 있음을 유의하라; SB 2:223–27; Tg. Song 4.12)." 피츠마이어는 『아셀의 유언』이 천사의 호위를 받아 천국에 간다는 사상이 나타나는 자료 중, 2세기보다 앞선 시기에 속하는 유일한 자료라고 오해한다. 참조. Joseph A. Fitzmyer, *The Gospel according to Luke X–XXIV*, AYB 28A (New Haven: Yale University Press, 1985), 1132. 『욥의 유언』은 주전 1세기만큼 오래되었을 것이다(*OTP*, 1:833–834). 『아브라함의 유언』은 주후 100년경에 작성된 것으로 추정된다.

유언 47:10-11).[18]

사흘이 지나 욥이 병으로 누웠고(하지만 그는 고통과 괴로움을 느끼지 않았다. 이는 그가 두른 허리띠의 예언 때문에 고통이 더 이상 그를 건드리지 못했기 때문이다), 그 이후에 그는 자신의 영혼을 찾아온 자들을 보았다. 그는 즉시 일어나 수금을 집어들었고 그것을 자기 딸 헤메라에게 주었다. 욥은 카시아에게 향로를 주었고, 아말테이아의 뿔(Amaltheia's Horn)에게 팀파니를 주어 그들이 자신의 영혼을 찾아온 자들을 축복하게 했다. 욥의 딸들이 악기를 손에 쥐었을 때 그들은 욥의 영혼을 찾아온 빛나는 전차들을 보았다. 그리고 그들은 각기 다른 방언으로 하나님께 송축하며 영광을 돌렸다. 이런 일들이 있은 후에, 큰 전차에 앉은 이가 내려와 욥에게 인사했다. 이때에 세 딸과 그들의 아버지는 이들을 보았으나, 다른 사람들은 보지 못했다. 전차에 앉은 이는 욥의 영혼을 취하여 품에 안고 전차에 올라타 동쪽으로 떠났다. 한편 장례를 치를 그의 시신은 무덤에 넘겨졌고 이때 욥의 세 딸은 허리띠를 차고 계속해서 하나님께 찬송을 올려드렸다(욥의 유언 52:1-12).[19]

18. *OTP*, 1:865.

19. *OTP*, 1:867-68.

『아브라함의 유언』은 아브라함의 죽음에 대한 기사를 제공한다.

> 그러자 천사장 미가엘이 즉시 수많은 천사들과 함께 그 옆에 섰고, 그들은 아브라함의 소중한 영혼을 그들의 손에 받들어 하나님이 짜놓으신 세마포에 감쌌다. 그들은 하나님의 연고와 향수로 그가 죽은 지 사흘이 지날 때까지 의인 아브라함의 시신을 돌봤다. 그 후에 그들은 아브라함을 약속의 땅 마므레 상수리나무가 있는 곳에 매장하는 동안, 그 천사들은 그의 소중한 영혼을 모시고 만유의 주재이신 하나님께 거룩하다 거룩하다 거룩하다 노래하면서 하늘로 올라갔다. 그리고 그들은 아버지 하나님께 경배드리기 위해 아브라함의 영혼을 그 앞세 세웠다(아브라함의 유언 20:10-12, A 교정본).[20]

『욥의 유언』은 대략 주전 1세기에 작성된 것으로 추정되는데, 이 문서는 신자들을 복된 내세로 안내하는 천사들에 관한 유대 전승의 증거를 제공한다. 이 사상은 특히 제2성전기 유대교의 것이다. 이 구체적인 아브라함 자료는 기껏해야 누가복음과 동시대에 속한다.

---

20. *OTP*, 1:895.

"신자들은 천사들에게 명령할 권세를 가지는가?"

때때로 히브리서 1:14는 신자들이 천사들을 다스릴 권세를 갖는다는 개념을 정당화하는 데 사용되었다. 이 구절은 천사들에 대해 이렇게 말한다. "모든 천사들은 섬기는 영으로서 구원받을 상속자들을 위하여 섬기라고 보내심이 아니냐?"(강조표시는 저자의 것) 달리 말하자면, 하나님은 천사들에게 신자들의 신앙 여정에 유익을 제공하는 직무를 수행하게 하셨다. 하지만 어떤 사람들은 하나님이 천사들로 하여금 신자들의 명령에 따라 일하도록 파송하셨다고 제안하면서, 그리스도인들이 천사들에게 자신들의 요구에 응하도록 명령할 수 있다는 식으로 주장한다.

나는 히브리서 1:14이 그리스도인들에게 천사들에게 명령할 권세를 준다는 내용을 말하는 게 아니라는 두 가지 이유를 제시할 수 있다. 하나는 문법적이고 다른 하나는 문맥적인 이유다.

첫째 "~을 위하여"(for the sake of, 디아[*dia*])로 번역된 전치사는 의미론적 범위가 제한적이다. 이것이 속격조사로 사용될 때 관사나 명사나 대명사 앞에 놓이면, "~를 통해" 또는 "~에 의해"를 의미한다. 이 전치사가 목적격 조사 앞에 놓일 수도 있는데, 이때는 이유 또는 목적("~때문에"; "~를 위해")을 가리킨다. 히브리서 1:14에서 '디아'는 목적격 조사 안에 위치하고, 그 뒤에 복수 관사가 붙는다. 목적격은 섬김의 출처나 내용이 아닌 천사들이 섬기는 대상을 표시한다. 헬라어 문법

은 '디아'가 "~의 명령에 따라"를 의미하지 않는다.[21]

히브리서 1:14이 천사들이 그리스도인들의 명령에 따라 섬기도록 보냄받았음을 의미하지 않는다고 보는 두 번째 이유는 더 넓은 신약성경의 문맥에 따른 것이다. 실제로 성경 전체가 그러하다. 성경에는 어떤 사람이 천사에게 명령하는 단 하나의 사례도 나타나지 않는다. 사람은 천사와 대화를 나누고 그들에게 질문하지만, 명령을 내리지 않는다. 이런 사실은 히브리서 1:14를 이런 식으로 해석하는 것이 이례적일 뿐만 아니라 성경의 나머지 내용과 충돌을 야기한다는 것을 보여준다.

"그리스도인은 죽을 때 천사와 같이 되는가?"

이 생각을 받아들이는 많은 사람들이 그 성경적 기원에 대해서는 잘 알지 못한다.[22] 이것의 뿌리는 깊으며, 보다 정확히 말하자면 사람이

---

21. 여기서 나는 다음의 문법책을 이야기하고 있다. Wallace, *Greek Grammar Beyond the Basics; Friedrich Blass, Albert Debrunner, and Robert Walter Funk, A Greek Grammar of the New Testament and Other Early Christian Literature* (Chicago: University of Chicago Press, 1961); A. T. Robertson, *A Grammar of the Greek New Testament in the Light of Historical Research* (Logos Bible Software, 2006); James Hope Moulton and Nigel Turner, *A Grammar of New Testament Greek: Syntax*, Vol. 3 (Edinburgh: T&T Clark, 1963–).

22. 대부분의 그리스도인들에게 이 대중적인 믿음은 낙태아와 유아처럼 믿기 전에 죽은 사람들에게로 확장된다. 만일 롬 5:12가 과도하게 해석되지 않는다면 이 견해는 확실히 성경적 근거가 있다. 대부분의 기독교 배경에서 이 구절은 사실상 잘못 이해되었고, 그래

죽으면 "천사가 되는가"라는 것이다.

신자들이 죽음 이후에 천사가 된다는 개념은 성경의 여러 곳에서 도출된 것이다. 대부분의 그리스도인들에게 익숙한 것 몇 가지가 있다. "그리스도처럼 된다"는 영화의 교리(요일 3:1-3), 내세에 신자들의 존재가 "천사들처럼 된다"는 주장(마 22:30; 막 12:25); 신자의 부활체가 "하늘에 속한 형체"라는 바울의 가르침("영의 몸"; 고전 15:35-49). 한편 그리스도인들에게 익숙하지 않은 것들도 있다. 예를 들어, 신약 성경에서 그리스도인들이 구원과 내세를 설명하기 위해 사용한 가족 및 상속(유업)과 관련한 어휘는 구약 성경의 신적인 가족(천상회의)에 대해 사용된 어휘와 연결된다. 그리고 에덴이 (새 에덴을 포함하여) 고대 근동의 "우주적 거주지" 모티프에 기인한다는 것도 그리스도인들에게 낯선 개념이다.

필자는 『보이지 않는 세계』에서 이런 사고의 궤적들에 상당한 관심을 기울였기에 독자들은 구체적인 내용과 자료를 위해 이 책의 논의를 살펴볼 수 있다.[23] 간략히 말해서 이런 사고의 가닥들은 하나의 태피스트리로 직조되어 궁극적으로 하나님처럼 되는 신자의 운명이

서 유아의 구원에 관한 개념은 신학적 이론화와 목회적인 연민에 기초한다(예를 들어, 하나님은 인류가 아담의 죄책 아래 있다는 전제에서 이런 불행을 예외로 하신다거나, 그렇지 않은 경우 슬퍼하는 부모로 하여금 자녀를 잃은 상실을 잊도록 해주신다는 식이다). 이런 입장들은 주해적인 가치가 없다. 다행스럽게도 롬 5:12이 정확하게 읽힌다면 그런 생각들은 불필요하다.

23. Heiser, *The Unseen Realm*, 307-21, 377-81. 『보이지 않는 세계』 좋은씨앗.

라는 큰 그림을 완성한다. 기독교 신학자들은 영화(glorification), 신화(deification), '데오시스'(*theosis*) 등 다양한 어휘로 이 교리를 표현한다. 이 관념은 우리가 여호와나 예수님과 똑같은 존재가 되는 것을 의미하지 않는다. 다만 요한은 "우리가 그와 같을 것"(we shall be like him, 요일 3:2)이라고 말한다. 신자들은 이미 "하나님의 본성에 참여하는 자"(벧후 1:4; 개역개정 "신성한 성품에 참여하는 자")다. 우리는 하나님의 영적인 자녀들, 즉 천군의 충성된 일원인 "하나님의 아들들"과 더불어 여호와의 천상회의를 재건할 운명을 가진다. 동일한 언어가 신자에게 사용된다(요일 3:1-3). 우리는 구약 성경에서 흔히 천사들을 가리킬 때 사용하는 어휘로 수식되어, "거룩한 자들"이라 불린다.[24] 우리는 하나님의 하늘 가족으로 "입양"되었다. 우리의 "기업"(inheritance; 또는 유산)은 하늘에 있으며, 이 하늘은 새로워질 전지구적인 에덴으로 지상에 임할 것이다. 우리는 현재 하나님의 타락한 아들들의 지배 아래 있는 열국을 다스리게 될 것이다. 그들을 통치직에서 내쫓고, 우리의 형제이신 예수님과 더불어 메시아적 통치에 참여할 것이다(히 2:5-18; 계 2:26-28; 계 3:21). 이렇게 함으로써, 우리는 "천사들을 심판"할 것이고, 구약 천상회의의 위계질서에 따라 그들을 다스릴 것이다(고전 6:3; 요 1:12).

---

24. "성도"(saints)라는 번역은 아쉽게도 구약 성경의 "거룩한 자들"(holy ones)과의 어휘적 연관성을 모호하게 만든다.

궁극적인 결말은 영화롭게 된 신자들이 천사가 되는 것이 아니다. 오히려 우리는 하나님의 영광스러운 가족회의체에 완전히 접붙여진다. 이런 점에서 우리의 "이미"라는 상태는 죽음의 순간에 완전히 실현된다. 우리는 혼합된 신적인 가족공동체 안에서 하늘에 있는 하나님의 자녀들에게 합류하고, 새로워질 전지구적 에덴에서 실제로 천사들보다 높은 지위를 누린다.

참고문헌

Abegg, Martin G., Jr. *Qumran Sectarian Manuscripts*. Bellingham, WA: Logos Bible Software, 2003.

Afzal, Cameron. "Wheels of Time: Merkavah Exegesis in Revelation 4." Pages 465–82 in *Society of Biblical Literature Seminar Papers*. Atlanta: Society of Biblical Literature, 1998.

Albright, William Foxwell. "A Catalogue of Early Hebrew Lyric Poems (Psalm LXVIII)." *Hebrew Union College Annual* 23.1 (1950): 1–39.

Alden, Robert L. *Job*. The New American Commentary 11. Nashville: Broadman & Holman, 1993.

Altmann, Alexander. "The Singing of the Qedushah in Early Hekhalot Literature." *Melilah* 2 (1946): 1–24.

Angel, Joseph L. *Otherworldly and Eschatological Priesthood in the Dead Sea Scrolls*. Leiden: Brill, 2010.

Annus, Amar. "The Antediluvian Origin of Evil in the Mesopotamian and Jewish Traditions A Comparative Study." Pages 1–43 in *Ideas of Man in the Conceptions of the Religions*. Edited by Tarmo Kulmar and Rüdiger Schmitt. Münster: Ugarit-Verlag, 2012.

———. "On the Origin of Watchers: A Comparative Study of the Antediluvian Wisdom in Mesopotamian and Jewish Traditions." *Journal for the Study of the Pseudepigrapha* 19.4 (2010): 277–320.

Auffarth, Christoff, and Loren T. Stuckenbruck, eds. *The Fall of the Angels*. Leiden: Brill, 2004.

Aune, David E. *Revelation* 1–5. Word Biblical Commentary 52A. Dallas: Word, 1997. 『요한계시록 상』 솔로몬 역간.

Baldwin, Joyce G. *Haggai, Zechariah and Malachi: An Introduction and Commentary*. Tyndale Old Testament Commentaries 28. Downers Grove, IL: InterVarsity Press, 1972.

Bampfylde, Gillian. "The Prince of the Host in the Book of Daniel and the Dead Sea Scrolls." *Journal for the Study of Judaism in the Persian, Hellenistic, and Roman Period*

14 (1983): 129–34.
Barton, George A. "The Origin of the Names of Angels and Demons in the Extra-Canonical Apocalyptic Literature to 100 A.D." *Journal of Biblical Literature* 31.4 (1912): 156–67.
Barry, John D., ed. *The Lexham Bible Dictionary*. Bellingham, WA: Lexham Press, 2016.
Barrett, C. K. *A Critical and Exegetical Commentary on the Acts of the Apostles*. International Critical Commentary. Edinburgh: T&T Clark, 2004.
Barth, Markus, and Helmut Blanke. *Colossians*. Translated by Astrid B. Beck. Anchor Yale Bible 34A. New Haven: Yale University Press, 1994.
Bauckham, Richard J. *2 Peter, Jude*. Word Biblical Commentary 50. Dallas: Word, 1998. 『유다서·베드로후서』 솔로몬 역간.
Baumgarten, J. M. "The Duodecimal Courts of Qumran, Revelation, and the Sanhedrin." *Journal of Biblical Literature* 95.1 (1976): 59–78.
Beale, G. K. *The Book of Revelation: A Commentary on the Greek Text*. New International Greek Testament Commentary. Grand Rapids: Eerdmans, 1999. 『NIGTC 요한계시록』 새물결플러스 역간.
Beale, G. K., and D. A. Carson, eds. *Commentary on the New Testament Use of the Old Testament*. Grand Rapids: Baker Academic, 2007. 『일반서신·요한계시록』 CLC 역간.
Beasley-Murray, G. R. *Revelation*. Revised edition. New Century Bible. London: Marshall, Morgan & Scott, 1978.
Begg, Christopher. "Angels in Pseudo-Philo." Pages 537–54 in *Angels: The Concept of Celestial Beings: Origins, Development and Reception*. Edited by Friedrich V. Reiterer, Tobias Nicklas, and Karin Schöpflin. Berlin: De Gruyter, 2007.
———. "Angels in the Work of Flavius Josephus." Pages 525–36 in *Angels: The Concept of Celestial Beings: Origins, Development, and Reception*. Edited by Friedrich V. Reiterer, Tobias Nicklas, and Karin Schöpflin. Berlin: De Gruyter, 2007.
Berlin, Adele, ed. *Religion and Politics in the Ancient Near East*. Bethesda, MD: University of Maryland Press, 1996.
Blass, Friedrich, Albert Debrunner, and Robert Walter Funk. *A Greek Grammar of the New Testament and Other Early Christian Literature*. Chicago: University of Chicago Press, 1961.
Bock, Darrell L. *Luke: 1:1–9:50*. Baker Exegetical Commentary on the New Testament. Grand Rapids: Baker Academic, 1994. 『BECNT 누가복음 1』 부흥과개혁사 역간.
———. *Luke: 9:51–24:53*. Baker Exegetical Commentary on the New Testament. Grand Rapids: Baker Academic, 1996. 『BECNT 누가복음 1』 부흥과개혁사 역간.
Bokovoy, David E. "שמעו והעידו בבית יעקב : Invoking the Council as Witnesses in Amos 3:13." *Journal of Biblical Literature* 127.1 (2008): 37–51.
Boyarin, Daniel. "The Gospel of the Memra: Jewish Binitarianism and the Prologue to John." *Harvard Theological Review* 94.3 (2001): 243–84.
Boyle, Marjorie O'Rourke. "The Covenant Lawsuit of the Prophet Amos: III 1–IV 13."

Vetus Testamentum 21 (1971): 338–62.
Brand, Miryam. *Evil Within and Without: The Source of Sin and Its Nature as Portrayed in Second Temple Literature*. Göttingen: Vandenhoeck & Ruprecht, 2013.
Burnett, David A. "Abraham's Star-Like Seed: Neglected Functional Elements in the Patriarchal Promise of Genesis 15." MA thesis, Criswell College, 2015.
Byrne, Brendan. *"Sons of God"—"Seed of Abraham": A Study of the Idea of the Sonship of God of All Christians in Paul Against the Jewish Background*. Rome: Pontifical Biblical Institute Press, 1979.
Byrne, Máire. "The Influence of Egyptian Throne Names on Isaiah 9:5: A Reassessment of the Debate in Light of the Divine." Pages 87–100 in *A Land Like Your Own: Traditions of Israel and Their Reception*. Edited by Jason M. Silverman. Eugene, OR: Pickwick, 2010.
Cairns, Alan. *Dictionary of Theological Terms*. Belfast; Greenville, SC: Ambassador Emerald International, 2002.
Callan, Terrance. "Pauline Midrash: The Exegetical Background of Gal. 3:19b." *Journal of Biblical Literature* 99.4 (1980): 549–67.
Charlesworth, James H., ed. *The Old Testament Pseudepigrapha*. 2 vols. New York: Doubleday, 1983, 1985.
Chisholm, Robert B., Jr. "Does God Deceive?" *Bibliotheca Sacra* 155.617 (1998): 11–28.
Cho, Sang Youl. *Lesser Deities in the Ugaritic Texts and the Hebrew Bible: A Comparative Study of Their Nature and Roles*. Piscataway, NJ: Gorgias Press, 2007.
Clifford, Richard J. *The Cosmic Mountain in Canaan and the Old Testament*. Cambridge, MA: Harvard University Press, 1972.
Clines, David J. A. *Job 1–20*. Word Biblical Commentary 17. Dallas: Word, 1989. 『욥기 상』 솔로몬 역간.
———. *Job 21–37*. Word Biblical Commentary 18A. Nashville: Thomas Nelson, 2006. 『욥기 하』 솔로몬 역간.
Collins, Adela Yarbro. "The Book of Revelation." Pages 195–218 in *The Continuum History of Apocalypticism*. Edited by Bernard McGinn, John J. Collins, and Stephen Stein. London: Continuum, 2003.
Collins, John J. "Powers in Heaven: God, Gods, and Angels in the Dead Sea Scrolls." Pages 9–20 in *Religion in the Dead Sea Scrolls*, edited by John J. Collins and Robert A. Kugler. Grand Rapids: Eerdmans, 2000.
Collins, John J., and Robert A. Kugler, eds. *Religion in the Dead Sea Scrolls*. Grand Rapids: Eerdmans, 2000.
Cooke, G. "The Sons of (the) God(s)." *Zeitschrift für die alttestamentliche Wissenschaft* 35 (1964): 22–47.
Craig, William Lane. *Time and Eternity: Exploring God's Relationship to Time*. Wheaton, IL: Crossway, 2001.
Craigie, Peter C. *The Book of Deuteronomy*. The New International Commentary on

the Old Testament. Grand Rapids: Eerdmans, 1976.
———. "Ugarit and the Bible: Progress and Regress in 50 Years of Literary Study." Pages 99–111 in *Ugarit in Retrospect: Fifty Years of Ugarit and Ugaritic*. Edited by Gordon D. Young. Winona Lake, IN: Eisenbrauns, 1981.
Cross, Frank Moore. "The Council of Yahweh in Second Isaiah." *Journal of Near Eastern Studies* 12 (1953): 274–77
Curtis, A. H. W., and J. F. Healey. *Ugarit and the Bible*. Edited by George J. Brooke. Münster: Ugarit-Verlag, 1994.
Dahood, Mitchell, S.J. *Psalms I: 1–50*. Anchor Yale Bible 16. New Haven: Yale University Press, 1965.
Davidson, Maxwell. *Angels at Qumran: A Comparative Study of 1 Enoch 136; 72–108 and Sectarian Writings from Qumran*. Sheffield: Sheffield Academic Press, 1992.
Davidson, Richard M. "The Divine Covenant Lawsuit Motif in Canonical Perspective." *Journal of the Adventist Theological Society* 21/1–2 (2010): 45–84.
Davis, Carl Judson. *The Name and Way of the Lord: Old Testament Themes, New Testament Christology*. Sheffield: Sheffield Academic Press, 1996.
Davis, R. Dean. *The Heavenly Court Scene of Revelation 4–5*. Lanham, MD: University Press of America, 1992.
Day, Peggy. *An Adversary in Heaven: śāṭān in the Hebrew Bible*. Atlanta: Scholars Press, 1988.
Del Olmo Lete, Gregorio, and Joaquín Sanmartín. *A Dictionary of the Ugaritic Language in the Alphabetic Tradition*. 2 vols. Leiden: Brill, 2015.
Dequeker, L. "The 'Saints of the Most High' in Qumran and Daniel." *Old Testament Studies* 18 (1973): 108–87.
Dick, Michael P. *Born in Heaven, Made on Earth: The Making of the Cult Image in the Ancient Near East*. Winona Lake, IN: Eisenbrauns, 1999.
Dietrich, M., O. Loretz, and J. Sanmartin, eds. *KTU: The Cuneiform Alphabetic Texts from Ugarit, Ras Ibn Hani and Other Places*. 2nd ed. Münster: Ugarit-Verlag, 1995.
Dimant, Devorah. "Men as Angels: The Self-Image of the Qumran Community." Pages 93–103 in *Religion and Politics in the Ancient Near East*. Edited by Adele Berlin. Bethesda, MD: University of Maryland Press, 1996.
Donner, Herbert, and Wolfgang Röllig. *Kanaanäische und aramäische Inschriften*. 2nd ed. Wiesbaden: Harrassowitz, 1966–1969.
Duncan, Julie. "A Critical Edition of Deuteronomy Manuscripts from Qumran, Cave IV. 4QDtb, 4QDte, 4QDth, 4QDtj, 4QDtb, 4QDtk, 4QDtl." PhD diss., Harvard University, 1989.
Elior, Rachel. *The Three Temples: On the Emergence of Jewish Mysticism*. Translated by David Louvish. Liverpool: Liverpool University Press, 2005.
Erickson, Millard J. *The Concise Dictionary of Christian Theology*. Wheaton, IL: Crossway, 2001.

Evans, Craig A., and Stanley E. Porter, eds. *Dictionary of New Testament Background.* Downers Grove, IL: InterVarsity Press, 2000.

Fitzmyer, Joseph A. *The Gospel according to Luke X–XXIV.* Anchor Yale Bible 28A. New Haven: Yale University Press, 1985.

Fleming, David Marron. "The Divine Council as Type Scene in the Hebrew Bible." PhD diss., Southern Baptist Theological Seminary, 1989.

Flemming, J., and H. Duensing. "The Ascension of Isaiah." Pages 642–63 in *New Testament Apocrypha.* Vol. 2. Edited by Wilhelm Schneemelcher. English translation edited by R. McL. Wilson. Philadelphia: Westminster John Knox Press, 1965.

Fletcher-Louis, Crispin H. T. *Luke-Acts: Angels, Christology, and Soteriology.* Tübingen: Mohr Siebeck, 1997.

Fossum, Jarl E. "Kyrios Jesus as the Angel of the Lord in Jude 5–7." *New Testament Studies* 33.2 (1987): 226–43.

———. *The Name of God and the Angel of the Lord: Samaritan and Jewish Concepts of Intermediation and the Origin of Gnosticism.* Tübingen: Mohr Siebeck, 1985.

Francis, F. O. "Humility and Angelic Worship in Col 2:18." Pages 163–95 in *Conflict at Colossae.* Edited by F. O. Francis and W. A. Meeks. 2nd ed. Missoula, MT: Scholar's Press, 1975.

Freedman, David Noel, ed. *Anchor Yale Bible Dictionary.* 6 vols. New York: Doubleday, 1992.

Fröhlich, Ida. "Mesopotamian Elements and the Watchers Traditions." Pages 11–24 in *The Watchers in Jewish and Christian Traditions.* Edited by Angela Kim Harkins, Kelley Coblentz Bautch, and John C. Endres. Minneapolis: Fortress, 2014.

———. "Theology and Demonology in Qumran Texts." *Henoch* 32.1 (2010): 101–28.

Gammie, John G. "The Angelology and Demonology in the Septuagint of the Book of Job." *Hebrew Union College Annual* 56 (1985): 1–19.

Ganssle, Gregory, ed. *God and Time: Four Views.* Downers Grove, IL: InterVarsity Press, 2001.

Garr, W. Randall. *In His Own Image and Likeness: Humanity, Divinity, and Monotheism.* Leiden: Brill, 2003.

George, Andrew R. "Sennacherib and the Tablet of Destinies." *Iraq* 48 (1986): 133–46.

Gesenius, F. Wilhelm. *Gesenius' Hebrew Grammar.* Edited by Emil Kautzsch. Translated and edited by Arthur E. Cowley. 2nd Eng. ed. Oxford: Clarendon Press, 1910.

Gieschen, Charles A. *Angelomorphic Christology: Antecedents and Early Evidence.* Leiden: Brill, 1998.

Goldingay, John E. *Daniel.* Word Biblical Commentary 30. Dallas: Word, 1989. 『다니엘』 솔로몬 역간.

———. *Old Testament Theology, Volume One: Israel's Gospel.* Downers Grove, IL: InterVarsity Press, 2003.

———. *Psalms, Volume 2: Psalms 42–89.* Baker Commentary on the Old Testament.

Grand Rapids: Baker Academic, 2006.
Goodacre, Mark. "Does περιβολαιον Mean 'Testicle' in 1 Cor 11:15?" *Journal of Biblical Literature* 130.2 (2011): 391–96.
Goodman, David. "Do Angels Eat?" *Journal of Jewish Studies* 37.2 (1986): 160–75.
Gray, G. B. "The Meaning of the Hebrew Word דגל." *Jewish Quarterly Review* 11 (1899): 92–101.
Gruenwald, Ithamar. *Apocalyptic and Merkabah Mysticism*. Leiden: Brill, 2014.
Guthrie, Donald. *Hebrews: An Introduction and Commentary*. Tyndale New Testament Commentaries 15. Downers Grove, IL: InterVarsity Press, 1983. 『히브리서』 CLC 역간.
Guthrie, George H. *2 Corinthians*. Baker Exegetical Commentary on the New Testament. Grand Rapids: Baker Academic, 2015.
Halperin, David J. *Faces of the Chariot: Development of Rabbinic Exegesis of Ezekiel's Vision of the Divine Chariot*. Tübingen: Mohr Siebeck, 1988.
Hamori, Esther J. *"When Gods Were Men": The Embodied God in Biblical and Near Eastern Literature*. Berlin: De Gruyter, 2008.
Handy, Lowell K. *Among the Host of Heaven: The Syro-Palestinian Pantheon as Bureaucracy*. Winona Lake, IN: Eisenbrauns, 1994.
Harrington, W. J. *Understanding the Apocalypse*. Washington, D.C.: Corpus Books, 1969.
Hartenstein, Friedhelm. "Cherubim and Seraphim in the Bible and in the Light of Ancient Near Eastern Sources." Pages 154–88 in *Angels: The Concept of Celestial Beings—Origins, Development and Reception*. Edited by Friedrich V. Reiterer, Tobias Nicklas, and Karin Schöpflin. Berlin: De Gruyter, 2007.
Hayman, Peter. "Monotheism—A Misused Word in Jewish Studies?" *Journal of Jewish Studies* 42.1 (1991): 1–15.
Hawthorne, Gerald F., and Ralph P. Martin, eds. *Dictionary of Paul and His Letters*. Downers Grove, IL: InterVarsity Press, 1993.
Heiser, Michael S. "Are Yahweh and El Distinct Deities in Deut. 32:8–9 and Psalm 82?" HIPHIL 3 [http://see-j.net/] (2006). Posted October 3, 2006. http://see-j.net/index.php/hiphil/article/view/29.
———. "Co-Regency in Ancient Israel's Divine Council as the Conceptual Backdrop to Ancient Jewish Binitarian Monotheism." *Bulletin for Biblical Research* 26.2 (2015): 195–225.
———. "Deuteronomy 32:8 and the Sons of God." *Bibliotheca Sacra* 158 (2001): 52–74.
———. "The Divine Council in Late Canonical and Non-Canonical Second Temple Jewish Literature." PhD diss., University of Wisconsin–Madison, 2004.
———. "Does Deuteronomy 32:17 Assume or Deny the Reality of Other Gods?" *Bible Translator* 59.3 (2008): 137–45.
———. "Does Divine Plurality in the Hebrew Bible Demonstrate an Evolution from Polytheism to Monotheism in Israelite Religion?" *Journal for the Evangelical Study of the*

Old Testament 1.1 (2012): 1–24.

———. “Monotheism and the Language of Divine Plurality in the Hebrew Bible and the Dead Sea Scrolls.” *Tyndale Bulletin* 65.1 (2014): 85–100

———. “Monotheism, Polytheism, Monolatry, or Henotheism? Toward an Assessment of Divine Plurality in the Hebrew Bible.” *Bulletin of Biblical Research* 18.1 (2008): 1–30.

———. “The Mythological Provenance of Isaiah 14:12–15: A Reconsideration of the Ugaritic Material.” *Vetus Testamentum* 51.3 (2001): 354–59.

———. *Reversing Hermon: Enoch, the Watchers and the Forgotten Mission of Jesus Christ.* Crane, MO: Defender, 2017.

———. “Should elohim with Plural Predication Be Translated ‘Gods’?” *Bible Translator* 61.3 (2010): 123–36.

———. *Supernatural: What the Bible Teaches about the Unseen World—And Why It Matters.* Bellingham, WA: Lexham Press, 2015. 『성경의 초자연적 세계관』 좋은씨앗 역간.

———. *The Unseen Realm: Recovering the Supernatural Worldview of the Bible.* Bellingham, WA: Lexham Press, 2015. 『보이지 않는 세계』 좋은씨앗 역간.

———. “You’ve Seen One Elohim, You’ve Seen Them All? A Critique of Mormonism’s Use of Psalm 82.” *Foundation for Ancient Research and Mormon Studies Review* 19.1 (2007): 221–66.

Hinson, David Francis. *Theology of the Old Testament.* London: SPCK, 2001.

Hoftijzer, Jacob, and Karel Jongeling, eds. *Dictionary of the North-West Semitic Inscriptions.* 2 vols. Leiden: Brill, 2003.

Houtman, C. “What Did Jacob See in His Dream at Bethel? Some Remarks on Gen 28:10–22.” *Vetus Testamentum* 27 (1977): 337–51.

Huffmon, Herbert B. “The Covenant Lawsuit in the Prophets.” *Journal of Biblical Literature* 78 (1959): 285–95.

Hundley, Michael. “To Be or Not to Be: A Reexamination of Name Language in Deuteronomy and the Deuteronomistic History.” *Vetus Testamentum* 59 (2009): 533–55.

Huther, Johann E. *Critical and Exegetical Handbook to the Epistles of St. Paul to Timothy and Titus.* Translated by David Hunter. Edinburgh: T&T Clark, 1881.

Jacobsen, Thorkild. “Primitive Democracy in Ancient Mesopotamia.” *Journal of Near Eastern Studies* 2 (1943): 159–72.

Jenni, Ernst, ed. *Theological Lexicon of the Old Testament.* With assistance from Claus Westermann. Translated by Mark E. Biddle. 3 vols. Peabody, MA: Hendrickson, 1997.

Jobes, Karen H., and Moises Silva. *Invitation to the Septuagint.* Grand Rapids: Baker, 2000. 『70인역 성경으로의 초대』 CLC 역간.

Johnson, Norman B. *Prayer in the Apocrypha and Pseudepigrapha: A Study of the Jewish Concept of God.* Philadelphia: Society of Biblical Literature and Exegesis, 1948.

Johnson, Ronn. “The Old Testament Background for Paul’s Principalities and Powers.” PhD diss., Dallas Theological Seminary, 2004.

Joines, Karen R. “Winged Serpents in Isaiah’s Inaugural Vision.” *Journal of Biblical Lit-*

erature 86.4 (1967): 410–15.

Joosten, Jan. "A Note on the Text of Deuteronomy xxxii 8." *Vetus Testamentum* 57.4 (2007): 548–55.

Joüon, Paul, and Takamitsu Muraoka. *A Grammar of Biblical Hebrew*. Revised English ed. Roma: Pontificio istituto biblico, 2006.

Kaiser, Walter C., Jr. *Toward Old Testament Ethics*. Grand Rapids: Zondervan, 1983.

Kaufman, Stephen A. *The Akkadian Influences on Aramaic*. Chicago: University of Chicago Press, 1974.

Kee, Min Suc. "The Heavenly Council and Its Type-Scene." *Journal for the Study of the Old Testament* 31.3 (2007): 259–73.

Keel, Othmar, and Adolphe Gutbug. *Jahwe-Visionen und Siegelkunst: eine neue Deutung der Majestätsschilderungen in Jes 6, Ez 1 und 10 und Sach 4*. Stuttgart: Verlag Katholisches Bibelwerk, 1977.

Keel, Othmar, and C. Uehlinger. *Göttinnen, Götter und Gottessymbole. Neue Erkentnisse zur Religionsgeschichte Kanaans und Israels aufgrund bislang unerschlossener ikonographischen Quellen*. Freiburg: Herder, 1992.

Kelly, J. N. D. *The Pastoral Epistles*. Black's New Testament Commentary. London: Continuum, 1963.

Khan, Geoffrey, ed. *Encyclopedia of Hebrew Language and Linguistics*. 4 vols. Leiden: Brill, 2013.

Kingsbury, Edwin C. "The Prophets and the Council of Yahweh." *Journal of Biblical Literature* 83.3 (1964): 279–86.

———. "The Theophany Topos and the Mountain of God." *Journal of Biblical Literature* 86.2 (1967): 205–10.

Knafl, Anne K. *Forming God: Divine Anthropomorphism in the Pentateuch*. Winona Lake, IN: Eisenbrauns, 2014.

Koehler, Ludwig, Walter Baumgartner, and Johann J. Stamm. *The Hebrew and Aramaic Lexicon of the Old Testament*. Translated and edited under the supervision of Mervyn E. J. Richardson. 5 vols. Leiden: Brill, 1994–2000.

Korpel, Marjo C. A. *A Rift in the Clouds: Ugaritic and Hebrew Descriptions of the Divine*. Münster: Ugarit-Verlag, 1990.

Köstenberger, Andreas. "1 Timothy." Pages 487–561 in *Ephesians—Philemon. Vol. 12 of The Expositor's Bible Commentary, Revised Edition*. Edited by Tremper Longman III and David E. Garland. Grand Rapids: Zondervan, 2006.

Kramer, Samuel Noah. "Sumerian Theology and Ethics." *Harvard Theological Review* 49 (1956): 45–62.

Kraus, Hans-Joachim. *Theology of the Psalms*. Translated by Keith Crim. Minneapolis: Fortress, 1992. 『시편의 신학』 비블리카아카데미아 역간.

Kuhn, Harold B. "The Angelology of the Non-Canonical Jewish Apocalypses." *Journal of Biblical Literature* 67.3 (1948): 217–32.

Lane, William L. *Hebrews 1–8*. Word Biblical Commentary 47A. Dallas: Word, 1991. 『히브리서 상 1-8』 솔로몬 역간.
Leiffer, Dorothy. "Development of Angelology in the Apocrypha and Pesudepigrapha." Masters thesis, Northwestern University, 1926.
Lichtenberger, Hermann. "Spirits and Demons in the Dead Sea Scrolls." Pages 22–40 in *The Holy Spirit and Christian Origins: Essays in Honor of James D. G. Dunn*, edited by James D. G. Dunn, Graham Stanton, Bruce W. Longenecker, and Stephen C. Barton. Grand Rapids: Eerdmans, 2004.
Lohse, Eduard. *Colossians and Philemon*. Hermeneia. Philadelphia: Fortress Press, 1971.
Longman, Tremper, III, and Peter Enns, eds. *Dictionary of the Old Testament: Wisdom, Poetry & Writings*. Downers Grove, IL: InterVarsity Press, 2008.
Lopez, Kathryn Muller. "The Divine Council Scene in Second Temple Literature." PhD diss., Emory University, 2002.
Lubetski, Meir. "King Hezekiah's Seal Revisited." *Biblical Archaeology Review* 27.4 (2001): 24–36.
Mangum, Douglas. *Lexham Bible Guide: 1 Timothy*. With material contributed by E. Tod Twist. Edited by Derek R. Brown. Bellingham, WA: Lexham Press, 2013.
Martin, Troy W. "Paul's Argument from Nature for the Veil in 1 Cor 11:13–15: A Testicle instead of a Head Covering." *Journal of Biblical Literature* 123.1 (2004): 75–84.
———. "Περιβολαιον as 'Testicle' in 1 Cor 11:15: A Response to Mark Goodacre." *Journal of Biblical Literature* 132.2 (2013): 453–65.
Martínez, Florentino García, and Eibert J. C. Tigchelaar. *The Dead Sea Scrolls Study Edition*. 2 vols. Leiden: Brill, 1997–1998.
McCarter, P. Kyle, Jr. *II Samuel*. Anchor Yale Bible 9. New Haven: Yale University Press, 1984.
McDonough, Sean M. *YHWH at Patmos: Rev.1:4 in its Hellenistic and Early Jewish Setting*. Tübingen: Mohr Siebeck, 1999.
Melvin, David P. "In Heaven as It Is on Earth: The Development of the Interpreting Angel Motif in Biblical Literature of the Neo-Babylonian, Persian, and Early Hellenistic Periods." PhD diss., Baylor University, Waco, TX, 2012.
Michalak, Aleksander R. *Angels as Warriors in Late Second Temple Jewish Literature*. Tübingen: Mohr Siebeck, 2012.
Millard, Alan R. "The Celestial Ladder and the Gate of Heaven (Gen 28:12, 17)." *Expository Times* 78 (1966/1967): 86–87.
Miller, Geoffrey David. "The Wiles of the Lord: Divine Deception, Subtlety, and Mercy in I Reg 22." *Zeitschrift für die alttestamentliche Wissenschaft* 126.1 (2014): 45–58.
Miller, Patrick D. *Genesis 1–11: Studies in Structure and Theme*. Sheffield: University of Sheffield, 1978.
Miller, Patrick D. *Israelite Religion and Biblical Theology: Collected Essays*. Sheffield: Sheffield Academic Press, 2000. 『고대 근동과 이스라엘 종교』 CLC 역간.

Miller, Stephen R. *Daniel.* New American Commentary 18. Nashville: Broadman & Holman, 1994.
Mosca, Paul G. "Once Again the Heavenly Witness of Ps 89: 38." *Journal of Biblical Literature* 105.1 (1986): 27–37.
Moulton, James Hope, and Nigel Turner. Syntax. Vol. 3 of *A Grammar of New Testament Greek.* Edinburgh: T&T Clark, 1963.
Muilenburg, James. "The Book of Isaiah, Chapters 40–66: Introduction and Exegesis." *Interpreter's Bible*, vol. 5. Nashville: Abingdon Press, 1956.
Mullen, E. Theodore, Jr. *The Divine Council in Canaanite and Early Hebrew Literature.* Chico, CA: Scholars Press, 1980.
Mullen, E. Theodore, Jr. "The Divine Witness and the Davidic Royal Grant: Ps 89: 37–38." *Journal of Biblical Literature* 102.2 (1983): 207–18.
Muñoa, Philip. "Raphael, Azariah, and Jesus of Nazareth: Tobit's Significance for Early Christology." *Journal for the Study of the Pseudepigrapha* 22.1 (2012): 3–39
Murray, Robert. "The Origin of Aramaic ʿîr, Angel." *Orientalia* 53.2 (1984): 306.
Newsom, Carol. "He Has Established for Himself Priests: Human and Angelic Priesthood in the Qumran Sabbath Shirot." Pages 101–20 in *Archaeology and History in the Dead Sea Scrolls: The New York University Conference in Memory of Yigael Yadin.* Edited by Lawrence H. Schiffmann. Sheffield: Sheffield Academic Press, 1990.
Newsom, Carol. *Songs of the Sabbath Sacrifice: A Critical Edition.* Atlanta: Scholars Press, 1985.
Nickelsburg, George W. E. *1 Enoch 1: A Commentary on the Book of 1 Enoch, Chapters 1–26; 81–108.* Hermeneia. Minneapolis: Fortress, 2001.
Nielsen, Kirsten. *Yahweh as Prosecutor and Judge: An Investigation of the Prophetic Lawsuit (Rîb-Pattern).* Sheffield: University of Sheffield, 1978.
Noll, Stephen F. "Angelology in the Qumran Texts." PhD diss., University of Manchester, 1979.
———. *Angels of Light, Powers of Darkness.* Downers Grove, IL: InterVarsity Press, 1998.
O'Brien, Peter T. *Colossians, Philemon.* Word Biblical Commentary 44. Dallas: Word, 1982.
Oldenburg, Ulf. "Above the Stars of El." *Zeitschrift für die alttestamentliche Wissenschaft* 82.2 (1970): 187–208.
Olyan, Saul M. *A Thousand Thousands Served Him: Exegesis and Naming of Angels in Ancient Judaism.* Tübingen: Mohr Siebeck, 1993.
Oppenheim, A. Leo. "The Golden Garments of the Gods." *Journal of Near Eastern Studies* 8 (1949): 172–93.
Orlov, Andrei. "Celestial Choirmaster: The Liturgical Role of Enoch-Metatron in 2 Enoch and the Merkabah Tradition." *Journal for the Study of the Pseudepigrapha* 14.1 (2004): 3–29.

Paul, Shalom. "Heavenly Tablets and the Book of Life." In *Columbia University Ancient Near Eastern Studies*. New York: Columbia University, 1973.
Penner, Ken, and Michael S. Heiser. *Old Testament Greek Pseudepigrapha with Morphology*. Bellingham, WA: Lexham Press, 2008.
Poirier, John C. "4Q464: Not Eschatological," *Revue de Qumran* 20 (2002): 583–87
———. *The Tongues of Angels: The Concept of Angelic Languages in Classical Jewish and Christian Texts*. Wissenschaftliche Untersuchungen Zum Neuen Testament 287. Tübingen: Mohr Siebeck, 2010.
———. "The Tongues of Angels: The Conceptual, Sociological, and Ideological Dimensions of Angelic Languages in Classical Jewish and Christian Texts." Doctor of Hebrew Literature diss., Jewish Theological Seminary of America, 2005.
Provençal, Philippe. "Regarding the Noun שרף [śā rā p̱] in the Hebrew Bible." *Journal for the Study of the Old Testament* 29.3 (2005): 371–79.
Rahlfs, A. *Septuaginta: With Morphology*. Electronic edition. Stuttgart: Deutsche Bibelgesellschaft, 1979.
Reed, Annette Yoshiko. *Fallen Angels and the History of Judaism and Christianity: The Reception of Enochic Literature*. Cambridge: Cambridge University Press, 2005.
Reemstma, Joel A. "Punishment of the Powers: Deuteronomy 32 and Psalm 82 as the Backdrop to Isaiah 34." Paper presented at the Annual Meeting of the Evangelical Theological Society, San Diego, CA, 2014.
Rexine, J. E. "Daimōn in Classical Greek Literature." *Greek Orthodox Theological Review* 30.3 (1985): 335–61.
Ringgren, H. *Israelite Religion*. Minneapolis: Augsburg Fortress, 1966.
Roberts, J. J. M. "Whose Child Is This? Reflections on the Speaking Voice in Isaiah 9:5." *Harvard Theological Review* 90.2 (1997): 115–29.
Robertson, A. T. *A Grammar of the Greek New Testament in the Light of Historical Research*. Reprint, Bellingham, WA: Logos Bible Software, 2006.
Robins, Gay. "Cult Statues in Ancient Egypt." In *Cult Image and Divine Representation in the Ancient Near East*. Edited by Neal H. Walls. Boston: American Schools of Oriental Research, 2005.
Robinson, H. W. "The Council of Yahweh," *Journal of Theological Studies* 45 (1944): 151–57.
Rowland, Christopher. "A Man Clothed in Linen, Dan 10.6ff. and Jewish Angelology." *Journal for the Study of the New Testament* 24 (1985): 99–110.
———. *The Open Heaven: A Study of Apocalyptic in Judaism and Early Christianity*. Eugene, OR: Wipf & Stock, 1982.
Runge, Steven E. *Discourse Grammar of the Greek New Testament: A Practical Introduction for Teaching and Exegesis*. Bellingham, WA: Lexham Press, 2010.
Salters, R. B. "Psalm 82:1 and the Septuagint." *Zeitschrift für die alttestamentliche Wissenschaft* 103.2 (1991): 225–39.

Schöpflin, Karin. "God's Interpreter: The Interpreting Angel in Post-Exilic Prophetic Visions of the Old Testament." Pages 189–203 in *Angels: The Concept of Celestial Beings—Origins, Development and Reception*. Edited by Friedrich V. Reiterer, Tobias Nicklas, and Karin Schöpflin. Berlin: De Gruyter, 2007.

Scott, James M. *Adoption as Sons of God: An Exegetical Investigation into the Background of Yiothesia in the Pauline Corpus*. Tübingen: Mohr Siebeck, 1992.

Segal, Alan. *Two Powers in Heaven: Early Rabbinic Reports about Christianity and Gnosticism*. 1977. Reprint, Waco, TX: Baylor University Press, 2012.

Segal, Alan F. " 'Two Powers in Heaven' and Early Christian Trinitarian Thinking." Pages 73–95 in *The Trinity: An Interdisciplinary Symposium on the Trinity*. Edited by Stephen T. Davis, Daniel Kendall, and Gerald O'Collins. Oxford: Oxford University Press, 1999.

Seitz, Christopher R. "The Divine Council: Temporal Transition and New Prophecy in the Book of Isaiah," *Journal of Biblical Literature* 109.2 (1990): 229–47.

Silva, Moisés, ed. *New International Dictionary of New Testament Theology and Exegesis*. 5 vols. Grand Rapids: Zondervan, 2014.

Skehan, P. W. "A Fragment of the 'Song of Moses' (Deut 32) from Qumran." *Bulletin of the American Schools of Oriental Research* 136 (1954): 12–15.

Smith, Mark S. *The Origins of Biblical Monotheism: Israel's Polytheistic Background and the Ugaritic Texts*. Oxford: Oxford University Press, 2001.

———. "When the Heavens Darkened: Yahweh, El, and the Divine Astral Family in Iron Age II Judah." Pages 265–77 in *Symbiosis, Symbolism, and the Power of the Past: Canaan, Ancient Israel, and Their Neighbors from the Late Bronze Age Through Roman Palaestina*. Edited by William G. Dever and Seymour Gitin. Winona Lake, IN: Eisenbrauns, 2003.

Sommer, Benjamin D. *The Bodies of God and the World of Ancient Israel*. Cambridge: Cambridge University Press, 2009.

Stevenson, Gregory M. "Conceptual Background to Golden Crown Imagery in the Apocalypse of John (4:4, 10; 14:14)." *Journal of Biblical Literature* 114 (1995): 257–72.

Stuckenbruck, Loren T. "An Angelic Refusal of Worship: The Tradition and Its Function in the Apocalypse of John." Pages 679–96 in *Society of Biblical Literature 1994 Seminar Papers*. Edited by Eugene H. Lovering Jr. Atlanta: Scholars Press, 1995.

———. "The 'Angels' and 'Giants" of Genesis 6:1–4 in Second and Third Century BCE Jewish Interpretation: Reflections on the Posture of Early Apocalyptic Traditions." *Dead Sea Discoveries* 7.3 (2000): 354–77.

———. *The Book of Giants from Qumran: Text, Translation, and Commentary*. Tübingen: Mohr Siebeck, 1997.

———. "Giant Mythology and Demonology: From Ancient Near East to the Dead Sea Scrolls." Pages 31–38 in *Demons: The Demonology of Israelite-Jewish and Early Christian Literature in Context of Their Environment*. Edited by Armin Lange, Hermann Lichtnberger, and K. F. Diethard Römheld. Tübingen: Mohr Siebeck, 2003.

———. "The Origins of Evil in Jewish Apocalyptic Tradition: The Interpretation of Genesis 6:1–4 in the Second and Third Centuries B.C.E." Pages 86–118 in *The Fall of the Angels*. Edited by Christoff Auffarth and Loren T. Stuckenbruck. Leiden: Brill, 2004.

———. "Why Should Women Cover Their Heads Because of Angels?" *Stone-Campbell Journal* 4 (2001): 205–34.

Sullivan, Kevin P. *Wrestling with Angels: A Study of the Relationship between Angels and Humans in Ancient Jewish Literature and the New Testament*. Leiden: Brill, 2004.

Tabor, James. "Firstborn of Many Brothers: A Pauline Notion of Apotheosis." Pages 295–303 in *Society of Biblical Literature Seminar Papers 21*. Chico, CA: Scholars Press, 1984.

Tigay, Jeffrey H. *Deuteronomy*. The JPS Torah Commentary. Philadelphia: Jewish Publication Society, 1996.

Van der Toorn, Karel, Bob Becking, and Pieter W. van der Horst, eds. *Dictionary of Deities and Demons in the Bible*. 2nd rev. ed. Grand Rapids: Eerdmans, 1999.

VanGemeren, Willem A., ed. *New International Dictionary of Old Testament Theology and Exegesis*. 5 vols. Grand Rapids: Zondervan, 1997.

Vaux, Roland de. *Ancient Israel: Its Life and Institutions*. Grand Rapids: Eerdmans, 1997.

Veijola, Timo. "The Witness in the Clouds: Ps 89:38." *Journal of Biblical Literature* 107.3 (1988): 413–17.

Vellanichal, Matthew. *The Divine Sonship of Christians in the Johannine Writings*. Rome: Pontifical Biblical Institute Press, 1977.

Vermes, Geza. "The Archangel Sariel: A Targumic Parallel to the Dead Sea Scrolls." Pages 159–66 in *Christianity, Judaism, and Other Greco-Roman Cults: Studies for Morton Smith at Sixty*. Edited by Jacob Neusner. Leiden: Brill, 1975.

Wallace, Daniel B. *Greek Grammar Beyond the Basics: Exegetical Syntax of the New Testament*. Grand Rapids: Zondervan, 1996.

Walton, John. "Demons in Mesopotamia and Israel: Exploring the Category of Non-Divine but Supernatural Entities." Pages 229–46 in *Windows to the Ancient World of the Hebrew Bible: Essays in Honor of Samuel Greengus*. Edited by Bill T. Arnold, Nancy L. Erickson, and John H. Walton. Winona Lake, IN: Eisenbrauns, 2014.

White, Ellen. *Yahweh's Council: Its Structure and Membership*. Tübingen: Mohr Siebeck, 2014.

Williams, A. L. "The Cult of Angels at Colossae." *Journal of Theological Studies* 10 (1909): 413–38.

Williams, Peter. *The Case for Angels*. Milton Keynes, UK: Paternoster Press, 2002.

Willis, Timothy M. "Yahweh's Elders (Isa 24,23): Senior Officials of the Divine Court." *Zeitschrift für die alttestamentliche Wissenschaft* 103.3 (1991): 375–85.

Wise, Michael O. "מי כמוני באלים: A Study of 4Q491c, 4Q471b, 4Q427 7, and 1QHa 25:25–26:10." *Dead Sea Discoveries* 7.2 (2000): 173–219.

Wojciechowski, Michal. "Seven Churches and Seven Celestial Bodies (Rev 1:16; Rev

2–3).” *Biblische Notizen* 45 (1988): 48–50.
Wood, Alice. *Of Wings and Wheels: A Synthetic Study of the Biblical Cherubim*. Berlin: De Gruyter, 2008.
Wright, Archie T. *The Origin of Evil Spirits: The Reception of Genesis 6:1–4 in Early Jewish Literature*. Tübingen: Mohr Siebeck, 2013.
Wyatt, N. *Space and Time in the Religious Life of the Near East*. Sheffield: Sheffield Academic Press, 2001.
Zatelli, Ida. “Astrology and the Worship of the Stars in the Bible.” *Zeitschrift für die alttestamentliche Wissenschaft* 103.1 (1991): 86–99.